NOMOSPRAXIS

Dr. Tassilo-Rouven König
Rechtsanwalt und Fachanwalt für Arbeitsrecht, Stuttgart

Beschäftigtendatenschutz

in der Beratungspraxis

Zitiervorschlag: König BeschDS § 1 Rn. 1

Die Deutsche Nationalbibliothek verzeichnet diese Publikation in
der Deutschen Nationalbibliografie; detaillierte bibliografische
Daten sind im Internet über http://dnb.d-nb.de abrufbar.

ISBN 978-3-8487-5702-2

1. Auflage 2020
© Nomos Verlagsgesellschaft, Baden-Baden 2020. Gedruckt in Deutschland. Alle Rechte, auch die des Nachdrucks von Auszügen, der fotomechanischen Wiedergabe und der Übersetzung, vorbehalten.

Vorwort

Seit dem Inkrafttreten der Datenschutz-Grundverordnung und des neuen Bundesdatenschutzgesetzes müssen viele Aspekte des Beschäftigtendatenschutzrechts neu beleuchtet werden. Gleichzeitig werfen die Digitalisierung der Arbeitswelt und moderne Erscheinungsformen der Arbeit neue Fragen auf. Arbeitgeber stehen vor der großen Herausforderung, praxistaugliche Lösungsansätze für ihr Unternehmen entwickeln zu müssen, ohne dass ihnen eine belastbare Rechtsprechung zur Verfügung steht.

Das vorliegende Werk richtet sich vornehmlich an nicht-öffentliche Arbeitgeber und deren Beschäftigte sowie an Betriebsräte und Datenschutzbeauftragte. Es beantwortet grundlegende Fragen zum Verhältnis zwischen dem europäischen und dem nationalen Recht und bietet einen Leitfaden für die Prüfung datenschutzrechtlicher Fragen im Beschäftigungskontext. Darüber hinaus werden in einem besonderen Teil aktuelle und immer wiederkehrende Themen detailliert aufgearbeitet. Die vorhandene Rechtsprechung und Fachliteratur ist bis Dezember 2019 berücksichtigt.

Mein Dank gebührt Herrn Prof. Dr. Armin Herb und Herrn Prof. Dr. Stefan Nägele, die mir stets mit gutem Rat und für fachliche Diskussionen zur Verfügung standen.

Stuttgart, im März 2020   *Dr. Tassilo-Rouven König*

Inhaltsverzeichnis

Vorwort 5

Abkürzungsverzeichnis 15

Literaturverzeichnis 19

Allgemeiner Teil 29

§ 1 Nationale und übernationale Rechtsgrundlagen 29

A. Deutsches Verfassungsrecht 29
    I. Allgemeines Persönlichkeitsrecht und informationelle
       Selbstbestimmung 29
       1. Persönlicher und sachlicher Schutzbereich 29
       2. Eingriff und Rechtfertigung 30
    II. Bedeutung im Arbeitsverhältnis 31
       1. Mittelbare Drittwirkung 31
       2. Einzelfälle 32
          a) Auslegung und Anwendung einfachgesetzlicher
             Rechtsnormen 32
          b) Rechtsansprüche von Arbeitnehmern 33
          c) Beweis- und Sachvortragsverwertungsverbot im
             Arbeitsgerichtsprozess 34

B. Europäische Grundrechte 37
    I. Europäische Menschenrechtskonvention (EMRK) 37
    II. EU-Grundrechtecharta (GRCh) 38

C. Datenschutz-Grundverordnung 39
    I. Allgemeines 39
       1. Zielsetzung der europäischen Datenschutznovelle 39
       2. Regelungsstruktur und Inhalt der DS-GVO 39
    II. Sachlicher Anwendungsbereich der DS-GVO 41
       1. Personenbezogene Daten (Art. 4 Nr. 1 DS-GVO) 41
       2. Verarbeitung (Art. 4 Nr. 2 DS-GVO) 44
       3. Ganz oder teilweise automatisierte Datenverarbeitung;
          Dateisystem 44
    III. Verhältnis der DS-GVO zum nationalen
        Beschäftigtendatenschutzrecht 45
       1. Anwendungsvorrang vor nationalem Recht 45
       2. Bereichsspezifische Regelungskompetenz für den
          Beschäftigtendatenschutz 45
          a) Öffnungsklausel und Normadressaten 45
          b) Beschäftigtendatenschutz oder Arbeitnehmerdatenschutz? ... 46

		c) Verarbeitung personenbezogener Beschäftigtendaten im Beschäftigungskontext	48

        c) Verarbeitung personenbezogener Beschäftigtendaten im Beschäftigungskontext 48
        d) Nationale Sonderregelungen und Kollektivvereinbarungen 49
        e) Reichweite der Öffnungsklausel 50
        f) Mitteilungspflicht 52

D. Bundesdatenschutzgesetz 53
    I. Allgemeines 53
    II. Der Anwendungsbereich des neuen § 26 BDSG 53
        1. Normadressaten 53
        2. Der Begriff des Beschäftigten nach § 26 Abs. 8 BDSG 54
        3. Geltung für die manuelle Datenverarbeitung
           (§ 26 Abs. 7 BDSG) 55
        4. Verhältnis zu anderen Vorschriften zum
           Beschäftigtendatenschutz 57

§ 2 Datenschutzrechtliche Verantwortlichkeit im Beschäftigungsverhältnis 58
A. Der Arbeitgeber 58
    I. Bestimmung der Verantwortlichkeit 58
    II. Rechtsfolgen der Verantwortlichkeit 59
    III. Joint Controlling im Beschäftigungsverhältnis 60
    IV. Auftragsverarbeitung 62

B. Der Betriebsrat 63
    I. Datenschutzrechtliche Verantwortlichkeit 63
    II. Beschäftigtendatenschutz als betriebsverfassungsrechtliche Aufgabe ... 65
        1. Überwachung des Arbeitgebers 65
        2. Erzwingbare Mitbestimmung 66
        3. Informationsrechte 70

C. Die Rolle des Datenschutzbeauftragten 71
    I. Aufgaben und Stellung 71
    II. Pflicht zur Benennung 73

§ 3 Die Zulässigkeit der Verarbeitung von Beschäftigtendaten 74
A. Die datenschutzrechtlichen Strukturprinzipien 74
    I. Allgemeines 74
    II. Einzelheiten zu den Strukturprinzipien nach Art. 5 DS-GVO 76
        1. Rechtmäßigkeit der Verarbeitung 76
        2. Treu und Glauben 76
        3. Transparenz 77
           a) Informationspflicht des Arbeitgebers 77
           b) Recht des Beschäftigten auf Auskunft und Datenkopie 78
        4. Zweckbindung 80

5.	Datenminimierung und Speicherbegrenzung	82
	a) Allgemeines	82
	b) Löschung und Einschränkung der Verarbeitung	82
6.	Richtigkeit	84
7.	Integrität und Vertraulichkeit	84

B. Die wichtigsten Erlaubnistatbestände im Beschäftigungsverhältnis ... 85
  I. Allgemeine Erlaubnistatbestände ... 85
    1. Prüfungsschema ... 85
    2. Einzelheiten ... 86
      a) Die Generalklausel des § 26 Abs. 1 Satz 1 BDSG ... 86
      b) Die Aufdeckung von Straftaten nach
§ 26 Abs. 1 Satz 2 BDSG ... 87
        aa) Tatbestandsvoraussetzungen ... 87
        bb) Pflichtverletzungen unterhalb der Strafbarkeitsschwelle ... 89
      c) Art. 6 Abs. 1 lit. c DS-GVO ... 89
      d) Art. 6 Abs. 1 lit. f DS-GVO ... 90
      e) Kollektivvereinbarungen ... 91
      f) Einwilligung des Beschäftigten ... 92
        aa) Rechtsgrundlagen der Einwilligung ... 92
        bb) Wirksamkeitsvoraussetzungen ... 93
        cc) Rechtsfolgen eines Widerrufs ... 96
  II. Verarbeitung von besonderen Kategorien personenbezogener Daten ... 97
    1. Prüfungsschema und Begriff ... 97
    2. Einzelheiten zur Zulässigkeitsprüfung ... 98

Besonderer Teil ... 101

§ 4 Die Begründung des Beschäftigungsverhältnisses ... 101
A. Allgemeines ... 101
  I. Personalbeschaffungsprozess und Bewerbungsverfahren ... 101
  II. Der sachliche Anwendungsbereich von § 26 BDSG ... 101
  III. Gilt der Grundsatz der Direkterhebung? ... 102
B. Die Kandidatensuche ... 102
  I. Die Stellenausschreibung ... 102
  II. Headhunting ... 103
C. Das Bewerbungsverfahren ... 105
  I. Der Zugang der Bewerbung ... 105
    1. Umgang mit dem Inhalt des Bewerbungsanschreibens ... 105
    2. Besonderheiten bei der digitalen Bewerbung ... 106
  II. Das Bewerbungsgespräch ... 107
    1. Das Fragerecht des Arbeitgebers ... 107
    2. Zulässigkeit einzelner Fragen ... 108

	3. Anforderung von Unterlagen bei dem Bewerber	110
III.	Beschaffung von Informationen aus anderen Quellen	111
	1. Auskünfte beim früheren Arbeitgeber	111
	2. Background-Checks	112
	a) Internetrecherche	112
	b) Terrorlistenabgleich	112
IV.	Einstellungstests und Einstellungsuntersuchungen	113
	1. Psychologische Tests und Assessment-Center	113
	2. Ärztliche Einstellungsuntersuchungen	114

D. Speicherung und Löschung von Bewerberdaten 115
    I. Während des Bewerbungsverfahrens 115
   II. Nach Abschluss des Bewerbungsverfahrens 116
      1. Zustandekommen eines Beschäftigungsverhältnisses 116
      2. Absage durch Arbeitgeber oder Bewerber 116

§ 5 Das bestehende Beschäftigungsverhältnis 118

A. Personalstammdaten und Personalakte 118
    I. Personalstammdaten 118
   II. Die Personalakte 119
      1. Arbeitsrechtliche Grundlagen 119
         a) Materieller und formeller Personalaktenbegriff 119
         b) Gestaltungsfreiheit des Arbeitgebers 120
      2. Zulässiger Inhalt und Prinzipien der Personalaktenführung 120
      3. Rechte des Arbeitnehmers 122
         a) Einsicht 122
         b) Aufnahme von Erklärungen 123
         c) Datenschutzrechtliche Auskunft 123
         d) Entfernung und Löschung 123

B. Digitale Arbeitsmittel und moderne Formen der Arbeit 124
    I. Digitale Transformation und Beschäftigtendatenschutz 124
   II. Dienstliche Telekommunikationsmittel 125
      1. Begriff der Telekommunikation 125
      2. Anwendbare Vorschriften 125
      3. Fernmeldegeheimnis 127
      4. Verbot und Gestattung der Privatnutzung 129
  III. Digitale Arbeitsmittel 129
      1. Personalsoftwareprogramme 129
      2. Wearables 132
      3. Bring Your Own Device (BYOD) 134
  IV. Big Data im Beschäftigungsverhältnis 135
   V. Datenschutz bei modernen Erscheinungsformen der Arbeit 138
      1. Home-Office und mobiles Arbeiten 138
      2. Desk Sharing 139

	3. Crowdworking	140
C.	Überwachung und Kontrolle von Beschäftigten	140
	I. Einleitung	140
	1. Bedeutung im Arbeitsverhältnis	140
	2. Zulässigkeit heimlicher Überwachungsmaßnahmen	141
	II. Videoüberwachung	142
	1. Begriff und Rechtsgrundlagen	142
	2. Einzelheiten zur Zulässigkeit von Videoüberwachungsmaßnahmen	144
	III. Ortungssysteme	147
	1. Eingesetzte Technik	147
	2. Datenschutzrechtliche Bewertung	148
	IV. Überwachung von dienstlichem Telefon, E-Mail-Account und Internetanschluss	151
	1. Überwachung bei ausschließlich dienstlicher Nutzung	151
	2. Überwachung bei privater Nutzungsberechtigung	153
	V. Sonstige Formen der Überwachung	154
	VI. Compliance und Whistleblowing	155
D.	Gesundheitsdaten und Betriebliches Eingliederungsmanagement	158
	I. Relevanz von Gesundheit im Beschäftigungsverhältnis	158
	II. Erhebung und Speicherung von Gesundheitsdaten	160
	1. Bewerbungsverfahren	160
	2. Bestehendes Beschäftigungsverhältnis	160
	a) Mitteilungs- und Nachweispflichten bei Arbeitsunfähigkeit	160
	b) Mitteilung der Schwerbehinderteneigenschaft	161
	c) Mitteilung der Schwangerschaft	162
	d) Ärztliche Untersuchungen im bestehenden Beschäftigungsverhältnis	163
	3. Speicherung von Gesundheitsdaten in der Personalakte	164
	III. Krankengespräche und Betriebliches Eingliederungsmanagement	164
	1. Krankengespräche und Krankenrückkehrgespräche	164
	2. Das Betriebliche Eingliederungsmanagement (BEM)	165
E.	Offenlegung von Beschäftigtendaten	168
	I. Einleitung	168
	II. Interne Offenlegung	168
	1. Zwecke des Beschäftigungsverhältnisses	168
	2. Andere Zwecke	169
	III. Veröffentlichung von Bildnissen	170
	IV. Veröffentlichung im Internet	172
	1. Allgemeines	172
	2. Social Media	172
	3. Bewertungsportale	173
	V. Unternehmenstransaktionen	174

F. Datenverarbeitung im Konzern 175
  I. Der datenschutzrechtliche Konzern 175
    1. Begriff 175
    2. Kein Konzernprivileg 176
  II. Rechtsgrundlagen für die konzerninterne Datenverarbeitung 176
    1. Erlaubnistatbestände 176
    2. Auftragsverarbeitung im Konzern 178
    3. Einzelfälle 179
      a) Zentralisierung und Auslagerung des Personalmanagements ... 179
      b) Personalaktenführung durch andere Konzernunternehmen 181
      c) Konzerninterne Kontaktdatenverwaltung 181
      d) Skill-Datenbanken im Konzern 182
  III. Datenübermittlung an Konzernunternehmen in Drittländern 183
G. Internationale Datenverarbeitung 183
  I. Räumlicher Anwendungsbereich der DS-GVO 183
  II. Zweistufige Zulässigkeitsprüfung bei Drittstaatenbezug 185
  III. Angemessenes Datenschutzniveau (Art. 45 DS-GVO) 186
  IV. Angemessene Garantien (Art. 46 Abs. 2 und 3 DS-GVO) 186
  V. Ausnahmen für bestimmte Fälle (Art. 49 DS-GVO) 188

§ 6 Die Beendigung des Beschäftigungsverhältnisses 191
A. Datenverarbeitung zum Zwecke der Beendigung 191
  I. Zweckänderung bei der Verarbeitung vorhandener Daten 191
  II. Die Beendigungsgründe im Einzelnen 192
    1. Verhaltensbedingte Kündigung; Verdachtskündigung 192
    2. Personenbedingte Kündigung 193
    3. Betriebsbedingte Kündigung 194
    4. Anhörung des Betriebsrats 195
    5. Aufhebungsvertrag 196
    6. Altersteilzeitvertrag 196
  III. Erteilung eines Arbeitszeugnisses 197
  IV. Outplacement-Beratung 198
B. Datenverarbeitung nach der Beendigung 198
  I. Löschung und Aufbewahrung von Beschäftigtendaten 198
  II. Offboarding 200

Anhang 201
I. Checkliste zur Umsetzung des Datenschutzrechts im
   Beschäftigungskontext 201
II. Mustertexte 203
    1. Muster: Verpflichtungserklärung für Beschäftigte zur Einhaltung der
       Datenschutzgesetze 203

2. Muster: Antrag eines Beschäftigten auf Erteilung einer Auskunft nach
Art. 15 DS-GVO 204
3. Muster: Antwortschreiben des Arbeitgebers auf das
Auskunftsverlangen eines Beschäftigten 205
4. Muster: Information nach Art. 13 DS-GVO für Stellenbewerber 207
5. Muster: Information über die Datenverarbeitung im Rahmen eines
Betrieblichen Eingliederungsmanagements (BEM) 209
6. Muster: Einwilligungserklärung des Beschäftigten in die
Datenverarbeitung im Rahmen des Betrieblichen
Eingliederungsmanagements (BEM) 211
7. Muster: Einwilligung eines Beschäftigten in die Verwendung von
Fotografien 212

Stichwortverzeichnis 215

Abkürzungsverzeichnis

aA	anderer Ansicht
Abs.	Absatz
ADV	Auftragsdatenverarbeitung
AEUV	Der Vertrag über die Arbeitsweise der Europäischen Union
aF	alte Fassung
AG	Amtsgericht
AGG	Allgemeine Gleichbehandlungsgesetz
Alt.	Alternative
ÄndG	Änderungsgesetz
AnwBl.	Anwaltsblatt
AO	Abgabenordnung
ArbG	Arbeitsgericht
ArbGG	Arbeitsgerichtsgesetz
ArbMedVV	Verordnung zur arbeitsmedizinischen Vorsorge
ArbRAktuell	Arbeitsrecht Aktuell
ArbRB	Arbeitsrechts-Berater
AuR	Arbeit und Recht
Art.	Artikel
Art.	Artikel (mehrere)
ASiG	Arbeitssicherheitsgesetz
AufenthG	Aufenthaltsgesetz
AÜG	Arbeitnehmerüberlassungsgesetz
Az.	Aktenzeichen
BAG	Bundesarbeitsgericht
BayLDA	Bayerisches Landesamt für Datenschutzaufsicht
BB	Betriebs-Berater
BCR	Binding Corporate Rules
BDSG	Bundesdatenschutzgesetz
BeamtenStG	Beamtenstatusgesetz
BeckRS	Beck-Rechtsprechung
BEM	Betriebliches Eingliederungsmanagement
BetrVG	Betriebsverfassungsgesetz
BFDG	Bundesfreiwilligendienstgesetz
BfDI	Bundesbeauftragter für den Datenschutz und die Informationssicherheit
BGB	Bürgerliches Gesetzbuch
BGH	Bundesgerichtshof
BITKOM	Bundesverband Informationswirtschaft, Telekommunikation und neue Medien eV
BMAS	Bundesministerium für Arbeit und Soziales
BYOD	Bring Your Own Device
BPersVG	Bundespersonalvertretungsgesetz
BRAK-Mitt.	BRAK-Mitteilungen
bspw.	beispielsweise

BT-Drs.	Bundestags-Drucksache
BVerfG	Bundesverfassungsgericht
BZRG	Bundeszentralregistergesetz
bzw.	beziehungsweise
CR	Computer und Recht
DB	Der Betrieb
DDR	Deutsche Demokratische Republik
ders.	derselbe
dies.	dieselbe(n)
DSAnpUG-EU	Datenschutz-Anpassungs- und -Umsetzungsgesetz EU
DS-GVO	Datenschutz-Grundverordnung
DSK	Datenschutzkonferenz
DuD	Datenschutz und Datensicherheit
EDSA	Europäischer Datenschutzausschuss
EFZG	Entgeltfortzahlungsgesetz
EGMR	Europäischer Gerichtshof für Menschenrechte
Einl.	Einleitung
Einf.	Einführung
EKD	Evangelische Kirche in Deutschland
EMRK	Europäische Menschenrechtskonvention
engl.	englisch
etc	et cetera
EU	Europäische Union
EuGH	Europäischer Gerichtshof
EuZA	Europäische Zeitschrift für Arbeitsrecht
EuZW	Europäische Zeitschrift für Wirtschaftsrecht
EWR	Europäischer Wirtschaftsraum
f., ff.	folgende Seite/Seiten
Fn.	Fußnote
frz.	französisch
GDPR	General Data Protection Regulation
GenDG	Gendiagnostikgesetz
GewO	Gewerbeordnung
GG	Grundgesetz
ggf.	gegebenenfalls
GPS	Global Positioning System
GRCh	Grundrechte-Charta
GSM	Global System for Mobile Communications
HAG	Heimarbeitsgesetz
HCM	Human-Capital-Management
HdB	Handbuch
HGB	Handelsgesetzbuch
HR-SSC	Human-Ressource-Shared-Service-Center
Hs.	Halbsatz
IT	Informationstechnik
iVm	in Verbindung mit

JArbSchG	Jugendarbeitsschutzgesetz
JFDG	Jugendfreiwilligendienstgesetz
KDG	Gesetz über den Kirchlichen Datenschutz
KSchG	Kündigungsschutzgesetz
KUG	Kunsturhebergesetz
LAG	Landesarbeitsgericht
LfDI BW	Landesbeauftragter für den Datenschutz und die Informationsfreiheit Baden-Württemberg
lit.	litera
MiLoG	Mindestlohngesetz
MuSchG	Mutterschutzgesetz
NachwG	Nachweisgesetz
nF	neue Fassung
NJW	Neue Juristische Wochenschrift
Nr.	Nummer
NZA	Neue Zeitschrift für Arbeitsrecht
NZA-Beil.	Neue Zeitschrift für Arbeitsrecht Beilage
NZA-RR	Neue Zeitschrift für Arbeitsrecht Rechtsprechungs-Report
oÄ	oder ähnliches
OVG	Oberverwaltungsgericht
RdA	Recht der Arbeit
RDV	Recht der Datenverarbeitung
Rn.	Randnummer
S.	Seite
SG	Sozialgericht
SGB	Sozialgesetzbuch
sog.	sogenannt(e/r/s)
SprAuG	Sprecherausschussgesetz
SSC	Shared-Service-Center
StGB	Strafgesetzbuch
StPO	Strafprozessordnung
TKG	Telekommunikationsgesetz
TMG	Telemediengesetz
TOM	Technische und organisatorische Maßnahmen
TVG	Tarifvertragsgesetz
TVöD	Tarifvertrag für den öffentlichen Dienst
ua	und andere; unter anderem
UAbs.	Unterabsatz
vgl.	vergleiche
VO	Verordnung
WRV	Weimarer Reichsverfassung
ZD	Zeitschrift für Datenschutz
zit.	zitiert
ZPO	Zivilprozessordnung

Literaturverzeichnis

Ambrock, Jens	Nach Safe Harbor: Schiffbruch des transatlantischen Datenverkehrs?, NZA 2015, 1493
Arnold, Christian/Günther, Jens (Hrsg.)	Arbeitsrecht 4.0, 2018 (zit.: Arnold/Günther/Bearbeiter)
Art.-29-Datenschutzgruppe	Einführung eines Prüfungskatalogs für einen Antrag auf Genehmigung verbindlicher unternehmensinterner Vor-schriften, WP 108 Arbeitspapier über eine gemeinsame Auslegung des Artikels 26 Absatz 1 der Richtlinie 95/46/EG, WP 114 Stellungnahme 1/2010 zu den Begriffen „für die Verarbeitung Verantwortlicher" und „Auftragsverarbeiter", WP 169 Opinion 3/2013 on purpose limitation, WP 203 Leitlinien in Bezug auf die Einwilligung gemäß Verordnung 2016/679, WP 259
Ascheid, Reiner/Preis, Ulrich/ Schmidt, Ingrid (Hrsg.)	Kündigungsrecht, 5. Aufl. 2017 (zit.: APS/Bearbeiter)
Bader, Peter/Fischmeier, Ernst/ Gallner, Inken ua (Hrsg.)	Gemeinschaftskommentar zum Kündigungsschutzgesetz (KR), 12. Aufl. 2019 (zit.: KR/Bearbeiter)
Barton, Dirk-M.	Betriebliche Übung und private Nutzung des Internetarbeitsplatzes „Arbeitsrechtliche Alternativen" zur Wiedereinführung der alleinigen dienstlichen Verwendung, NZA 2006, 460
BayLDA	Tätigkeitsbericht 2017/2018
Bayreuther, Frank	Videoüberwachung am Arbeitsplatz, NZA 2005, 1038
Bayreuther, Frank	Das neue Mutterschutzrecht im Überblick, NZA 2017, 1145
Behling, Thorsten B.	Herausforderung Datenschutz: Rechtskonforme Ausgestaltung von Terrorlisten-Screenings?, NZA 2015, 1359
Behrens, Michael	Eignungsuntersuchungen und Datenschutz, NZA 2014, 401
Bergmann, Lutz/Möhrle, Roland/ Herb, Armin (Hrsg.)	Datenschutzrecht, Stand Februar 2019, (zit.: Bergmann/Möhrle/Herb)
Bergwitz, Christoph	Prozessuale Verwertungsverbote bei unzulässiger Videoüberwachung, NZA 2012, 353
BMAS (Hrsg.)	Mobiles und entgrenztes Arbeiten, Stand November 2015
Bonanni, Andrea/Kamps, Michael	Daten- und arbeitsschutzrechtliche Anforderungen an Home-Office-Vereinbarungen, ArbRB 2014, 83
Bonanni, Andrea/Niklas, Lisa-Marie	Ist der Betriebsrat „Verantwortlicher" im Sinn der DS-GVO?, ArbRB 2018, 371
Braun, Martin/Wybitul, Tim	Übermittlung von Arbeitnehmerdaten bei Due Diligence – Rechtliche Anforderungen und Gestaltungsmöglichkeiten, BB 2008, 782

Brink, Stefan/Joos, Daniel	Datenschutzrechtliche Verantwortlichkeit der betrieblichen und behördlichen Beschäftigtenvertretungen, NZA 2019, 1395
Brink, Stefan/Schwab, Sabrina	Beschäftigtendatenschutz: Zwischen wirtschaftlicher Abhängigkeit und informationeller Selbstbestimmung, RDV 2017, 170
Brink, Stefan/Wolff, Heinrich Amadeus (Hrsg.)	BeckOK Datenschutzrecht, 29. Edition, Stand 1.8.2019 (zit.: BeckOK DatenschutzR/Bearbeiter)
Brink, Stefan	Die private E-Mail-Nutzung am Arbeitsplatz, ArbRAktuell 2018, 111
Buschbaum, Jörg/Rosak, Philip	Der Zugriff des Arbeitgebers auf den E-Mail-Account des Arbeitnehmers, DB 2014, 2530
Byers, Philipp/Gola, Peter	Datenschutz bei der Kontrolle „mobiler" Arbeitnehmer – Zulässigkeit und Transparenz, NZA 2007, 1139
Byers, Philipp/Wenzel, Kathrin	Videoüberwachung am Arbeitsplatz nach dem neuen Datenschutzrecht, BB 2017, 2038
Byers, Philipp	Die Zulässigkeit heimlicher Mitarbeiterkontrollen nach dem neuen Datenschutzrecht, NZA 2017, 1086
Carpenter, Doreen	Assessment Center generell rechtlich unbedenklich?, NZA 2015, 466
Dahl, Holger/Brink, Stefan	Die Mitbestimmung des Betriebsrats bei der Einführung und Anwendung technischer Einrichtungen in der Praxis, NZA 2018, 1231
Damann, Ulrich	Erfolge und Defizite der EU-Datenschutzgrundverordnung – Erwarteter Fortschritt, Schwächen und überraschende Innovationen, ZD 2016, 30
Datenschutzkonferenz	Kurzpapier Nr. 4, Datenübermittlung in Drittländer, Stand 22.7.2019 Kurzpapier Nr. 5, Datenschutz-Folgenabschätzung nach Art. 35 DS-GVO, Stand 17.12.2018 Kurzpapier Nr. 13, Auftragsverarbeitung, Art. 28 DS-GVO, Stand 16.1.2018 Kurzpapier Nr. 17, Besondere Kategorien personenbezogener Daten, Stand 27.3.2018 Orientierungshilfe der Aufsichtsbehörden für Anbieter von Telemedien, Stand März 2019 Orientierungshilfe zur datenschutzgerechten Nutzung von E-Mail und anderen Internetdiensten am Arbeitsplatz, Stand Januar 2016 Orientierungshilfe „Datenschutzgerechter Einsatz von RFID", Stand 14.12.2006
Däubler, Wolfgang	Gläserne Belegschaften, 8. Aufl. 2019
Däubler, Wolfgang/Klebe, Thomas	Crowdwork: Die neue Form der Arbeit – Arbeitgeber auf der Flucht?, NZA 2015, 1032
Düsseldorfer Kreis	Positionspapier zum internationalen Datenverkehr, Stand 28.3.2007

Literaturverzeichnis

Düwell, Franz Josef/Brink, Stefan	Beschäftigtendatenschutz nach der Umsetzung der Datenschutz-Grundverordnung: Viele Änderungen und wenig Neues, NZA 2017, 1081
Düwell, Franz Josef/Brink, Stefan	Die EU-Datenschutz-Grundverordnung und der Beschäftigtendatenschutz, NZA 2016, 665
Dzida, Boris	Big Data und Arbeitsrecht, NZA 2017, 541
Ehmann, Eugen/Selmayr, Martin (Hrsg.)	Datenschutz-Grundverordnung, 2. Aufl. 2018 (zit.: Ehmann/Selmayr/Bearbeiter)
Engeler, Malte/Quiel, Philipp	Recht auf Kopie und Auskunftsanspruch im Datenschutzrecht, NJW 2019, 2201
Eylert, Mario	Kündigung nach heimlicher Arbeitnehmerüberwachung, NZA-Beil. 2015, 100
Feldmann, Thorsten	Unterliegen Arbeitgeber der Pflicht zur Vorratsdatenspeicherung gem. § 113a TKG?, NZA 2008, 1398
Festschrift für Wilhelm Moll zum 70. Geburtstag	Dynamisches Recht. Herausforderungen im Arbeitsrecht, Gesellschaftsrecht und Insolvenzrecht, 2019 (zit.: FS Moll/Bearbeiter)
Fitting, Karl/Engels, Gerd/ Schmidt, Ingrid/Trebinger, Yvonne/ Linsenmaier, Wolfgang (Hrsg.)	Betriebsverfassungsgesetz, 29. Aufl. 2018 (zit.: Fitting)
Forst, Gerrit	Bewerberauswahl über soziale Netzwerke im Internet?, NZA 2010, 427
Franzen, Martin/Gallner, Inken/ Oetker, Hartmut (Hrsg.)	Kommentar zum europäischen Arbeitsrecht, 3. Aufl. 2020 (zit.: Franzen/Gallner/Oetker/Bearbeiter)
Franzen, Martin	Rechtliche Rahmenbedingungen psychologischer Eignungstests, NZA 2013, 1
Gallner, Inken/Mestwerdt, Wilhelm/ Nägele, Stefan (Hrsg.)	Kündigungsschutzrecht, 6. Aufl. 2018 (zit.: HaKo-KSchR/Bearbeiter)
Gola, Peter	Die Ortung externer Beschäftigter. Abwägung zwischen Überwachungsinteresse und schutzwürdigen Arbeitnehmerinteressen, ZD 2012, 308
Gola, Peter	Datenschutz bei der Kontrolle „mobiler" Arbeitnehmer – Zulässigkeit und Transparenz, NZA 2007, 1139
Gola, Peter	Datenschutz-Grundverordnung, 2. Aufl. 2018 (zit.: Gola/Bearbeiter)
Gola, Peter	Der „neue" Beschäftigtendatenschutz nach § 26 BDSG nF, BB 2017, 1462
Gola, Peter	Datenschutz bei der Kontrolle „mobiler" Arbeitnehmer – Zulässigkeit und Transparenz, NZA 2007, 1139
Gola, Peter	Handbuch Beschäftigtendatenschutz, 8. Aufl. 2019 (zit.: HdB Beschäftigtendatenschutz)
Gola Peter/Heckmann, Dirk (Hrsg.)	Bundesdatenschutzgesetz, 13. Aufl. 2019 (zit.: Gola/Heckmann/Bearbeiter)

Gola, Peter/Pötters, Stehpan/ Thüsing, Gregor	Art. 82 DS-GVO: Öffnungsklausel für nationale Regelungen zum Beschäftigtendatenschutz – Warum der deutsche Gesetzgeber jetzt handeln muss, RDV 2016, 57
Göpfert, Burkard/Dußmann, Andreas	Recruiting und Headhunting in der digitalen Arbeitswelt – Herausforderungen für die arbeitsrechtliche Praxis, NZA-Beil. 2016, 41
Göpfert, Burkard/Wilke, Elena	Nutzung privater Smartphones für dienstliche Zwecke, NZA 2012, 765
Göpfert, Burkhard/Papst, Melanie	Digitale Überwachung mobiler Arbeit – GPS-Ortung, „Tracking"-Funktionen, Routenplaner, Navigationssysteme, DB 2016, 1015
Groß, Nadja/Platzer, Matthias	Whistleblowing: Keine Klarheit beim Umgang mit Informationen und Daten, NZA 2017, 1097
Günther, Jens/Böglmüller, Matthias	Arbeitsrecht 4.0 – Arbeitsrechtliche Herausforderungen in der vierten industriellen Revolution, NZA 2015, 1025
Günther, Jens/Lenz, Fabian	Social Media-Auftritt des Betriebsrats – Was geht? Was geht nicht?, NZA 2019, 1241
Hammer, Volker	DIN 66398 – Die Leitlinie Löschkonzept als Norm, DuD 2016, 528
Härting, Niko	Datenschutz-Grundverordnung, 2016
Härting, Niko	Was ist eigentlich eine Kopie?, CR 2019, 219
Haußmann, Kathrin	Arbeit 4.0 – Update Arbeitsrecht?!, RdA 2019, 131
Haußmann, Kathrin/ Karawatzki, Constance/ Ernst, Sebastian	Datenschutzrechtliche Löschpflichten in Löschpflichten in der Personalverwaltung, DB 2018, 2697
Heider, Benjamin	Arbeitsunfähigkeitsbescheinigung per WhatsApp – Auswirkung der Aufhebung des Fernbehandlungsverbots auf die Erteilung von Arbeitsunfähigkeitsbescheinigungen, NZA 2019, 288
Heider, Benjamin	Wirksame Maßnahmen des Arbeitgebers zur Verringerung von Fehlzeiten, NJW 2015, 1051
Herb, Armin	Die Datenschutz-Grundverordnung der EU, BRAK-Mitt. 2017, 209
Herfs-Röttgen, Ebba	Rechtsfragen rund um die Personalakte, NZA 2013, 478
Hillenbrand-Beck, Renate	Arbeitsbericht der ad-hoc Arbeitsgruppe „Konzerninterner Datentransfer", 2004
Hillenbrand-Beck, Renate	Aktuelle Fragestellungen des internationalen Datenverkehrs, RDV 2007, 231
Hoeren, Thomas	EU-Standardvertragsklauseln, BCR und Safe Harbor Principles – Instrumente für ein angemessenes Datenschutzniveau, RDV 2012, 271
Hoffmann-Remy, Till/Tödtmann, Ulrich	Sicherung der Arbeitgeberrechte an Social Media-Kontakten, NZA 2016, 792
Howald, Bert/Köninger, Holger	Outplacement-Beratung als wichtiges Instrument in Trennungssituationen, DB 2013, 698

Literaturverzeichnis

Iraschko-Luscher, Stephanie/ Kiekenbeck, Pia	Welche Krankheitsdaten darf der Arbeitgeber von seinem Mitarbeiter abfragen?, NZA 2009, 1239
Jarass, Hans Dieter/Pieroth, Bodo (Hrsg.)	Grundgesetz, 15. Aufl. 2018 (zit.: Jarass/Pieroth/Bearbeiter)
Jordan, Christopher/Bissels, Alexander/ Löw, Christine	Arbeitnehmerkontrolle im Call-Center durch Silent Monitoring und Voice Recording, BB 2008, 2626
Joussen, Jacob	Die Zulässigkeit von vorbeugenden Torkontrollen nach dem neuen BDSG, NZA 2010, 254
Kania, Thomas/Sansone, Piero	Möglichkeiten und Grenzen des Pre-Employment-Screenings, NZA 2012, 360
Kainer, Friedemann/Weber, Christian	Datenschutzrechtliche Aspekte des "Talentmanagements", BB 2017, 2740
Keller, Ulrich	Die ärztliche Untersuchung des Arbeitnehmers im Rahmen des Arbeitsverhältnisses, NZA 1988, 561
Kempter, Michael/Steinat, Björn	Compliance – arbeitsrechtliche Gestaltungselemente und Auswirkungen in der Praxis, NZA 2017, 1505
Kiel, Heinrich/Lunk, Stefan/ Oetker, Hartmut (Hrsg.)	Münchener Handbuch zum Arbeitsrecht, 4. Aufl. 2018 (zit.: MHdB ArbR/Bearbeiter)
Klösel, Daniel/Mahnhold, Thilo	Die Zukunft der datenschutzrechtlichen Betriebsvereinbarung – Mindestanforderungen und betriebliche Ermessensspielräume nach DS-GVO und BDSG nF, NZA 2017, 1428
Koch, Frank A.	Rechtsprobleme privater Nutzung betrieblicher elektronischer Kommunikationsmittel, NZA 2008, 911
König, Tassilo-Rouven	Das Recht auf eine Datenkopie im Arbeitsverhältnis, CR 2019, 295
Kopp, Reinhold/Sokoll, Karen	Wearables am Arbeitsplatz – Einfallstore für Alltagsüberwachung?, NZA 2015, 1352
Korinth, Michael	Datenschutz-Grundverordnung – Was ändert sich für den Betriebsrat?, ArbRB 2018, 47
Körner, Anne/Leitherer, Stephan/ Mutschler, Bernd/Rolfs, Christian (Hrsg.)	Kasseler Kommentar Sozialversicherungsrecht, Stand 1.8.2019, 105. EGL (zit.: KassKomm/Bearbeiter)
Körner, Marita	Beschäftigtendatenschutz in Betriebsvereinbarungen unter der Geltung der DS-GVO, NZA 2019, 1389
Körner, Marita	Die Datenschutz-Grundverordnung und nationale Regelungsmöglichkeiten für Beschäftigtendatenschutz, NZA 2016, 1383
Kort, Michael	Eignungsdiagnose von Bewerbern unter der Datenschutz-Grundverordnung (DS-GVO), NZA-Beil. 2016, 62
Kort, Michael	Neuer Beschäftigtendatenschutz und Industrie 4.0 – Grenzen einer „Rundumüberwachung" angesichts der Rechtsprechung, der DS-GVO und des BDSG nF, RdA 2018, 24
Kramer, Stefan (Hrsg.)	IT-Arbeitsrecht, 2. Aufl. 2019 (zit.: Kramer/Bearbeiter)

Kratz, Felix/Gubbels, Achim	Beweisverwertungsverbote bei privater Internetnutzung am Arbeitsplatz, NZA 2009, 652
Krause, Rüdiger	Digitalisierung der Arbeitswelt – Herausforderungen und Regelungsbedarf, NZA 2016, 1004
Krause, Rüdiger	Herausforderung Digitalisierung der Arbeitswelt und Arbeiten 4.0, NZA-Beil. 2017, 53
Krohm, Niclas	Abschied vom Schriftformgebot der Einwilligung, ZD 2016, 368
Kühling, Jürgen/Buchner, Benedikt (Hrsg.)	Datenschutz-Grundverordnung/BDSG, 2. Aufl. 2018 (zit.: Kühling/Buchner/Bearbeiter)
Kühling, Jürgen/Martini, Mario	Die Datenschutz-Grundverordnung und das nationale Recht, 2016 (zit.: Kühling/Martini)
Kühling, Jürgen/Schall, Tobias	WhatsApp, Skype & Co. – OTT-Kommunikationsdienste im Spiegel des geltenden Kommunikationsrechts, CR 2015, 641
Kühling, Jürgen/Schall, Tobias	E-Mail-Dienste sind Telekommunikationsdienste iSd § 3 Nr. 24 TKG, CR 2016, 185
Kühling, Jürgen	Neues Bundesdatenschutzgesetz – Anpassungsbedarf bei Unternehmen, NJW 2017, 1985
Lachenmann, Matthias	Neue Anforderungen an die Videoüberwachung, ZD 2017, 407
Laue, Philip/Nink, Judith/Kremer, Sascha	Das neue Datenschutzrecht in der betrieblichen Praxis, 2016 (zit.: Laue/Nink/Kremer)
Lepperhoff, Niels/Ermola, Tatjana	Kandidatensuche in berufsorientierten sozialen Netzwerken – Rechtsgrundlage und Pflichten, RDV 2018, 260
LfDI Baden-Württemberg	Ratgeber Beschäftigtendatenschutz, 3. Aufl. 2003
Löwisch, Manfred/Rieble, Volker	Tarifvertragsgesetz, 4. Aufl. 2017 (zit.: Löwisch/Rieble)
Lücke, Oliver	Die Betriebsverfassung in Zeiten der DS-GVO, NZA 2019, 658
Lunk, Stefan	Grundlagen des betrieblichen Eingliederungsmanagements, NJW 2019, 2349
Mahnhold, Thilo	„Global Whistle" oder „deutsche Pfeife" – Whistleblowing-Systeme im Jurisdiktionskonflikt, NZA 2008, 737
Maier, Natalie	Der Beschäftigtendatenschutz nach der Datenschutz-Grundverordnung, DuD 2017, 169
Martini, Mario/Botta, Jonas	Iron Man am Arbeitsplatz? – Exoskelette zwischen Effizienzstreben, Daten- und Gesundheitsschutz – Chancen und Risiken der Verschmelzung von Mensch und Maschine in der Industrie 4.0, NZA 2018, 625
Maschmann, Frank	Compliance versus Datenschutz, NZA-Beil. 2012, 50
Maschmann, Frank	Zuverlässigkeitstests durch Verführung illoyaler Mitarbeiter?, NZA 2002, 13

Literaturverzeichnis

Maschmann, Frank/Fritz, Hans-Joachim (Hrsg.)	Matrixorganisationen, 2019 (zit.: Maschmann/Fritz/Bearbeiter)
Maties, Martin	Arbeitnehmerüberwachung mittels Kamera?, NJW 2008, 2219
Michel, Lothar/Wiese, Günther	Zur rechtlichen und psychologischen Problematik graphologischer Gutachten, NZA 1986, 505
Michl, Walther	Das Verhältnis zwischen Art. 7 und 8 GRCh – zur Bestimmung der Grundlagen des Datenschutzrechts im EU-Recht, DuD 2017, 349
Monreal, Manfred	„Der für die Verarbeitung Verantwortliche" – das unbekannte Wesen des deutschen Datenschutzrechts, ZD 2014, 611
Müller, Stefan	Homeoffice in der arbeitsrechtlichen Praxis, 2019
Müller-Glöge, Rudi/Preis, Ulrich/ Schmidt, Ingrid	Erfurter Kommentar zum Arbeitsrecht, 20. Aufl. 2020 (zit.: ErfK/Bearbeiter)
Niklas, Thomas/Faas, Thomas	Der Datenschutzbeauftragte nach der Datenschutz-Grundverordnung, NZA 2017, 1091
Niklas, Thomas/Thurn, Lukas	Arbeitswelt 4.0 – Big Data im Betrieb, BB 2017, 1589
Oberwetter, Christian	Arbeitnehmerrechte bei Lidl, Aldi & Co., NZA 2008, 609
Otto, Björn/Lampe, Julia	Terrorabwehr im Spannungsfeld von Mitbestimmung und Datenschutz, NZA 2011, 1134
Paal, Boris/Pauly, Daniel A. (Hrsg.)	Datenschutz-Grundverordnung/Bundesdatenschutzgesetz, 2. Aufl. 2018 (zit.: Paal/Pauly/Bearbeiter)
Pfang, Sebastian	Die „nicht-dateimäßige" Verarbeitung von Beschäftigtendaten, DuD 2018, 380
Pollert, Dirk	Arbeitnehmer-Smartphone als Betriebsmittel – ein kostensparendes Modell?, NZA-Beil. 2014, 152
Preis, Ulrich	Der Arbeitsvertrag, 5. Aufl. 2015
Raffler, Andrea/Hellich, Peter	Unter welchen Voraussetzungen ist die Überwachung von Arbeitnehmer-Emails zulässig?, NZA 1997, 862
Richardi, Reinhard (Hrsg.)	Betriebsverfassungsgesetz, 16. Aufl. 2018 (zit.: Richardi/Bearbeiter)
Rolfs, Christian/Giesen, Richard/ Kreikebohm, Ralf/Udsching, Peter (Hrsg.)	BeckOK Arbeitsrecht, 53. Edition, Stand 1.9.2019 (zit.: BeckOK ArbR/Bearbeiter)
Roßnagel, Alexander	Gesetzgebung im Rahmen der Datenschutz-Grundverordnung – Aufgaben und Spielräume des deutschen Gesetzgebers?, DuD 2017, 277
Schantz, Peter	Die Datenschutz-Grundverordnung – Beginn einer neuen Zeitrechnung im Datenschutzrecht, NJW 2016, 1841
Schantz, Peter/Wolff, Heinrich Amadeus (Hrsg.)	Das neue Datenschutzrecht, 2017 (zit.: Schantz/Wolff/Bearbeiter)
Schaub, Günter/Koch, Ulrich (Hrsg.)	Arbeitsrecht von A–Z, 23. Aufl. 2019 (zit.: Schaub ArbR A–Z/Bearbeiter)

Literaturverzeichnis

Schaub, Günter	Arbeitsrechts-Handbuch, 18. Aufl. 2019 (zit.: Schaub ArbR-HdB/Bearbeiter)
Schiefer, Bernd	Das betriebliche Eingliederungsmanagement (bEM), RdA 2016, 196
Schmid, Georg/Kahl, Thomas	Verarbeitung „sensibler" Daten durch Cloud-Anbieter in Drittstaaten, ZD 2017, 54
Schmitt, Jochem/Küfner-Schmitt, Irmgard/Schmitt, Laura	Entgeltfortzahlungsgesetz, 8. Aufl. 2018 (zit.: Schmitt/Bearbeiter)
Schrey, Joachim/Kielkowski, Jacek	Die datenschutzrechtliche Betriebsvereinbarung in DS-GVO und BDSG 2018 – Viel Lärm um Nichts?, BB 2018, 629
Steffan, Ralf	Arbeitszeit(recht) auf dem Weg zu 4.0, NZA 2015, 1409
Schulte, Willem/Welge, Jonas	Der datenschutzrechtliche Kopieanspruch im Arbeitsrecht, NZA 2019, 1110
Simitis, Spiros/Hornung, Gerrit/Spiecker, Indra (Hrsg.)	Datenschutzrecht DS-GVO mit BDSG, 2019 (zit.: Simitis/Bearbeiter)
Sörup, Thorsten	Gestaltungsvorschläge zur Umsetzung der Informationspflichten der DS-GVO im Beschäftigungskontext, ArbRAktuell 2016, 207
Stamer, Katrin/Hinrichs, Lars	Deutschland: Was ist erlaubt?, NZA 2006, 1065
Strick, Kerstin	Die Anfechtung von Arbeitsverträgen durch den Arbeitgeber, NZA 2000, 695
Stück, Volker	Compliance und Mitbestimmung, ArbRAktuell 2015, 337
Stück, Volker	Präventive und repressive Compliance: Datenschutz- und arbeitsrechtliche Aspekte nach DS-GVO und BDSG 2018, ArbRAktuell 2019, 216
Sydow, Gernot (Hrsg.)	Europäische Datenschutzgrundverordnung, 2. Aufl. 2018 (zit.: Sydow/Bearbeiter)
Thum, Rainer/Szczesny, Christian	Background-Checks im Einstellungsverfahren: Zulässigkeit und Risiken für Arbeitgeber, BB 2007, 2405
Thüsing, Gregor/Lambrich, Thomas	Das Fragerecht des Arbeitgebers, BB 2002, 1146
Thüsing, Gregor/Rombey, Sebastian	Die „schriftlich oder elektronisch" erteilte Einwilligung nach § 26 Abs. 2 Satz 3 BDSG, NZA 2019, 1399
Trittin, Wolfgang/Fischer, Esther D.	Datenschutz und Mitbestimmung – Konzernweite Personaldatenverarbeitung und die Zuständigkeit der Arbeitnehmervertretung, NZA 2009, 343
Voigt, Paul	Konzerninterner Datentransfer, CR 2017, 428
Wedde, Peter	Das Grundrecht auf Vertraulichkeit und Integrität in informationstechnischen Systemen aus arbeitsrechtlicher Sicht, AuR 2009, 373
Weichert, Thilo	Die Verarbeitung von Wearable-Sensordaten bei Beschäftigten, NZA 2017, 565

Weth, Stephan/Herberger, Maximilian/ Wächter, Michael/Sorge, Christoph (Hrsg.)	Daten- und Persönlichkeitsschutz im Arbeitsverhältnis, 2. Aufl. 2019 (zit.: WHWS Arbeitnehmerdatenschutz-HdB/Bearbeiter)
Wiese, Günther	Problematik graphologischer Gutachten, NZA 1986, 505
Wiese, Günther/Kreutz, Peter/Oetker, Hartmut/Raab, Thomas/Weber, Christoph/Gutzeit, Martin/Jacobs, Matthias (Hrsg.)	Gemeinschaftskommentar zum Betriebsverfassungsgesetz, 11. Aufl. 2018 (zit.: GK-BetrVG/Bearbeiter)
Willemsen, Heinz Josef/Hohenstatt, Klaus-Stefan/ Schnitker, Elmar/ Schweibert, Ulrike/Seibt, Christoph H. (Hrsg.)	Umstrukturierung und Übertragung von Unternehmen, 5. Aufl. 2016 (zit.: Willemsen/Hohenstatt/ Schweibert/Seibt Umstrukturierung/Bearbeiter)
Wurzberger, Sebastian	Anforderungen an Betriebsvereinbarungen nach der DS-GVO, ZD 2017, 258
Wybitul, Tim	Betriebsvereinbarungen im Spannungsverhältnis von arbeitgeberseitigem Informationsbedarf und Persönlichkeitsschutz des Arbeitnehmers – Handlungsempfehlungen und Checkliste zu wesentlichen Regelungen, NZA 2017, 1488
Wybitul, Tim	Das neue Bundesdatenschutzgesetz: Verschärfte Regeln für Compliance und interne Ermittlungen, BB 2009, 1582
Wybitul, Tim	Was ändert sich mit dem neuen EU-Datenschutzrecht für Arbeitgeber und Betriebsräte?, ZD 2016, 203
Wybitul, Tim/Brams, Isabella	Welche Reichweite hat das Recht auf Auskunft und auf eine Kopie nach Art. 15 I DS-GVO? – Zugleich eine Analyse des Urteils des LAG Baden-Württemberg vom 20.12.2018, NZA 2019, 672
Wybitul, Tim/Fladung, Armin	EU-Datenschutz-Grundordnung – Überblick und arbeitsrechtliche Betrachtung des Entwurfs, BB 2012, 509
Wybitul, Tim/Sörup, Thorsten/ Pötters, Stephan	Betriebsvereinbarungen und § 32 BDSG: Wie geht es nach der DS-GVO weiter? ZD 2015, 559,
Zöll, Oliver/Kielkowski, Jacek	Arbeitsrechtliche Umsetzung von „Bring Your Own Device" (BYOD), BB 2012, 2625

Allgemeiner Teil

§ 1 Nationale und übernationale Rechtsgrundlagen

A. Deutsches Verfassungsrecht
I. Allgemeines Persönlichkeitsrecht und informationelle Selbstbestimmung

Der Schutz personenbezogener Daten ist verfassungsrechtlich und unionsrechtlich garantiert. Das Grundrecht auf informationelle Selbstbestimmung[1] oder, mit anderen Worten, das Grundrecht auf Datenschutz[2] ist eine besondere Ausprägung des in Art. 2 Abs. 1 iVm Art. 1 Abs. 1 GG verankerten **Allgemeinen Persönlichkeitsrechts**. 1

1. Persönlicher und sachlicher Schutzbereich

Grundrechtsträger des Grundrechts auf Datenschutz ist „der Einzelne", also jede natürliche Person zwischen ihrer Geburt und ihrem Tod.[3] Im datenschutzrechtlichen Kontext ist von der betroffenen Person[4] oder dem Betroffenen die Rede. Das Grundrecht schützt in engen Grenzen auch juristische Personen,[5] wobei sich dieser Schutz nur aus Art. 2 Abs. 1 GG und nicht aus der durch Art. 1 Abs. 1 GG geschützten Menschenwürde ableitet. Der sachliche Schutzbereich umfasst das Recht des Einzelnen, grundsätzlich selbst über die Preisgabe und Verwendung **personenbezogener Daten** zu entscheiden. Unter personenbezogenen Daten in diesem Sinne versteht das BVerfG Informationen zu den persönlichen oder sachlichen Verhältnissen einer bestimmten Person.[6] Unerheblich ist, auf welche Art und Weise (manuell bzw. analog oder digital; ganz, teilweise oder nicht automatisiert) die personenbezogenen Daten verarbeitet werden.[7] Damit reichen der persönliche und sachliche Schutzbereich des Grundrechts auf Datenschutz weiter, als der an späterer Stelle noch zu behandelnde Anwendungsbereich der DS-GVO.[8] 2

Mit dem Grundrecht auf Datenschutz sind weitere Teilaspekte des Allgemeinen Persönlichkeitsrechts eng verwandt, namentlich das Recht am eigenen Bild und das Recht am gesprochenen Wort. **Das Recht am eigenen Bild** gewährleistet die Entscheidungsfreiheit des Einzelnen, ob, wann und wie er sich Dritten oder gegenüber der Öffentlichkeit im Bild darstellen will. Geschützt ist die unbefugte Anfertigung, Verbreitung und Veröffentlichung des eigenen Bildes, ungeachtet der zu diesem Zweck eingesetzten technischen Mittel.[9] Einfachgesetzliche Ausprägungen des Rechts am eigenen Bild finden sich etwa in §§ 22, 23, 33 KUG und § 201a StGB. 3

---

1 BVerfG 15.12.1983 – 1 BvR 209/83, NJW 1984, 419.
2 BVerfG 8.8.1990 – 2 BvR 417/89.
3 Zum postmortalen Persönlichkeitsrecht vgl. BVerfG 24.2.1971 – 1 BvR 435/68, NJW 1971, 1645.
4 Vgl. Art. 4 Nr. 1 DS-GVO.
5 BGH 8.9.1994 – VI ZR 286/93, NJW 1994, 1281; BVerfG 3.5.1994 – 1 BvR 737/94, NJW 1994, 1784.
6 BVerfG 15.12.1983 – 1 BvR 209/83, NJW 1984, 419.
7 BVerfG 9.3.1988 – 1 BvL 49/86, NJW 1988, 2031.
8 Vgl. Art. 2 Abs. 1 DS-GVO.
9 BVerfG 12.12.1995 – VI ZR 223/94.

4   Das **Recht am gesprochenen Wort** schützt die Möglichkeit des Einzelnen, sich in der Kommunikation nach eigener Einschätzung situationsangemessen zu verhalten und sich auf die jeweiligen Kommunikationspartner einzustellen. Dazu gehört die Befugnis, selbst zu bestimmen, ob der Kommunikationsinhalt einzig dem Gesprächspartner, einem bestimmten Personenkreis oder der Öffentlichkeit zugänglich sein soll.[10] Verletzungen des Rechts am gesprochenen Wort können gemäß § 201 StGB strafrechtlich sanktioniert werden. Im Bereich der Telekommunikation ist das gesprochene Wort ergänzend durch das **Fernmeldegeheimnis** gemäß Art. 10 Abs. 1 GG bzw. durch § 88 TKG und § 206 StGB besonders geschützt.

5   In seiner Entscheidung vom 27.2.2008 hat das BVerfG das Grundrecht auf Gewährleistung der Vertraulichkeit und Integrität **informationstechnischer Systeme** als weiteren Bestandteil des Allgemeinen Persönlichkeitsrechts aus der Taufe gehoben.[11] Zu den „informationstechnischen Systemen" zählen neben Computern, informationstechnischen Komponenten in Telekommunikationsgeräten und anderen elektronischen Geräten auch persönliche Daten, die auf externen Servern im Vertrauen auf Vertraulichkeit ausgelagert sind.[12]

2. Eingriff und Rechtfertigung

6   Die Verarbeitung von personenbezogenen Daten stellt einen Eingriff in das Grundrecht auf Datenschutz dar, wenn der Betroffene nicht ohne Zwang und ohne Täuschung hinreichend konkret in die Datenverarbeitung eingewilligt hat.[13] Fehlt es an einer **Einwilligung**, liegt ein Grundrechtseingriff vor, der nur im überwiegenden Interesse der Allgemeinheit und unter Beachtung des **Grundsatzes der Verhältnismäßigkeit** durch Gesetz oder aufgrund eines Gesetzes zulässig ist.[14] Im Rahmen der Verhältnismäßigkeitsprüfung kommt es entscheidend darauf an, welche Persönlichkeitssphäre im Einzelfall betroffen ist:

- Die **Intimsphäre** eines Menschen ist der unantastbare Kernbereich privater, höchstpersönlicher Lebensgestaltung. Er umfasst die innere Gedanken- und Gefühlswelt und den Sexualbereich. Ein Eingriff ist regelmäßig unzulässig.[15]
- Der Schutz der **Privatsphäre** umfasst Angelegenheiten, die wegen ihres Informationsgehalts typischerweise als privat eingestuft werden und einen räumlichen Bereich, in dem der Einzelne zu sich kommen, entspannen oder auch gehen lassen kann.[16] Eingriffe sind nur unter strenger Einhaltung des Verhältnismäßigkeitsgrundsatzes und zugunsten eines überwiegenden Allgemeininteresses zulässig.
- Die **Sozialsphäre** betrifft den Bereich, in dem die persönliche Entfaltung sich von vorneherein im Kontakt mit der Umwelt bewegt, also das soziale und berufliche Leben.[17] Beeinträchtigungen unterliegen hier dem schwächsten Schutz. In die So-

---

10   BVerfG 9.10.2002 – 1 BvR 1611/96, NJW 2002, 2290.
11   BVerfG 27.2.2008 – 1 BvR 370/07, NJW 2008, 822.
12   BVerfG 20.4.2016 – 1 BvR 966/09, NJW 2016, 1781; Zur Bedeutung des Grundrechts im Arbeitsrecht vgl. Wedde/Eppstein, AuR 2009, 373.
13   Jarass/Pieroth, GG Art. 2 Rn. 54.
14   BVerfG 7.12.2011 – 2 BvR 2500/09, NJW 2012, 907.
15   BVerfG 14.9.1989 – 2 BvR 1062/87, NJW 1990, 89.
16   BVerfG 15.12.1999 – 1 BvR 653/96, NJW 2000, 1021.
17   BVerfG 17.2.2002 – 1 BvR 755/99, NJW 2003, 1109.

zialsphäre kann auch durch betriebliche Regelungen eingegriffen werden, wenn die persönliche Sphäre anderer oder Belange der Gemeinschaft berührt sind und der Grundsatz der Verhältnismäßigkeit gewahrt wird.[18]

II. Bedeutung im Arbeitsverhältnis
1. Mittelbare Drittwirkung

Das Allgemeine Persönlichkeitsrecht bzw. das Grundrecht auf Datenschutz gilt wegen der mittelbaren Drittwirkung des Grundrechts auch im Arbeitsverhältnis.[19] Hier werden personenbezogene Daten von Arbeitnehmern regelmäßig über einen verhältnismäßig langen Zeitraum und in sehr großer Zahl verarbeitet. Entsprechend hoch ist das Bedürfnis nach einem angemessenen und effektiven Persönlichkeitsschutz. Dieser Schutz kann den Arbeitnehmern nur in sehr eingeschränktem Maße selbst überantwortet werden. Arbeitnehmer stehen in einem persönlichen Abhängigkeitsverhältnis und sind aufgrund des daraus resultierenden strukturellen Ungleichgewichts typischerweise nicht imstande, sich mit den Mitteln privatautonomer Gestaltung gegen Beeinträchtigungen ihres Persönlichkeitsrechts zu erwehren.[20] Diesem Umstand hat der deutsche Gesetzgeber unter anderem mit § 75 Abs. 2 BetrVG Rechnung getragen und den Persönlichkeitsschutz im Arbeitsverhältnis Arbeitgeber und Betriebsrat übertragen.[21] Der Schutz und die Verwirklichung der Arbeitnehmerpersönlichkeit sind somit eine Aufgabe des Arbeitsrechts und gehen über den Schutz wirtschaftlicher und gesundheitlicher Arbeitnehmerinteressen hinaus.[22]

7

Der **Persönlichkeitsschutz** im Arbeitsverhältnis ist aber nicht schrankenlos gewährleistet. Der Arbeitgeber kann im Arbeitsverhältnis vielfach ein berechtigtes Interesse an der Verarbeitung von personenbezogenen Daten vorweisen. Es ist für die Durchführung eines Arbeitsverhältnisses unerlässlich, dass der Arbeitgeber über einen bestimmten Informationsfundus verfügt, der auch ohne die ausdrückliche Einwilligung des Arbeitnehmers abgefragt und verwendet werden kann. Bei der Anbahnung des Arbeitsverhältnisses muss sich der Arbeitgeber beispielsweise über die Person des Bewerbers unterrichten können.[23] Im bestehenden Arbeitsverhältnis beschränkt sich das berechtigte Informationsinteresse des Arbeitgebers nicht nur auf wenige Personalstammdaten, sondern kann häufig auch solche Informationen über den Arbeitnehmer betreffen, die typischerweise als „sensibel" eingestuft oder empfunden werden. Beispielhaft zu nennen sind alle Arten von **Leistungs- und Verhaltensdaten** oder Informationen über die Gesundheit des Arbeitnehmers. In seiner Entscheidung vom 11.3.1986 hat das BAG etwa ein berechtigtes Interesse des Arbeitgebers hinsichtlich der Erhebung von Krankheits- und Fehlzeiten eines Arbeitnehmers bejaht, um die Beeinträchtigung des Äquivalenzinteresses (Arbeitsleistung gegen Arbeitsentgelt) fest-

8

---

18 BVerfG 25.1.2012 – 1 BvR 2499/09, NJW 2012, 1500; BAG 15.4.2014 – 1 ABR 2/13, NZA 2014, 551; Kühling/Buchner/Maschmann, BDSG § 26 Rn. 42.
19 BAG 12.7.2016 – 9 AZR 791/14, NZA 2016, 1344.
20 Simitis/Seifert, DS-GVO Art. 88 Rn. 12.
21 BT-Drs. VI/1786, 46.
22 GK-BetrVG/Kreutz/Jacobs, BetrVG § 75 Rn. 101.
23 BAG 6.6.1984 – 5 AZR 286/81, NJW 1984, 2910.

stellen zu können.²⁴ Ein besonders schützenswertes Informationsinteresse ist dem Arbeitgeber im Bereich der sog. **Compliance** zuzubilligen. Stehen Rechtsverstöße bzw. Pflichtverletzungen des Arbeitnehmers im Raum, für die der Arbeitgeber im Außenverhältnis ggf. selbst haftbar gemacht oder mit einem Bußgeld belegt werden kann, muss der Arbeitgeber berechtigt sein, den Sachverhalt zu erforschen. Allerdings genügt das bloße Beweisinteresse des Arbeitgebers nicht, wenn das Allgemeine Persönlichkeitsrecht durch die konkreten Aufklärungsmaßnahmen insgesamt unverhältnismäßig beeinträchtigt wird.²⁵

9 Im Spannungsfeld zwischen Grundrechtsschutz und dem Informationsinteresse des Arbeitgebers kann die Zulässigkeit einzelner grundrechtsrelevanter Maßnahmen weder pauschal bejaht noch verneint werden. Keiner Interessenslage ist von vorne herein ein Vorrang vor der anderen einzuräumen. Lässt das Gesetz einen vom Arbeitgeber beabsichtigten Eingriff in das Grundrecht nicht ausdrücklich zu, muss vielmehr eine umfassende **Verhältnismäßigkeitsprüfung** unter Berücksichtigung aller Umstände des Einzelfalls durchgeführt werden. Der Eingriff ist nur dann gerechtfertigt, wenn die schutzwürdigen Interessen des Arbeitgebers gegenüber dem Persönlichkeitsschutz des Arbeitnehmers überwiegen.²⁶ Dieser Grundsatz ist überall dort unmittelbar anzuwenden, wo das einfachgesetzliche Datenschutzrecht aufgrund formaler Anwendungsschranken keine Schutzwirkung entfaltet.²⁷

2. Einzelfälle

a) Auslegung und Anwendung einfachgesetzlicher Rechtsnormen

10 Die **mittelbare Drittwirkung** des Allgemeinen Persönlichkeitsrechts wirkt sich bei der Anwendung und Auslegung von einfachgesetzlichen Rechtsnormen aus, die vom Arbeitgeber tatbestandlich eine Interessenabwägung erfordern. So ist das Grundrecht etwa bei der Inhaltskontrolle von Formulararbeitsverträgen gemäß § 307 Abs. 1 Satz 1 BGB zu berücksichtigen.²⁸ Eine Klausel, die mit dem Allgemeinen Persönlichkeitsrecht des Arbeitnehmers nicht in Einklang gebracht werden kann, benachteiligt diesen regelmäßig unangemessen. Das BAG hat in seiner Entscheidung vom 23.8.2012 eine arbeitsvertraglich vereinbarte Verpflichtung eines Arbeitnehmers unter dem Gesichtspunkt des Persönlichkeitsrechts als unwirksam erachtet, die vorsah, dass der Arbeitnehmer seine Einkommensteuererklärung durch eine vom Arbeitgeber beauftragte Steuerberatungsgesellschaft erstellen zu lassen.²⁹

11 Das Arbeitnehmerpersönlichkeitsrecht beschränkt auch die Reichweite des arbeitgeberseitigen **Direktionsrechts**. Weisungen des Arbeitgebers müssen nach § 106 GewO billigem Ermessen iSv § 315 BGB entsprechen. Das ist der Fall, wenn die wechselseitigen Interessen nach verfassungsrechtlichen und gesetzlichen Wertentscheidungen, den allgemeinen Wertungsgrundsätzen der Verhältnismäßigkeit und Angemessenheit

---

24 BAG 11.3.1986 – 1 ABR 12/84, NZA 1986, 526.
25 BAG 22.9.2016 – 2 AZR 848/15, NZA 2017, 112.
26 BAG 29.6.2004 – 1 ABR 21/03, NZA 2004, 321.
27 BAG 6.6.1984 – 5 AZR 286/81, NZA 1984. 2910.
28 BeckOK ArbR/Jacobs, BGB § 307 Rn. 31.
29 BAG 23.8.2012 – 8 AZR 804/11, NZA 2013, 268.

sowie der Verkehrssitte und Zumutbarkeit abgewogen worden sind.³⁰ Das Allgemeine Persönlichkeitsrecht und die informationelle Selbstbestimmung des Arbeitnehmers können selbst dann zur Unzulässigkeit einer Weisung des Arbeitgebers führen, wenn dieser sachliche Gründe für sein Vorgehen vorweisen kann. Umgekehrt kann eine Weisung des Arbeitgebers, die auch eine Verpflichtung zur Verarbeitung personenbezogener Daten beinhaltet, zulässig sein, wenn dies für die Erbringung der geschuldeten Arbeitsleistung erforderlich und dem Arbeitnehmer zumutbar ist.³¹

Der Bereich der **privaten Lebensgestaltung** ist dem Direktionsrechts des Arbeitgebers 12
entzogen. Er ist nicht berechtigt, Anweisungen zu erteilen, die sich auf das außerdienstliche Verhalten des Arbeitnehmers erstrecken.³² Grundsätzlich kann der Arbeitgeber das Arbeitsverhältnis auch nicht wegen eines missfälligen **außerdienstlichen Verhaltens** kündigen. Das gilt selbst dann, wenn das außerdienstliche Verhalten einen Straftatbestand erfüllt.³³ Eine **verhaltensbedingte Kündigung** erfordert stets einen Bezug zu den arbeitsvertraglichen Pflichten des Arbeitnehmers oder muss im Falle einer personenbedingten Kündigung einen Rückschluss auf die Eignung des Arbeitnehmers für die arbeitsvertraglich geschuldete Tätigkeit zulassen.³⁴

b) Rechtsansprüche von Arbeitnehmern

Aus dem Allgemeinen Persönlichkeitsrecht können Arbeitnehmer konkrete Rechtsan- 13
sprüche herleiten. Um dem Schutzauftrag des Grundrechts in der betrieblichen Praxis Wirkung zu verschaffen, hat der Arbeitnehmer ein **Einsichtsrecht** in die über ihn geführte Personalakte. Im bestehenden Arbeitsverhältnis ergibt sich dieser Anspruch aus § 83 Abs. 1 Satz 1 BetrVG, im beendeten Arbeitsverhältnis aus § 241 Abs. 2 BGB.³⁵

Im Einzelfall kann eine Verletzung des Allgemeinen Persönlichkeitsrechts einen An- 14
spruch des Arbeitnehmers auf Zahlung einer **Geldentschädigung** gemäß § 823 Abs. 1 BGB begründen. Dabei sind in gebotener Gesamtwürdigung insbesondere die Bedeutung und Tragweite des Eingriffs, ferner Anlass und Beweggrund des Handelnden sowie der Grad des Verschuldens zu berücksichtigen. Unter dieser Prämisse hat das BAG seiner Entscheidung vom 19.2.2015 den Entschädigungsanspruch eines Arbeitnehmers bejaht, der von einem durch seinen Arbeitgeber beauftragten Detektiv überwacht wurde, ohne dass der Arbeitgeber seinen Verdacht einer vorgetäuschten Arbeitsunfähigkeit auf konkrete Tatsachen stützen konnte.³⁶ Im Falle einer Wiederholungsgefahr hätte dem Arbeitnehmer in derselben Situation auch ein Unterlassungsanspruch gegen den Arbeitgeber gemäß § 1004 BGB iVm § 823 Abs. 1 BGB zugestanden.

---

30 BAG 24.5.2018 – 6 AZR 116/17, NZA-RR 2018, 568.
31 BAG 25.9.2013 – 10 AZR 270/12, NZA 2014, 41.
32 LAG Baden-Württemberg 11.5.2004 – 14 Sa 126/03 (Dienstkleidung); LAG Hessen 11.8.2000 – 2 Sa 1000/99, NZA-RR 2001, 77 (Rauchverbot).
33 Dazu ausführlich mit zahlreichen Nachweisen KR/Griebeling/Rachort, KSchG § 1 Rn. 450 f.
34 BAG 27.1.2011 – 2 AZR 825/09, NZA 2011, 798.
35 BAG 12.7.2016 – 9 AZR 791/14, NZA 2016, 1344; BAG 16.11.2010 – 9 AZR 573/09, NZA 2011, 453.
36 BAG 19.2.2015 – 8 AZR 1007/13, NZA 2015, 994.

15 Da eine zur Personalakte genommene **Abmahnung** geeignet ist, den Arbeitnehmer in seinem beruflichen Fortkommen und seinem Persönlichkeitsrecht zu beeinträchtigen, darf der Arbeitgeber eine Abmahnung nicht ohne ausreichenden Anlass erteilen und sie nur für einen angemessenen Zeitraum aufbewahren. Der Arbeitnehmer kann in entsprechender Anwendung von §§ 242, 1004 BGB die Entfernung einer zu Unrecht erteilten Abmahnung aus seinen Personalunterlagen verlangen, wenn das berechtigte Interesse des Arbeitgebers an der Ausübung seines Gläubigerrechts fehlt. Das ist der Fall, wenn die Abmahnung formell nicht ordnungsgemäß zu Stande gekommen ist, unrichtige Tatsachenbehauptungen enthält, den Grundsatz der Verhältnismäßigkeit verletzt oder kein schutzwürdiges Interesse des Arbeitgebers am Verbleib der Abmahnung in der Personalakte mehr besteht.[37]

16 Ein im **Bewerbungsverfahren** vom Bewerber ausgefüllter Personalfragebogen darf vom Arbeitgeber nur aufbewahrt werden, wenn dieser ein berechtigtes Interesse vorweisen kann. Die Absicht, den Fragebogen bei einer nochmaligen Bewerbung zu einem Datenvergleich heranzuziehen oder den Bewerber später zu einer nochmaligen Bewerbung anzuhalten, genügt dafür nicht. An einem berechtigten Interesse des Arbeitgebers fehlt es jedenfalls, wenn der Personalfragebogen Angaben über die Privat- oder Intimsphäre enthält. Dann hat der Arbeitnehmer unabhängig von den Vorschriften des BDSG oder der DS-GVO einen Anspruch auf Vernichtung.[38]

c) Beweis- und Sachvortragsverwertungsverbot im Arbeitsgerichtsprozess

17 Auf Grundlage des Allgemeinen Persönlichkeitsrechts prüft das BAG die prozessuale Verwertbarkeit von Erkenntnissen oder Beweismitteln. Obwohl die ZPO und das ArbGG keine Regelungen zur Unverwertbarkeit von Erkenntnissen oder Beweismitteln vorsehen, kann sich ein Verwertungsverbot aus einer **verfassungskonformen Auslegung** des Verfahrensrechts ergeben.[39]

18 Das BAG prüft in **zwei Schritten**. Erstens ist festzustellen, ob die Informations- oder **Beweisbeschaffung** durch den Arbeitgeber in ein Grundrecht des Beschäftigten eingreift, ohne dass dies durch überwiegende Belange des Arbeitgebers gerechtfertigt wäre. Handelt es sich – was in den relevanten Konstellationen im Arbeitsgerichtsprozess der Regelfall ist – bei der Informations- und Beweisbeschaffung durch den Arbeitgeber zugleich um eine Verarbeitung personenbezogener Daten, liegt ein Eingriff in das Allgemeine Persönlichkeitsrecht des betroffenen Beschäftigten vor, der zulässig ist, wenn er auf eine datenschutzrechtliche Erlaubnisvorschrift gestützt werden kann. Ein Verwertungsverbot scheidet also von vorne herein aus, wenn die umfassende Abwägung der widerstreitenden Interessen und Grundrechtspositionen im Rahmen der Generalklauseln in § 26 Abs. 1 BDSG oder in Art. 6 Abs. 1 lit. f DS-GVO zugunsten des Arbeitgebers ausfällt.[40]

19 Ist der mit der Informations- und Beweisbeschaffung verbundene Grundrechtseingriff nicht datenschutzrechtlich zulässig, so ist im zweiten Schritt zu prüfen, ob die betrof-

---

[37] BAG 11.12.2001 – 9 AZR 464/00, NZA 2002, 965.
[38] BAG 6.6.1984 – 5 AZR 286/81, NZA 1984, 321.
[39] BAG 23.8.2018 – 2 AZR 133/18, NZA 2018, 1329.
[40] BAG 23.8.2018 – 2 AZR 133/18, NZA 2018, 1329.

fenen Schutzzwecke des verletzten Grundrechts der Verwertung der Erkenntnis oder des Beweismittels im Rechtsstreit entgegenstehen. Das ist der Fall, wenn das nach Art. 1 Abs. 3 GG unmittelbar an die Grundrechte gebundene Gericht ohne Rechtfertigung in eine verfassungsrechtlich geschützte Position einer Prozesspartei eingriffe, indem es eine Persönlichkeitsrechtsverletzung durch den Arbeitgeber perpetuierte oder vertiefte.[41] In dieser Situation überwiegen das Interesse an der prozessualen Verwertung eines Beweismittels und der Funktionstüchtigkeit der Rechtspflege gegenüber dem Interesse am Schutz des verletzten Grundrechts nur dann, wenn weitere, über das schlichte **Beweisinteresse** einer Prozesspartei hinausgehende Aspekte hinzutreten.[42] Davon ist beispielsweise auszugehen, wenn sich der Beweisführer bei der Informationsbeschaffung in einer Notwehrsituation oder einer notwehrähnlichen Lage befindet.[43] Die Zulässigkeit der Verwertung ist auch zu bejahen, wenn die Unzulässigkeit der vom Arbeitgeber durchgeführten Maßnahme allein aus der (Grund-)Rechtswidrigkeit der Datenerhebung gegenüber anderen Beschäftigten resultiert oder die verletzte einfachrechtliche Norm keinen eigenen „Grundrechtsgehalt" hat.[44]

Rechtsfolge einer in diesem Sinne ungerechtfertigten Grundrechtsverletzung kann sowohl ein prozessuales **Beweisverwertungsverbot** als auch ein sog. **Sachvortragsverwertungsverbot** sein.[45] Ein Beweisverwertungsverbot ist kommt in Betracht, wenn Tatsachen zwischen den Prozessparteien streitig sind und die beweisbelastete Partei ein Beweismittel zum Nachweis ihres Tatsachenvortrags in den Rechtsstreit einführen möchte. Ein Sachvortragsverwertungsverbot ist möglich, wenn streitentscheidende Tatsachen zwischen den Prozessparteien unstreitig sind und die darlegungs- und beweisbelastete Partei zu ihrem Tatsachvortrag nur aufgrund eines ungerechtfertigten Grundrechtseingriffs imstande war. 20

Beispiel: Der Arbeitgeber kündigt dem Arbeitnehmer wegen Diebstahls aus seinem Verkaufssortiment. Im Kündigungsschutzprozess gesteht der Arbeitnehmer die Tat vollumfänglich ein, argumentiert aber, dass der Arbeitgeber nur aufgrund einer unzulässigen heimlichen Videoüberwachung davon erfahren habe. 21

Nach der prozessualen Ausgangssituation gilt der **Tatsachenvortrag** des Arbeitgebers vom Arbeitnehmer gemäß § 138 Abs. 3 ZPO als zugestanden und wäre deshalb von dem erkennenden Gericht zwingend zu verwerten.[46] Das BAG verhilft dem Einwand der Grundrechtsverletzung hier zur Geltung, indem es das inkriminierte Vorbringen des Arbeitgebers als bestritten behandelt, obwohl der Arbeitnehmer das Vorbringen tatsächlich nicht bestritten hat.[47] Mit den Worten des BAG wird der Streit damit „auf die Beweisebene gehoben", wo zulasten des Arbeitgebers ein korrespondierendes Beweisverwertungsverbot mit der Folge eingreift, dass der Arbeitgeber für seinen fiktiv als streitig anzusehenden Vortrag beweisfällig bleibt.[48] Durch diesen Kunstgriff ver- 22

---

41 BAG 23.8.2018 – 2 AZR 133/18, NZA 2018, 1329.
42 BAG 22.9.2016 – AZR 848/15, NZA 2017, 112.
43 BVerfG 9.10.2002 – 1 BvR 1611/96, NJW 2002, 3619; BAG 20.6.2013 – 2 AZR 546/12, NZA 2014, 147.
44 BAG 20.10.2016 – 2 AZR 395/15, NZA 2017, 443.
45 Anders noch BAG 13.12.2007 – 2 AZR 537/06, NZA 2008, 1008.
46 So noch BAG 13.12.2007 – 2 AZR 537/06, NZA 2008, 1008.
47 BAG 23.8.2018 – 2 AZR 133/18, NZA 2018, 1329 (1331).
48 BAG 23.8.2018 – 2 AZR 133/18, NZA 2018, 1329 (1331).

hindert das BAG, dass der Arbeitnehmer zu einem prozessrechtswidrigen und strafbaren wahrheitswidrigen Bestreiten gezwungen wird, um in den (berechtigten) Genuss eines Beweisverwertungsverbots zu gelangen.

23 In der Sache umfassen das Beweis- und Sachvortragsverwertungsverbot nicht nur die unrechtmäßig erlangte Erkenntnis bzw. das Beweismittel selbst, sondern – wie im Strafprozess – auch dessen **mittelbare Verwertung** durch Vernehmung eines Zeugen, der beispielsweise über eine von ihm wahrgenommene unzulässige heimliche Videoaufzeichnung Auskunft geben könnte.[49] Sogenannte **Zufallsfunde** dürfen grundsätzlich verwertet werden.[50] Etwas anderes kann gelten, wenn im Rahmen einer Güterabwägung das Beweisinteresse des Arbeitgebers hinter dem Interesse des Arbeitnehmers am Schutz seines Persönlichkeitsrechts zurücktritt. Das ist bei gewichtigen arbeitsvertraglichen Pflichtverletzungen oder Straftaten regelmäßig zu verneinen.[51]

24 Unter anderem in folgenden Konstellationen hat die Rechtsprechung ein Beweis- oder Sachvortragsverwertungsverbot **bejaht**:
- Unzulässige (heimliche) Videoüberwachung[52]
- Heimliches Mithören bzw. Aufzeichnen von Telefonaten[53]
- Heimliches Mithören eines Gesprächs mittels Bürosprechanlage[54]
- Heimliche Spindkontrolle[55]
- Verwendung einer Keyloggers[56]

25 In den folgenden Konstellationen wurde ein Verwertungsverbot hingegen **verneint**:
- Verstoß gegen Mitbestimmungsrechte des Betriebsrats oder eine Betriebsvereinbarung.[57] Das soll auch gelten, wenn ein Verwertungsverbot in einer Betriebsvereinbarung ausdrücklich vorgesehen ist.[58]
- Verstoß gegen datenschutzrechtliche Vorschriften, ohne dass darin zugleich eine unverhältnismäßige Beeinträchtigung des Arbeitnehmerpersönlichkeitsrechts liegt.[59]
- Auswertung eines Browserverlaufs[60]
- GPS Ortungsdaten bei dem Verdacht des Spesenbetrugs durch einen Außendienstmitarbeiter[61]
- Durch Diebstahl erworbene Beweismittel[62]

---

49 BAG 22.9.2016 – 2 AZR 848/15, NZA 2017, 112 (114); BVerfG 31.7.2001 – 1 BvR 304/01, NZA 2002, 284.
50 BAG 22.9.2016 – 2 AZR 848/15, NZA 2017, 112; aA Eylert, NZA-Beil. 2015, 100 (107); Bergwitz, NZA 2012, 353 (358).
51 Kramer/Tiedemann, Rn. 521.
52 BAG 21.11.2013 – 2 AZR 797/11, NZA 2014, 243.
53 BAG 23.4.2009 – 6 AZR 189/08, NZA 2009, 974; BAG 29.10.1997 – 5 AZR 508/96, NZA 1998, 307.
54 BAG 2.6.1982 – 2 AZR 1237/79, NJW 1983, 1691.
55 BAG 20.6.2013 – 2 AZR 1474/11, NZA 2014, 143.
56 BAG 27.7.2017 – 2 AZR 681/16, NZA 2017, 1327.
57 BAG 13.12.2007 – 2 AZR 537/06, NZA 2008, 1008.
58 LAG Baden-Württemberg 6.6.2018 – 21 Sa 48/17, BeckRS 2018, 30862.
59 BAG 27.7.2017 – 2 AZR 681/16, NZA 2017, 1327; BAG 21.6.2012 – 2 AZR 153/11, NZA 2012, 1025.
60 LAG Berlin-Brandenburg 14.1.2016 – 5 Sa 657/15.
61 LAG Baden-Württemberg 25.10.2002 – 5 Sa 59/00.
62 BAG 15.8.2002 – 2 AZR 214/01, NZA 2003, 432.

B. Europäische Grundrechte

I. Europäische Menschenrechtskonvention (EMRK)

Das nationale Allgemeine Persönlichkeitsrecht wird durch verschiedene übernationale Kodifikationen flankiert. Die Europäische Menschenrechtskonvention regelt den Datenschutz zwar nicht ausdrücklich. Art. 8 Abs. 1 EMRK sieht aber vor, dass jede Person das Recht auf Achtung ihres Privat- und Familienlebens, ihrer Wohnung und ihrer Korrespondenz hat. Der Begriff des **Privatlebens** (engl. „private life") ist nach Ansicht des Europäischen Gerichtshofs für Menschenrechte (EGMR) weit auszulegen. Er bezieht sich sowohl auf den inneren Kreis der eigenen Persönlichkeit als auch auf die äußeren Beziehungen des Einzelnen zu anderen.[63] In diesem Rahmen stellen der Datenschutz und das Recht auf informationelle Selbstbestimmung einen wesentlichen Teilbereich des Schutzes des Privatlebens dar,[64] in den durch die Verarbeitung von personenbezogenen Daten eingegriffen wird.[65]

26

Art. 8 Abs. 1 EMRK gewährt den Rechteinhabern ein **Abwehrrecht**[66] und verpflichtet die Konventionsstaaten dazu, bei der Regelung des Arbeitnehmerdatenschutzes auf einen angemessenen Ausgleich der Interessen von Arbeitgeber und Arbeitnehmer achten.[67] Die deutschen Arbeitsgerichte sind infolge von Art. 8 Abs. 1 EMRK verpflichtet, den Vortrag eines Arbeitnehmers zur Verletzung seiner Privatsphäre zuzulassen und zu würdigen.[68]

27

In den vergangenen Jahren hat sich der EGMR in mehreren Entscheidungen mit datenschutzrechtlichen Fragestellungen mit Bezug zu Beschäftigungsverhältnissen befasst:

28

EGMR-Urteil (Datum/Aktenzeichen)	Gegenstand des Verfahrens
EGMR 22.2.2018 – 588/13	Zugriff des Arbeitgebers auf einen Dienstrechner mit pornografischen Fotos und Videos
EGMR 28.11.2017 – 70838/13	Videoüberwachung von Arbeitsräumen
EGMR 5.9.2017 – 61496/08	Überwachung des elektronischen Schriftverkehrs am Arbeitsplatz
EGMR 12.6.2014 – 56030/07	Nichtverlängerung eines langjährigen Beschäftigungsverhältnisses eines verheirateten früheren Priesters als Religionslehrer
EGMR 28.6.2012 – 1620/03	Schadensersatz für konventionswidrige Kündigung durch katholische Kirchengemeinde
EGMR 27.3.2012 – 20041/10	Zugang des Arbeitgebers zur Krankenakte des Arbeitnehmers
EGMR 23.9.2010 – 1620/03	Kündigung eines Angestellten einer katholischen Kirchengemeinde wegen Ehebruchs und Bigamie

---

[63] EGMR 18.10.2016 – 61838/10, NJW-RR 2018, 294.
[64] Franzen/Gallner/Oetker/Schubert, EMRK Art. 8 Rn. 7.
[65] EGMR 26.3.1987 – 9248/81.
[66] EGMR 23.9.2010 – 1620/03, NZA 2011, 279.
[67] Franzen/Gallner/Oetker/Schubert, EMRK Art. 8 Rn. 29.
[68] Franzen/Gallner/Oetker/Schubert, EMRK Art. 8 Rn. 19.

EGMR-Urteil (Datum/Aktenzeichen)	Gegenstand des Verfahrens
EGMR 23.9.2010 – 425/03	Kündigung eines Angestellten der Mormonenkirche wegen Ehebruchs
EGMR 4.12.2008 – 30562/04	DNA-Spuren
EGMR 3.4.2007 – 62617/00	Dienstliche E-Mails
EGMR 27.4.2004 – 55480/00	Entlassung wegen früherer Geheimdiensttätigkeit
EGMR 22.11.2001 – 41111/98	Stasi Unterlagen der DDR
EGMR 25.6.1997 – 2605/92	Abhören von dienstlichen Telefongesprächen

II. EU-Grundrechtecharta (GRCh)

29 Das Recht auf informationelle Selbstbestimmung ist außerdem durch Art. 7 und Art. 8 GRCh gewährleistet. Art. 7 GRCh gibt den Wortlaut von Art. 8 Abs. 1 EMRK nahezu identisch wieder und schützt das Recht auf **Achtung des Privatlebens**. Daneben ist der Schutz personenbezogener Daten in Art. 8 Abs. 1 GRCh ausdrücklich vorgesehen.[69]

Art. 8 GRCh
(1) Jede Person hat das Recht auf Schutz der sie betreffenden personenbezogenen Daten.
(2) Diese Daten dürfen nur nach Treu und Glauben für festgelegte Zwecke und mit Einwilligung der betroffenen Person oder auf einer sonstigen gesetzlich geregelten legitimen Grundlage verarbeitet werden. Jede Person hat das Recht, Auskunft über die sie betreffenden erhobenen Daten zu erhalten und die Berichtigung der Daten zu erwirken.
(3) Die Einhaltung dieser Vorschriften wird von einer unabhängigen Stelle überwacht.

30 Grundrechtsträger ist auch hier der **Einzelne** („jede Person"). Es ist bislang nicht geklärt, ob auch juristische Personen vom Schutzbereich des Art. 8 GRCh erfasst werden. Dies soll jedenfalls dann der Fall sein, wenn der Name der juristischen Person eine oder mehrere natürliche Personen enthält.[70] Das Grundrecht verpflichtet nach Art. 51 Abs. 1 Satz 1 GRCh in erster Linie die Mitgliedstaaten der Europäischen Union, wenn und soweit diese Unionsrecht durchführen. Daneben besitzt Art. 8 Abs. 1 GG nach zutreffender Auffassung keine unmittelbare, sondern nur eine mittelbare Drittwirkung für Privatpersonen in Gestalt einer grundrechtskonformen Auslegung oder Unanwendbarkeit des nationalen Rechts.[71]

---

[69] Zum Verhältnis zwischen Art. 7 und Art. 8 GRCh vgl. Michl, DuD 2017, 349.
[70] EuGH 9.11.2010 – C-92/09, EuZW 2010, 939; Franzen/Gallner/Oetker/Franzen, GRC Art. 8 Rn. 3.
[71] Ausführlich Franzen/Gallner/Oetker/Schubert, GRC Art. 51 Rn. 33f.

C. Datenschutz-Grundverordnung
I. Allgemeines
1. Zielsetzung der europäischen Datenschutznovelle

Die DS-GVO (engl. General Data Protection Regulation, kurz: GDPR) löst die bis zum 25.5.2018 gültige Datenschutzrichtlinie 95/46/EG ab und bildet seither die tragende Säule des Datenschutzrechts in der Europäischen Union.[72] Die Verordnung gilt in den Mitgliedstaaten unmittelbar[73] und muss deshalb, anders als die Datenschutzrichtlinie 95/46/EG, nicht von den Mitgliedstaaten durch nationale Rechtsakte umgesetzt werden.[74] Dadurch soll eine **Vollharmonisierung** des Datenschutzrechts in der Union sowohl auf der Ebene der Normsetzung als auch auf der Ebene der Normanwendung erreicht werden.[75]

31

Zum anderen trägt die DS-GVO dem technologischen Fortschritt seit dem Inkrafttreten der Datenschutzrichtlinie 95/46/EG Rechnung. In der zunehmend digitalen Welt soll ein gleichmäßiges und hohes Datenschutzniveau gewährleistet sein.[76] Der verbesserte Datenschutz ist dabei keineswegs als reines Instrument zum Schutz der informationellen Selbstbestimmung zu bewerten. Vielmehr enthält die Verordnung nach Art. 1 Abs. 1 DS-GVO Vorschriften zum Schutz natürlicher Personen bei der Verarbeitung personenbezogener Daten *und zum freien Verkehr solcher Daten*. Die DS-GVO verfolgt also auch das Ziel, die Hemmnisse für den Verkehr personenbezogener Daten in der Union zu beseitigen[77] und die Wirtschaftsunion zu stärken.[78]

32

2. Regelungsstruktur und Inhalt der DS-GVO

Die DS-GVO besteht aus 11 Kapiteln mit 99 Artikeln und 173 vorangestellten Erwägungsgründen. Die **Erwägungsgründe** zur DS-GVO sind Bestandteil der Verordnung, entfalten aber keine Bindungswirkung. Sie können nur zur Auslegung der einzelnen Vorschriften der DS-GVO herangezogen werden.[79]

33

Regelungsstruktur und -inhalt der DS-GVO:

34

Erwägungsgründe

Kapitel 1	Ziele, Anwendungsbereich, Begriffsbestimmungen
Kapitel 2	Strukturprinzipien, Zulässigkeit der Datenverarbeitung
Kapitel 3	Informationspflichten und Betroffenenrechte
Kapitel 4	Vorgaben für Verantwortliche und Auftragsverarbeiter
Kapitel 5	Übermittlung personenbezogener Daten an Drittländer und internationale Organisationen
Kapitel 6	Datenschutzaufsichtsbehörden
Kapitel 7	Zusammenarbeit und Kohärenz

---

72 Vgl. Art. 94 DS-GVO.
73 Vgl. Art. 288 Abs. 2 AEUV und Art. 99 Abs. 2 DS-GVO.
74 Vgl. Art. 288 Abs. 3 AEUV.
75 Ehmann/Selmayr/Selmayr/Ehmann, Einf. Rn. 79.
76 Vgl. Erwägungsgrund 10 DS-GVO.
77 Vgl. Erwägungsgrund 10 DS-GVO.
78 Vgl. Erwägungsgrund 2 DS-GVO.
79 EuGH, Schlussanträge des Generalanwalts vom 6.9.2007 – C-267/06, BeckRS 2007, 70624.

Kapitel 8	Rechtsbehelfe, Haftung und Sanktionen
Kapitel 9	Besondere Verarbeitungssituationen einschließlich der Datenverarbeitung im Beschäftigungskontext
Kapitel 10	Delegierte Rechtsakte und Durchführungsrechtsakte
Kapitel 11	Schlussbestimmungen

35 Die meisten Grundprinzipien und Rechtsinstitute sind uns in der Bundesrepublik Deutschland bereits aus der Datenschutzrichtlinie 95/46/EG und dem BDSG in der bis zum 25.5.2018 geltenden Fassung bekannt. *Selmayr* und *Ehmann* formulieren treffend, dass die DS-GVO in materiellrechtlicher Hinsicht keine Revolution darstellt, sondern sich bewusst auf eine Weiterentwicklung und Modernisierung des europäischen Datenschutzrechts konzentriert.[80] Dennoch sind die Einführung einer umfangreichen Nachweis- und **Rechenschaftspflicht** des Verantwortlichen (Art. 5 Abs. 2, 24 Abs. 1 DS-GVO) sowie die erweiterten **Informationspflichten** bei der Verarbeitung von personenbezogenen Daten (Art. 13, 14 DS-GVO) hervorzuheben. Die Rechte der Betroffenen sind insbesondere durch **das Recht auf eine Datenkopie** (Art. 15 Abs. 3 DS-GVO) und das **Recht auf Datenübertragbarkeit** (Art. 20 DS-GVO) erheblich gestärkt. Ein weiterer wichtiger Meilenstein ist die Einführung des sogenannten Marktortprinzips, das die Regularien der DS-GVO auch auf Datenverarbeitungen von außerhalb der EU erstreckt.[81] Auch die neu geschaffenen Instrumentarien der Rechtsdurchsetzung verdienen eine Nennung.[82] Im Fokus der öffentlichen Diskussion stand indes der stark ausgedehnte Bußgeldrahmen, der es Aufsichtsbehörden gestattet, Verstöße gegen die DS-GVO mit Bußgeldern von bis zu 4 % des weltweit erzielten Jahresumsatzes eines Unternehmens bzw. von bis zu 20 Mio. EUR zu verhängen.[83]

36 Die wichtigsten Neuerungen der DS-GVO:
- Marktortprinzip (Art. 3 Abs. 2)
- Grundsatz der Rechenschaftspflicht (Art. 5 Abs. 2)
- Erfordernis eines Verarbeitungsverzeichnisses (Art. 30)
- Umfangreiche Informationspflichten des Verantwortlichen (Art. 12, 13 und 14)
- Erweiterte Betroffenenrechte (Art. 12, 15 ff.)
- Erfordernis eines Datenschutzmanagements (Art. 24 Abs. 1)
- Kurze Meldepflicht bei Datenschutzvorfällen (Art. 33)
- Datenschutz-Folgenabschätzung (Art. 35)
- Schaffung eines unabhängigen Europäischen Datenschutzausschuss (Art. 68 f.)
- Ersatzpflicht für immaterielle Schäden (Art. 82 Abs. 1)
- Erheblich erweiterter Bußgeldrahmen (Art. 83)

---

80 Ehmann/Selmayr/Selmayr/Ehmann, Einf. Rn. 60.
81 Vgl. Erwägungsgrund 23 DS-GVO.
82 Kühling/Buchner/Kühling/Raab, DS-GVO/BDSG, Einf. Rn. 86.
83 Eine Übersicht über die Neuerungen der DS-GVO findet sich bei Herb, BRAK-Mitt. 2017, 209.

II. Sachlicher Anwendungsbereich der DS-GVO

Der Anwendungsbereich der Verordnung ergibt sich aus Art. 2 DS-GVO (sachlicher Anwendungsbereich) und Art. 3 DS-GVO (räumlicher Anwendungsbereich; Einzelheiten dazu im Kontext der internationalen Datenübermittlung unter → § 5 Rn. 191 ff.) unter ergänzender Berücksichtigung der Begriffsbestimmungen in Art. 4 DS-GVO. 37

1. Personenbezogene Daten (Art. 4 Nr. 1 DS-GVO)

Die Anwendung der DS-GVO setzt eine Verarbeitung von personenbezogenen Daten voraus. Der **Begriff** der personenbezogenen Daten ist in Art. 4 Nr. 1 DS-GVO definiert und grundsätzlich weit auszulegen.[84] 38

Personenbezogene Daten (Art. 4 Nr. 1 DS-GVO)

„personenbezogene Daten" [sind] alle Informationen, die sich auf eine identifizierte oder identifizierbare natürliche Person (im Folgenden „betroffene Person") beziehen; als identifizierbar wird eine natürliche Person angesehen, die direkt oder indirekt, insbesondere mittels Zuordnung zu einer Kennung wie einem Namen, zu einer Kennnummer, zu Standortdaten, zu einer Online-Kennung oder zu einem oder mehreren besonderen Merkmalen identifiziert werden kann, die Ausdruck der physischen, physiologischen, genetischen, psychischen, wirtschaftlichen, kulturellen oder sozialen Identität dieser natürlichen Person sind.

Personenbezogene Daten zeichnen sich nach dieser Definition durch das Vorliegen von drei **Kernmerkmalen** aus: 39

- Vorliegen einer Information
- Bezug zu einer natürlichen Person (Personenbezug)
- Identifikation oder Identifizierbarkeit

Erster Anknüpfungspunkt ist das Vorliegen einer **Information**. Es ist unerheblich, welcher Art und Herkunft die Information ist, welche Bedeutung sie im Rechtsverkehr besitzt oder wie sensibel sie nach objektiver oder subjektiver Wahrnehmung ist, ob und in welcher Weise sie dokumentiert bzw. gespeichert ist, ob sie unrichtig oder richtig ist oder wie sie dargestellt wird. Erfasst sind alle Inforationen, die irgendeinen Aussagegehalt aufweisen. Bilder oder Videoaufzeichnungen sind taugliche Informationen, weil sie die Wahrnehmung eines konkreten Lebenssachverhalts ermöglichen. Auch Negativinformationen können personenbezogene Daten sein, wenn sie als solche festgehalten werden.[85] Im Ergebnis gilt: Das Datenschutzrecht kennt keine belanglosen Informationen.[86] 40

Die Folgefragen nach dem **Personenbezug** und nach der Identifizierbarkeit sind streng auseinanderzuhalten. Das Merkmal des Personenbezugs definiert zugleich das Schutzobjekt der DS-GVO. Betroffener (engl. „data subject") kann nur eine lebende natürliche Person[87] sein, und zwar unabhängig davon, ob diese Person als Privatperson, als Beschäftigter,[88] als Selbstständiger oder als Gesellschafter eines Unterneh- 41

---

84 EuGH 20.12.2017 – C-434/16.
85 Ehmann/Selmayr/Klabunde, DS-GVO Art. 4 Rn. 9, 11.
86 So bereits BVerfG 15.12.1983 – 1 BvR 209/83, NJW 1984, 419.
87 Vgl. Erwägungsgrund 27 DS-GVO.
88 EuGH 30.5.2013 – C-342/12, NZA 2013, 723.

mens betroffen ist.[89] Nicht von der DS-GVO geschützt sind juristische Personen und Personengruppen als solche.[90] Kann eine Information innerhalb einer Personengruppe auf eine konkrete Person zurückgeführt werden, handelt es sich jedoch um eine personenbezogene Information (bspw. Zugehörigkeit des Arbeitnehmers A zu der Gewerkschaft ver.di). Ebenfalls nicht erfasst sind Informationen, die sich ausschließlich auf eine Sache beziehen (sog. Sachinformationen).

42 Personenbezug kann sich als Inhaltselement, Zweckelement oder Ergebniselement darstellen, wobei das Vorliegen von nur einer dieser Varianten genügt.[91] Ein **Inhaltselement** liegt vor, wenn unter Berücksichtigung aller Begleitumstände und Informationen über eine Person gegeben werden.

43 **Beispiel:** Der Geschäftsführer informiert die Mitarbeiter einer vierköpfigen Abteilung ohne namentliche Nennung darüber, dass man einen Ersatz für eine Mitarbeiterin suchen werde, die aufgrund ihrer Schwangerschaft ab dem Folgetag einem Beschäftigungsverbot unterliege.

44 Ein **Zweckelement** liegt vor, wenn es möglich ist, Informationen zum Zwecke der Beurteilung, Behandlung oder Beeinflussung einer Person zu verwenden.

45 **Beispiel:** Der Arbeitgeber fragt seine Führungskräfte, wie viele „Low-Performer" und „High-Performer" es in deren Abteilung nach ihrer Einschätzung gebe.

46 Ein **Ergebniselement** liegt vor, wenn die Gefahr besteht, dass sich die Angabe unter Berücksichtigung aller Begleitumstände auf die Rechte und Interessen einer bestimmten Person auswirken kann.[92]

47 **Beispiel:** Der Geschäftsführer informiert die Belegschaft darüber, dass eine Abteilung, deren Leiter der Arbeitnehmer A ist, aufgelöst wird.

48 Auf der letzten Prüfungsebene wird von einer identifizierten Person gesprochen, wenn sich die **Identität** der Person unmittelbar aus der Information selbst ergibt.[93] Hingegen ist eine Person nur identifizierbar, wenn eine Information mit weiteren Informationen verknüpft werden muss, um sie einer bestimmten Person zuordnen zu können.

Erwägungsgrund 26 Satz 3 und Satz 4 DS-GVO
Um festzustellen, ob eine natürliche Person identifizierbar ist, sollten alle Mittel berücksichtigt werden, die von dem Verantwortlichen oder einer anderen Person nach allgemeinem Ermessen wahrscheinlich genutzt werden, um die natürliche Person direkt oder indirekt zu identifizieren, wie beispielsweise das Aussondern. Bei der Feststellung, ob Mittel nach allgemeinem Ermessen wahrscheinlich zur Identifizierung der natürlichen Person genutzt werden, sollten alle objektiven Faktoren, wie die Kosten der Identifizierung und der dafür erforderliche Zeitaufwand, herangezogen werden, wobei die zum Zeitpunkt der Verarbeitung verfügbare Technologie und technologische Entwicklungen zu berücksichtigen sind.

---

89 Paal/Pauly/Ernst, DS-GVO Art. 4 Rn. 4.
90 EuGH 9.11.2010 – C-92/09, EuZW 2010, 939.
91 EuGH 20.12.2017 – C-434/16.
92 Kühling/Buchner/Klar/Kühling, DS-GVO Art. 4 Rn. 14; Ehmann/Selmayr/Klabunde, DS-GVO Art. 4 Rn. 10.
93 EuGH 19.10.2016 – C-582/14, NJW 2016, 3579.

An der **Identifizierbarkeit** fehlt es, wenn es objektiv absolut unmöglich ist, einen Zusammenhang zwischen der Information und einer bestimmten natürlichen Person herzustellen.[94] Das ist nach Ansicht des EuGH bei einem gesetzlichen Verbot oder aufgrund einer praktischen Undurchführbarkeit aufgrund eines unverhältnismäßigen Aufwands anzunehmen.[95] Jedoch ist bei der Annahme einer Unmöglichkeit der Identifizierung große Zurückhaltung geboten. Das Datenschutzrecht kennt kein „erlaubtes Risiko".[96] So sind potenziell personenbezogene Daten grundsätzlich als Daten über eine bestimmbare Person zu behandeln.[97] Das ist beispielsweise bei einer vermeintlich „anonym" durchgeführten Mitarbeiterumfrage in kleinen Organisationseinheiten der Fall. Bei Gruppengrößen von weniger als zwölf Personen kann auch ohne Namensnennung regelmäßig von einer Identifizierbarkeit ausgegangen werden.[98] Selbst IP-Adressen können personenbezogene Daten darstellen,[99] wenn sie mithilfe des Providers dem Arbeitsplatz eines bestimmten Arbeitnehmers zugeordnet werden können. Wird der Arbeitsplatz hingegen von mehreren Arbeitnehmern genutzt, kann die Identifizierbarkeit im Einzelfall fraglich sein.[100] Gleiches gilt für sog. Cookies.

49

Beispiele für personenbezogene Daten von Arbeitnehmern:

50

- Geleistete Arbeitszeiten
- Arbeitsunfähigkeitsbescheinigung, Krankheitsbilder und Fehlzeiten
- Zielerreichungsgrad bei Zielvereinbarungen
- Browser-Verlauf auf dem Dienstrechner
- Login-Daten in einem Softwaresystem, einschl. des Zeitpunkts von einzelnen Logins
- Dienstliche E-Mail-Adresse sowie Inhalt von E-Mails, die von einem Arbeitnehmer geschrieben oder an diesen adressiert wurden
- Fotografie oder Videoaufzeichnung eines Arbeitnehmers

Im Umkehrschluss sind **anonyme Daten** nicht vom Anwendungsbereich der DS-GVO erfasst, mit der Folge, dass diese Verarbeitung solcher Informationen regelmäßig datenschutzrechtlich zulässig ist.[101] Anonyme Daten sind Informationen, die sich von vorne herein nicht auf eine identifizierte oder identifizierbare natürliche Person beziehen oder bei denen dieser Zustand nachträglich hergestellt wird.[102] Von anonymen Daten zu unterscheiden sind sog. Pseudonyme.

51

Pseudonymisierung (Art. 4 Nr. 5 DS-GVO)
„Pseudonymisierung" [ist] die Verarbeitung personenbezogener Daten in einer Weise, dass die personenbezogenen Daten ohne Hinzuziehung zusätzlicher Informationen nicht mehr einer spezifischen betroffenen Person zugeordnet werden können, sofern diese zusätzlichen Informationen gesondert aufbewahrt werden und technischen und organisatorischen Maßnahmen unterliegen, die

---

94 Paal/Pauly/Ernst, DS-GVO Art. 4 Rn. 9.
95 EuGH 19.10.2016 – C-582/15, NJW 2016, 3579.
96 Paal/Pauly/Ernst, DS-GVO Art. 4 Rn. 13.
97 Paal/Pauly/Ernst, DS-GVO Art. 4 Rn. 11.
98 LfDI BW, Ratgeber Beschäftigtendatenschutz, S. 44.
99 EuGH 24.11.2011 – C-70/10.
100 BGH 16.5.2017 – VI ZR 135/13, NJW 2017, 2416.
101 Eine Verarbeitung anonymer Daten kann aber gegen eine gesetzliche oder vertragliche Geheimhaltungspflicht verstoßen.
102 Kühling/Buchner/Klar/Kühling, DS-GVO Art. 4 Rn. 31.

gewährleisten, dass die personenbezogenen Daten nicht einer identifizierten oder identifizierbaren natürlichen Person zugewiesen werden.

52 Zweck der **Pseudonymisierung** ist es, das Risiko für die betroffenen Personen zu senken und die Verantwortlichen und die Auftragsverarbeiter bei der Einhaltung ihrer Datenschutzpflichten zu unterstützen.[103] Die DS-GVO findet auf pseudonymisierte Daten vollumfänglich Anwendung.

2. Verarbeitung (Art. 4 Nr. 2 DS-GVO)

53 Die Anwendung der DS-GVO erfordert nicht nur das Vorliegen, sondern auch die Verarbeitung von personenbezogenen Daten. Die weite Begriffsbestimmung in Art. 4 Nr. 2 DS-GVO lässt dafür jeden denkbaren **Umgang** mit personenbezogenen Daten genügen.

Verarbeitung (Art. 4 Nr. 2 DS-GVO)
„Verarbeitung" [bezeichnet] jeden mit oder ohne Hilfe automatisierter Verfahren ausgeführten Vorgang oder jede solche Vorgangsreihe im Zusammenhang mit personenbezogenen Daten wie das Erheben, das Erfassen, die Organisation, das Ordnen, die Speicherung, die Anpassung oder Veränderung, das Auslesen, das Abfragen, die Verwendung, die Offenlegung durch Übermittlung, Verbreitung oder eine andere Form der Bereitstellung, den Abgleich oder die Verknüpfung, die Einschränkung, das Löschen oder die Vernichtung.

54 Der Begriff der Verarbeitung stellt nicht auf die Art und Weise des Vorgangs ab. Er erfasst daher auch die mündliche Abfrage von Informationen oder die handschriftliche Notiz. Diese manuellen bzw. analogen Verarbeitungsvorgänge fallen gleichwohl nicht unter den Anwendungsbereich der DS-GVO (→ Rn. 56 f.).

55 Die bisherige Unterscheidung von § 3 Abs. 2 BDSG aF nach der „Erhebung, Verarbeitung und Nutzung" ist durch die DS-GVO entbehrlich geworden.

3. Ganz oder teilweise automatisierte Datenverarbeitung; Dateisystem

56 Nach Art. 2 Abs. 1 DS-GVO gilt die Verordnung nur für die ganz oder teilweise automatisierte Verarbeitung personenbezogener Daten sowie für die nicht-automatisierte Verarbeitung personenbezogener Daten, die in einem Dateisystem gespeichert sind oder gespeichert werden sollen. Automatisierte Datenverarbeitungsvorgänge sind sämtliche **technikgestützten Verfahren**, ohne dass es auf die Verwendung einer bestimmten Technik ankommt.[104] Erfasst sind Datenverarbeitungsvorgänge mittels Computer jeder Art und Größe, Smartphone oder Tablet, Überwachungsanlagen wie Videoüberwachung oder Dashcam etc.[105] Bei einer teilweise automatisierten Datenverarbeitung gibt es anders als bei der (voll-)automatisierten Datenverarbeitung noch menschliche Zwischenschritte, wie etwa die Eingabe von personenbezogenen Daten in ein Computersystem zur Speicherung.[106]

57 Die DS-GVO gilt nicht für die ausschließlich **nicht-automatisierte Datenverarbeitung** durch den Menschen. Obwohl es sich dabei um eine Datenverarbeitung iSv Art. 4

---

103 Vgl. Erwägungsgrund 28 DS-GVO.
104 Vgl. Erwägungsgrund 15 DS-GVO.
105 Paal/Pauly/Ernst, DS-GVO Art. 2 Rn. 5.
106 Paal/Pauly/Ernst, DS-GVO Art. 2 Rn. 6.

Nr. 2 DS-GVO handelt, bedarf es keiner gesetzlichen Erlaubnisvorschrift oder gar einer Einwilligung des Betroffenen. Ebenso wenig muss der Betroffene gemäß Art. 13 DS-GVO oder Art. 14 DS-GVO über die Verarbeitung informiert werden. Auch die Betroffenenrechte in den Art. 12, 15 f. DS-GVO stehen ihm nicht zu. Etwas anderes gilt nur dann, wenn die personenbezogenen Daten in einem **Dateisystem** gespeichert werden sollen. Dabei handelt es sich gemäß Art. 4 Nr. 6 DS-GVO um jede strukturierte Sammlung personenbezogener Daten, die nach bestimmten Kriterien zugänglich sind, unabhängig davon, ob diese Sammlung zentral, dezentral oder nach funktionalen oder geografischen Gesichtspunkten geordnet geführt wird. Unter den Begriff fallen unter anderem auch Papier-Personalakten.[107]

Wichtiger Hinweis: Bei der Verarbeitung von personenbezogenen Beschäftigtendaten gilt das vorstehend Gesagte wegen **§ 26 Abs. 7 BDSG** nur eingeschränkt. Insbesondere bedarf es für die Verarbeitung von personenbezogenen Beschäftigtendaten auch dann einer datenschutzrechtlichen Erlaubnisnorm oder der Einwilligung des Beschäftigten, wenn der Arbeitgeber dessen Daten nur durch mündliche Abfrage oder handschriftlich auf Papier verarbeitet.[108]

III. Verhältnis der DS-GVO zum nationalen Beschäftigtendatenschutzrecht

1. Anwendungsvorrang vor nationalem Recht

Die DS-GVO besitzt als Verordnung iSv Art. 288 Abs. 2 AEUV **unmittelbare und zwingende Wirkung**. Anders als eine europäische Richtlinie bedarf die DS-GVO keiner Umsetzung durch die Mitgliedstaaten in nationales Recht. Daraus leitet sich ein grundsätzlicher Anwendungsvorrang ab, der es erfordert, dass die nationalen Behörden, Gerichte und sonstige Stellen dem Unionsrecht entgegenstehende nationale Regelungen unangewendet lassen müssen.[109] Allerdings wird der Anwendungsvorrang an vielen Stellen durch die DS-GVO selbst durchbrochen, indem für bestimmte Regelungsbereiche sog. Öffnungsklauseln vorgesehen sind. Die Öffnungsklauseln ermöglichen es den Mitgliedstaaten, die Regelungen der DS-GVO zu konkretisieren, zu ergänzen oder zu modifizieren.[110] Der Handlungsspielraum ist dadurch begrenzt, dass die Zielsetzung der Vollharmonisierung nicht vereitelt wird.[111] Der Anwendungsvorrang wird flankiert durch das sog. unionsrechtliche Wiederholungsverbot, das es dem nationalen Gesetzgeber verbietet, mit einer Verordnung im Wortlaut übereinstimmende Regelungen im nationalen Recht zu erlassen.[112]

58

2. Bereichsspezifische Regelungskompetenz für den Beschäftigtendatenschutz

a) Öffnungsklausel und Normadressaten

Der **Beschäftigtendatenschutz** ist in der DS-GVO nicht detailliert geregelt. Damit steht die Verordnung in der Tradition der Datenschutzrichtlinie 95/46/EG, die in Art. 8 Abs. 2 lediglich eine Ausnahme vom Verbot der Verarbeitung sensibler Be-

59

---

107 Paal/Pauly/Ernst, DS-GVO Art. 2 Rn. 9.
108 Einzelheiten unten unter D. II. 3.
109 EuGH 15.7.1964 – 6/63, NJW 1964, 2371; EuGH 4.2.2016 – C-336/14.
110 Kuehling/Martini, S. 10.
111 Gola/Heckmann/Gola/Heckmann, Einl. Rn. 4.
112 EuGH 10.10.1973 – 34/73, BeckRS 2004, 70873.

45

schäftigtendaten enthielt. Deshalb gelten für die ganz oder teilweise automatisierte Verarbeitung von personenbezogenen Beschäftigtendaten sowie für die Datenverarbeitung in Dateisystemen grundsätzlich die allgemeinen Vorschriften der DS-GVO, insbesondere die Strukturprinzipien in Art. 5 DS-GVO und die Voraussetzungen für die Zulässigkeit der Datenverarbeitung in den Art. 6, 9 DS-GVO.

60 Von diesem Grundsatz macht Art. 88 Abs. 1 DS-GVO eine Ausnahme, soweit ein Mitgliedstaat die Verarbeitung personenbezogener Beschäftigtendaten im Beschäftigungskontext durch nationale Rechtsvorschriften oder durch Kollektivvereinbarung regelt. Art. 88 Abs. 1 DS-GVO ist keine Rechtsgrundlage für die Verarbeitung von personenbezogenen Beschäftigtendaten, sondern eine **bereichsspezifische Öffnungsklausel**.[113]

Art. 88 Abs. 1 DS-GVO
Die Mitgliedstaaten können durch Rechtsvorschriften oder durch Kollektivvereinbarungen spezifischere Vorschriften zur Gewährleistung des Schutzes der Rechte und Freiheiten hinsichtlich der Verarbeitung personenbezogener Beschäftigtendaten im Beschäftigungskontext, insbesondere für Zwecke der Einstellung, der Erfüllung des Arbeitsvertrags einschließlich der Erfüllung von durch Rechtsvorschriften oder durch Kollektivvereinbarungen festgelegten Pflichten, des Managements, der Planung und der Organisation der Arbeit, der Gleichheit und Diversität am Arbeitsplatz, der Gesundheit und Sicherheit am Arbeitsplatz, des Schutzes des Eigentums der Arbeitgeber oder der Kunden sowie für Zwecke der Inanspruchnahme der mit der Beschäftigung zusammenhängenden individuellen oder kollektiven Rechte und Leistungen und für Zwecke der Beendigung des Beschäftigungsverhältnisses vorsehen.

61 Entgegen dem Wortlaut von Art. 88 Abs. 1 DS-GVO ist die Öffnungsklausel nicht nur an die Mitgliedstaaten der Union, sondern auch an die Vertragsparteien von Kollektivvereinbarungen, also die nationalen Sozialpartner und Betriebsparteien, adressiert.[114] Der Begriff der Betriebsparteien umfasst nicht nur privatrechtlich organisierte Arbeitgeber und Betriebsräte sowie Sprecherausschüsse, sondern auch öffentliche Arbeitgeber und Personalräte.[115]

b) Beschäftigtendatenschutz oder Arbeitnehmerdatenschutz?

62 Der Begriff des **Beschäftigten** wird an einigen Stellen in der DS-GVO genannt,[116] aber weder in Art. 4 DS-GVO noch in Art. 88 DS-GVO oder andernorts in der DS-GVO definiert. Die Auslegung des Begriffs ist entscheidend für die Reichweite der Öffnungsklausel.

63 In der Fachliteratur wird diskutiert, ob bei der Auslegung des Beschäftigtenbegriffs (engl. „employee"; frz. „employés") der vom EuGH entwickelte **unionsrechtliche Arbeitnehmerbegriff** zugrunde zu legen ist. Grundtenor der meisten Entscheidungen zu den Arbeitnehmerbegriffen in Art. 45 AEUV und in verschiedenen Richtlinien ist, dass der EuGH bei fehlender Verweisung auf mitgliedstaatliche Arbeitnehmerbegriffe einen weiten Arbeitnehmerbegriff annimmt, der autonom und einheitlich auszule-

---
113 Bergmann/Möhrle/Herb, DS-GVO Art. 88 Rn. 3.
114 Ehmann/Selmayr/Selk, DS-GVO Art. 88 Rn. 11, 12.
115 Bergmann/Möhrle/Herb, DS-GVO Art. 88 Rn. 4.
116 Vgl. Art. 9 Abs. 2 lit. h DS-GVO, Art. 37 Abs. 6 DS-GVO, Art. 47 Abs. 1 lit. a DS-GVO und die Erwägungsgründe 48, 97, 127 DS-GVO.

gen ist.[117] Der EuGH stellt maßgeblich darauf ab, ob eine Person für eine bestimmte Zeit für einen anderen nach dessen Weisungen Leistungen erbringt, für die er als Gegenleistung eine Vergütung erhält.[118] Kein Arbeitnehmer ist, wer das mit der Tätigkeit verbundene wirtschaftliche Risiko trägt und unabhängig von eigener Verantwortung einen Auftrag ausführt.[119] Der unionsrechtliche Arbeitnehmerbegriff erfasst deshalb nicht nur den Arbeitnehmer im Sinne des deutschen Arbeitsrechts, sondern alle in persönlicher Abhängigkeit zu einem Auftraggeber tätigen Personen. Dazu kann selbst der sog. Fremdgeschäftsführer zählen, der nach deutschem Recht nicht als Arbeitnehmer anzusehen ist.[120]

Nicht wenige Fachautoren sind der Auffassung, dass dieses **weite Begriffsverständnis** nicht auf den Beschäftigtenbegriff in Art. 88 DS-GVO übertragen werden kann. Die Öffnungsklausel lasse auf nationaler Ebene nur ein „klassisches Arbeitnehmerdatenschutzrecht" zu.[121] Die Verarbeitung von personenbezogenen Daten von Beschäftigten, die nicht Arbeitnehmer sind, soll sich ausschließlich nach der DS-GVO richten.[122] Dafür spreche, dass eine Öffnungsklausel naturgemäß restriktiv ausgelegt werden müsse. Ein weites Begriffsverständnis lasse eine Zersplitterung des Beschäftigtendatenschutzrechts befürchten, die mit der vom europäischen Gesetzgeber beabsichtigten Harmonisierung nicht vereinbar sei.[123] Teilweise wird davon ausgegangen, dass zumindest solche (arbeitnehmerähnlichen) Personen unter den Beschäftigtenbegriff von Art. 88 DS-GVO zu subsumieren sind, die einer vergleichbaren Abhängigkeit wie ein Arbeitnehmer unterliegen. Dies sei bei sog. freien Mitarbeitern und Selbstständigen nicht der Fall.[124]

64

Nach überzeugender Auffassung ist der **unionsrechtliche Arbeitnehmerbegriff** uneingeschränkt auf den Beschäftigtenbegriff von Art. 88 DS-GVO zu übertragen.[125] Der EuGH hat in seinem Beschluss vom 7.4.2011 ausdrücklich klargestellt, dass der unionsrechtliche Arbeitnehmerbegriff bei allen Rechtsakten nach Art. 288 AEUV zu verwenden ist.[126] Deshalb gelten neben Arbeitnehmern auch Beamte, Richter und Soldaten als Arbeitnehmer als Beschäftigte iSv Art. 88 DS-GVO.[127] Entsprechendes gilt für Leiharbeitnehmer[128] und arbeitnehmerähnliche Personen[129] mit Ausnahme von Heimarbeitern.[130] Heimarbeiter sind persönlich selbstständig und hinsichtlich der Art und Weise der Erledigung der Arbeit und der Einteilung der Arbeitszeit frei.[131] Es besteht nur eine wirtschaftliche Abhängigkeit vom Auftraggeber.[132] Freie Mitarbeiter

65

---

117 FS Moll/Gallner, S. 136.
118 EuGH 9.7.2015 – C 229/14, NZA 2015, 861; EuGH 11.10.2010 – C-232/09, NZA 2011, 143.
119 EuGH 25.7.1991 – C-202/90, DB 1992, 123.
120 EuGH 9.7.2015 – C-229/14, NZA 2015, 861.
121 Kühling/Buchner/Maschmann, DS-GVO Art. 88 Rn. 13, 14.
122 Kühling/Buchner/Maschmann, DS-GVO Art. 88 Rn. 13, 14.
123 Kühling/Buchner/Maschmann, DS-GVO Art. 88 Rn. 13, 14; Paal/Pauly/Pauly, DS-GVO Art. 88 Rn. 5.
124 Ehmann/Selmayr/Selk, DS-GVO Art. 88 Rn. 46.
125 Körner NZA 2016, 1383 (1384); Gola/Pötters/Thüsing, RDV 2016, 57 (58).
126 EuGH 7.4.2011 – C-519/09.
127 EuGH 3.5.2012 – C-337/10; EuGH 22.12.2010 – C 444/09 und C-456/09.
128 Kühling/Buchner/Maschmann, DS-GVO Art. 88 Rn. 14; Paal/Pauly/Pauly, DS-GVO Art. 88 Rn. 7.
129 EuGH 9.7.2015 – C 229/14, NZA 2015, 1555; EuGH 11.10.2010 – C-232/09, NZA 2011, 143.
130 BAG 20.8.2019 – 9 AZR 41/19, BeckRS 2019, 35361.
131 MHdB ArbR/Heinkel, § 200 Rn. 3.
132 KassKomm/Zieglmeier, SGB IV § 12 Rn. 15.

und selbstständig Tätige sind ebenfalls nicht vom Beschäftigtenbegriff des Art. 88 DS-GVO erfasst, sofern es sich nicht um Scheinselbstständige handelt.[133] Gesellschaftsorgane wie der Geschäftsführer einer GmbH oder Vorstände fallen in der Regel ebenfalls nicht unter den Beschäftigtenbegriff. Beim sog. Fremdgeschäftsführer ist allerdings die Rechtsprechung des EuGH im Kontext der Mutterschutzrichtlinie 92/85/EWG und der Massenentlassungsrichtlinie 98/59/EG zu beachten.[134] Personen, die sich auf eines der genannten Beschäftigungsverhältnisse bewerben, und Personen, deren Beschäftigungsverhältnis bereits beendet ist, gelten ebenfalls als Beschäftigte iSv Art. 88 DS-GVO.[135]

c) Verarbeitung personenbezogener Beschäftigtendaten im Beschäftigungskontext

66 Art. 88 Abs. 1 DS-GVO gestattet **nationale Sonderregelungen** nur für die Verarbeitung von personenbezogenen Beschäftigtendaten im Beschäftigungskontext. Wann ein Beschäftigungskontext in diesem Sinne vorliegt, ist nicht geklärt. Auch insoweit stellt sich die Frage, ob der Begriff weit oder restriktiv auszulegen ist. Für ein restriktives Begriffsverständnis spricht wiederum die beabsichtigte Vollharmonisierung durch die DS-GVO.[136] Dagegen spricht der Begriff „Kontext" tendenziell dafür, auch einen nur geringfügigen Zusammenhang mit der Beschäftigung genügen zu lassen.[137] Im Ergebnis ist eine Auslegung zu befürworten, die sich an den Zwecken des Beschäftigungsverhältnisses orientiert.[138] So ist zu bedenken, dass Art. 88 Abs. 1 DS-GVO insbesondere auf eine bereichsspezifische Regelung des allgemeinen Erlaubnistatbestands in Art. 6 Abs. 1 lit. b DS-GVO abzielt. Danach ist die Zulässigkeit der Datenverarbeitung davon abhängig, ob diese für die Zwecke des Vertrages erforderlich ist, also für dessen Erfüllung oder zur Durchführung vorvertraglicher Maßnahmen.[139] Art. 88 Abs. 1 DS-GVO nennt verschiedene Einzelzwecke, die allesamt der Begründung, der Durchführung oder der Beendigung eines Beschäftigungsverhältnisses zugeordnet werden können.[140]

67 **Zwecke für die Verarbeitung von Beschäftigtendaten (Art. 88 Abs. 1 DS-GVO):**

Zu den spezifischen Zwecken des Beschäftigungsverhältnisses zählt der europäische Gesetzgeber insbesondere, aber nicht abschließend:

- die Einstellung
- die Erfüllung des Arbeitsvertrags, einschließlich der Erfüllung von Rechtsvorschriften oder durch Kollektivvereinbarung festgelegten Pflichten,
- das Management,
- die Planung und der Organisation der Arbeit am Arbeitsplatz,
- die Gleichheit und Diversität am Arbeitsplatz,
- die Gesundheit und Sicherheit am Arbeitsplatz,

---

133 EuGH 13.1.2004 – C-256/01, NZA 2004, 201.
134 EuGH 9.7.2015 – C-229/14, NZA 2015, 861; EuGH 11.11.2010 – C-232/09, NZA 2011, 143.
135 Ehmann/Selmayr/Selk, DS-GVO Art. 88 Rn. 46; Kühling/Buchner/Maschmann, DS-GVO Art. 88 Rn. 14.
136 Kühling/Buchner/Maschmann, DS-GVO Art. 88 Rn. 15.
137 Ehmann/Selmayr/Selk, DS-GVO Art. 88 Rn. 40; Gola/Pötters/Thüsing, RDV 2016, 57 (58).
138 Kühling/Buchner/Maschmann, DS-GVO Art. 88 Rn. 16.
139 Bergmann/Möhrle/Herb, DS-GVO Art. 88 Rn. 18.
140 Kühling/Buchner/Maschmann, DS-GVO Art. 88 Rn. 16.

- der Schutz des Eigentums der Arbeitgeber oder der Kunden,
- die Inanspruchnahme der mit der Beschäftigung zusammenhängenden oder kollektiven Rechte und Leistungen und
- die Beendigung des Beschäftigungsverhältnisses.

d) Nationale Sonderregelungen und Kollektivvereinbarungen

Die Verarbeitung von personenbezogenen Beschäftigtendaten im Beschäftigungskontext kann bereichsspezifisch in nationalen Rechtsvorschriften und Kollektivvereinbarungen geregelt werden. Nationale Rechtsvorschriften müssen nach Erwägungsgrund 41 DS-GVO nicht zwingend **Parlamentsgesetze**, also Gesetze im formellen Sinn sein, sofern die Rechtsgrundlage klar und präzise gefasst und ihre Anwendung für die Rechtsunterworfenen vorhersehbar ist. In Deutschland ergibt sich eine Einschränkung dieses Grundsatzes aus der Rechtsprechung des BVerfG, wonach der Gesetzgeber in grundrechtsrelevanten Bereichen die wesentlichen Entscheidungen selbst zu treffen und nicht der Verwaltung zu überlassen hat (sog. Wesentlichkeitstheorie).[141] Im Bereich der Datenverarbeitung im Beschäftigungskontext ist eine untergesetzliche Regelung vor diesem Hintergrund nicht zulässig, weil hier regelmäßig personenbezogene Daten in großer Zahl verarbeitet werden und erhebliche Eingriffe in das Persönlichkeitsrecht der Beschäftigten stattfinden.[142]

Kollektivvereinbarungen sind Vereinbarungen zwischen dem Arbeitgeber und Arbeitnehmervertretern, soweit diese eine **zwingende Wirkung** für den Arbeitgeber besitzen und die Beschäftigten Rechte aus ihnen herleiten können.[143] Wegen ihrer gesetzlich angeordneten unmittelbaren und zwingenden Wirkung sind daher als Kollektivvereinbarungen anzusehen:

- Betriebsvereinbarungen (§ 77 Abs. 1 BetrVG)
- Dienstvereinbarungen (§ 73 BPersVG)
- Sprechervereinbarungen (§ 28 Abs. 2 SprAuG)
- Spruch der Einigungsstelle (§ 87 Abs. 2 S. 2 BetrVG)
- Tarifverträge (§ 4 Abs. 1 TVG)

Nur schuldrechtlich wirkende Vereinbarungen zwischen den Betriebsparteien sind hingegen keine tauglichen Kollektivvereinbarungen im Sinne der Öffnungsklausel:

- Regelungsabreden[144]
- Sprecherrichtlinien (§ 28 Abs. 1 SprAuG)

Der europäische Gesetzgeber stellt an nationale Rechtsvorschriften und Kollektivvereinbarungen gemäß Art. 88 Abs. 2 DS-GVO qualitative Anforderungen.

Art. 88 Abs. 2 DS-GVO
Diese Vorschriften umfassen geeignete und besondere Maßnahmen zur Wahrung der menschlichen Würde, der berechtigten Interessen und der Grundrechte der betroffenen Person, insbesondere im Hinblick auf die Transparenz der Verarbeitung, die Übermittlung personenbezogener Daten inner-

---

141 BVerfG 21.12.1977 – 1 BvL 1/75, NJW 1978, 807; Kühling/Martini, S. 9.
142 Bergmann/Möhrle/Herb, DS-GVO Art. 88 Rn. 23; Ehmann/Selmayr/Selk, DS-GVO Art. 88 Rn. 43.
143 Kühling/Buchner/Maschmann, DS-GVO Art. 88 Rn. 26, 27.
144 BAG 6.5.2003 – 1 AZR 340/02, NZA 2003, 1422.

halb einer Unternehmensgruppe oder einer Gruppe von Unternehmen, die eine gemeinsame Wirtschaftstätigkeit ausüben, und die Überwachungssysteme am Arbeitsplatz.

72 Obwohl Art. 88 Abs. 2 DS-GVO vielerorts als zu **unbestimmt** kritisiert wird,[145] lassen sich daraus Vorgaben für die Gestaltung von Rechtsvorschriften und Kollektivvereinbarungen ableiten. Die Vorschrift bekräftigt insbesondere den Grundsatz der Verhältnismäßigkeit, der auch in nationalen Rechtsvorschriften und Kollektivvereinbarungen abgebildet sein muss. Bei der Gestaltung ihrer Regelungen muss ein angemessener Ausgleich zwischen den Interessen des Arbeitgebers an der Datenverarbeitung und dem Interesse des Arbeitnehmers an deren Unterbleiben bzw. am Schutz seiner informationellen Selbstbestimmung gefunden werden. Einseitig begünstigende nationale Rechtsvorschriften oder Kollektivvereinbarungen zugunsten des Arbeitgebers oder des Arbeitnehmers sind ausgeschlossen. Welche Maßnahmen dem Verhältnismäßigkeitsgrundsatz hinreichend Rechnung tragen, kann nicht pauschal beantwortet werden und hängt von den konkreten Regelungsgegenständen und den tatsächlichen Rahmenbedingungen ab.

73 Der Verweis auf die „Transparenz der Verarbeitung" lässt für die Gestaltung von Kollektivvereinbarungen den Schluss zu, dass die Betriebs- und Sozialpartner in Kollektivvereinbarungen die **Informationspflichten** gemäß Art. 13, 14 DS-GVO abbilden müssen.[146] Bei den ebenfalls in Art. 88 Abs. 2 DS-GVO genannten Überwachungsmaßnahmen ist es beispielsweise denkbar, den Kreis der zugriffsberechtigten Personen zu beschränken, möglichst kurze Löschfristen zu definieren oder Kontrollrechte des Betriebsrats oder des Datenschutzbeauftragten in einer Betriebsvereinbarung zu vereinbaren.[147] Bei einer (Konzern-)Betriebsvereinbarung über die Datenübermittlung innerhalb eines Konzerns kann ein unternehmensübergreifendes Zugriffsberechtigungskonzept vereinbart werden. Insgesamt ist eine möglichst umfassende Berücksichtigung der Strukturprinzipien in Art. 5 DS-GVO anzustreben.[148]

74 **Bestehende Rechtsvorschriften** oder Kollektivvereinbarungen müssen nicht erneuert oder angepasst werden, wenn sie den Anforderungen von Art. 88 Abs. 1 und 2 DS-GVO entsprechen.[149] Nationale Rechtsvorschriften müssen darüber hinaus das unionsrechtliche Wiederholungsverbot beachten. Dieses gilt jedoch nicht für Kollektivvereinbarungen.

e) Reichweite der Öffnungsklausel

75 Art. 88 Abs. 1 DS-GVO gestattet es den Mitgliedstaaten und den Vertragsparteien von Kollektivvereinbarungen, „spezifischere Vorschriften" (engl. „more specific rules"; frz. „des règles plus spécifiques") zu erlassen. Der sich aus diesem Begriffspaar ergebende Regelungsspielraum ist streitig. Klarheit besteht nur dahin gehend, dass nationale Rechtsvorschriften und Kollektivvereinbarungen das Schutzniveau bzw.

---

145 Kühling/Buchner/Maschmann, DS-GVO Art. 88 Rn. 42, 43; Damann, ZD 2016, 307 (310); Wybitul, ZD 2016, 203 (206).
146 Korinth, ArbRB 2018, 47 (49); Wurzberger, ZD 2017, 258 (259).
147 Bergmann/Möhrle/Herb, DS-GVO Art. 88 Rn. 38.
148 Wybitul, NZA 2017, 1488 (1493).
149 Kühling/Buchner/Maschmann, DS-GVO Art. 88 Rn. 51; Wybitul/Sörup/Pötters, ZD 2015, 559 (561).

§ 1 Nationale und übernationale Rechtsgrundlagen

den **Mindeststandard der DS-GVO** nicht absenken dürfen.[150] Dies hat der EuGH bereits für die Datenschutzrichtlinie 95/46/EG so gesehen.[151] Die ältere Entscheidung des BAG vom 27.5.1986[152] wonach in Betriebsvereinbarungen oder durch den Spruch einer Einigungsstelle auch zulasten der Beschäftigten vom Standard des Bundesdatenschutzgesetzes abgewichen werden kann, gilt seither als überholt.[153]

Hinweis: Eine Unterschreitung des durch die DS-GVO gewährleisteten Mindeststandards liegt regelmäßig vor, wenn eine Betriebsvereinbarung bestimmte Datenverarbeitungsvorgänge für zulässig erklärt, die nach der DS-GVO nicht auf einen Erlaubnistatbestand iSv Art. 6 Abs. 1 DS-GVO gestützt werden könnten oder gegen die datenschutzrechtlichen Strukturprinzipien in Art. 5 DS-GVO verstoßen.

Unklar ist aber, ob eine nationale Rechtsvorschrift oder eine Kollektivvereinbarung höhere Anforderungen an die Verarbeitung von personenbezogenen Beschäftigtendaten stellen kann, als dies bei einer Anwendung der allgemeinen Vorschriften der DS-GVO der Fall wäre. Im Kern geht es um die Frage nach der Reichweite des Prinzips der **Vollharmonisierung**. Der EuGH hat es unter Verweis auf das Prinzip Vollharmonisierung schon unter der Geltung der Datenschutzrichtlinie 95/46/EG für unzulässig erklärt, dass die Mitgliedstaaten neue Grundsätze oder zusätzliche Bedingungen für die Zulässigkeit der Datenverarbeitung schaffen.[154] Vor diesem Hintergrund wird von einigen Fachautoren argumentiert, dass Art. 88 Abs. 1 DS-GVO keine beliebige Erhöhung des Schutzniveaus gegenüber der DS-GVO zulasse, sondern lediglich eine Konkretisierung bzw. Präzisierung zum Zwecke einer Anpassung an die vor allem arbeitsrechtlichen Regelungsunterschiede und Besonderheiten in den Mitgliedstaaten.[155] Die gegenteilige Auffassung hält die bisherige Rechtsprechung des EuGH für unanwendbar, weil die DS-GVO – anders als noch die Richtlinie 95/46/EG – als Verordnung unmittelbare Geltung in den Mitgliedstaaten besitze. Die Frage nach einer Übererfüllung stelle sich deshalb nicht.[156] Die DS-GVO setze außerdem nur einen Mindeststandard fest, der einer Verschärfung nicht entgegenstehe.[157]

Die zuletzt genannte Auffassung übersieht, dass die DS-GVO tatsächlich nicht nur einen Mindeststandard garantieren möchte, sondern einer Vollharmonisierung des europäischen Datenschutzrechts dient. So spricht Erwägungsgrund 3 DS-GVO ausdrücklich von einer „Harmonisierung der Vorschriften". In Erwägungsgrund 10 DS-GVO ist von einem gleichmäßigen und hohen Datenschutzniveau" bzw. einem „gleichwertigen Schutzniveau" die Rede. Das bedeutet aber nicht, dass jede Verschärfung per se unzulässig ist. Vielmehr ergibt sich die Obergrenze für Verschärfungen des Schutzstandards aus dem durch Art. 88 Abs. 2 DS-GVO bekräftigten **Grundsatz**

---

150 Kühling/Buchner/Maschmann, DS-GVO Art. 88 Rn. 29 f.; Paal/Pauly/Pauly, DS-GVO Art. 88 Rn. 4; Ehmann/Selmayr/Selk, DS-GVO Art. 88 Rn. 75; Simitis/Petri, DS-GVO Art. 88 Rn. 22; Schrey/Kielkowski, BB 2018, 629 (632); Klösel/Mahnhold, NZA 2017, 1428 (1430).
151 EuGH 24.11.2011 – C 468/10, NZA 2011, 1409.
152 BAG 27.5.1986 – 1 ABR 48/84, NZA 1986, 643.
153 Bergmann/Möhrle/Herb, DS-GVO Art. 88 Rn. 29; Schrey/Kielkowski, BB 2018, 629 (630).
154 EuGH 24.11.2011 – C 468/10, NZA 2011, 1409.
155 Bergmann/Möhrle/Herb, DS-GVO Art. 88 Rn. 31; Kühling/Buchner/Maschmann, DS-GVO Art. 88 DS-GVO; Franzen, EuZA 2017, 313 (345).
156 Wybitul/Fladung, BB 2012, 509 (514).
157 Schrey/Kielkowski, BB 2018, 629 (633); Wybitul/Sörup/Pötters, ZD 2015, 559 (561); Düwell/Brink, NZA 2016, 665 (666); Ehmann/Selmayr/Selk, DS-GVO Art. 88 Rn. 50 f.

der Verhältnismäßigkeit. Verschärfungen sind folglich zulässig, soweit sie für den Einzelfall passend und insofern verhältnismäßig sind.[158] Dabei müssen die die nationalen Besonderheiten und bei Kollektivvereinbarungen die Rahmenbedingungen in den betroffenen Betrieb und der Branche einschließlich der daraus resultierenden Schutzbedürfnisse der Beschäftigten berücksichtigt werden. Übermäßig restriktive Regelungen sind nicht angemessen iSv Art. 88 Abs. 2 DS-GVO und deshalb unzulässig.[159] Auch pauschale Verarbeitungsverbote sind unzulässig, wenn sie eine Verhältnismäßigkeitsprüfung im Einzelfall ausschließen.[160]

Hinweis: Bei der Einführung und Anwendung von technischen Anlagen, die zur Leistungs- und Verhaltenskontrolle geeignet sind (§ 87 Nr. 6 BetrVG), ist es deshalb nicht zulässig, die Durchführung einer Leistungs- und Verhaltenskontrolle durch Betriebsvereinbarung pauschal auszuschließen. Die Erlaubnisvorschriften der DS-GVO und des BDSG verbieten eine Leistungs- und Verhaltenskontrolle nicht generell, sondern setzen eine Verhältnismäßigkeitsprüfung im Einzelfall voraus.

Aus denselben Gründen kann in Betriebsvereinbarungen auch kein prozessuales Verwertungsverbot für bestimmte personenbezogene Beschäftigtendaten normiert werden, das zB im Falle eines Kündigungsschutzprozesses von Bedeutung wäre.[161]

78 Hingegen ist es grundsätzlich nicht zu beanstanden, dass sich der Arbeitgeber im Rahmen einer Betriebsvereinbarung dazu verpflichtet, nur bestimmte Datenverarbeitungsvorgänge durchzuführen oder sich auf bestimmte Überwachungsmaßnahmen zu beschränken.[162] Bei der Verhältnismäßigkeitsprüfung ist ihnen insoweit ein angemessener Einschätzungs- und Beurteilungsspielraum zuzubilligen.[163]

f) Mitteilungspflicht

79 Nach Art. 88 Abs. 3 DS-GVO sind die Mitgliedstaaten verpflichtet, die aufgrund der Öffnungsklausel in Art. 88 Abs. 1 DS-GVO geschaffenen **nationalen Rechtsvorschriften** der Kommission mitzuteilen. Die Mitteilungspflicht gilt nicht für Kollektivvereinbarungen. Die Mitgliedstaaten sind auch nach dem in der Vorschrift genannten Stichtag 25.5.2018 berechtigt, von der Öffnungsklausel in Art. 88 Abs. 1 DS-GVO Gebrauch zu machen.[164] Eine Verpflichtung zum Neuerlass von Altregelungen ergibt sich daraus aber nicht.[165]

---

158 Bergmann/Möhrle/Herb, DS-GVO Art. 88 Rn. 33; Ehmann/Selmayr/Selk, DS-GVO Art. 88 Rn. 113.
159 Wybitul, NZA 2017, 1488 (1489); Bergmann/Möhrle/Herb, DS-GVO Art. 88 Rn. 34.
160 Wybitul, NZA 2017, 1488 (1489).
161 Kramer/Tiedermann, S. 199.
162 Schrey/Kielkowski, BB 2018, 629 (633); Düwell/Brink, NZA 2017, 1081 (1083).
163 Wybitul, NZA 2017, 1488 (1489); Klösel/Mahnhold, NZA 2017, 1428 (1431); Bergmann/Möhrle/Herb, DS-GVO Art. 88 Rn. 34.
164 Kühling/Buchner/Maschmann, DS-GVO Art. 88 Rn. 57; Ehmann/Selmayr/Selk, DS-GVO Art. 88 Rn. 131 f.; Maier, DuD 2017, 169 (170); Körner, NZA 2016, 1383 (1386); aA Gola/Pötters/Thüsing, RDV 2016, 57 (59).
165 Wybitul/Sörup/Pötters, ZD 2015, 559 (561).

D. Bundesdatenschutzgesetz
I. Allgemeines

Mit dem Gesetz zur Anpassung des Datenschutzrechts an die Verordnung (EU) 2016/679 und zur Umsetzung der Richtlinie (EU) 2016/680 (Datenschutz-Anpassungs- und -Umsetzungsgesetz EU – DSAnpUG-EU) vom 30.6.2017 hat der deutsche Gesetzgeber das BDSG in der bis dahin geltenden Fassung an die DS-GVO angepasst und teilweise von den dort vorgesehenen Öffnungsklauseln Gebrauch gemacht.[166] Die deutsche Datenschutznovelle ist seitdem erheblicher Kritik ausgesetzt.

80

Kritik am neuen BDSG:

81

- Es wird bemängelt, dass der deutsche Gesetzgeber in vielen Bereichen nicht oder nur unzulänglich von seinen Gestaltungsspielräumen Gebrauch gemacht hat. Das gilt auch für den Bereich des Beschäftigtendatenschutzes, der weiterhin nicht durch ein eigenes Gesetz umfassend geregelt wird.[167]
- Das BDSG verstoße außerdem punktuell gegen das unionsrechtliche Wiederholungsverbot.[168]
- Am gewichtigsten ist der Vorwurf, dass der deutsche Gesetzgeber über seine Handlungsspielräume hinaus Abweichungen von der DS-GVO geregelt hat. Beispielhaft zu nennen ist die Regelung in § 4 BDSG zur Videoüberwachung, die nicht von der Öffnungsklausel in Art. 6 Abs. 1 lit. e, Abs. 3 DS-GVO abgedeckt sein soll.[169]

Im Zuge des DSAnpUG-EU ist auch die bisher zentrale Regelung des nationalen Beschäftigtendatenschutzrechts in § 32 BDSG aF durch den neuen § 26 BDSG mit Wirkung zum 25.5.2018 abgelöst worden. Im Kern handelt es sich bei § 26 BDSG um eine Konkretisierung von Art. 6 Abs. 1 lit. b und lit. c DS-GVO, Art. 9 DS-GVO und Art. 7 DS-GVO.

82

II. Der Anwendungsbereich des neuen § 26 BDSG
1. Normadressaten

Normadressat von § 26 BDSG ist in erster Linie der **Arbeitgeber**, der für die Verarbeitung von personenbezogenen Daten im Beschäftigungsverhältnis regelmäßig verantwortlich ist (zu Einzelheiten → § 2 Rn. 1 ff.). Der § 26 BDSG ist wegen § 2 Abs. 1, 4 und 5 BDSG von nicht-öffentlichen Arbeitgebern sowie von öffentlichen Arbeitgebern und Dienstherren zu beachten, sofern es sich bei letzteren um öffentliche Stellen des Bundes handelt. Öffentliche Arbeitgeber und Dienstherren, bei denen es sich um öffentliche Stellen der Länder handelt, müssen § 26 BDSG gemäß § 1 Abs. 1 Satz 1 Nr. 2 BDSG anwenden, soweit der Beschäftigtendatenschutz nicht durch Landesge-

83

---

166 Allgemein zum Anpassungsbedarf bei Unternehmen Kühling, NJW 2017, 1985.
167 Nach dem Koalitionsvertrag der im Jahr 2017 auf Bundesebene gewählten Großen Koalition wollen die Regierungsparteien (CDU/CSU und SPD) die „Schaffung eines eigenständigen Gesetzes zum Beschäftigtendatenschutz, das die Persönlichkeitsrechte der Beschäftigten am Arbeitsplatz schützt und Rechtssicherheit für den Arbeitgeber schafft" prüfen.
168 Zu § 3 BDSG vgl. Paal/Pauly/Frenzel, BDSG § 3 Rn. 1.
169 Kühling/Buchner/Buchner, BDSG § 4 Rn. 3; Roßnagel, DuD 2017, 277.

setz geregelt ist und die öffentliche Stelle Bundesrecht ausführt oder als Organ der Rechtspflege tätig wird und es sich nicht um Verwaltungsangelegenheiten handelt.

84 Ferner ist § 26 BDSG an alle anderen Stellen adressiert, soweit diese personenbezogene Beschäftigtendaten im Beschäftigungskontext bzw. für die Zwecke des Beschäftigungs-verhältnisses verarbeiten. Das gilt beispielsweise für den **Betriebsrat**. Dieser ist zwar kein Verantwortlicher iSv Art. 4 Nr. 7 DS-GVO (zu Einzelheiten → § 2 Rn. 15 ff.), aber aufgrund seiner spezifischen Schutzpflicht hinsichtlich des Arbeitnehmerpersönlichkeitsrechts verpflichtet, die Zulässigkeit einer von ihm vorgenommenen Datenverarbeitung gemäß § 26 BDSG zu prüfen.[170] Beschäftigte sind keine Normadressaten von § 26 BDSG, soweit sie personenbezogene Daten im Rahmen ihrer vertraglichen Tätigkeit nach den Weisungen des Arbeitgebers verarbeiten.[171]

2. Der Begriff des Beschäftigten nach § 26 Abs. 8 BDSG

85 Der § 26 Abs. 8 BDSG enthält eine eigene Definition des Begriffs des Beschäftigten.

§ 26 Abs. 8 BDSG

Beschäftigte im Sinne dieses Gesetzes sind:
1. Arbeitnehmerinnen und Arbeitnehmer, einschließlich der Leiharbeitnehmerinnen und Leiharbeitnehmer im Verhältnis zum Entleiher,
2. zu ihrer Berufsbildung Beschäftigte,
3. Teilnehmerinnen und Teilnehmer an Leistungen zur Teilhabe am Arbeitsleben sowie an Abklärungen der beruflichen Eignung oder Arbeitserprobung (Rehabilitandinnen und Rehabilitanden),
4. in anerkannten Werkstätten für behinderte Menschen Beschäftigte,
5. Freiwillige, die einen Dienst nach dem Jugendfreiwilligendienstgesetz oder dem Bundesfreiwilligendienstgesetz leisten,
6. Personen, die wegen ihrer wirtschaftlichen Unselbständigkeit als arbeitnehmerähnliche Personen anzusehen sind; zu diesen gehören auch die in Heimarbeit Beschäftigten und die ihnen Gleichgestellten,
7. Beamtinnen und Beamte des Bundes, Richterinnen und Richter des Bundes, Soldatinnen und Soldaten sowie Zivildienstleistende.

Bewerberinnen und Bewerber für ein Beschäftigungsverhältnis sowie Personen, deren Beschäftigungsverhältnis beendet ist, gelten als Beschäftigte.

86 Es ist aber zweifelhaft, ob der deutsche Gesetzgeber zu einer eigenen Definition berechtigt ist. Dagegen spricht, dass der unionsrechtliche Arbeitnehmerbegriff in allen Mitgliedstaaten einheitlich auszulegen ist.[172] Die Vorschrift ist jedenfalls zum Teil unionsrechtswidrig, weil sie über den **unionsrechtlichen Arbeitnehmerbegriff** hinaus nach § 26 Abs. 8 Satz 1 Nr. 6 BDSG auch solche Beschäftigungsverhältnisse erfasst, die wegen ihrer wirtschaftlichen Unselbstständigkeit als arbeitnehmerähnliche Personen anzusehen sind.[173] Der datenschutzrechtliche Beschäftigtenbegriff bestimmt insoweit die Grenzen der Regelungskompetenz der Mitgliedstaaten.[174]

87 Bei unterstellter Vereinbarkeit mit dem Unionsrecht ist folgendes Begriffsverständnis zugrunde zu legen: Der Begriff des **Arbeitnehmers** in § 26 Abs. 8 Satz 1 Nr. 1 BDSG

---

170 BAG 9.4.2019 – 1 ABR 51/17, NZA 2019, 1055.
171 Vgl. Art. 29 DS-GVO.
172 Ehmann/Selmayr/Selk, DS-GVO Art. 88 Rn. 49.
173 AA Kühling/Buchner/Maschmann, BDSG § 26 Rn. 6.
174 Simitis/Hornung/Spiecker/Seifert, DS-GVO Art. 88 Rn. 58.

entspricht dem arbeitsrechtlichen Arbeitnehmerbegriff in § 611a BGB. Danach ist Arbeitnehmer, wer sich durch einen Arbeitsvertrag im Dienste eines anderen zur Leistung weisungsgebundener, fremdbestimmter Arbeit in persönlicher Abhängigkeit verpflichtet. **Leitende Angestellte** iSv § 5 Abs. 3 BetrVG gelten ebenfalls als Arbeitnehmer iSv § 26 Abs. 1 Satz 1 Nr. 1 BDSG.[175] Nach deutschem Verständnis zählen **Geschäftsführer** und **Vorstände** hingegen nicht als Arbeitnehmer. **Leiharbeitnehmer** sind gemäß § 1 Abs. 1 Satz 1 AÜG Arbeitnehmer, die von ihren Arbeitgebern (Verleiher) an Dritte (Entleiher) im Rahmen ihrer vertraglichen Tätigkeit zur Arbeitsleistung überlassen werden. Zu ihrer Berufsausbildung Beschäftigte sind Personen, die eine Berufsbildung iSv § 1 Abs. 1 BBiG in Anspruch nehmen oder unter § 26 BBiG fallen (Volontäre, Praktikanten etc). Rehabilitandinnen und Rehabilitanden sind Personen, die in Arbeitsgelegenheiten auf Grundlage von § 16d SGB II beschäftigt sind. Ferner sind Personen in Arbeitstherapie gemäß §§ 27 As. 1 Satz 2 Nr. 6, 42 SGB V, Beschäftigte in Einrichtungen der beruflichen Rehabilitation gemäß § 35 SGB IX und Personen in Wiedereingliederungsverhältnissen nach längerer Krankheit.[176] In anerkannten Werkstätten für behinderte Menschen Beschäftigte sind Personen, die in einer Werkstatt für behinderte Menschen iSv § 136 Abs. 1 S. 1 SGB IX beschäftigt sind. Freiwillige, die einen Dienst nach dem Jugendfreiwilligendienstgesetz (JFDG) oder dem Bundesfreiwilligendienstgesetz (BFDG) leisten, sind die in § 2 JFDG bzw. des § 2 BFDG genannten Personen. **Arbeitnehmerähnliche Personen** sind alle Personen, die, ohne Arbeitnehmer iSv § 611a BGB zu sein, für andere in wirtschaftlich abhängiger Stellung Arbeit leisten und einem Arbeitnehmer vergleichbar sozial schutzbedürftig sind, insbesondere Heimarbeiter iSv § 2 HAG, aber auch selbstständig tätige Handelsvertreter iSv § 84 Abs. 1 HGB.[177] Der Beamtenbegriff bestimmt sich nach dem BeamtenStG, der Begriff des Richters nach dem DRiG und derjenige des Soldaten nach § 1 Abs. 1 SG.

3. Geltung für die manuelle Datenverarbeitung (§ 26 Abs. 7 BDSG)

Der § 26 Abs. 7 erweitert den **sachlichen Anwendungsbereich** des nationalen Beschäftigtendatenschutzrechts erheblich und ist deshalb von höchster Praxisrelevanz.

88

§ 26 Abs. 7 BDSG
Die Absätze 1 bis 6 sind auch anzuwenden, wenn personenbezogene Daten, einschließlich besonderer Kategorien personenbezogener Daten, von Beschäftigten verarbeitet werden, ohne dass sie in einem Dateisystem gespeichert sind oder gespeichert werden sollen.

Der norminterne Verweis auf die Absätze 1 bis 3 hat zur Folge, dass im Beschäftigungsverhältnis auch die manuelle bzw. **analoge Datenverarbeitung** datenschutzrechtlich zulässig sein muss. Dies betrifft beispielsweise folgende Handlungen des Arbeitgebers:

89

---

175 Simitis/Hornung/Spiecker/Seifert, DS-GVO Art. 88 Rn. 59.
176 Simitis/Hornung/Spiecker/Seifert, DS-GVO Art. 88 Rn. 64.
177 Bergmann/Möhrle/Herb, BDSG § 26 Rn. 36.

- Mündliche Abfrage von personenbezogenen Beschäftigtendaten, beispielsweise durch Fragestellung an den Bewerber im Bewerbungsgespräch[178]
- Handschriftliches Ausfüllen von Fragebögen durch den Beschäftigten[179]
- Handschriftliche Notiz über personenbezogene Beschäftigtendaten[180]
- Körperliche Untersuchungen beim Beschäftigten[181]
- Durchsuchung eines dienstlichen Spinds oder vom Beschäftigten mitgeführter Taschen[182]
- Die Auswertung/Verwertung von schriftlichen Notizen auf dem Büroschreibtisch eines Beschäftigten[183]
- Schriftliche Anhörung des Beschäftigten vor dem Ausspruch einer Verdachtskündigung[184]
- Heimliche Beobachtung durch einen vom Arbeitgeber beauftragten Detektiv[185]

90 Für persönliche oder dem gesellschaftlichen „Smalltalk" zuzurechnende, nicht protokollierte Gespräche zwischen Beschäftigten und Vorgesetzten soll § 26 BDSG im Hinblick auf den Schutzzweck der Norm aber nicht gelten.[186]

91 Der sachliche Anwendungsbereich reicht damit – wie zuvor derjenige des § 32 BDSG aF – weiter als der sachliche Anwendungsbereich der DS-GVO, der nach Art. 2 Abs. 1 DS-GVO lediglich die **ganz oder teilweise automatisierte Datenverarbeitung** und die Datenverarbeitung in Dateisystemen umfasst.[187] Dem stehen keine unionsrechtlichen Bedenken entgegen. Art. 88 DS-GVO hindert den nationalen Gesetzgeber nicht daran, Regelungen zum Datenschutz außerhalb des sachlichen Geltungsbereichs der DS-GVO zu schaffen. Die von der Verordnung beabsichtigte Vollharmonisierung des europäischen Datenschutzrechts wird dadurch nicht tangiert.[188]

92 § 26 Abs. 7 BDSG bewirkt aber nicht, dass sämtliche Regelungen der DS-GVO auch auf die manuelle Datenverarbeitung Anwendung finden. Das gilt insbesondere für die Informationspflichten und Betroffenenrechte, die sich aus den Art. 12 ff. DS-GVO ergeben. Neben der Zulässigkeit der Datenverarbeitung gemäß den Absätzen 1 bis 3 wird der Arbeitgeber gemäß Absatz 5 lediglich verpflichtet, „geeignete Maßnahmen zu ergreifen, um sicherzustellen, dass insbesondere die in Art. 5 DS-GVO dargelegten Grundsätze für die Verarbeitung personenbezogener Daten eingehalten werden". Die außerdem in Bezug genommenen Absätze 4 und 6 haben nur deklaratorische Bedeutung.[189]

---

178 Kühling/Buchner/Maschmann, BDSG § 26 Rn. 4.
179 BAG 16.2.2012 – 6 AZR 553/10, NZA 2012, 555.
180 Bergmann/Möhrle/Herb, DS-GVO Art. 26 Rn. 25.
181 BAG 20.6.2013 – 2 AZR 546/12, NZA 2014, 143.
182 BAG 20.6.2013 – 2 AZR 546/12, NZA 2014, 143.
183 LAG Hamm 10.7.2012 – 14 Sa 1711/10.
184 BAG 12.2.2015 – 6 AZR 845/13, NZA 2015, 741.
185 BAG 29.7.2017 – 2 AZR 597/16, NZA 2017, 1179; BAG 19.2.2015 – 8 AZR 1007/13, NZA 2015, 994.
186 Gola/Heckmann/Gola, BDSG § 26 Rn. 13; Pfang, DuD 2018, 380 (382).
187 BT-Drs. 18/11325, 97.
188 Simitis/Hornung/Spiecker/Seifert, DS-GVO Art. 88 Rn. 71.
189 Simitis/Hornung/Spiecker/Seifert, DS-GVO Art. 88 Rn. 228.

4. Verhältnis zu anderen Vorschriften zum Beschäftigtendatenschutz

Mit Ausnahme des Bayerischen Datenschutzgesetztes (BayDSG) enthalten sämtliche Datenschutzgesetze der **Länder** eigene Vorschriften für die Verarbeitung von personenbezogenen Beschäftigtendaten im Beschäftigtenkontext.[190] Die Mehrzahl der Bestimmungen gestattet die Erlaubnisregelung in § 26 Abs. 1 Satz 1 und ergänzt sie um weitere Zweckbestimmungen.[191]

93

Für Arbeitnehmer der kirchlichen Einrichtungen gilt § 26 BDSG nicht. Für sie gelten die **kirchlichen Datenschutzgesetze**. Dies sind im Falle der Evangelischen Kirche das Kirchengesetz über den Datenschutz der Evangelischen Kirche (EKD-Datenschutzgesetz) und im Falle der Katholischen Kirche das Gesetz über den kirchlichen Datenschutz (KDG). Der kirchliche Sonderstatus basiert auf der verfassungsrechtlichen Garantie in Art. 140 GG iVm Art. 137 Abs. 3 WRV und der Öffnungsklausel in Art. 91 DS-GVO.

94

Für **Bundesbeamten** gilt grundsätzlich § 26 BDSG. Allerdings sehen die §§ 106 bis 115 BBG Spezialvorschriften vor, die § 26 BDSG aufgrund des in § 1 Abs. 2 Satz 1 BDSG verankerten Subsidiaritätsgrundsatzes vorgehen. Gleiches gilt für die Sonderregelung für **Soldaten** in § 29 SG und für Zivildienstleistende in § 36 ZDG. Diese Sonderregelungen beschränken sich im Wesentlichen auf personenbezogene Daten in Sachakten, so dass für eine subsidiäre Anwendung von § 26 BDSG in allen vorgenannten Fällen ein nicht unerheblicher Spielraum verbleibt.[192] Für **Landesbeamten** gelten mangels Gesetzgebungskompetenz des Bundes die Landesdatenschutzgesetze.

95

---

190 Gola/Heckmann/Gola, BDSG § 26 Rn. 187.
191 Gola/Heckmann/Gola, BDSG § 26 Rn. 190.
192 Bergmann/Möhrle/Herb, BDSG § 26 Rn. 40.

§ 2 Datenschutzrechtliche Verantwortlichkeit im Beschäftigungsverhältnis

A. Der Arbeitgeber
I. Bestimmung der Verantwortlichkeit

1 Normadressat der datenschutzrechtlichen Bestimmungen ist der **Verantwortliche**. Der Begriff des Verantwortlichen ist in Art. 4 Nr. 7 DS-GVO legaldefiniert.

> **Art. 4 Nr. 7 DS-GVO**
> „Verantwortlicher" [ist] die natürliche oder juristische Person, Behörde, Einrichtung oder andere Stelle, die allein oder gemeinsam mit anderen über die Zwecke und Mittel der Verarbeitung von personenbezogenen Daten entscheidet; sind die Zwecke und Mittel dieser Verarbeitung durch das Unionsrecht oder das Recht der Mitgliedstaaten vorgegeben, so können der Verantwortliche beziehungsweise die bestimmten Kriterien seiner Benennung nach dem Unionsrecht oder dem Recht der Mitgliedstaaten vorgesehen werden.

2 Zentrales Merkmal der datenschutzrechtlichen Verantwortlichkeit ist das Vorhandensein einer Entscheidungskompetenz über die **Zwecke und Mittel** der Datenverarbeitung. Der Zweck der Verarbeitung ist das „Ob, Wofür und Wieweit",[1] während die Mittel der Datenverarbeitung die Art und Weise der Ausführung und damit vor allem die eingesetzte Technik meinen. Eine Verantwortlichkeit ist anzunehmen, wenn ein rechtlicher oder tatsächlicher Einfluss auf die Entscheidung besteht, wozu personenbezogene Daten verarbeitet werden.[2] Es ist zu fragen, warum die Verarbeitung durchgeführt wird und wer sie veranlasst hat.[3]

3 Ausgehend von diesen Grundsätzen ist der **Arbeitgeber** regelmäßig für die Verarbeitung von personenbezogenen Beschäftigtendaten im Beschäftigungskontext datenschutzrechtlich verantwortlich, ohne dass es darauf ankommt, ob es sich bei dem Arbeitgeber um eine natürliche oder eine juristische Person handelt. Bei juristischen Personen ist auf das Unternehmen des Arbeitgebers abzustellen.[4] Einem **Konzern** kommt als solchem keine datenschutzrechtliche Verantwortung zu, weil die Gruppe der Konzernunternehmen keine „datenschutzrechtliche Einheit" darstellt. Die Konzernunternehmen sind vielmehr getrennt voneinander zu betrachtende Datenverarbeitungsstellen, die im Verhältnis zueinander als „Dritte" iSv Art. 4 Nr. 10 DS-GVO anzusehen sind (Einzelheiten zur sog. Konzerndatenverarbeitung → § 5 Rn. 166 ff.). In Betracht kommt aber eine gemeinsame Verantwortlichkeit mehrerer Konzernunternehmen für bestimmte Datenverarbeitungsvorgänge (dazu → § 2 Rn. 7 f.).

4 Freilich können juristische Personen die aus der Verantwortlichkeit resultierenden datenschutzrechtlichen Pflichten als rechtsfiktive Gebilde nicht selbst wahrnehmen, sondern sind diesbezüglich auf natürliche Personen angewiesen, zuvorderst auf ihre handelnden Gesellschaftsorgane. **Geschäftsführer** und Vorstände sind datenschutzrechtlich aber nicht selbst verantwortlich, sondern üben die Verantwortlichkeit nur in tatsächlicher Hinsicht für die Gesellschaft aus. Ihr Handeln wird dem Unternehmen zu-

---

1 Art.-29-Datenschutzgruppe, WP 169, S. 17; Kühling/Buchner/Hartung, DS-GVO Art. 4 Nr. 7 Rn. 13.
2 Art.-29-Datenschutzgruppe, WP 169, S. 39; Kühling/Buchner/Hartung, DS-GVO Art. 4 Nr. 7 Rn. 28.
3 Art.-29-Datenschutzgruppe, WP 169, S. 11; Kühling/Buchner/Hartung, DS-GVO Art. 4 Nr. 7 Rn. 28.
4 Kühling/Buchner/Maschmann, BDSG § 26 Rn. 15; Kühling/Buchner/Hartung, DS-GVO Art. 4 Nr. 7 Rn. 9.

gerechnet. Gleiches gilt für das Handeln von Arbeitnehmern und anderen Beschäftigten. Nach Art. 29 DS-GVO dürfen dem Verantwortlichen „unterstellte Person(en)" personenbezogene Daten ausschließlich auf Weisung des Verantwortlichen verarbeiten, es sei denn, dass sie nach dem Unionsrecht oder dem nationalen Recht zur Verarbeitung verpflichtet sind. Die Norm konstituiert eine von der Weisung des Verantwortlichen abgeleitete Rechtfertigung, die es den handelnden Akteuren erlaubt, personenbezogene Daten im Rahmen der Befugnisse des Verantwortlichen zu verarbeiten.[5] Eine eigene datenschutzrechtliche Verantwortlichkeit von Geschäftsführern, Vorständen oder Beschäftigten kommt im Umkehrschluss in Betracht, wenn diese sich weisungswidrig verhalten und die Zwecke und Mittel einer von ihnen vorgenommenen Datenverarbeitung selbst bestimmen.

II. Rechtsfolgen der Verantwortlichkeit

Die Rechtsfolge der Verantwortlichkeit ist, kurz gesagt, die Verpflichtung zur Einhaltung und Umsetzung der an den Verantwortlichen adressierten Datenschutzpflichten.[6] In diesem Zusammenhang ist zuallererst auf Art. 24 Abs. 1 DS-GVO hinzuweisen. Danach muss der Verantwortliche durch geeignete **technische und organisatorische Maßnahmen** dafür Sorge tragen, dass die Verarbeitung von personenbezogenen Daten im Einklang mit dem Datenschutzrecht erfolgt. Er muss außerdem dazu imstande sein, die Einhaltung des Datenschutzrechts nachweisen zu können.[7]

Art. 24 Abs. 1 und 2 DS-GVO

(1) Der Verantwortliche setzt unter Berücksichtigung der Art, des Umfangs, der Umstände und der Zwecke der Verarbeitung sowie der unterschiedlichen Eintrittswahrscheinlichkeit und Schwere der Risiken für die Rechte und Freiheiten natürlicher Personen geeignete technische und organisatorische Maßnahmen um, um sicherzustellen und den Nachweis dafür erbringen zu können, dass die Verarbeitung gemäß dieser Verordnung erfolgt. Diese Maßnahmen werden erforderlichenfalls überprüft und aktualisiert.

(2) Sofern dies in einem angemessenen Verhältnis zu den Verarbeitungstätigkeiten steht, müssen die Maßnahmen gemäß Absatz 1 die Anwendung geeigneter

Art. 24 Abs. 1 DS-GVO manifestiert damit die durch die DS-GVO gestärkte Eigenverantwortung des Verantwortlichen und dessen Rechenschaftspflicht (Konzept der **Accountability**).[8] Ausgehend von einem risikobasierten Ansatz muss der Verantwortliche mithilfe eines geeigneten Datenschutzmanagements das Niveau seiner datenschutzrechtlichen Maßnahmen dem Risiko anpassen, das von der von ihm verantworteten Verarbeitung personenbezogener Daten ausgeht.[9] Je größer die Wahrscheinlichkeit und der Grad einer möglichen Verletzung der Rechte und Freiheiten der Betroffenen sind, umso stärker verdichten sich seine datenschutzrechtlichen Pflichten.[10] Der Pflichtenkanon des Verantwortlichen wird insbesondere durch Art. 25 DS-GVO (Datenschutz durch Technikgestaltung und durch datenschutzfreundliche Voreinstel-

---

5 Paal/Pauly/Martini, DS-GVO Art. 29 Rn. 7.
6 Vgl. Erwägungsgrund 74 DS-GVO.
7 Siehe dazu auch Art. 5 Abs. 2 DS-GVO.
8 Ehmann/Selmayr/Heberlein, DS-GVO Art. 5 Rn. 29, 30.
9 Ehmann/Selmayr/Heberlein, DS-GVO Art. 5 Rn. 31.
10 Paal/Pauly/Martini, DS-GVO Art. 24 Rn. 2.

lung), Art. 30 DS-GVO (Verzeichnis von Verarbeitungstätigkeiten), Art. 32 DS-GVO (Sicherheit der Verarbeitung) und Art. 35 DS-GVO (Datenschutzfolgenabschätzung) konkretisiert.[11]

III. Joint Controlling im Beschäftigungsverhältnis

7   In nicht wenigen praxisrelevanten Konstellationen besteht keine singuläre Verantwortlichkeit eines einzelnen Unternehmens bzw. des Arbeitgebers, sondern eine **gemeinsame Verantwortlichkeit** mehrerer Unternehmen. Art. 4 Nr. 7 DS-GVO geht insoweit davon aus, dass die Entscheidung über die Zwecke und Mittel der Datenverarbeitung „alleine oder gemeinsam mit anderen" getroffen werden kann, ohne dass es auf eine gleichmäßige Verteilung der Entscheidungskompetenzen ankommt.[12] Für eine gemeinsame Verantwortlichkeit ist keine vertragliche Kooperation erforderlich, es genügt auch eine stillschweigende, tatsächliche Zusammenarbeit.[13] Die gemeinsame Verantwortlichkeit wird in Anlehnung an die englische Fassung der DS-GVO in der Praxis häufig „Joint Control" genannt und durch Art. 26 DS-GVO konkretisiert.

Art. 26 DS-GVO

(1) Legen zwei oder mehr Verantwortliche gemeinsam die Zwecke der und die Mittel zur Verarbeitung fest, so sind sie gemeinsam Verantwortliche. Sie legen in einer Vereinbarung in transparenter Form fest, wer von ihnen welche Verpflichtung gemäß dieser Verordnung erfüllt, insbesondere was die Wahrnehmung der Rechte der betroffenen Person angeht, und wer welchen Informationspflichten gemäß den Art. 13 und 14 nachkommt, sofern und soweit die jeweiligen Aufgaben der Verantwortlichen nicht durch Rechtsvorschriften der Union oder der Mitgliedstaaten, denen die Verantwortlichen unterliegen, festgelegt sind. ³In der Vereinbarung kann eine Anlaufstelle für die betroffenen Personen angegeben werden.

(2) Die Vereinbarung gemäß Absatz 1 muss die jeweiligen tatsächlichen Funktionen und Beziehungen der gemeinsam Verantwortlichen gegenüber betroffenen Personen gebührend widerspiegeln. Das wesentliche der Vereinbarung wird der betroffenen Person zur Verfügung gestellt.

(3) Ungeachtet der Einzelheiten der Vereinbarung gemäß Absatz 1 kann die betroffene Person ihre Rechte im Rahmen dieser Verordnung bei und gegenüber jedem einzelnen der Verantwortlichen geltend machen.

8   Die gemeinsam Verantwortlichen sind nicht per se berechtigt, personenbezogene Daten untereinander zu den gemeinsam festgelegten Zwecken zu übermitteln. Art. 26 DS-GVO kennt **keine Privilegierung** des „Joint Control". Vielmehr muss jede Datenübermittlung auf eine datenschutzrechtliche Erlaubnisvorschrift gestützt werden können.[14] Art. 26 Abs. 3 DS-GVO stellt ergänzend klar, dass die Betroffenen ihre Rechte gegenüber jedem Verantwortlichen geltend machen können. Abweichende Vereinbarungen zwischen den Verantwortlichen sind im Außenverhältnis unwirksam.[15] Die Vorteile einer gemeinsamen Verantwortlichkeit nach Art. 26 DS-GVO beschränken sich insoweit auf die Möglichkeit, intern klare organisatorische Strukturen zu schaffen.[16] Zu diesem Zweck sind die gemeinsam Verantwortlichen zum Abschluss einer Vereinbarung gemäß Art. 26 Abs. 1 und 2 DS-GVO verpflichtet.

---

11   Paal/Pauly/Martini, DS-GVO Art. 24 Rn. 1.
12   Bergmann/Möhrle/Herb, DS-GVO Art. 26 Rn. 10.
13   Schantz/Wolff, Rn. 371; Bergmann/Möhrle/Herb, DS-GVO Art. 26 Rn. 8.
14   Kühling/Buchner/Hartung, DS-GVO Art. 26 Rn. 27.
15   Sydow/Ingold, DS-GVO Art. 26 Rn. 10.
16   Kühling/Buchner/Hartung, DS-GVO Art. 26 Rn. 27.

Herb empfiehlt folgenden Inhalt für eine Vereinbarung nach Art. 26 Abs. 1 und 2 DS-GVO:[17]

- Beschreibung der materiellen Regelung der Datenverarbeitung
- Beschreibung der verschiedenen Aufgaben und Festlegung der Verantwortlichkeit der einzelnen Verantwortlichen
- Beschreibung des Verfahrens, wenn sich Änderungen ergeben und Festlegung, wer eine Datenschutz-Folgenabschätzung durchführt
- Regelung, wer die Informationspflichten gegenüber Betroffenen erfüllt
- Festlegung, wer und wie Anfragen von Betroffenen beantwortet werden und wie und wer geltend gemachte Rechte erfüllt sowohl in rechtlicher wie technischer Hinsicht
- Regelungen für den Fall, dass eine Kontrolle oder Anfrage durch eine Aufsichtsbehörde stattfindet
- Zusammenarbeit der betrieblichen oder behördlichen Datenschutzbeauftragten der Verantwortlichen
- Beschreibung der Regelungen zur Datensicherheit einschließlich der Zuweisung der Aufgaben im Hinblick auf die regelmäßige Überprüfung
- Zuständigkeit, wenn Subunternehmer (Auftragsverarbeiter) eingeschaltet werden sollen
- Zuständigkeit für die Erarbeitung und Ausführung im Rahmen der Datenportabilität
- Regelungen für Notfälle und Vorgehen bei Datenschutzverletzungen
- interne Haftungsvereinbarungen und finanzielle Gegebenheiten
- Festlegung zur Revision und Überprüfungen der Vereinbarung
- gegebenenfalls Festlegung zur zentralen Anlaufstelle
- Regelungen zur Aufnahme weiterer Verantwortlicher
- Festlegung der Voraussetzungen und Folgen bei Kündigung bzw. Austritt einer der Verantwortlichen

Die **wesentlichen Inhalte** einer solchen Vereinbarung müssen den betroffenen Beschäftigten nach Art. 26 Abs. 2 Satz 2 DS-GVO zur Verfügung gestellt werden. Zum wesentlichen Inhalt gehört die Beschreibung der tatsächlichen Funktionen und Beziehungen der gemeinsamen Verantwortlichen gegenüber den Beschäftigten iSv Art. 26 Abs. 2 Satz 1 DS-GVO und die Stelle, an die sich Beschäftigte wenden können. Die sonstigen Elemente in Art. 26 Abs. 1 DS-GVO sind nur zur Verfügung zu stellen, soweit sie für die Beschäftigten relevant sind.[18]

Hinweis: Es empfiehlt sich, die Vereinbarung nach Art. 26 Abs. 1 und 2 DS-GVO – soweit vorhanden – in einem gemeinsamen Konzernintranet oder auf der Konzernwebseite zur Verfügung zu stellen. Neu eintretenden Beschäftigten kann im Zuge des Einstellungsprozesses („Onboarding") ein „Hinweisblatt zum Datenschutz" ausgehändigt werden, das unter anderem einen Weblink zum Online-Abruf der Vereinbarung oder die Vereinbarung selbst beinhaltet.

---

17 Bergmann/Möhrle/Herb, Anlage 1 zu Art. 26 DS-GVO.
18 Kühling/Buchner/Hartung, DS-GVO Art. 26 Rn. 26.

11 Im Beschäftigungsverhältnis kommt eine gemeinsame Verantwortlichkeit mehrerer Unternehmen vor allem im Bereich der Konzerndatenverarbeitung und bei sog. **Matrixorganisationen** in Betracht. Sie ist anzunehmen, wenn Personalprozesse in der Personalabteilung eines beherrschenden Konzernunternehmens zentral organisiert und abgewickelt werden und in diesem Zuge personenbezogene Daten von Beschäftigten eines anderen Konzern(tochter)unternehmens verarbeitet werden, ohne dass das beherrschende Konzernunternehmen an die Weisungen der Konzerntochter gebunden ist. Gleiches gilt für sog. **Shared-Service-Center** (SSC), also für Konzerngesellschaften, die bestimmte operative Aufgaben (zB Buchhaltung, Personalverwaltung, Lohn- und Gehaltsabrechnung, IT, Einkauf) für andere Konzerngesellschaften als ausgelagerte Dienstleistung erbringen.[19] Das Fehlen einer Weisungsbindung meint in diesem Kontext nicht das Fehlen von gesellschaftsrechtlichen Konzernweisungen, sondern das Fehlen einer datenschutzrechtlichen Weisungsbindung im Hinblick auf die Festlegung der Zwecke und Mittel der Datenverarbeitung.

IV. Auftragsverarbeitung

12 Von dem Verantwortlichen iSv Art. 4 Nr. 7 DS-GVO ist der Auftragsverarbeiter iSv Art. 4 Nr. 8 DS-GVO abzugrenzen.

Auftragsverarbeiter (Art. 4 Nr. 8 DS-GVO)

„Auftragsverarbeiter" [ist] eine natürliche oder juristische Person, Behörde, Einrichtung oder andere Stelle, die personenbezogene Daten im Auftrag des Verantwortlichen verarbeitet.

13 Die **Auftragsverarbeitung**[20] ist in den Art. 28 DS-GVO und Art. 29 DS-GVO näher geregelt. Der Auftragsverarbeiter zeichnet sich dadurch aus, dass er keine eigenen Entscheidungsbefugnisse über die Zwecke und Mittel der Datenverarbeitung besitzt, sondern nach Weisung des Verantwortlichen tätig wird.[21] Bei der Abgrenzung kommt es auf die tatsächlichen Umstände an,[22] wobei es nicht schädlich ist, wenn dem Auftragsverarbeiter ein gewisser Spielraum bei der Entscheidung über die zur Umsetzung seines Auftrags eingesetzten Mittel zusteht.[23] Typische Beispiele für eine Auftragsverarbeitung im Beschäftigungskontext ist der Einsatz von Cloud-basierten Softwaresystemen wie Microsoft Office 365 oder SAP SuccessFactors, die von externen Dienstleistern betrieben werden. Auch im Bereich der Konzerndatenverarbeitung kommt eine Auftragsverarbeitung in Betracht. Die Datenverarbeitung durch einen Auftragsverarbeiter hat auf Grundlage eines Vertrags zur Auftragsverarbeitung zu erfolgen, der mit dem Verantwortlichen abzuschließen ist. Der Mindestinhalt des Vertrags ergibt sich aus Art. 28 Abs. 3 DS-GVO.[24] Der bloße Vertragsschluss begründet das Vorliegen einer Auftragsverarbeitung aber nicht, wenn die tatsächlichen Verhältnisse für das Vorliegen einer Verantwortlichkeit iSv Art. 4 Nr. 7 DS-GVO sprechen.[25]

---

19 Kühling/Buchner/Hartung, DS-GVO Art. 26 Rn. 18.
20 Früher Auftragsdatenverarbeitung genannt (vgl. § 11 BDSG aF).
21 Vgl. Art. 28 Abs. 3 Satz 2 lit. a DS-GVO und Art. 29 DS-GVO.
22 Kühling/Buchner/Hartung, DS-GVO Art. 4 Nr. 7 Rn. 27.
23 Paal/Pauly/Martini, DS-GVO Art. 28 Rn. 36.
24 Eine Formulierungshilfe des BayLDA kann unter https://www.lda.bayern.de/media/muster_adv.pdf abgerufen werden.
25 Kühling/Buchner/Hartung, DS-GVO Art. 4 Nr. 7 Rn. 27.

Die Auftragsverarbeitung ist auch nach der DS-GVO „privilegiert". Das bedeutet, 14
dass der Auftragsverarbeiter und der Verantwortliche im Verhältnis zu dem Betroffenen als „datenschutzrechtliche Einheit" anzusehen sind. Das hat zur Folge, dass der Auftragsverarbeiter keine eigene Rechtsgrundlage für die weisungsgebundene Verarbeitung personenbezogener Daten benötigt, sondern sich auf eine dem Verantwortlichen zustehende Rechtsgrundlage berufen kann. Bis zum 25.5.2018 ergab sich die **Privilegierung der Auftragsverarbeitung** aus den unterschiedlichen Definitionen von „Empfänger" und „Dritter" in § 3 Abs. 8 BDSG aF. Auftragsverarbeiter waren Empfänger personenbezogener Daten vom Verantwortlichen, aber keine Dritten, und die Weitergabe die personenbezogenen Daten an den Auftragsverarbeiter somit keine rechtfertigungsbedürftige Übermittlung personenbezogener Daten iSv § 3 Abs. 4 Nr. 3 BDSG aF.[26] Obwohl in der DS-GVO keine dem § 3 Abs. 8 BDSG entsprechende Regelung vorzufinden ist, spricht gegen einen Wegfall der Privilegierung vor allem der Vergleich zwischen den bisherigen Regelungen des BDSG aF und der Datenschutzrichtlinie 95/46/EG. Denn auch in der Richtlinie fand sich keine ausdrückliche Regelung zur Privilegierung der Auftragsverarbeitung. Trotzdem ging die europäische Arbeitsgruppe der Datenschutzaufsichtsbehörden, die Art.-29-Datenschutzgruppe,[27] von einer Privilegierung aus.[28]

B. Der Betriebsrat

I. Datenschutzrechtliche Verantwortlichkeit

Nach der Rechtsprechung des BAG vor dem 25.5.2018 war der Betriebsrat nicht 15
selbst datenschutzrechtlich verantwortlich, sondern Teil der verantwortlichen Stelle des **Arbeitgebers**.[29] Dennoch war der Betriebsrat verpflichtet, datenschutzrechtliche Vorgaben zu beachten und organisatorische und technische Maßnahmen zur Datensicherheit zu treffen.[30] Eine vom Einzelfall unabhängige, generelle und einschränkungslose Übermittlung von personenbezogenen Beschäftigtendaten an den Betriebsrat war deshalb nach bisheriger Rechtslage unzulässig.[31]

Auch nach Inkrafttreten der DS-GVO ist der Betriebsrat nicht als Verantwortlicher 16
anzusehen.[32] Die Merkmale von Art. 4 Nr. 7 DS-GVO sind nicht erfüllt, weil der Betriebsrat nicht selbst über die **Zwecke und Mittel** der Datenverarbeitung entscheidet.[33] Vielmehr ist der Betriebsrat ausschließlich im Rahmen seiner betriebsverfassungsrechtlichen Rechte und Pflichten berechtigt, personenbezogene Daten zu verarbeiten.[34] Die wenigen eigens festgelegten Zwecke, die bisweilen in der Fachliteratur

---

26 Kühling/Buchner/Hartung, DS-GVO Art. 28 Rn. 14.
27 Jetzt: Europäischer Datenschutzausschuss (EDSA) gemäß Art. 68 DS-GVO.
28 Art.-29-Datenschutzgruppe, WP 169, S. 8; vgl. außerdem die ausführliche Befassung mit weiteren überzeugenden Argumenten in Kühling/Buchner/Hartung, DS-GVO Art. 28 Rn. 15. ff.
29 BAG 7.2.2012 – 1 ABR 46/10, NZA 2012, 744; BAG 11.11.1997 – 1 ABR 21/97, NZA 1998, 385.
30 BAG 18.7.2012 – 7 ABR 23/11, NZA 2013, 49.
31 BAG 3.6.2003 – 1 ABR 19/02.
32 Gola, HdB Beschäftigtendatenschutz, Rn. 1714; Kühling/Buchner/Hartung, DS-GVO Art. 4 Nr. 7 Rn. 11; Däubler, Gläserne Belegschaften, § 13 Rn. 640d.
33 AA Fitting, BetrVG § 83 Rn. 18; Wybitul, NZA 2017, 413 (416); WHWS Arbeitnehmerdatenschutz-HdB/Kramer, S. 638, 639; Brink/Joos, NZA 2019, 1395 (1399).
34 Bonanni/Niklas, ArbRB 2018, 371 (373); Gola/Pötters, DS-GVO Art. 88 Rn. 38.

angeführt werden (zB Werbung für Betriebsratsarbeit),[35] mögen nicht unmittelbar durch das BetrVG vorgegeben sein. Sie sind aber letztlich Ausfluss der gesetzlich definierten Stellung und der Aufgaben des Betriebsrats und in der Gesamtschau der vom Betriebsrat im Rahmen seines vorgegebenen Aufgabenkreises durchgeführten Datenverarbeitungen von eher geringer Bedeutung. Der Betriebsrat entscheidet auch nicht über die Mittel der Datenverarbeitung. Diese werden ihm insbesondere in Gestalt der Informations- und Kommunikationstechnik gemäß § 40 Abs. 2 BetrVG vom Arbeitgeber zur Verfügung gestellt.[36] Daran ändert auch der Umstand nichts, dass der Betriebsrat frei darüber entscheiden kann, welche Daten er unter Einsatz welcher technischen Mittel verarbeitet oder ob diese Mittel überhaupt verwendet werden.[37] Gleiches gilt schließlich für den unbestrittenermaßen datenschutzrechtlich nicht verantwortlichen Arbeitnehmer. Auch dieser kann im Rahmen seiner weisungsabhängigen Tätigkeit häufig frei über das „Ob" und das „Wie" des Einsatzes technischer Hilfsmittel entscheiden, die ihm vom Arbeitgeber zur Verfügung gestellt werden.

17 Zuletzt hat das BAG offengelassen, ob es an seiner bisherigen Rechtsprechung festhalten wird und den Betriebsrat weiterhin als Teil der verantwortlichen Stelle des Arbeitgebers ansehen ansieht.[38] Die Weitergabe von Informationen von dem Arbeitgeber an den Betriebsrat ist nach Auffassung des BAG eine betriebsinterne Datenverarbeitung für die Zwecke des Beschäftigungsverhältnisses, die sich im konkreten Fall (Auskunft über den Namen einer schwangeren Arbeitnehmerin) an § 26 Abs. 3 Satz 1 BDSG messen lassen muss. Dem Arbeitgeber sei es verwehrt, den Betriebsrat dahin gehend zu kontrollieren, ob dieser die erforderlichen Datenschutzmaßnahmen durchgeführt habe. Er dürfe dem Betriebsrat aufgrund dessen **Unabhängigkeit** als Strukturprinzip der Betriebsverfassung keine Vorgaben machen. Der Betriebsrat habe insoweit eine spezifische Schutzpflicht, die unabhängig von einer etwaigen Verantwortlichkeit iSv Art. 4 Nr. 7 DS-GVO bestehe.[39]

18 Die fehlende Möglichkeit der Einflussnahme durch den Arbeitgeber und die daraus resultierende „datenschutzrechtliche Eigenständigkeit" des Betriebsrats führt in Praxis teilweise zu unbefriedigenden Ergebnissen. So muss der Beschäftigte die datenschutzrechtlichen Betroffenenrechte nach den Art. 12, 15 ff. DS-GVO gegenüber dem Arbeitgeber geltend machen, der diese jedoch ohne Mitwirkung des Betriebsrats weder erfüllen noch an diesen delegieren kann.[40] Allerdings ist zu beachten, dass der Betriebsrat gemäß § 2 Abs. 1 BetrVG zur vertrauensvollen Zusammenarbeit mit dem Arbeitgeber zum „Wohl der Arbeitnehmer" und gemäß § 75 Abs. 2 BetrVG zum Schutz und zur Förderung des Arbeitnehmerpersönlichkeitsrechts verpflichtet ist. Der Grundsatz der vertrauensvollen Zusammenarbeit wirkt als Auslegungsregel für die Normen des BetrVG und kann bei fehlender ausdrücklicher Regelung unmittelbar Rechte und Pflichten für den Betriebsrat begründen.[41] In der Gesamtschau mit der

---

35 Brink/Joos, NZA 2019, 1395 (1397).
36 Bonanni/Niklas, ArbRB 2018, 371 (373).
37 AA Brink/Joos, NZA 2019, 1395 (1397).
38 BAG 7.5.2019 – 1 ABR 53/17, NZA 2019, 1218; BAG 9.4.2019 – 1 ABR 51/17, NZA 2019, 1055.
39 BAG 9.4.2019 – 1 ABR 51/17, NZA 2019, 1055.
40 Gola, HdB Beschäftigtendatenschutz, Rn. 1734.
41 BAG 27.8.1982 – 7 AZR 30/80, NJW 1993, 2835; Richardi/Maschmann, BetrVG § 2 Rn. 18, 20.

auch vom BAG betonten Schutzpflicht des Betriebsrats[42] kann deshalb eine betriebsverfassungsrechtliche Pflicht des Betriebsrats angenommen werden, den Arbeitgeber bei seinen datenschutzrechtlichen Verpflichtungen zu unterstützen und mit diesem in dem erforderlichen Maße zu kooperieren, wenn Beschäftigte Betroffenenrechte geltend machen, die sich auf die Datenverarbeitung durch den Betriebsrat beziehen. Die Weigerung des Betriebsrats kann eine grobe Verletzung seiner gesetzlichen Pflichten darstellen und eine Auflösung des Gremiums gemäß § 23 Abs. 1 BetrVG rechtfertigen.

Hinweis: In einer freiwilligen Betriebsvereinbarung kann geregelt werden, wie mit Datenschutzverpflichtungen des Arbeitgebers verfahren wird, die sich auf die Datenverarbeitung des Betriebsrats beziehen. Im Falle der Betroffenenrechte kann beispielsweise geregelt werden, dass entsprechende Anfragen an den Betriebsrat weitergeleitet und von diesem bearbeitet werden.

II. Beschäftigtendatenschutz als betriebsverfassungsrechtliche Aufgabe
1. Überwachung des Arbeitgebers

Ungeachtet einer fehlenden eigenen datenschutzrechtlichen Verantwortlichkeit wird der Betriebsrat zutreffend als „Hüter des Arbeitnehmerdatenschutzes" bezeichnet.[43] So finden sich im Katalog der **Mitbestimmungsrechte** des BetrVG über die Schutz- und Förderpflicht des § 75 Abs. 2 BetrVG hinaus weitere Tatbestände, die dem Schutz des Arbeitnehmerpersönlichkeitsrechts dienen. Dies hat auch der deutsche Gesetzgeber erkannt und in § 26 Abs. 6 BDSG deklaratorisch klargestellt, dass die Beteiligungsrechte der Interessenvertretungen unberührt bleiben.[44]

19

Zunächst ist festzustellen, dass die allgemeine **Überwachungsaufgabe** des Betriebsrats gemäß § 80 Abs. 1 Nr. 1 BetrVG auch die im Betrieb einschlägigen Vorschriften des Beschäftigtendatenschutzrechts umfasst.[45] Bei der Überwachungsaufgabe des Betriebsrats handelt es sich aber nur um eine Rechtskontrollbefugnis.[46] Der Betriebsrat hat kein Recht die Zweckmäßigkeit von Datenschutzmaßnahmen des Arbeitgebers zu kontrollieren. Er kann die tatsächliche Einhaltung des Datenschutzrechts auch nicht gerichtlich durchsetzen, sondern nur deren ungenügende Beachtung beanstanden und auf Abhilfe drängen.[47] Der Arbeitgeber ist dann verpflichtet, sich mit dem Anliegen des Betriebsrats zu befassen. Geschieht dies nicht oder zeigt sich der Arbeitgeber hinsichtlich einer bestehenden Verletzung datenschutzrechtlichen Vorschriften uneinsichtig, darf der Betriebsrat nach einem erfolglosen innerbetrieblichen Abhilfeversuch die Datenschutzaufsichtsbehörden informieren und hinzuziehen.[48] Dem Betriebsrat steht im Übrigen auch kein Weisungsrecht gegenüber dem betrieblichen Datenschutzbeauf-

20

---

42 BAG 9.4.2019 – 1 ABR 51/17, NZA 2019, 1055.
43 Kort, NZA 2015, 1345 (1356); Kramer/Raif, S. 407.
44 So auch die Gesetzesbegründung zu § 32 Abs. 3 BDSG aF, vgl. BT-Drs. 16/13657, 21.
45 BAG 17.3.1987 – 1 ABR 59/85, NZA 1987, 747; Fitting, BetrVG § 80 Rn. 7.
46 BAG 16.5.2011 – 1 ABR 12/05, NZA 2006, 553.
47 GK-BetrVG/Weber, BetrVG § 80 Rn. 32; Fitting, BetrVG § 80 Rn. 15; BAG 28.5.2002 – 1 ABR 32/01, NZA 2003, 166.
48 Fitting, BetrVG § 80 Rn. 16.

tragten zu. Er hat vielmehr darauf hinzuwirken, dass dieser seine Tätigkeit ordnungsgemäß und weisungsfrei ausübt (→ § 2 Rn. 36 ff.).[49]

2. Erzwingbare Mitbestimmung

21 Bei wichtigen kollektiven Fragestellungen mit datenschutzrechtlicher Relevanz stehen dem Betriebsrat erzwingbare Mitbestimmungsrechte zu, die ihm die Möglichkeit geben, den betrieblichen Arbeitnehmerdatenschutz mitzugestalten. So bedarf der Arbeitgeber der **Zustimmung des Betriebsrats**, wenn er personenbezogene Beschäftigtendaten mithilfe von bzw. für Personalfragebögen (§ 94 Abs. 1 BetrVG), schriftlichen (Formular-)Arbeitsverträgen oder allgemeine Beurteilungsgrundsätze (§ 94 Abs. 2 BetrVG) oder Auswahlrichtlinien (§ 95 BetrVG) verarbeiten möchte.

§§ 94, 95 Abs. 1 BetrVG

§ 94 Personalfragebogen, Beurteilungsgrundsätze

(1) Personalfragebogen bedürfen der Zustimmung des Betriebsrats. Kommt eine Einigung über ihren Inhalt nicht zustande, so entscheidet die Einigungsstelle. Der Spruch der Einigungsstelle ersetzt die Einigung zwischen Arbeitgeber und Betriebsrat.

(2) Absatz 1 gilt entsprechend für persönliche Angaben in schriftlichen Arbeitsverträgen, die allgemein für den Betrieb verwendet werden sollen, sowie für die Aufstellung allgemeiner Beurteilungsgrundsätze.

§ 95 Auswahlrichtlinien

(1) Richtlinien über die personelle Auswahl bei Einstellungen, Versetzungen, Umgruppierungen und Kündigungen bedürfen der Zustimmung des Betriebsrats. Kommt eine Einigung über die Richtlinien oder ihren Inhalt nicht zustande, so entscheidet auf Antrag des Arbeitgebers die Einigungsstelle. Der Spruch der Einigungsstelle ersetzt die Einigung zwischen Arbeitgeber und Betriebsrat.

22 Bei einem **Personalfragebogen** handelt es sich um eine formularmäßige Zusammenfassung von an Arbeitnehmer oder Bewerber gerichteten Fragen, die über die persönlichen Verhältnisse, insbesondere Eignung, Kenntnisse und Fähigkeiten des Befragten, Aufschluss geben sollen.[50] Dabei ist es unerheblich, ob die Daten schriftlich oder elektronisch erhoben werden sollen. Beispiele für mitbestimmungspflichtige Fragebögen sind Bewerber- oder Einstellungsfragebögen,[51] Lernkontrollen bei sog. E-Learning-Programmen, psychologische Testverfahren, Intelligenztests und Potenzialanalysen,[52] die Einführung und Ausgestaltung von Assessment-Centern[53] sowie nicht anonym durchgeführte Mitarbeiterbefragungen mit einer Teilnahmeverpflichtung für die Beschäftigten.[54] Ein Fragebogen kann auch dann vorliegen, wenn die Fragen nicht vom Arbeitnehmer selbst, sondern in standardisierter Form von einem Dritten beantwortet werden, etwa auf Basis eines Mitarbeiterinterviews anhand von Checklisten.[55] Dem Mitbestimmungsrecht des Betriebsrats unterliegt die Einführung und jede Änderung von Fragebögen sowie die Festlegung des Verwendungszwecks.[56] Das

---

49 Kramer/Raif, S. 409.
50 BAG 21.9.1993 – 1 ABR 28/93, NZA 1994, 375.
51 Richardi/Thüsing, BetrVG § 94 Rn. 6; Fitting, BetrVG § 94 Rn. 16 f.
52 Fitting, BetrVG § 94 Rn. 6, 26.
53 Fitting, BetrVG § 94 Rn. 26.
54 BAG 21.11.2017 – 1 ABR 47/16, NZA 2018, 380.
55 Fitting, BetrVG § 94 Rn. 8.
56 Fitting, BetrVG § 94 Rn. 9.

Mitbestimmungsrecht besteht auch bei Formulararbeitsverträgen, die persönliche Angaben über die Feststellung der reinen Personalien (Name, Vorname, Geburtstag und -ort, Anschrift) hinaus abfragen.[57] Dadurch soll verhindert werden, dass der Arbeitgeber den Einsatz von mitbestimmungspflichtigen Personalfragebögen umgeht.

Allgemeine **Beurteilungsgrundsätze** sind Regelungen, die eine Bewertung des Verhaltens oder der Leistung der Arbeitnehmer objektivieren und nach einheitlichen Kriterien ausrichten sollen.[58] Dazu zählen beispielsweise die Festlegung von katalogmäßigen Klassifikationsmerkmalen für eine automatisierte Erstellung von Fähigkeits- und Eignungsprofilen oder die Festlegung des Verfahrens, wie Beurteilungen zustande kommen (zB Fragebögen für Vorgesetzte mit Beurteilungsstufen, einzelne Verfahrenselemente, Tests, Mitarbeitergespräche).[59] Folglich unterliegen auch digitale Personalentwicklungssysteme regelmäßig der Mitbestimmung nach § 94 BetrVG. Inhaltlich bezieht sich das Mitbestimmungsrecht auf die Ausgestaltung des Beurteilungsverfahrens, der Beurteilungsmerkmale und der Beurteilungsgrundlagen.[60]

23

Auswahlrichtlinien liegen vor, wenn der Arbeitgeber Personalentscheidungen (Einstellungen, Versetzungen, Umgruppierungen und Kündigungen) nach abstrakt-generellen Grundsätzen trifft, welche jeweils die maßgeblichen fachlichen, persönlichen und sozialen Gesichtspunkte gewichten.[61] Typisches Beispiel für eine Auswahlrichtlinie ist eine Regelung zur Gewichtung von Sozialdaten bei betriebsbedingten Kündigungen gemäß § 1 Abs. 3 und 4 BetrVG (Dauer der Betriebszugehörigkeit, Lebensalter, Unterhaltspflichten, Schwerbehinderung). Mitbestimmungspflichtig nach § 95 BetrVG sind auch sog. Bewerbermanagement-Tools, mit deren Hilfe Bewerbungen anhand bestimmter Kriterien oder mittels eines Punkteschemas gesichtet, bearbeitet oder aussortiert werden.[62]

24

Weitere datenschutzrelevante Mitbestimmungsrechte ergeben sich aus § 87 Abs. 1 Nr. 1 und Nr. 6 BetrVG:

25

§ 87 Abs. 1 Nr. 1 und Nr. 6 BetrVG

(1) Der Betriebsrat hat, soweit eine gesetzliche oder tarifliche Regelung nicht besteht, in folgenden Angelegenheiten mitzubestimmen:
1. Fragen der Ordnung des Betriebs und des Verhaltens der Arbeitnehmer im Betrieb;
6. Einführung und Anwendung von technischen Einrichtungen, die dazu bestimmt sind, das Verhalten oder die Leistung der Arbeitnehmer zu überwachen;

Das Mitbestimmungsrecht bei Fragen der **Ordnung und des Verhaltens** der Arbeitnehmer im Betrieb iSv § 87 Abs. 1 Nr. 1 BetrVG betrifft das betriebliche Zusammenleben und Zusammenwirken der Arbeitnehmer, das der Arbeitgeber kraft seines Direktionsrechts oder seiner Organisationsbefugnis durch das Aufstellen von Verhaltensregeln oder durch sonstige Maßnahmen beeinflussen oder koordinieren kann.[63]

26

---

57 Fitting, BetrVG § 94 Rn. 27.
58 BAG 14.1.2014 – 1 ABR 49/12, NZA-RR 2014, 356.
59 BAG 17.3.2015 – 1 ABR 48/13, NZA 2015, 885; Fitting, BetrVG § 94 Rn. 30.
60 BAG 17.3.2015 – 1 ABR 48/13, NZA 2015, 885; Fitting, BetrVG § 94 Rn. 32.
61 BAG 26.7.2005 – 1 ABR 29/04, NZA 2005, 1372.
62 Fitting, BetrVG § 95 Rn. 11.
63 BAG 13.2.2007 – 1 ABR 18/06, NZA 2007, 640.

Es berechtigt die Betriebsparteien nicht dazu, in die außerbetriebliche, private Lebensführung der Arbeitnehmer einzugreifen.[64] Das Arbeitnehmerpersönlichkeitsrecht stellt insoweit eine Schranke des Mitbestimmungsrechts dar.[65]

27 Unter anderem sind nach § 87 Abs. 1 Nr. 1 BetrVG folgende datenschutzrelevante Sachverhalte **mitbestimmungspflichtig**:

- Regelungen über das Betreten und Verlassen des Betriebs, einschließlich biometrischer Zugangskontrollen[66] oder Taschenkontrollen[67]
- Einführung, Ausgestaltung und Nutzung von Werksausweisen[68] Bekleidungsvorschriften und Pflicht zum Tragen von Dienstkleidung[69]
- Tragen von Namensschildern[70]
- Verhaltensregeln für die private Nutzung des dienstlichen Telefons, des Internetanschlusses am Arbeitsplatz oder eines dienstlichen E-Mail-Accounts[71]
- Verhaltensregeln für das sog. Bring Your Own Device (BYOD)[72]
- Social-Media-Guidelines[73]
- Einführung eines Compliance-Systems einschließlich dazugehöriger Verhaltenskodizies, Ethikrichtlinien oder Whistleblowing-Hotlines oder Meldehotlines[74]
- Formalisierte Krankengespräche zur Aufklärung von (betrieblichen) Krankheitsursachen[75]

28 Der Einsatz von **Privatdetektiven** zur Observation eines Arbeitnehmers ist nach Ansicht des BAG nicht mitbestimmungspflichtig.[76] Gleiches gilt für die Durchführung eines betrieblichen Eingliederungsmanagements[77] oder die Untersagung der privaten Nutzung des dienstlichen Internetanschlusses oder E-Mail-Accounts.[78]

29 Ein in Zeiten der zunehmenden Digitalisierung von Arbeitsprozessen praktisch bedeutsames Mitbestimmungsrecht begründet im Übrigen § 87 Abs. 1 Nr. 6 BetrVG. Danach hat der Betriebsrat bei der Einführung und Anwendung **technischer Überwachungseinrichtungen** mitzubestimmen, wenn diese zur Leistungs- und Verhaltenskontrolle bestimmt sind. Der § 87 Abs. 1 Nr. 6 BetrVG geht in diesem Fall dem § 87 Abs. 1 Nr. 1 BetrVG als speziellere Norm vor.[79] Zweck des Mitbestimmungsrechts ist es, den Arbeitnehmer vor unverhältnismäßigen und nicht durch schützenswerte Belange des Arbeitgebers zu rechtfertigenden Beeinträchtigungen des Persönlichkeitsrechts zu schützen, die mit dem Einsatz technischer Überwachungseinrichtungen im

---

64 BAG 21.1.2004 – 1 ABR 7/03, NZA 2004, 556.
65 Fitting, BetrVG § 87 Rn. 70.
66 BAG 21.4.2004 – 1 ABR 7/03, NZA 2004, 556.
67 BAG 9.7.2013 – 1 ABR 2/13, NZA 2014, 551.
68 BAG 16.12.1986 – 1 ABR 35/85, NZA 1987, 355.
69 BAG 13.2.2007 – 1 ABR 18/06, NZA 2007, 640.
70 BAG 11.6.2002 – 1 ABR 46/01, NZA 2002, 1299.
71 Fitting, BetrVG § 87 Rn. 71.
72 Göpfert/Wilke, NZA 2012, 765 (769, 770); Pollert, NZA-Beil. 2014, 152 (154).
73 Fitting, BetrVG § 87 Rn. 71.
74 Fitting, BetrVG § 87 Rn. 71.
75 BAG 8.11.1994 – 1 ABR 22/94, NZA 1995, 857.
76 BAG 26.3.1991 – 1 ABR 26/90, NZA 1991, 729.
77 Fitting, BetrVG § 87 Rn. 72.
78 LAG Hamm 7.4.2006 – 10 TaBV 1/06, NZA-RR 2007, 20.
79 Fitting, BetrVG § 87 Rn. 214.

Zusammenhang mit der Erbringung der Arbeitsleistung verbunden sein können.[80] Außerdem soll der Betriebsrat an der Ausgestaltung rechtlich zulässiger Eingriffe in das Arbeitnehmerpersönlichkeitsrecht beteiligt werden, um diese auf das durch die betrieblichen Notwendigkeiten unabdingbare gebotene Maß zu beschränken.[81] Dazu gehört es auch, dass der Betriebsrat bei der Festlegung des Verwendungszwecks gespeicherter Leistungs- oder Verhaltensdaten mitbestimmt.[82]

Entgegen dem Wortlaut von § 87 Abs. 1 Nr. 6 BetrVG, der auf eine *Bestimmung* der technischen Einrichtung zur Leistungs- und Verhaltenskontrolle abstellt, ist das Mitbestimmungsrecht nach ständiger Rechtsprechung des BAG schon dann einschlägig, wenn die technische Einrichtung aufgrund ihrer Beschaffenheit und aufgrund ihres konkreten Einsatzes objektiv zur Überwachung der Arbeitnehmer *geeignet* ist.[83] Es ist also unerheblich, ob die Überwachungsmöglichkeit nur ein Nebeneffekt der technischen Einrichtung ist oder ob die erfassten Arbeitnehmerdaten vom Arbeitgeber gezielt zum Zwecke der Leitungs- und Verhaltenskontrolle ausgewertet werden.[84] Mit anderen Worten kommt es auf das Vorliegen einer **Überwachungsabsicht** des Arbeitgebers nicht an.[85]

30

Der Begriff der **Leistungs- und Verhaltenskontrolle** umfasst jeden Vorgang, durch den das Tun oder Unterlassen eines Arbeitnehmers im betrieblichen oder im außerbetrieblichen Bereich erfasst wird, sofern dieses für das Arbeitsverhältnis erheblich sein kann.[86] Das Verhalten des Arbeitnehmers schließt dessen Leistung begrifflich mit ein, so dass es für die Mitbestimmung nicht auf eine Abgrenzung der Begriffe ankommt.[87] Das Mitbestimmungsrecht besteht nicht nur, wenn verhaltens- oder leistungsrelevante Daten von Arbeitnehmern mittels einer technischen Einrichtung erhoben werden, sondern auch dann, wenn auf nicht technischem Wege erhobene Daten in eine elektronische Datenverarbeitungsanlage zum Zwecke der Speicherung und Verarbeitung eingegeben werden.[88]

31

Diese weite Auslegung von § 87 Abs. 1 Nr. 6 BetrVG führt dazu, dass nahezu jede technische Einrichtung der Mitbestimmung unterliegt, mit deren Hilfe personenbezogene Beschäftigtendaten tatsächlich verarbeitet werden, unter anderem:

32

- Eine vom Arbeitgeber betriebene Facebook-Seite, die es den Nutzern von Facebook ermöglicht, über die Funktion „Besucher-Beiträge" Postings zum Verhalten und zur Leistung der beschäftigten Arbeitnehmer einzustellen[89]
- Elektronische Personalakten
- Videoüberwachung der Arbeitnehmer, insbesondere zur Aufdeckung von Pflichtverletzungen oder Straftaten[90]

---

80 BT-Drs. VI/1786, 86 f.; BAG 25.4.2017 – 1 ABR 46/15, NZA 2017, 1205.
81 Fitting, BetrVG § 87 Rn. 16.
82 BAG 11.3.1986 – 1 ABR 12/84, NZA 1986, 526.
83 BAG 13.12.2016 – 1 ABR 7/15, NZA 2017, 657.
84 BAG 29.6.2004 – 1 ABR 21/03, NZA 2004, 1278.
85 BAG 6.12.1983 – 1 ABR 43/81, NJW 1984, 1476.
86 BAG 11.3.1986 – 1 ABR 12/84, NZA 1986, 526.
87 Fitting, BetrVG § 87 Rn. 221.
88 BAG 11.3.1986 – 1 ABR 12/84, NZA 1986, 526.
89 BAG 13.12.2016 – 1 ABR 7/15, NZA 2017, 657.
90 BAG 26.1.2016 – 1 ABR 68/13, NZA 2016, 498.

- Zeiterfassungsgeräte, mit denen Beginn und Ende der Arbeitszeit festgehalten wird[91]
- Biometrische Zugangskontrollsysteme[92]
- Fotokopiergeräte mit individueller PIN für Benutzer[93]
- Fahrtenschreiber[94]
- Personalabrechnungs- und Personalinformationssysteme[95]
- Nutzung privater Smartphones, Tablets und PC für dienstliche Zwecke (Bring Your Own Device – BYOD) zur Erledigung dienstlicher Aufgaben[96]
- Einsatz einer sog. Keylogger-Software[97]
- Einführung eines online einsehbaren Gruppenkalenders zur Verwaltung dienstlicher Termine[98]
- Softwaresysteme zum Human-Capital-Management (HCM)
- Radio-Frequency-Identification (RFID)[99]
- GPS- und GSM-Ortung[100]
- sog. Silent-Monotoring und Voice-Recording[101]

3. Informationsrechte

33 Zur Wahrnehmung der Mitbestimmungsrechte ist der Betriebsrat gemäß § 80 Abs. 2 Satz 1 BetrVG umfassend von dem Arbeitgeber zu unterrichten. Ferner sind ihm gemäß § 80 Abs. 2 Satz 2 BetrVG alle erforderlichen Unterlagen zur Verfügung zu stellen. Diese Arbeitgeberpflichten sind aufgabengebunden und in ihrer Reichweite durch das Prinzip der **Erforderlichkeit** begrenzt.[102] Es muss im Einzelfall eine gesetzliche Aufgabe des Betriebsrats gegeben sein, welche die Überlassung von bestimmten Informationen oder Unterlagen zwingend notwendig macht. Eine Information hat allerdings schon dann zu erfolgen, wenn hinreichend wahrscheinlich ist, dass die angeforderten Daten für Betriebsratsaufgaben erforderlich sind. Dies hat der Betriebsrat im Streitfall darzulegen.[103] Nur wenn das Mitbestimmungsrecht offensichtlich nicht besteht, kann der Betriebsrat auch keine Informationen verlangen.[104] Nach diesen Grundsätzen kann der Betriebsrat im datenschutzrechtlichen Kontext beispielsweise folgende Informationen und Unterlagen vom Arbeitgeber beanspruchen:

- Mitteilung über die geplante Einführung oder Änderung eines Softwaresystems, die zur Leistungs- oder Verhaltenskontrolle geeignet sind; Vorhandene (Hersteller-)Unterlagen über die Beschaffenheit des Systems
- Auswertung einer Mitarbeiterbefragung

---

91 Fitting, BetrVG § 87 Rn. 244.
92 BAG 21.1.2004 – 1 ABR 7/03, NZA 2004, 556.
93 OVG Nordrhein-Westfalen 11.3.1992 – CL 38/89, CR 1993, 375.
94 BAG 12.1.1988 – 1 AZR 352/86, NZA 1988, 621.
95 Trittin/Fischer, NZA 2009, 343 (343).
96 Pollert, NZA-Beil. 2014, 152 (154).
97 BAG 27.7.2017 – 2 AZR 681/16, NZA 2017, 3258.
98 LAG Nürnberg 21.2.2017 – 7 Sa 441/16, NZA-RR 2017, 302.
99 Fitting, BetrVG § 87 Rn. 247.
100 Gola, NZA 2007, 1139 (1141).
101 Fitting, BetrVG § 87 Rn. 247.
102 BAG 9.4.2019 – 1 ABR 51/17, NZA 2019, 1055.
103 BAG 9.4.2019 – 1 ABR 51/17, NZA 2019, 1055.
104 BAG 26.1.1988 – 1 ABR 34/86, NZA 1988, 620.

- Mitteilung über die geplante Durchführung von Interviews im Rahmen unternehmens-interner Untersuchungen zur Aufdeckung von Rechts- oder Compliance-Verstößen[105]
- Namen der Arbeitnehmer, denen der Arbeitgeber nach § 167 Abs. 2 SGB IX ein betriebliches Eingliederungsmanagement anzubieten hat.[106]

Die Vorlage ganzer **Personalakten** mit den darin enthaltenen personenbezogenen Beschäftigtendaten kann der Betriebsrat nicht verlangen.[107] Bei Vorliegen eines konkreten Aufgabenbezugs können allenfalls einzelne Informationen aus Personalakten verlangt werden, wenn diese zur Aufgabenerfüllung notwendig sind.[108] Der Betriebsrat hat auch keinen Anspruch auf Überlassung des **Verarbeitungsverzeichnisses** gemäß Art. 30 DS-GVO. Die allgemeine Überwachungsaufgabe des Betriebsrats aus § 80 Abs. 1 Nr. 1 BetrVG ist nicht berührt, weil Art. 30 DS-GVO nicht „zugunsten der Arbeitnehmer" gilt. Das Verzeichnis dient der Erfüllung der Nachweispflicht des Arbeitgebers gemäß Art. 24 Abs. 1 DS-GVO und besagt nichts über die Rechtmäßigkeit der Verarbeitung von personenbezogenen Beschäftigtendaten. Hingegen sind dem Betriebsrat datenschutzrechtliche Muster-**Einwilligungen** für Beschäftigte vorzulegen, sofern diese nicht von vornherein mit diesem abgestimmt wurden. Der Betriebsrat kann beispielsweise prüfen, ob in einem formularmäßigen Muster ein tauglicher Hinweis auf das Widerrufsrecht und eine Zweckbestimmung eingehalten ist. Bei Art. 7 DS-GVO und § 26 Abs. 2 BDSG handelt es sich um Vorschriften zum Schutze des Persönlichkeitsrechts, die zugunsten der Arbeitnehmer gelten. Die Situation ist vergleichbar mit der Vorlage von Formulararbeitsverträgen, die der Betriebsrat unter anderem auf die Einhaltung von § 2 Abs. 1 NachwG überprüfen kann.[109] Außerdem hat der Betriebsrat gemäß § 80 Abs. 2 Satz 2 BetrVG das Recht, Einsicht in die Listen über die **Bruttolöhne und -gehälter** Einblick zu nehmen. Dieses Recht ist nicht wegen datenschutzrechtlicher Erwägungen auf anonymisierte Bruttoentgeltlisten beschränkt.[110]

C. Die Rolle des Datenschutzbeauftragten

Der Datenschutzbeauftragte ist kein Verantwortlicher iSv Art. 4 Nr. 7 DS-GVO, sondern eine Institution der **betrieblichen Selbstkontrolle**.[111] Er ist daher nicht originär verpflichtet, die datenschutzrechtlichen Vorschriften im Unternehmen umzusetzen.

I. Aufgaben und Stellung

Die Aufgaben des Datenschutzbeauftragten ergeben sich aus Art. 39 DS-GVO.

---

105 Rudkowski, NZA 2011, 612 (615).
106 BAG 7.2.2012 – 1 ABR 46/10, NZA 2012, 744.
107 BAG 20.12.1998 – 1 ABR 63/87, NZA 1989, 393.
108 BAG 18.10.1988 – 1 ABR 33/87, NZA 1989, 355.
109 BAG 19.10.1999 – 1 ABR 75/98, NZA 2000, 837.
110 BAG 7.5.2019 – 1 ABR 350/17, NZA 2019, 1218.
111 Ehmann/Selmayr/Heberlein, DS-GVO Art. 37 Rn. 9.

37 Aufgaben des Datenschutzbeauftragten:
- Unterrichtung und Beratung des Verantwortlichen und der Beschäftigten hinsichtlich ihrer datenschutzrechtlichen Pflichten
- Überwachung der Einhaltung des Datenschutzes
- Beratung im Zusammenhang mit der Datenschutz-Folgenabschätzung und Überwachung ihrer Durchführung
- Zusammenarbeit mit der Aufsichtsbehörde
- Anlaufstelle für die Aufsichtsbehörde

38 Im Zentrum des Aufgabenkatalogs stehen die Beratung und Überwachung des **Verantwortlichen**, die sich auf sämtliche datenschutzrechtliche Pflichten erstreckt. Anders als bisher[112] ist der Datenschutzbeauftragte auch zur Überwachung des Betriebsrats berechtigt. Dafür spricht die unmittelbare Wirkung von Art. 39 DS-GVO. Die Einschränkung der Überwachungspflichten und -befugnisse des Datenschutzbeauftragten kann insoweit nicht mehr mit der Unabhängigkeit des Betriebsrats begründet werden.[113]

39 Der **Arbeitgeber** ist verpflichtet, den Datenschutzbeauftragten ordnungsgemäß und frühzeitig in alle mit dem Schutz personenbezogener Daten zusammenhängenden Fragen einzubinden[114] und ihn bei der Erfüllung seiner Aufgaben zu unterstützen.[115] Zu diesem Zweck ist ihm die einschlägige Fachliteratur, Kommunikationsmittel und Räumlichkeiten zur Verfügung zu stellen.[116] Ist ein Arbeitnehmer zum Datenschutzbeauftragten bestellt, so hat der Arbeitgeber ihn zum Zwecke seiner Tätigkeit als Datenschutzbeauftragter in einem angemessenen Umfang von seinen arbeitsvertraglichen Aufgaben zu entlasten.[117]

40 Der Datenschutzbeauftragte ist bei der Erfüllung seiner Pflichten zur **Verschwiegenheit** verpflichtet.[118] Er unterliegt keiner Weisungsbindung gegenüber dem Verantwortlichen[119] und darf wegen der Erfüllung seiner Pflichten nicht benachteiligt werden.[120] Die Abberufung und Kündigung des Datenschutzbeauftragten ist nur bei Vorliegen eines wichtigen Grundes iSv § 626 BGB zulässig.[121] Eine Berichtpflicht des Datenschutzbeauftragten besteht gegenüber der höchsten Managementebene, in der Regel also dem Geschäftsführer oder Vorstand eines Unternehmens.[122] Seine Kontaktdaten sind an geeigneter Stelle zu veröffentlichen.[123]

---

112 So zur alten Rechtslage BAG 11.11.1997 – 1 ABR 21/97, NZA 1998, 385.
113 Gola, HdB Beschäftigtendatenschutz, Rn. 1719; Wybitul, NZA 2017, 1488 (1490).
114 Vgl. Art. 38 Abs. 1 DS-GVO.
115 Vgl. Art. 38 Abs. 2 DS-GVO.
116 Paal/Pauly/Paal, DS-GVO Art. 38 Rn. 6.
117 Kühling/Buchner/Bergt, DS-GVO Art. 38 Rn. 27.
118 Vgl. Art. 38 Abs. 5 DS-GVO.
119 Vgl. Art. 38 Abs. 3 Satz 1 DS-GVO.
120 Vgl. Art. 38 Abs. 3 Satz 2 DS-GVO.
121 Vgl. § 6 Abs. IV BDSG.
122 Vg. Art. 39 Abs. 3 Satz 3 DS-GVO.
123 Vgl. Art. 37 Abs. 7 DS-GVO.

II. Pflicht zur Benennung

Eine Verpflichtung zur Bestellung eines Datenschutzbeauftragten besteht für die wohl weit überwiegende Zahl von Unternehmen. Gemäß Art. 37 Abs. 1 lit. b DS-GVO ist ein Datenschutzbeauftragter zu bestellen, wenn die **Kerntätigkeit** des Unternehmens in der Durchführung von Verarbeitungsvorgängen besteht. Das ist der Fall, wenn der Geschäftszweck des Unternehmens schwerpunktmäßig auf die Verarbeitung von personenbezogenen Daten ausgerichtet ist.[124] Gleiches gilt nach Art. 37 Abs. 1 lit. c DS-GVO, wenn die Kerntätigkeit des Unternehmens in der umfangreichen Verarbeitung besonderer Kategorien personenbezogener Daten oder von Daten über strafrechtliche Verurteilungen und Straftaten besteht. Darüber hinaus besteht gemäß § 38 Abs. 1 Satz 1 BDSG eine Bestellpflicht, wenn in der Regel mindestens zehn Personen ständig mit der automatisierten Verarbeitung personenbezogener Daten beschäftigt sind. Nach § 38 Abs. 1 Satz 2 BDSG ist ein Datenschutzbeauftragter außerdem zu bestellen, wenn Verarbeitungen vorgenommen werden, die einer Datenschutzfolgenabschätzung gemäß Art. 35 DS-GVO unterliegen oder wenn personenbezogene Daten geschäftsmäßig zum Zweck der Übermittlung, der anonymisierten Übermittlung oder für Zwecke der Markt- oder Meinungsforschung verarbeitet werden.

41

Der Art. 37 Abs. 2 DS-GVO gestattet in Unternehmensgruppen bzw. Konzernen die Bestellung eines gemeinsamen Datenschutzbeauftragten (sog. **Konzerndatenschutzbeauftragter**), sofern dieser von jeder Niederlassung aus leicht erreicht werden kann. Die Erreichbarkeit kann dabei technisch durch Zurverfügungstellung von Kommunikationsmitteln (Telefon, E-Mail) erreicht werden. Es ist außerdem zulässig, eine externe Person oder ein externes Unternehmen (sog. **externer Datenschutzbeauftragter**) zu bestellen.[125]

42

---

124 Nicklas/Faas, NZA 2017, 1091 (1092).
125 Kühling/Buchner/Bergt, DS-GVO Art. 37 Rn. 36.

§ 3 Die Zulässigkeit der Verarbeitung von Beschäftigtendaten

A. Die datenschutzrechtlichen Strukturprinzipien
I. Allgemeines

1 Bei der Verarbeitung von personenbezogenen Beschäftigtendaten sind die in Art. 5 DS-GVO verankerten datenschutzrechtlichen Strukturprinzipien zu beachten.

2 Strukturprinzipien nach Art. 5 Abs. 1 DS-GVO:
- Rechtmäßigkeit der Verarbeitung
- Verarbeitung nach Treu und Glauben
- Transparenz der Verarbeitung
- Zweckbindung
- Datenminimierung
- Richtigkeit der Verarbeitung
- Speicherbegrenzung
- Integrität und Vertraulichkeit der Verarbeitung

3 Die Strukturprinzipien werden an vielen Stellen durch die Normen der DS-GVO konkretisiert.[1] Beschränkungen kommen nur durch nationale Rechtsvorschrift und unter Einhaltung der strengen Voraussetzungen von Art. 23 DS-GVO in Betracht. Im Beschäftigungsverhältnis sind die Strukturprinzipien für den Arbeitgeber bindend und können nicht durch Individual- oder Kollektivvereinbarung abbedungen werden.

4 Der Arbeitgeber muss die Einhaltung der Strukturprinzipien im Rahmen seiner **Rechenschaftspflicht** gemäß Art. 5 Abs. 2 DS-GVO auch nachweisen können.

Art. 5 Abs. 2 DS-GVO
Der Verantwortliche ist für die Einhaltung des Absatzes 1 verantwortlich und muss dessen Einhaltung nachweisen können („Rechenschaftspflicht").

5 Diese Rechenschafts- bzw. Nachweispflicht gilt nicht nur im Verhältnis zu den Datenschutzaufsichtsbehörden, sondern auch im Verhältnis zu den Betroffenen. Sie führt dergestalt zu einer Umkehr der **Darlegungs- und Beweislast**, dass nicht der Betroffene oder die Aufsichtsbehörde eine Verletzung der DS-GVO nachweisen müssen, sondern umgekehrt der Verantwortliche nachweisen muss, dass die Verarbeitung der DS-GVO entspricht.[2] Die Beweislastumkehr kann in Rechtsstreitigkeiten beispielsweise von Bedeutung sein, wenn ein Arbeitnehmer vom Arbeitgeber die Löschung von bestimmten Daten verlangt. Der Arbeitgeber muss in diesem Fall nachweisen, dass kein Recht auf Löschung nach Art. 17 DS-GVO besteht.

6 Wegen § 26 Abs. 7 BDSG iVm § 26 Abs. 5 BDSG gelten die aus Art. 5 DS-GVO resultierenden Prinzipien und die Rechenschaftspflicht des Arbeitgebers auch im Bereich der **manuellen Datenverarbeitung** im Beschäftigungsverhältnis.

---

1 Vgl. Erwägungsgrund 73 DS-GVO.
2 Ehmann/Selmayr/Heberlein, DS-GVO Art. 5 Rn. 32; Simitis/Roßnagel, DS-GVO Art. 5 Rn. 187.

§ 26 Abs. 5 BDSG

Der Verantwortliche muss geeignete Maßnahmen ergreifen, um sicherzustellen, dass insbesondere die in Artikel 5 der Verordnung (EU) 2016/679 dargelegten Grundsätze für die Verarbeitung personenbezogener Daten eingehalten werden.

Die Verpflichtung nach § 26 Abs. 5 BDSG, „geeignete Maßnahmen" zu treffen, geht über die bislang in § 5 Satz 2 BDSG aF enthaltene Vorgabe hinaus, Beschäftigte auf das **Datengeheimnis** zu verpflichten. Das Datengeheimnis umfasste nur das Verbot der „unbefugten Datenverarbeitung", das mit dem Grundsatz der Rechtmäßigkeit in Art. 5 Abs. 1 lit. a DS-GVO gleichgesetzt werden kann. Das Datengeheimnis ist jetzt in § 53 BDSG geregelt. 7

§ 53 BDSG

Mit Datenverarbeitung befasste Personen dürfen personenbezogene Daten nicht unbefugt verarbeiten (Datengeheimnis). Sie sind bei der Aufnahme ihrer Tätigkeit auf das Datengeheimnis zu verpflichten. Das Datengeheimnis besteht auch nach der Beendigung ihrer Tätigkeit fort.

Der § 26 Abs. 5 BDSG gibt dem Arbeitgeber keine konkreten Maßnahmen zur Sicherstellung der datenschutzrechtlichen Strukturprinzipien vor. Gemeint sind unter anderem geeignete **technische und organisatorische Maßnahmen** iSv Art. 24 Abs. 1 Satz 1 DS-GVO, die sich insoweit auch auf die manuelle Datenverarbeitung durch den Arbeitgeber erstrecken müssen. In dem Kommissionsentwurf der DS-GVO fand sich in Art. 22 Abs. 2 DS-GVO-E (KOM) dazu eine beispielhafte Aufzählung von Maßnahmen, die im weiteren Verlauf des Gesetzgebungsverfahrens gestrichen wurde.[3] Die genannten Maßnahmen können dennoch als Anhaltspunkte dafür verwendet werden, welche Maßnahmen nach der jetzt gültigen Fassung von Art. 24 Abs. 1 DS-GVO von dem Verantwortlichen vorzunehmen sind.[4] 8

Maßnahmen nach Art. 22 DS-GVO-E (KOM) 9

- Dokumentationen im Zusammenhang mit der Auftragsverarbeitung
- Vorkehrungen für die Datensicherheit
- Durchführung einer Datenschutz-Folgenabschätzung
- Zuratziehung der Aufsichtsbehörde
- Benennung eines Datenschutzbeauftragten

Auch das in Art. 25 Abs. 1 DS-GVO beschriebene Konzept des Datenschutzes durch Technik („**Privacy-by-Design**") einschließlich der Verpflichtung zu datenschutzfreundlichen Voreinstellungen („**Privacy-by-Default**") ist zu beachten. Deshalb hat eine Verarbeitung von personenbezogenen Beschäftigtendaten auch im Bereich der manuellen Datenverarbeitung zu unterbleiben, wenn der ins Auge gefasste Zweck durch Technikgestaltung auch durch die Verarbeitung anonymer Daten erreicht werden kann.[5] 10

Darüber hinaus kommen weitere grundlegende Maßnahmen in Betracht, die von dem Arbeitgeber getroffen werden können, um seiner datenschutzrechtlichen Verantwort- 11

---

3 Vgl. Paal/Pauly/Martini, DS-GVO Art. 24 Rn. 13f.
4 Simitis/Petri, DS-GVO Art. 24 Rn. 16.
5 Kühling/Buchner/Maschmann, BDSG § 26 Rn. 68.

lichkeit und seinen Nachweispflichten nach Art. 5 Abs. 2 DS-GVO Rechnung zu tragen.

12 Weitere Maßnahmen des Arbeitgebers:
- Arbeitsvertragliche Verpflichtung auf die Einhaltung datenschutzrechtlicher Vorschriften
- Verpflichtung der Beschäftigten auf die Strukturprinzipien in Art. 5 Abs. 1 DS-GVO und das Datengeheimnis nach § 53 BDSG (Muster → Anh. Rn. 2).
- Erlass einer Datenschutzrichtlinie mit unternehmensspezifischen Regeln zum Umgang mit personenbezogenen Daten.
- Berücksichtigung des Datenschutzes in unternehmensinternen Compliance-Regelungen
- Abschluss von Betriebsvereinbarungen über die Einführung und Anwendung technischer Einrichtungen zur Datenverarbeitung mit spezifischen Vorschriften zum Umgang.
- Durchführung von Datenschutz-Schulungen, bspw. in Gestalt sog. E-Learnings

II. Einzelheiten zu den Strukturprinzipien nach Art. 5 DS-GVO

1. Rechtmäßigkeit der Verarbeitung

13 Das Strukturprinzip der Rechtmäßigkeit der Verarbeitung beinhaltet das sog. **Verbot mit Erlaubnisvorbehalt**.[6] Danach dürfen personenbezogene Daten nur verarbeitet werden, wenn die betroffene Person in die Datenverarbeitung eingewilligt hat oder die Datenverarbeitung auf eine gesetzliche Erlaubnisvorschrift gestützt werden kann.

14 Wegen Art. 2 Abs. 1 DS-GVO gilt diese Einschränkung grundsätzlich nur für die automatisierte Datenverarbeitung bzw. die Datenverarbeitung in einem Dateisystem. Manuelle Datenverarbeitungsvorgänge wie handschriftliche Notizen oder die mündliche Abfrage von Informationen unterliegen deshalb im Anwendungsbereich der DS-GVO keinen datenschutzrechtlichen Beschränkungen. Sie sind per se datenschutzrechtlich zulässig, können aber aus anderen Rechtsgründen verboten sein, beispielsweise aufgrund vertraglicher Geheimhaltungspflichten oder wegen einer ungerechtfertigten Verletzung des allgemeinen Persönlichkeitsrechts. Im Beschäftigungsverhältnis gilt das Verbot mit Erlaubnisvorbehalt wegen des gegenüber Art. 2 Abs. 1 DS-GVO erweiterten Anwendungsbereichs gemäß § 26 Abs. 7 BDSG aber auch für die nichtautomatisierte Datenverarbeitung bzw. die Datenverarbeitung außerhalb von Dateisystemen. Der § 26 Abs. 5 BDSG stellt klar, dass die in Art. 5 DS-GVO verankerten Strukturprinzipien auch insoweit Geltung besitzen.

2. Treu und Glauben

15 Das Strukturprinzip der Datenverarbeitung nach Treu und Glauben erfasst Situationen, in denen die betroffene Person durch die Verarbeitung ihrer personenbezogenen Daten einen Nachteil erfährt, der dem durch die DS-GVO etablierten Gesamtbild des Kräftegleichgewichts zwischen der betroffenen Person und dem Verantwortlichen wi-

---

6 Bisher ausdrücklich in § 4 Abs. 1 BDSG aF geregelt.

derspricht, ohne zwingend gegen ein konkreten gesetzliches Verbot zu verstoßen.[7] Es handelt sich somit um **Auffangtatbestand**, der nur eingreift, wenn es an einer einschlägigen Regelung fehlt.[8] Entsprechend schwierig gestaltet sich die Darstellung von konkreten praxisrelevanten Fallkonstellationen. Obwohl die von den deutschen Gerichten und der Fachliteratur zu § 242 BGB entwickelten Grundsätze zur unzulässigen Rechtsausübung bzw. zum Rechtsmissbrauch keine Anwendung finden,[9] können folgende Fallgruppen zumindest sinngemäß auf das datenschutzrechtliche Strukturprinzip von Treu und Glauben übertragen werden:

- Die betroffene Person wird über die beabsichtigte Datenverarbeitung getäuscht
- Es besteht eine Schädigungsabsicht des Verantwortlichen

3. Transparenz

a) Informationspflicht des Arbeitgebers

Das Strukturprinzip der Transparenz besagt, dass alle Informationen und Mitteilungen zur Verarbeitung der personenbezogenen Daten leicht zugänglich und verständlich und in klarer und einfacher Sprache abgefasst sein müssen.[10] Diese Anforderungen werden durch die Art. 12 ff. DS-GVO konkretisiert. Nach Art. 13 DS-GVO (Datenerhebung beim Betroffenen) und 14 DS-GVO (Datenerhebung aus anderen Quellen) muss der Beschäftigte über die Verarbeitung seiner personenbezogenen Daten umfassend informiert werden.

Inhalt einer Information, wenn die **Datenerhebung bei dem Beschäftigten** erfolgt (Art. 13 Abs. 1 und 2 DS-GVO):

- Name und Kontaktdaten des Verantwortlichen und ggf. seines Vertreters
- Kontaktdaten des Datenschutzbeauftragten
- Zweck und Rechtsgrundlage der Datenverarbeitung
- Kategorien personenbezogener Daten, die verarbeitet werden
- Empfänger oder Kategorien von Empfängern
- Beabsichtigte Übermittlung in ein Drittland oder eine internationale Organisation
- Voraussichtliche Speicherdauer oder Kriterien für deren Festlegung
- Ggf. das berechtigte Interesse nach Art. 6 Abs. 1 lit. f DS-GVO
- Rechte des Betroffenen nach Art. 12, 15 f. DS-GVO
- Ggf. Recht zum Widerruf einer Einwilligung
- Beschwerderecht bei einer Aufsichtsbehörde
- (Nicht-)Bestehen einer Verpflichtung zur Bereitstellung der Daten bzw. Erforderlichkeit der Bereitstellung für einen Vertragsabschluss sowie Folgen der Nichtbereitstellung
- Bestehen einer automatisierten Entscheidungsfindung einschließlich Profiling

Die Informationspflicht bei einer **Datenerhebung aus anderen Quellen** unterscheidet sich nur unwesentlich von der Informationspflicht bei Datenerhebung beim Betroffe-

---

7 Kühling/Buchner/Herbst, DS-GVO Art. 5 Rn. 17.
8 Paal/Pauly/Frenzel, DS-GVO Art. 5 Rn. 20.
9 Kühling/Buchner/Herbst, DS-GVO Art. 5 Rn. 13.
10 Vgl. Erwägungsgrund 39 DS-GVO und Erwägungsgrund 58 DS-GVO.

nen. Gemäß Art. 14 Abs. 2 lit. b DS-GVO ist zusätzlich die (öffentlich zugängliche) Quelle mitzuteilen, aus der die personenbezogenen Daten stammen. Die Informationspflicht des Verantwortlichen ist verfahrensbezogen zu verstehen, so dass die Information für alle Verarbeitungsverfahren zu erfolgen hat, die auch zum Inhalt des Verarbeitungsverzeichnisses gemäß Art. 30 Abs. 1 DS-GVO gemacht werden müssen.[11] Bei regelmäßig wiederkehrenden, gleichartigen Verarbeitungsverfahren zu demselben Verarbeitungszweck genügt eine einmalige Information.[12] Dafür spricht Art. 13 Abs. 4 DS-GVO, wonach eine Information nicht erteilt werden muss, wenn und soweit der Betroffene bereits darüber verfügt. Nur im Falle einer späteren Zweckänderung bedarf es einer erneuten Information. Die Information nach Art. 13 DS-GVO muss allerdings zum Zeitpunkt der erstmaligen Datenerhebung bei dem Beschäftigten erfolgen. Der richtige Zeitpunkt der Information bei einer Datenerhebung, die nicht bei dem Beschäftigten selbst erfolgt, hängt nach Art. 14 Abs. 3 lit. a bis lit.c DS-GVO demgegenüber von der konkreten Situation ab. Sie muss spätestens innerhalb einer Höchstfrist von einem Monat erteilt werden.[13]

Hinweis für Arbeitgeber: Die rechtzeitige Zurverfügungstellung der Datenschutzinformationen nach Art. 13 DS-GVO gestaltet sich in der Praxis oft schwierig. Es bietet sich an, Informationen mit Relevanz für unternehmensexterne Personen (zB Stellenbewerber) auf der Unternehmenswebseite zum Abruf zur Verfügung zu stellen. Informationen über interne Datenverarbeitungsverfahren können beispielsweise im Intranet des Unternehmens zum Abruf zur Verfügung gestellt werden. Darauf sind die Beschäftigten in geeigneter Form hinzuweisen. Bei mitbestimmungspflichtigen Datenverarbeitungssystemen können/müssen spezifische Informationen auch in Betriebsvereinbarungen abgebildet werden. Zur Mitbestimmung bei der Einführung und Anwendung von technischen Anlagen → § 2 Rn. 19 ff.

b) Recht des Beschäftigten auf Auskunft und Datenkopie

19 Die Informationspflicht des Verantwortlichen wird ergänzt durch das Auskunftsrecht der betroffenen Person nach Art. 15 DS-GVO. Das Auskunftsrecht soll den Beschäftigten in die Lage versetzen, die Rechtmäßigkeit der Datenverarbeitung zu überprüfen.[14] Es umfasst zum einen eine Auskunft über die in Art. 15 Abs. 1 DS-GVO aufgeführten Informationen, die im Wesentlichen ein Spiegelbild der nach Art. 13, 14 DS-GVO zu erteilenden Informationen sind, und zum anderen das Recht des Betroffenen auf Zurverfügungstellung einer Kopie seiner personenbezogenen Daten gemäß Art. 15 Abs. 3 DS-GVO.

Art. 15 Abs. 3 DS-GVO
Der Verantwortliche stellt eine Kopie der personenbezogenen Daten, die Gegenstand der Verarbeitung sind, zur Verfügung. Für alle weiteren Kopien, die die betroffene Person beantragt, kann der Verantwortliche ein angemessenes Entgelt auf der Grundlage der Verwaltungskosten verlangen. Stellt die betroffene Person den Antrag elektronisch, so sind die Informationen in einem gängigen elektronischen Format zur Verfügung zu stellen, sofern sie nichts anderes angibt.

---

11 Kühling/Buchner/Hartung, DS-GVO Art. 30 Rn. 15.
12 Vgl. zur Umsetzung der Informationspflichten im Beschäftigungskontext Sörup, ArbRAktuell 2016, 207.
13 Kühling/Buchner/Bäcker, DS-GVO Art. 14 Rn. 31; Gola/Franck, DS-GVO Art. 14 Rn. 18.
14 Vgl. Erwägungsgrund 63 Satz 1. Siehe dazu auch die Muster 2 und 3.

Das **Recht auf eine Datenkopie** nach Art. 15 Abs. 3 DS-GVO ist nach überzeugender 20 Auffassung ein eigenständiger Herausgabeanspruch, der unabhängig von der Auskunft nach Art. 15 Abs. 1 DS-GVO geltend gemacht werden kann.[15] Dafür spricht neben der systematischen Stellung[16] auch der Wortlaut der Vorschrift. Gegenstand des Rechts ist die Erteilung einer „Kopie der personenbezogenen Daten". Das bedeutet, dass der Arbeitgeber die personenbezogenen Daten eines Beschäftigten so herausgeben muss, wie sie ihm vorliegen. Es handelt sich um eine grafische Nachbildung der von dem Auskunftsanspruch erfassten Daten, wobei dies auch eine Datei sein kann, die eine derartige optische Reproduktion ermöglicht.[17] Eine Modifikation ist auch dann unzulässig, wenn diese dazu dient, die Daten „lesbar" zu machen.[18] Die von *Wybitul* und *Brams* vorgeschlagene Beschränkung auf die in Art. 15 Abs. 1 DS-GVO genannten Informationen[19] lässt sich mit dem Wortlaut von Absatz 3 nicht vereinbaren.[20] Die Kopie hat vielmehr sämtliche personenbezogenen Daten des Beschäftigten zu umfassen, die der Arbeitgeber ganz oder teilweise automatisiert verarbeitet. Dazu können grundsätzlich auch die von dem Beschäftigten verfassten oder an ihn adressierten E-Mails sowie Gesundheitsdaten, Bewerbungsunterlagen, Arbeitsunfähigkeitsbescheinigungen, Gehaltsabrechnungen, oder sonstige ihn betreffende Unterlagen und Informationen gehören.[21] Prüfungsmaßstab ist letztlich Art. 4 Nr. 1 DS-GVO.[22] Allerdings hat der Beschäftigte die Möglichkeit, sein Kopie-Begehren zu präzisieren[23] und beispielsweise nur eine Kopie seiner personenbezogenen Leistungs- und Verhaltensdaten zu fordern.[24] Einschränkungen bei der Herausgabepflicht des Arbeitgebers können sich vor allem im Anwendungsbereich von Art. 15 Abs. 4 DS-GVO ergeben.

Art. 15 Abs. 4 DS-GVO

Das Recht auf Erhalt einer Kopie gemäß Absatz 3 darf die Rechte und Freiheiten anderer Personen nicht beeinträchtigen.

Zu den Rechten und Freiheiten anderer Personen gehören zunächst **Persönlichkeits-** 21 **rechte Dritter**, aber auch **Betriebs- und Geschäftsgeheimnisse** oder andere Schutzrechte des Arbeitgebers.[25] Diese müssen – jedenfalls im Streitfall – von dem Arbeitgeber substantiiert vorgetragen und nicht nur pauschal behauptet werden.[26] Ein allgemeiner Einwand, die Herausgabe der Datenkopie erfordere einen unverhältnismäßigen Aufwand, steht dem Arbeitgeber aber nicht zur Verfügung. Insbesondere findet

---

15 LAG Baden-Württemberg 20.12.2018 – 17 Sa 11/18, NZA-RR 2019, 242 (nicht rechtskräftig, Revision beim BAG anhängig 5 AZR 66/19); Härting, CR 2019, 219 (220); König, CR 2019, 295 (295); Kühling/Buchner/Bäcker, DS-GVO Art. 15 Rn. 39; Sydow/Specht, DS-GVO Art. 15 Rn. 18; BayLDA, Tätigkeitsbericht 2017/2018, S. 46; Schulte/Welge, NZA 2019, 1110 (1111); aA aber Simitis/Dix, DS-GVO Art. 15 Rn. 29; Ehmann/Selmayr/Ehmann, DS-GVO Art. 15 Rn. 25; Wybitul/Brams, NZA 2019, 672 (674).
16 Schulte/Welge, NZA 2019, 1110 (1111).
17 Engeler/Quiel, NJW 2019, 2201 (2202).
18 Kühling/Buchner/Bäcker, DS-GVO Art. 15 Rn. 39; König, CR 2019, 295 (295).
19 Wybitul/Brams, NZA 2019, 672 (674).
20 Schulte/Welge, NZA 2019, 1110 (1111).
21 Härting, CR 2019, 219 (221; 224); König, CR 2019, 295 (298); Schulte/Welge, NZA 2019, 1110 (1111).
22 In diese Richtung weist auch das LG Köln 18.3.2019 – 26 O 25/18.
23 Vgl. Erwägungsgrund 63 Satz 7 DS-GVO.
24 LAG Baden-Württemberg 20.12.2018 – 17 Sa 11/18, NZA-RR 2019, 242.
25 Vgl. Erwägungsgrund 63 Satz 5 DS-GVO.
26 LAG Baden-Württemberg 20.12.2018 – 17 Sa 11/18, NZA-RR 2019, 242.

§ 275 Abs. 2 BGB keine Anwendung.[27] Eine entsprechende Anwendung von Art. 14 Abs. 5 lit. b DS-GVO verbietet sich schon deshalb, weil die Ausnahmevorschrift als solche nicht analogiefähig ist.[28] Vielmehr spielt der Unverhältnismäßigkeitseinwand nur bei dem Ausnahmetatbestand des § 34 Abs. 1 BDSG eine Rolle, der insbesondere sog. Aufbewahrungsdaten (Nr. 2 lit. a) von der Kopie ausnimmt. Im Übrigen kann die Kopie auch nicht deshalb verweigert werden, weil der Beschäftigte damit vermeintlich „datenschutzfremde Zwecke" verfolgt, solange es sich nicht um einen Fall des Rechtsmissbrauchs handelt.[29]

4. Zweckbindung

22 Der Grundsatz der Zweckbindung ist der **zentrale Grundsatz** des europäischen Datenschutzrechts[30] und Ausgangspunkt jeder Rechtmäßigkeits- bzw. Erforderlichkeitsprüfung.[31] Eine Datenverarbeitung ohne vorherige Zweckbestimmung ist stets rechtswidrig. Deshalb muss der Verantwortliche spätestens im Zeitpunkt der Datenverarbeitung einen eindeutigen und legitimen Zweck festlegen. Der Zweck der Datenverarbeitung ist das Ergebnis oder der „Sollwert", das durch das Mittel der Datenverarbeitung erreicht werden soll. Er beantwortet die Frage des „Wozu".[32]

23 **Legitime Zwecke** sind all solche, die von der Rechtsordnung gedeckt sind. Ein Verarbeitungszweck, der gegen arbeitsrechtliche Vorschriften verstößt, ist deshalb kein tauglicher Zweck iSv Art. 5 Abs. 1 lit. b DS-GVO.[33] Eindeutig ist ein Zweck, wenn er hinreichend bestimmt ist. Der Zweck muss also in aussagekräftiger Form umschrieben werden können, so dass der Betroffene erkennen kann, welche Verarbeitungen zulässig und welche unzulässig sind.[34] Insoweit überschneidet sich der Zweckbindungsgrundsatz mit dem Strukturprinzip der Transparenz. Es genügt nicht, wenn sich der Arbeitgeber gegenüber dem Arbeitnehmer pauschal darauf beruft, dass eine Verarbeitung „zum Zwecke des Beschäftigungsverhältnisses", „zum Zwecke der Compliance" oder „zum Zwecke der IT-Sicherheit" erfolgt.[35] Auch die in Art. 88 Abs. 2 DS-GVO genannten Zwecke sind nicht durchgängig hinreichend bestimmt. Während die „Einstellung" eines Arbeitnehmers einen tauglichen Zweck darstellt, ist dies etwa bei der „Erfüllung des Arbeitsvertrags" oder dem „Schutz des Eigentums" des Arbeitgebers nicht der Fall, weil es an einem nachvollziehbaren Bezug zu einem konkreten Sachverhalt fehlt.

24 **Beispiele für (in der Regel) hinreichend bestimmte Zwecke im Arbeitsverhältnis:**
- Durchführung des Bewerbungsverfahrens und ggf. Einstellung
- Arbeitszeiterfassung und Anwesenheitsplanung einschl. Urlaubsgewährung
- Personalaktenführung

---

27 König, CR 2019, 295 (298); Ehmann/Selmayr/Ehmann, DS-GVO DS-GVO Art. 15 Rn. 40; Laue/Nink/Kremer, § 4 Rn. 27; aA Gola/Franck, DS-GVO Art. 15 Rn. 38; Wybitul/Brams, NZA 2019, 672 (677).
28 ArbG Stuttgart 5.6.2019 – 3 Ca 4960/18 (nicht veröffentlicht).
29 König, CR 2019, 295 (297).
30 Simitis/Roßnagel, DS-GVO Art. 5 Rn. 63.
31 Simitis/Roßnagel, DS-GVO Art. 5 Rn. 67.
32 Simitis/Roßnagel, DS-GVO Art. 5 Rn. 68.
33 Kühling/Buchner/Herbst, DS-GVO Art. 5 Rn. 37.
34 Kühling/Buchner/Herbst, DS-GVO Art. 5 Rn. 35.
35 Art.-29-Datenschutzgruppe, WP 203, S. 16.

- Lohnbuchhaltung
- Dienstreisemanagement
- Aufdeckung einer bestimmten Pflichtverletzung oder Straftat im Betrieb
- Einladung zum Betrieblichen Eingliederungsmanagement (BEM) und Durchführung des BEM

Für die **Zweckfestlegung** durch den Verantwortlichen ist keine bestimmte Form vorgeschrieben. Allerdings ist die Nachweispflicht des Verantwortlichen gemäß Art. 5 Abs. 2 DS-GVO zu beachten. Eine bloß „mentale Festlegung" genügt daher jedenfalls nicht.[36] Eine schriftliche oder elektronische Zweckdokumentation ist dringend anzuraten, zumal die Zwecke der Verarbeitung nach Art. 30 Abs. 1 Satz 2 DS-GVO zugleich zwingender Bestandteil des Verarbeitungsverzeichnisses sind und daher für jedes Verarbeitungsverfahren dokumentiert werden müssen. 25

Ändert sich ein Zweck nachträglich bzw. werden bereits erhobene Daten zu anderen Zwecken weiterverarbeitet, müssen der ursprüngliche und der neue Verarbeitungszweck miteinander „vereinbar" sein (**Zweckänderung** bzw. **Zweckvereinbarkeit**). Fehlt es daran, ist die Weiterverarbeitung unzulässig. Es ist eine wertende Beurteilung anzustellen, bei der die vernünftigen Erwartungen des Betroffenen in Bezug auf eine Weiterverarbeitung zu berücksichtigen sind.[37] Zudem sind die weiteren Beschränkungen in Art. 6 Abs. 4 DS-GVO und § 24 Abs. 1 BDSG zu beachten. 26

Art. 6 Abs. 4 DS-GVO

Beruht die Verarbeitung zu einem anderen Zweck als zu demjenigen, zu dem die personenbezogenen Daten erhoben wurden, nicht auf der Einwilligung der betroffenen Person oder auf einer Rechtsvorschrift der Union oder der Mitgliedstaaten, die in einer demokratischen Gesellschaft eine notwendige und verhältnismäßige Maßnahme zum Schutz der in Artikel 23 Absatz 1 genannten Ziele darstellt, so berücksichtigt der Verantwortliche – um festzustellen, ob die Verarbeitung zu einem anderen Zweck mit demjenigen, zu dem die personenbezogenen Daten ursprünglich erhoben wurden, vereinbar ist – unter anderem

a) jede Verbindung zwischen den Zwecken, für die die personenbezogenen Daten erhoben wurden, und den Zwecken der beabsichtigten Weiterverarbeitung,
b) den Zusammenhang, in dem die personenbezogenen Daten erhoben wurden, insbesondere hinsichtlich des Verhältnisses zwischen den betroffenen Personen und dem Verantwortlichen,
c) die Art der personenbezogenen Daten, insbesondere ob besondere Kategorien personenbezogener Daten gemäß Artikel 9 verarbeitet werden oder ob personenbezogene Daten über strafrechtliche Verurteilungen und Straftaten gemäß Artikel 10 verarbeitet werden,
d) die möglichen Folgen der beabsichtigten Weiterverarbeitung für die betroffenen Personen,
e) das Vorhandensein geeigneter Garantien, wozu Verschlüsselung oder Pseudonymisierung gehören kann.

Art. 6 Abs. 4 DS-GVO erfordert eine Gesamtabwägung der Umstände des Einzelfalls (**Kompatibilitätstest**), in deren Rahmen insbesondere, aber nicht ausschließlich die in lit. a bis lit. e genannten Kriterien zu berücksichtigen sind.[38] Daneben kann eine Zweckänderung auch nach § 24 BDSG gerechtfertigt sein, wenn die Weiterverarbeitung zur Abwehr von Gefahren für die staatliche oder öffentliche Sicherheit[39] oder zur Verfolgung von Straftaten oder zur Geltendmachung, Ausübung oder Verteidi- 27

---

36 Kühling/Buchner/Herbst, DS-GVO Art. 5 Rn. 32.
37 Kühling/Buchner/Herbst, DS-GVO Art. 5 Rn. 44.
38 Ehmann/Selmayr/Heberlein, DS-GVO Art. 6 Rn. 48 f.
39 Vgl. § 24 Abs. 1 Nr. 1 BDSG.

gung zivilrechtlicher Ansprüche erforderlich ist,[40] sofern nicht die Interessen der betroffenen Person an dem Ausschluss der Verarbeitung überwiegen. Ist die Weiterverarbeitung zu einem anderen Zweck unzulässig, bleibt dem Arbeitgeber nichts anderes übrig, als die Daten bei dem Beschäftigten mit entsprechender Zweckfestlegung neu zu erheben.[41] Im Falle einer zulässigen Weiterverarbeitung ist der Beschäftigte gemäß Art. 13 Abs. 3 DS-GVO und Art. 14 Abs. 4 DS-GVO erneut zu informieren.

5. Datenminimierung und Speicherbegrenzung
a) Allgemeines

28 Die Strukturprinzipien der Datenminimierung (Art. 5 Abs. 1 lit. c DS-GVO) und der Speicherbegrenzung (Art. 5 Abs. 1 lit. e DS-GVO) können gemeinsam betrachtet werden. Beide Strukturprinzipien ergänzen den Grundsatz der Zweckbindung nach Art. 5 Abs. 1 lit. b DS-GVO und lassen sich mit dem Merkspruch „So wenig wie möglich, so kurz wie möglich" zusammenfassen. Das Strukturprinzip der Datenminimierung besagt, dass der Verantwortliche nur so viele personenbezogene Daten erheben darf, wie es zur **Zweckerreichung** unbedingt notwendig ist. Es dürfen also keine personenbezogenen Daten verarbeitet werden, die

- keinen Bezug zu dem Verarbeitungszweck aufweisen,
- nicht geeignet sind, zur Zweckerreichung beizutragen, oder
- für die Zweckerreichung nur hilfreich, aber nicht unbedingt notwendig sind.[42]

Hinweis: Der Grundsatz der Datenminimierung ist häufig beim Einsatz von Softwaresystemen relevant, die zur Verarbeitung von Beschäftigtendaten eingesetzt werden. In vielen Systemen sind Dateneingaben/Datenfelder vorgesehen oder werden Informationen abgefragt, die zur Zweckerreichung nicht zwingend erforderlich sind. Es empfiehlt sich daher, vor dem Einsatz entsprechender Systeme eine sog. Datenfeldanalyse durchzuführen und, soweit dies möglich ist, entsprechende datenschutzfreundliche Systemeinstellungen vorzunehmen („Privacy-by-Default").

29 Das Strukturprinzip der Speicherbegrenzung legt die zeitliche Grenze der Verarbeitung fest und verpflichtet den Verantwortlichen dazu, eine **Speicherfrist** zu bestimmen, die auf das unbedingt erforderliche Maß beschränkt ist. Dabei muss ein objektiver Zusammenhang zwischen den Daten und dem mit der Verarbeitung verfolgten Zweck bestehen. Nach Ablauf der Frist sind die Daten entweder zu löschen oder zu anonymisieren.[43] Eine fortgesetzte Datenspeicherung „auf Vorrat" ist unzulässig.[44]

b) Löschung und Einschränkung der Verarbeitung

30 Eine Konkretisierung des Grundsatzes der Speicherbegrenzung findet sich in der Löschpflicht aus Art. 17 DS-GVO.[45] Löschen meint die **physikalische Vernichtung** von Daten, etwa durch Unleserlich- und Unkenntlichmachung, Überschreiben oder durch

---
40 Vgl. § 24 Abs. 1 Nr. 2 BDSG.
41 Kühling/Buchner/Herbst, DS-GVO Art. 5 Rn. 47.
42 Ehmann/Selmayr/Heberlein, DS-GVO Art. 5 Rn. 22.
43 Kühling/Buchner/Herbst, DS-GVO Art. 5 Rn. 66.
44 Ehmann/Selmayr/Heberlein, DS-GVO Art. 5 Rn. 25.
45 EuGH 9.3.2017 – C-398/15.

Zerstörung des Datenträgers. Ein bloßer Ungültigkeitsvermerk genügt nicht.[46] Handelt es sich um eine manuelle bzw. analoge Datenverarbeitung, kann die Löschung durch ein Überkleben[47] oder durch Schwärzen der fraglichen Passage oder durch das Schreddern von Dokumenten erreicht werden. Es muss sichergestellt sein, dass eine Rekonstruktion ausgeschlossen ist.[48] Die Verpflichtung zur Löschung begründet alles in allem ein umfassendes Nutzungsverbot hinsichtlich der Daten und zugleich ein Verbot zur Wiederherstellung der Daten.[49]

Löschpflichten nach Art. 17 Abs. 1 lit. a bis e DS-GVO:

- Zweckfortfall bzw. Wegfall der Erforderlichkeit der Verarbeitung für die Zweckerreichung
- Widerruf der der Verarbeitung zugrundeliegenden Einwilligung
- Widerspruch gegen die Verarbeitung die Verarbeitung gemäß Art. 21 DS-GVO
- Unrechtmäßige Datenverarbeitung
- Löschung zur Erfüllung einer Rechtspflicht

Personenbezogene Daten sind nach § 17 Abs. 1 lit. a und lit. d DS-GVO insbesondere zu löschen, wenn sie für die Zwecke, für die sie erhoben oder auf sonstige Weise verarbeitet wurden, nicht mehr notwendig sind oder die Verarbeitung unrechtmäßig erfolgt. Liegt der Zweck einer Datenspeicherung in der Erfüllung einer die Daten betreffenden gesetzlichen **Aufbewahrungspflicht**, so besteht für die Dauer dieser Verpflichtung gemäß Art. 17 Abs. 3 lit. b DS-GVO keine Pflicht zur Löschung.[50] Aufbewahrungspflichten können sich beispielsweise aus dem Steuer- und Handelsrecht ergeben. So ist der Arbeitgeber verpflichtet, Lohnberechnungsunterlagen als „sonstige Unterlagen" iSv § 147 Abs. 1 Nr. 5 iVm Abs. 3 AO für die Dauer von sechs Jahren aufzubewahren. Für Lohnkonten besteht nach § 41 Ab. 1 S. 9 EStG und für Quittungsbelege über den Arbeitslohn nach § 257 Abs. 1 Nr. 4 iVm § 238 Abs. 1 HGB eine sechsjährige Aufbewahrungspflicht.[51] Eine praxistaugliche Leitlinie zur Erstellung eines sog. Löschkonzepts ist als DIN 66398 veröffentlicht.[52]

31

Von der Datenlöschung abzugrenzen ist das Recht auf eine Einschränkung der Verarbeitung gemäß Art. 18 DS-GVO. Dabei handelt es sich um ein **relatives Nutzungsverbot** hinsichtlich der personenbezogenen Daten. Die Voraussetzungen des Nutzungsverbots ergeben sich aus Art. 18 Abs. 1 DS-GVO und aus § 35 BDSG.

32

Einschränkung der Verarbeitung nach Art. 18 Abs. 1 DS-GVO und § 35 BDSG (Auszug):

33

- Die betroffene Person bestreitet die Richtigkeit der gespeicherten Angaben (Art. 18 Abs. 1 lit. a DS-GVO).

---

46 Däubler, Gläserne Belegschaften, Rn. 561.
47 LAG Köln 4.7.1988 – 6 Sa 305/88, DB 1989, 131.
48 Däubler, Gläserne Belegschaften, Rn. 561a.
49 WHWS Arbeitnehmerdatenschutz-HdB/Willert, S. 597.
50 Eine umfassende Übersicht findet sich bei Haußmann/Karawatzki/Ernst, DB 2018, 2697 (2697).
51 Simitis/Seifert, DS-GVO Art. 88 Rn. 131.
52 Dazu ausführlich Hammer, DuD 2016, 528.

- Die betroffene Person lehnt im Falle der Unrechtmäßigkeit der Verarbeitung die Löschung der personenbezogenen Daten ab und verlangt stattdessen die Einschränkung der Nutzung (Art. 18 Abs. 1 lit. b DS-GVO).
- Der Verantwortliche benötigt die Daten nicht mehr für die Zwecke der Verarbeitung, die betroffene Person benötigt sie aber zur Geltendmachung, Ausübung oder Verteidigung von Rechtsansprüchen (Art. 18 Abs. 1 lit. c DS-GVO).
- Die betroffene Person widerspricht gemäß Art. 21 Abs. 1 DS-GVO einer Verarbeitung auf Grundlage von Art. 6 Abs. 1 lit. f DS-GVO (Art. 18 Abs. 1 lit. d DS-GVO).
- Die an sich erforderliche Löschung ist nicht oder nur mit unverhältnismäßig hohem Aufwand erforderlich (§ 35 Abs. 1 BDSG).
- Der Verantwortliche hat Grund zu der Annahme, dass durch eine Löschung schutzwürdige Interessen der betroffenen Person beeinträchtigt werden (§ 35 Abs. 2 BDSG).
- Der Löschung stehen satzungsgemäße oder vertragliche Aufbewahrungsfristen entgegen (§ 35 Abs. 3 BDSG).

34 Ist einer der oben genannten Tatbestände einschlägig, darf eine Datenverarbeitung nur unter den Voraussetzungen des Art. 18 Abs. 2 DS-GVO erfolgen, insbesondere auf Grundlage einer **Einwilligung** des Beschäftigten oder zur Geltendmachung, Ausübung oder Verteidigung von Rechtsansprüchen.

6. Richtigkeit

35 Gemäß Art. 5 Abs. 1 lit. d DS-GVO müssen personenbezogene Daten sachlich richtig und erforderlichenfalls auf dem neuesten Stand sein. Die Richtigkeit von personenbezogenen Daten ist anhand objektiver Kriterien zu bestimmen. Nur **Tatsachenangaben** können objektiv richtig oder unrichtig sein, weil sie einem empirischen Beweis zugänglich sind.[53] Deshalb findet das Strukturprinzip der Richtigkeit der Verarbeitung bei Werturteilen aufgrund deren subjektiver Natur keine Anwendung.[54] Es ist nicht erforderlich, dass die Richtigkeit von gespeicherten Daten ständig vom Verantwortlichen durch aktive Maßnahmen gewährleistet werden muss. Eine Pflicht zur Berichtigung besteht lediglich dann, wenn dies in Anschauung des Verarbeitungszwecks erforderlich ist.[55] Das Strukturprinzip der Richtigkeit wird durch das Recht zur Berichtigung in Art. 16 DS-GVO konkretisiert. Unrichtige Daten sind nicht generell zu löschen, sondern nur dann, wenn eine der in Art. 17 Abs. 1 DS-GVO genannten Voraussetzungen zutrifft, die Verarbeitung insbesondere unrechtmäßig erfolgt.

7. Integrität und Vertraulichkeit

Der Art. 5 Abs. 1 lit. f DS-GVO verlangt von dem Verantwortlichen, dass personenbezogene Daten in einer Weise verarbeitet werden, die eine angemessene Sicherheit der personenbezogenen Daten gewährleistet. Das Strukturprinzip dient dem Schutz vor unbefugter oder unrechtmäßiger Verarbeitung und vor unbeabsichtigtem Verlust,

---

[53] Kühling/Buchner/Herbst, DS-GVO Art. 5 Rn. 60.
[54] Kühling/Buchner/Herbst, DS-GVO Art. 5 Rn. 60.
[55] Kühling/Buchner/Herbst, DS-GVO Art. 5 Rn. 61.

unbeabsichtigter Zerstörung oder unbeabsichtigter Schädigung. Zu diesem Zweck soll der Verantwortliche insbesondere geeignete **technische und organisatorische Maßnahmen** einsetzen. Diese Verpflichtung des Verantwortlichen wird insbesondere durch Art. 32 DS-GVO konkretisiert. Ergänzend kann auf die Auflistung technischer und organisatorischer Maßnahmen in der Anlage zu § 9 Satz 1 BDSG aF zurückgegriffen werden, einschließlich des Einsatzes von einem dem Stand der Technik entsprechenden Verschlüsselungsverfahren.[56]

Technische und Organisatorische Maßnahmen (TOM) gemäß Anlage zu § 9 Satz 1 BDSG aF:

- Zugangskontrolle
- Zutrittskontrolle
- Zugriffskontrolle
- Weitergabekontrolle
- Eingabekontrolle
- Auftragskontrolle
- Verfügbarkeitskontrolle
- Möglichkeit zur getrennten Verarbeitung von Daten, die zu unterschiedlichen Zwecken erhoben wurden

B. Die wichtigsten Erlaubnistatbestände im Beschäftigungsverhältnis

I. Allgemeine Erlaubnistatbestände

1. Prüfungsschema

Die **Zulässigkeit der Verarbeitung** von personenbezogenen Beschäftigtendaten kann in der Regel anhand des folgenden Schemas geprüft werden:

36

Rechtsgrundlagen	Tatbestand
§ 26 Abs. 1 Satz 1 BDSG	Erforderlich für die Begründung, Durchführung oder Beendigung des Beschäftigungsverhältnisses
	Erforderlich zur Ausübung oder Erfüllung der sich aus einem Gesetz oder einer Kollektivvereinbarung ergebenden Rechte und Pflichten einer Interessenvertretung von Beschäftigten
§ 26 Abs. 1 Satz 2 BDSG	Erforderlich für die Aufdeckung von Straftaten
Art. 6 Abs. 1 lit. c DS-GVO	Erforderlich für eine rechtliche Verpflichtung
Art. 6 Abs. 1 lit. f DS-GVO	Erforderlich für ein überwiegendes Interesse des Verantwortlichen
Art. 88 Abs. 1 DS-GVO iVm § 26 Abs. 4 BDSG	Erlaubnistatbestand in einer Kollektivvereinbarung (Tarifvertrag, Betriebsvereinbarung etc)
Art. 6 Abs. 1 lit. a DS-GVO iVm Art. 7 DS-GVO iVm § 26 Abs. 2 BDSG	Einwilligung des Beschäftigten

Entgegen der in Art. 6 Abs. 1 DS-GVO angelegten Systematik empfiehlt es sich in der Praxis, zunächst zu überprüfen, ob eine beabsichtigte Datenverarbeitung auf einen

37

---

56 Kühling/Buchner/Herbst, DS-GVO Art. 5 Rn. 76.

gesetzlichen **Erlaubnistatbestand** oder auf eine **Kollektivvereinbarung** gestützt werden kann. Nur wenn dies faktisch nicht der Fall ist, bedarf es einer **Einwilligung** des Beschäftigten. Das Prüfungsschema berücksichtigt, dass der deutsche Gesetzgeber auf Grundlage von Art. 88 Abs. 1 DS-GVO mit § 26 Abs. 1 bis 4 BDSG bereichsspezifische Erlaubnistatbestände für die Zulässigkeit der Verarbeitung von personenbezogenen Daten im Beschäftigungskontext erlassen hat. Auf die (weiteren) Erlaubnistatbestände in Art. 6 Abs. 1 DS-GVO kann ergänzend zurückgegriffen werden, soweit Teilbereiche der Datenverarbeitung im Beschäftigungskontext durch § 26 BDSG nicht abschließend geregelt sind.[57]

2. Einzelheiten

a) Die Generalklausel des § 26 Abs. 1 Satz 1 BDSG

38 § 26 Abs. 1 Satz 1 BDSG ist die **zentrale Erlaubnisnorm** im Beschäftigungsverhältnis und damit Ausgangspunkt jeder Zulässigkeitsprüfung. Es handelt sich um eine bereichsspezifische Konkretisierung von Art. 6 Abs. 1 lit. b und c DS-GVO.[58]

§ 26 Abs. 1 Satz 1 BDSG
Personenbezogene Daten von Beschäftigten dürfen für Zwecke des Beschäftigungsverhältnisses verarbeitet werden, wenn dies für die Entscheidung über die Begründung eines Beschäftigungsverhältnisses oder nach Begründung des Beschäftigungsverhältnisses für dessen Durchführung oder Beendigung oder zur Ausübung oder Erfüllung der sich aus einem Gesetz oder einem Tarifvertrag, einer Betriebs- oder Dienstvereinbarung (Kollektivvereinbarung) ergebenden Rechte und Pflichten der Interessenvertretung der Beschäftigten erforderlich ist.

39 Die Zulässigkeit der Datenverarbeitung hängt davon ab, ob sie für die Zwecke des Beschäftigungsverhältnisses im Einzelfall erforderlich ist. Bei der Erforderlichkeitsprüfung handelt es sich in der Sache um eine **Verhältnismäßigkeitsprüfung**, bei der die widerstreitenden Grundrechtspositionen zur Herstellung praktischer Konkordanz gegeneinander abgewogen werden müssen.[59] Zu diesem Zweck müssen die Interessen des Arbeitgebers an der Datenverarbeitung und das Persönlichkeitsrecht des Beschäftigten zu einem Ausgleich gebracht werden, der beide Interessen möglichst weitgehend berücksichtigt.[60] Die Datenverarbeitung ist nur zulässig, wenn mit ihr ein legitimer Zweck verfolgt wird, sie das mildeste aller gleich geeigneten Mittel zur Zweckerreichung darstellt und insgesamt angemessen ist.

40 In der Gesetzesbegründung ist klargestellt, dass § 26 BDSG die spezialgesetzliche Regelung des § 32 BDSG aF fortführt und der Wortlaut der Vorschrift an die Terminologie der DS-GVO angepasst ist.[61] Daraus folgt, dass die zu § 32 BDSG aF entwickelten Grundsätze und die dafür einschlägige Rechtsprechung – jedenfalls bis auf weiteres – überwiegend auf § 26 BDSG übertragen werden können.[62] Im Anwendungsbereich von § 26 Abs. 1 Satz 1 BDSG dürfen personenbezogene Beschäftigtendaten nur zu den dort aufgeführten Zwecken verarbeitet werden:

---

[57] Paal/Pauly/Gräber/Nolden, BDSG § 26 Rn. 10, 11, 12.
[58] Gola/Heckmann/Gola, BDSG § 26 Rn. 18; Simitis/Seifert, BDSG § 26 Rn. 56.
[59] BAG 7.5.2019 – 1 ABR 53/17, NZA 2019, 1218.
[60] BT-Drs. 18/11325, 96; Kühling/Buchner/Maschmann, BDSG § 26 Rn. 18.
[61] BT-Drs. 18/11325, 97.
[62] Bergmann/Möhrle/Herb, BDSG § 26 Rn. 6; Kühling/Buchner/Maschmann, BDSG § 26 Rn. 19; Gola, BB 2017, 1462 (1464); Wybitul, NZA 2017, 413 (415).

- Begründung des Beschäftigungsverhältnisses
- Durchführung des Beschäftigungsverhältnisses
- Beendigung des Beschäftigungsverhältnisses
- Erfüllung von Rechten und Pflichten des Betriebsrats aus Gesetz oder Kollektivvereinbarungen.

Der § 26 Abs. 1 Satz 1 Hs. 1 BDSG deckt alle Phasen des Beschäftigungsverhältnisses vom Bewerbungsverfahren bis zu dessen Beendigung ab, während § 26 Abs. 1 Satz 1 Hs. 2 BDSG die Datenverarbeitung zu **kollektivrechtlichen Zwecken** regelt. Letzteres trägt dem Umstand Rechnung, dass die mitbestimmungsrechtlichen Vorschriften der DS-GVO künftig nicht mehr vorgehen, sondern sich an deren Maßstäben messen lassen müssen.[63] Das Zusammenspiel von DS-GVO und BDSG mit den betriebsverfassungsrechtlichen Normen lässt sich anhand der Entscheidungen des BAG vom 9.4.2019[64] und vom 7.5.2019[65] nachvollziehen. Das BAG hat hier klargestellt, dass sich die mit der Erfüllung des allgemeinen Auskunftsanspruchs des Betriebsrats gemäß § 80 Abs. 2 Satz 1 BetrVG verbundene Datenverarbeitung an § 26 Abs. 1 BDSG und bei der Verarbeitung besonderer Kategorien personenbezogener Daten an § 26 Abs. 3 Satz 1 und 3 BDSG iVm § 22 Abs. 2 BDSG messen lassen muss. Die Datenverarbeitung gilt als erforderlich im Sinne dieser Vorschriften, wenn dessen Anspruchsvoraussetzungen des § 80 Abs. 2 Satz 1 BetrVG erfüllt sind.[66] Schon nach der Rechtslage vor dem 25.5.2018 war es zudem anerkannt, dass auch die Erfüllung von Rechten und Pflichten aus Kollektivvereinbarungen einen legitimen Zweck zur Verarbeitung von Beschäftigtendaten darstellt. Handelt es sich bei der Kollektivvereinbarung selbst um einen Erlaubnistatbestand iSv Art. 88 Abs. 1 DS-GVO iVm § 26 Abs. 4 BDSG, bedarf es keines Rückgriffs auf § 26 Abs. 1 S. 1 BDSG.[67]

41

b) Die Aufdeckung von Straftaten nach § 26 Abs. 1 Satz 2 BDSG

aa) Tatbestandsvoraussetzungen

Für die Aufdeckung von Straftaten sieht § 26 Abs. 1 S. 2 BDSG den **Spezialtatbestand** mit hohen Anforderungen vor.

42

§ 26 Abs. 1 Satz 2 BDSG

Zur Aufdeckung von Straftaten dürfen personenbezogene Daten von Beschäftigten nur dann verarbeitet werden, wenn zu dokumentierende tatsächliche Anhaltspunkte den Verdacht begründen, dass die betroffene Person im Beschäftigungsverhältnis eine Straftat begangen hat, die Verarbeitung zur Aufdeckung erforderlich ist und das schutzwürdige Interesse der oder des Beschäftigten an dem Ausschluss der Verarbeitung nicht überwiegt, insbesondere Art und Ausmaß im Hinblick auf den Anlass nicht unverhältnismäßig sind.

Die im Vergleich zu § 26 Abs. 1 S. 1 BDSG erhöhten Tatbestandsvoraussetzungen basieren auf der Überlegung, dass Maßnahmen zur Aufdeckung von Straftaten regelmäßig besonders intensiv in das **Allgemeine Persönlichkeitsrecht** des Beschäftigten ein-

43

---

63 Wybitul, NZA 2017, 413 (415).
64 BAG 9.4.2019 – 1 ABR 51/17, NZA 2019, 1055.
65 BAG 7.5.2019 – 1 ABR 53/17, NZA 2019, 1218.
66 BAG 9.4.2019 – 1 ABR 51/17, NZA 2019, 1055.
67 Paal/Pauly/Gräber/Nolden, BDSG § 26 Rn. 20.

greifen.⁶⁸ Die Vorschrift erfasst lediglich repressive Aufdeckungsmaßnahmen, nicht aber präventive Maßnahmen zur Vermeidung von Straftaten.⁶⁹

44 Datenverarbeitungsmaßnahmen zur Prävention bzw. Gefahrenabwehr oder vorbeugender Kontrolle sind damit nach § 26 Abs. 1 S. 1 BDSG oder nach Art. 6 Abs. 1 lit. f DS-GVO zu beurteilen.⁷⁰ Im Einzelnen ist die Verarbeitung von personenbezogenen Beschäftigtendaten zum Zwecke der Aufdeckung einer Straftat zulässig, wenn
- Anhaltspunkte für eine Straftat vorliegen,
- die Anhaltspunkte auf Tatsachen gestützt werden,
- eine Dokumentation des Tatverdachts gegeben ist und
- die Datenverarbeitung erforderlich ist.

45 Für das Vorliegen tatsächlicher Anhaltspunkte für eine Straftat genügt weder ein Generalverdacht⁷¹ noch eine allgemeine Vermutung oder bloße Hinweise und Gerüchte, dass Beschäftigte Straftaten begangen haben.⁷² Sog. Ermittlungen „ins Blaue hinein" sind unzulässig.⁷³ Erforderlich ist das Vorhandensein zureichender tatsächlicher Anhaltspunkte für die Begehung einer Straftat, in Anlehnung an einen „einfachen **Anfangsverdacht**" iSv § 152 StPO. Ein im strafrechtlichen Sinne dringender Tatverdacht iSv § 112 Abs. 1 S. 1 StPO muss aber nicht vorliegen.⁷⁴

46 Tatsächliche Anhaltspunkte verlangen, dass der Verdacht zumindest Ansatzweise auf Tatsachen gestützt wird, selbst wenn keine umfassende Tatsachenbasis vorliegt.⁷⁵ Es muss daher ein konkreter Anfangsverdacht gegenüber einem Beschäftigten oder einem abgrenzbaren Kreis von Beschäftigten bestehen.⁷⁶

47 **Beispiele für tatsächliche Anhaltspunkte für eine Straftat:**
- Inventurdifferenzen in Einzelhandelsunternehmen⁷⁷
- Auswertungen des Browserverlaufs als Indiz für eine unzulässige Privatnutzung während der Arbeitszeit („Arbeitszeitbetrug")⁷⁸
- Nachweis eines einschlägigen E-Mailverkehrs bei einer strafbaren Konkurrenztätigkeit⁷⁹
- Vorlage von Arbeitsunfähigkeitsbescheinigungen von mehreren verschiedenen Ärzten innerhalb eines kurzen Zeitraums (fünf Ärzte in zwei Monaten)⁸⁰

48 Bloße Zweifel an der Richtigkeit einer ärztlichen **Arbeitsunfähigkeitsbescheinigung** genügen wegen des hohen Beweiswerts der Bescheinigung grundsätzlich nicht.⁸¹ Die

---

68 BT-Drs. 16/13657, 21.
69 Düwell/Brink, NZA 2017, 1081 (1084).
70 Bergmann/Möhrle/Herb, BDSG § 26 Rn. 23.1.
71 Bergmann/Möhrle/Herb, BDSG § 26 Rn. 23.3.
72 BAG 20.10.2016 – 2 AZR 395/15, NZA 2017, 443.
73 BAG 27.7.2017 – 2 AZR 681/16, NZA 2017, 1327.
74 Kühling/Buchner/Maschmann, BDSG § 26 Rn. 59.
75 Kühling/Buchner/Maschmann, BDSG § 26 Rn. 59.
76 Kühling/Buchner/Maschmann, BDSG § 26 Rn. 59.
77 BAG 27.9.2016 – 2 AZR 848/15, NZA 2017, 112; BAG 27.3.2003 – 2 AZR 51/02, NZA 2003, 1193.
78 EGMR 12.1.2016 – 61496/08, DuD 2016, 395.
79 BAG 29.6.2017 – 2 AZR 597/16, NZA 2017, 1179.
80 LAG Hamm 10.09. 2003–18 Sa 721/03, NZA-RR 2004, 292.
81 BAG 19.2.2015 – 8 AZR 1007/13, NZA 2015, 994.

Straftat muss „im Beschäftigungsverhältnis" verübt worden sein, also während der Arbeitszeit begangen oder gegen den Arbeitgeber gerichtet gewesen sein.[82]

Die **Dokumentation** des konkreten Tatverdachts ist eine Rechtspflicht des Arbeitgebers, deren Verletzung auf die Rechtmäßigkeit der Datenverwendung durchschlagen kann. Aus ihr folgt allerdings dann kein prozessuales Beweisverwertungsverbot, wenn der Arbeitgeber den Verdacht von Straftaten spätestens im Rechtsstreit durch konkrete Tatsachen untermauern kann und dadurch eine Rechtmäßigkeitskontrolle gesichert ist.[83] Bei der abschließenden Erforderlichkeitsprüfung ist abzuwägen, ob die gewählte Maßnahme zur Aufdeckung der Straftat geeignet ist und das mildeste aller Mittel aller gleichgeeigneten Mittel darstellt.[84] Darüber hinaus dürfen schutzwürdige Interessen des Betroffenen nicht in unverhältnismäßiger Art und Weise beeinträchtigt werden. In diesem Kontext kommt es vor allem darauf an, in welche Persönlichkeitssphäre die beabsichtigte Maßnahme eingreift. Zudem kommt es auf den konkreten Anlass der Maßnahme an, also auf die Intensität des Verdachts und die Art und Schwere der Straftat.[85]

49

bb) Pflichtverletzungen unterhalb der Strafbarkeitsschwelle

Lange war fraglich, ob § 32 Abs. 1 Satz 2 BDSG aF respektive § 26 Abs. 1 Satz 2 BDSG nF auch bei der Aufdeckung von **schwerwiegenden Pflichtverletzungen** unterhalb der Strafbarkeitsschwelle einschlägig ist. Diese Frage ist seit der Entscheidung des BAG vom 29.6.2017 geklärt.[86] Das BAG hat klargestellt, dass eine (verdeckte) Überwachungsmaßnahme zur Aufklärung eines auf Tatsachen gegründeten konkreten Verdachts einer schwerwiegenden Pflichtverletzung des Arbeitnehmers nach der Generalklausel des § 32 Abs. 1 Satz 1 BDSG aF zulässig sein kann, selbst wenn es nicht um die Aufdeckung einer im Beschäftigungsverhältnis begangenen Straftat im Sinne des § 32 Abs. 1 Satz 2 BDSG aF geht. Es bestehe keine „Sperrwirkung" von Satz 2 im Verhältnis zu Satz 1. Allerdings sind die von der Rechtsprechung herausgearbeiteten Grundsätze zu § 32 Abs. 1 Satz 2 BDSG aF in diesem Fall auch bei der Anwendung von § 32 Abs. 1 Satz 1 BDSG aF heranzuziehen.[87] Diese Auffassung des BAG ist uneingeschränkt auf das Verhältnis von § 26 Abs. 1 Satz 1 und Satz 2 BDSG nF zu übertragen.

50

c) Art. 6 Abs. 1 lit. c DS-GVO

Die Verarbeitung von personenbezogenen Beschäftigtendaten ist gemäß Art. 6 Abs. 1 Satz 1 lit. c DS-GVO zulässig, soweit sie zur Erfüllung einer **rechtlichen Verpflichtung** des Arbeitgebers erforderlich ist. Art. 6 Abs. 1 Satz 1 lit. c DS-GVO ist mit Art. 7 lit. c Datenschutzrichtlinie 95/46/EG identisch. Die Vorschrift wird durch die speziellere Erlaubnisnorm in § 26 Abs. 1 Satz 1 BDSG verdrängt, soweit die rechtliche Verpflichtung zugleich für die Begründung, Durchführung oder Beendigung des Beschäftigungsverhältnisses oder für betriebsverfassungsrechtliche Zwecke erforderlich ist.

51

---

82 Kühling/Buchner/Maschmann, BDSG § 26 Rn. 59.
83 BAG 20.10.2016 – 2 AZR 395/15, NZA 2017, 443; Kühling/Buchner/Maschmann, BDSG § 26 Rn. 60.
84 BAG 22.9.2016 – 2 AZR 848/15, NZA 2017, 112.
85 BT-Drs. 16/13657, 37.
86 BAG 29.6.2017 – 2 AZR 597/16, NZA 2017, 1179.
87 BAG 29.6.2017 – 2 AZR 597/16, NZA 2017, 1179.

Art. 6 Abs. 1 lit. c DS-GVO

Die Verarbeitung ist nur rechtmäßig, wenn mindestens eine der nachstehenden Bedingungen erfüllt ist:

c) die Verarbeitung ist zur Erfüllung einer rechtlichen Verpflichtung erforderlich, der der Verantwortliche unterliegt;

52 Entgegen dem (deutschen) Wortlaut erfasst Art. 6 Abs. 1 lit. c DS-GVO lediglich solche Rechtspflichten, die sich aus **Rechtsvorschriften**, also insbesondere aus Gesetzen ergeben.[88] Nicht erfasst sind hingegen Rechtspflichten, die sich aus Rechtsgeschäften ergeben.[89] Dafür spricht neben der englischen und französischen Sprachfassung der Erlaubnisnorm (engl. „Compliance with a legal obligation"; frz. „Respect d'une obligation légale") vor allem der Umstand, dass der Erlaubnistatbestand in Art. 6 Abs. 1 Satz 1 lit. b DS-GVO andernfalls entbehrlich wäre.

53 Die konkrete Datenverarbeitung muss für die Erfüllung der Rechtspflicht erforderlich sein. Die Erfüllung der Rechtspflicht ist also der Zweck der Datenverarbeitung. Das Merkmal der **Erforderlichkeit** soll gewährleisten, dass der Verantwortliche ein vorgegebenes Ziel nicht zum Anlass nimmt, überschießend personenbezogene Daten zu verarbeiten.[90] Auch Tarifverträge und Betriebs- bzw. Dienstvereinbarungen können taugliche Rechtspflichten für den Arbeitgeber iSv Art. 6 Abs. 1 Satz 1 lit. c DS-GVO beinhalten, weil es sich dabei um unmittelbar und zwingend geltende Regelungswerke handelt.[91] Insoweit ist § 26 Abs. 1 Satz 1 BDSG jedoch als speziellere nationale Rechtsvorschrift anwendbar.

54 **Beispiele für Rechtspflichten des Arbeitgebers:**

- Erfüllung von betriebsverfassungsrechtlichen Unterrichtungspflichten gegenüber dem Betriebsrat (zB § 80 Abs. 2 BetrVG)
- Speicherung von Nachweisen über Arbeitsunfähigkeitszeiten, um ggf. ein Betriebliches Eingliederungsmanagement anzubieten (§ 167 Abs. 2 SGB IX)
- Entgeltberechnung und -abrechnung (§§ 107, 108 GewO)
- Erteilung eines Arbeitszeugnisses (§ 109 GewO)
- Schriftliche Dokumentation arbeitsvertraglicher Vereinbarungen (§ 2 NachwG)
- Steuerrechtliche Kontroll- und Meldepflichten
- Betrugs- und Geldwäscheprävention

d) Art. 6 Abs. 1 lit. f DS-GVO

55 Nach Art. 6 Abs. 1 Satz 1 lit. f DS-GVO ist die Verarbeitung von personenbezogenen Beschäftigtendaten auch bei einem überwiegenden **berechtigten Interesse** des Arbeitgebers zulässig.

---

88 Paal/Pauly/Frenzel, DS-GVO Art. 6 Rn. 16.
89 Kühling/Buchner/Buchner/Petri, DS-GVO Art. 6 Rn. 77.
90 Kühling/Buchner/Buchner/Petri, DS-GVO Art. 6 Rn. 81.
91 Vgl. Erwägungsgrund 155 DS-GVO.

Art. 6 Abs. 1 lit. f DS-GVO
Die Verarbeitung ist nur rechtmäßig, wenn mindestens eine der nachstehenden Bedingungen erfüllt ist:

f) die Verarbeitung ist zur Wahrung der berechtigten Interessen des Verantwortlichen oder eines Dritten erforderlich, sofern nicht die Interessen oder Grundrechte und Grundfreiheiten der betroffenen Person, die den Schutz personenbezogener Daten erfordern, überwiegen, insbesondere dann, wenn es sich bei der betroffenen Person um ein Kind handelt.

Die Vorschrift deckt Sachverhalte ab, in denen die vom Arbeitgeber beabsichtigte Datenverarbeitung nicht zur Erfüllung von Rechtspflichten oder für „beschäftigungsfremde Zwecke" erforderlich ist.[92] Bei der Anwendung der Vorschrift ist große Zurückhaltung geboten. Durch die Schaffung von § 26 Abs. 1 BDSG hat der deutsche Gesetzgeber klargestellt, dass die Verarbeitung personenbezogener Beschäftigtendaten grundsätzlich nur für die Zwecke des Beschäftigungsverhältnisses zulässig sein soll. Deshalb können nur besonders gewichtige **Arbeitgeberinteressen** eine Datenverarbeitung im Beschäftigungskontext außerhalb des Anwendungsbereichs von § 26 Abs. 1 BDSG rechtfertigen. 56

Beispiele für berechtigte Interessen des Arbeitgebers sind: 57

- Übermittlung von Beschäftigtendaten innerhalb einer Unternehmensgruppe zu Verwaltungszwecken[93]
- IT-Sicherheit
- Gewährleistung des Hausrechts
- Direktwerbung[94]

e) Kollektivvereinbarungen

Nach Art. 88 Abs. 1 DS-GVO können auch Kollektivvereinbarungen einen datenschutzrechtlichen Erlaubnistatbestand darstellen. Der deutsche Gesetzgeber hat dies deklaratorisch in § 26 Abs. 4 Satz 1 BDSG klargestellt. Kollektivvereinbarungen sind alle Vereinbarungen zwischen den Sozialpartnern und den Betriebsparteien mit unmittelbarer und zwingender Wirkung, insbesondere also Tarifverträge und Betriebsvereinbarungen. Die Regelungskompetenzen der Vertragsparteien ergeben sich aus der Reichweite der Öffnungsklausel in Art. 88 Abs. 1 DS-GVO. Kollektivvereinbarungen dürfen demnach nicht vom **Mindeststandard der DS-GVO** „nach unten" abweichen und keine wesentliche Verschärfung des Schutzstandards bewirken. Zudem sind die inhaltlichen Anforderungen von Art. 88 Abs. 2 DS-GVO und von Art. 5 Abs. 1 DS-GVO zu beachten.[95] Sofern im Einzelfall eine Datenschutzfolgenabschätzung gemäß Art. 35 DS-GVO durchgeführt wurde, sind deren Ergebnisse bei der Gestaltung der Betriebsvereinbarung ebenfalls miteinzubeziehen. Einzelheiten zur Reichweite der Öffnungsklausel des Art. 88 Abs. 1 DS-GVO und zu den inhaltlichen Anforderungen an Kollektivvereinbarungen wurden bereits oben erörtert und werden deshalb an dieser Stelle nicht weiter ausgeführt (dazu ausführlich → § 1 Rn. 68 ff., 75 ff.). 58

---

92 Gola/Heckmann/Gola, BDSG § 26 Rn. 18.
93 Vgl. Erwägungsgrund 48 DS-GVO.
94 Vgl. Erwägungsgrund 47 DS-GVO.
95 Klösel/Mahnhold, NZA 2017, 1428 (1429); Wybitul, NZA 2017, 1488 (1489).

59 Empfohlener Inhalt einer datenschutzrechtlichen Betriebsvereinbarung:
- Klarstellung, dass die Betriebsvereinbarung einen datenschutzrechtlichen Erlaubnistatbestand darstellt; Vorbehalt des Rückgriffs auf die andere (gesetzliche) Erlaubnistatbestände
- Festlegung bestimmter Verarbeitungszweck und Regelungen zur Zweckänderung
- Festlegung der zulässigerweise zu Verarbeitenden Datenkategorien
- ggf. Regelungen zur Leistungs- und Verhaltenskontrolle unter Beibehaltung eines Abwägungsspielraums
- Vereinbarung von spezifischen Löschfristen
- weitere Regelungen zum Schutz des Persönlichkeitsrechts, zB Berechtigungskonzept, Kontroll- bzw. Revisionsrechte des Betriebsrats, Einbindung des Datenschutzbeauftragten
- konkrete Vorgaben für die mit der Datenverarbeitung befassten Beschäftigten und ggf. des Betriebsrats zum Umgang mit den gegenständlichen Daten
- ggf. Vereinbarung eines spezifischen Schulungskonzepts bzw. Schulungsanspruchs für die mit der Datenverarbeitung befassten Beschäftigten
- spezifische Information nach gemäß Art. 13, 14 DS-GVO
- spezifische Maßnahmen zur Datensicherheit gemäß Art. 32 DS-GVO („TOMs") und gemäß § 22 Abs. 2 BDSG, sofern besondere Kategorien personenbezogener Daten betroffen sind.

60 Empfehlenswert ist der Abschluss einer **Rahmenbetriebsvereinbarung** zum Datenschutz, die allgemeine Grundregeln für den Umgang mit Beschäftigtendaten und Verfahrensgrundsätze zB für die Gewährleistung von Betroffenenrechten oder die Durchführung einer Datenschutz- Folgenabschätzung im Beschäftigtenkontext aufstellt.[96]

f) Einwilligung des Beschäftigten

aa) Rechtsgrundlagen der Einwilligung

61 Einer Einwilligung des Beschäftigten bedarf es in allen Konstellationen, in denen es an einer gesetzlichen Rechtsgrundlage für die Datenverarbeitung und an einer tauglichen Kollektivvereinbarung fehlt. Vorgaben für die Einwilligung der betroffenen Person ergeben sich zunächst aus Art. 7 DS-GVO.

Art. 7 Abs. 1 DS-GVO

(1) Beruht die Verarbeitung auf einer Einwilligung, muss der Verantwortliche nachweisen können, dass die betroffene Person in die Verarbeitung ihrer personenbezogenen Daten eingewilligt hat.

(2) Erfolgt die Einwilligung der betroffenen Person durch eine schriftliche Erklärung, die noch andere Sachverhalte betrifft, so muss das Ersuchen um Einwilligung in verständlicher und leicht zugänglicher Form in einer klaren und einfachen Sprache so erfolgen, dass es von den anderen Sachverhalten klar zu unterscheiden ist. Teile der Erklärung sind dann nicht verbindlich, wenn sie einen Verstoß gegen diese Verordnung darstellen.

(3) Die betroffene Person hat das Recht, ihre Einwilligung jederzeit zu widerrufen. Durch den Widerruf der Einwilligung wird die Rechtmäßigkeit der aufgrund der Einwilligung bis zum Widerruf erfolgten Verarbeitung nicht berührt. Die betroffene Person wird vor Abgabe der Einwilligung hiervon in Kenntnis gesetzt. Der Widerruf der Einwilligung muss so einfach wie die Erteilung der Einwilligung sein.

---

[96] Zum vorgeschlagenen Inhalt einer Rahmenbetriebsvereinbarung vgl. Körner, NZA 2019, 1389 (1392).

(4) Bei der Beurteilung, ob die Einwilligung freiwillig erteilt wurde, muss dem Umstand in größtmöglichem Umfang Rechnung getragen werden, ob unter anderem die Erfüllung eines Vertrags, einschließlich der Erbringung einer Dienstleistung, von der Einwilligung zu einer Verarbeitung von personenbezogenen Daten abhängig ist, die für die Erfüllung des Vertrags nicht erforderlich sind.

Darüber hinaus hat der deutsche Gesetzgeber die Voraussetzungen einer Einwilligung eines Beschäftigten durch § 26 Abs. 2 BDSG konkretisiert. Die Vorschrift ist von der Öffnungsklausel in Art. 88 Abs. 1 DS-GVO erfasst.[97] 62

§ 26 Abs. 2 BDSG
Erfolgt die Verarbeitung personenbezogener Daten von Beschäftigten auf der Grundlage einer Einwilligung, so sind für die Beurteilung der Freiwilligkeit der Einwilligung insbesondere die im Beschäftigungsverhältnis bestehende Abhängigkeit der beschäftigten Person sowie die Umstände, unter denen die Einwilligung erteilt worden ist, zu berücksichtigen. Freiwilligkeit kann insbesondere vorliegen, wenn für die beschäftigte Person ein rechtlicher oder wirtschaftlicher Vorteil erreicht wird oder Arbeitgeber und beschäftigte Person gleichgelagerte Interessen verfolgen. Die Einwilligung bedarf der Schriftform, soweit nicht wegen besonderer Umstände eine andere Form angemessen ist. Der Arbeitgeber hat die beschäftigte Person über den Zweck der Datenverarbeitung und über ihr Widerrufsrecht nach Artikel 7 Absatz 3 der Verordnung (EU) 2016/679 in Textform aufzuklären.

bb) Wirksamkeitsvoraussetzungen

Aus der Gesamtschau von Art. 7 DS-GVO und § 26 Abs. 2 BDSG ergibt sich, dass Einwilligungen im Beschäftigungsverhältnis grundsätzlich möglich sind. Die Einwilligung eines Beschäftigten setzt ein entsprechendes **Einwilligungsersuchen** des Arbeitgebers und eine **Einwilligungserklärung** des Beschäftigten voraus. 63

Inhaltliche Anforderungen an das Einwilligungsersuchen des Arbeitgebers: 64

- Das Ersuchen wird in Textform an den Beschäftigten gerichtet und in verständlicher und einfacher Sprache formuliert.
- Es lässt alle Zwecke der Datenverarbeitung erkennen, die auf Grundlage der Einwilligung durchgeführt werden soll.
- Sollen auch besondere Kategorien personenbezogener Daten auf Grundlage der Einwilligung verarbeitet werden, ist darauf explizit und möglichst präzise in dem Ersuchen hinzuweisen. Außerdem ist der Beschäftigte über die nach § 22 Abs. 2 BDSG getroffenen Maßnahmen aufzuklären.
- Der Beschäftigte wird über sein Widerrufsrecht nach Art. 7 Abs. 3 Satz 1 DS-GVO aufgeklärt.
- Der Beschäftigte erhält alle (weiteren) Informationen gemäß Art. 13, 14 DS-GVO, insbesondere einen Hinweis über die Folgen einer Nichtbereitstellung seiner Daten.

Die Pflicht zur Erstellung eines Einwilligungsersuchens in **Textform** ergibt sich aus § 26 Abs. 2 Satz 4 BDSG. Die Vorschrift verlangt zwar nur, dass der Beschäftigte über den Zweck der Datenverarbeitung iSv Art. 5 Abs. 1 lit. a DS-GVO und das Widerrufsrecht gemäß Art. 7 Abs. 3 Satz 1 DS-GVO in Textform aufgeklärt wird. Es ist aber empfehlenswert, auch die Informationen gemäß Art. 13, 14 DS-GVO bei dem Einwilligungsersuchen zu berücksichtigen, um die von Art. 4 Nr. 11 DS-GVO verlangte Informiertheit des Betroffenen zu garantieren. Der Betroffene entscheidet nur dann 65

---

97 Vgl. Erwägungsgrund 155 DS-GVO.

in informierter Weise, wenn er über die zumutbare Möglichkeit verfügt, sich die bereitgehaltenen Informationen über alle die beabsichtigte Datenverarbeitung kennzeichnenden Merkmale anzueignen.[98] Die Informationshandlung des Arbeitgebers nach Art. 13, 14 DS-GVO ist zwar als solche keine Wirksamkeitsvoraussetzung für die Einwilligung.[99] Sie deckt aber den Mindestinformationsbedarf des Betroffenen hinsichtlich aller Fragen ab, über die er nach der Lektüre des Einwilligungsersuchens verfügen muss. Im Einzelnen:[100]

- Wer (genau) soll die Daten auf Grundlage der erbetenen Einwilligung nutzen dürfen?
- Welche Daten sollen genutzt werden?
- Zu welchem Zwecken sollen die Daten genutzt werden?
- Dürfen die Daten weitergegeben werden und wenn ja, an wen genau?
- Wie lange darf die Nutzung/Speicherung andauern?

66 Sind von der beabsichtigten Datenverarbeitung auch **besondere Kategorien personenbezogener Daten** umfasst, so ist der Beschäftigte nach § 26 Abs. 3 Satz 2 Hs. 2 BDSG über diesen Umstand sowie über die getroffenen Maßnahmen iSv § 22 Abs. 2 BDSG explizit aufzuklären, damit sich seine anschließende Einwilligungserklärung ausdrücklich auf diese Daten erstrecken kann. Die Einwilligungserklärung eines Beschäftigten ist unwirksam, wenn er hinsichtlich dieser Fragen falsch informiert wird, weil etwa ein ganz anderer Zweck oder eine ganz andere Art der Datenerhebung angegeben wird.[101]

67 Bei der **Einwilligungserklärung** des Beschäftigten muss es sich im Hinblick auf Art. 4 Nr. 11 DS-GVO und Erwägungsgrund 32 Satz 1 DS-GVO um eine unmissverständliche Erklärung oder eine sonstige eindeutige bestätigende Handlung des Beschäftigten handeln, durch die dieser freiwillig, informiert und über einen bestimmten Fall zu verstehen gibt, dass er mit der Verarbeitung seiner personenbezogenen Daten einverstanden ist.[102] Wegen § 26 Abs. 2 Satz 3 BDSG bedarf es in der Regel einer schriftlichen Einwilligungserklärung des Beschäftigten, soweit nicht wegen besonderer Umstände eine andere Form angemessen ist. Diese Einschränkung der Formwahl ist unionsrechtskonform, weil sie kein strenges Schriftformerfordernis und damit auch keine unzulässige Verschärfung des Schutzstandards der DS-GVO beinhaltet.[103] Besondere Umstände iSv § 26 Abs. 2 Satz 3 BDSG liegen schon dann vor, wenn die Nachweisfunktion der Einwilligung gemäß Art. 7 Abs. 1 DS-GVO im konkreten Einzelfall gewährleistet werden kann.[104] Damit sind grundsätzlich auch mündliche oder in Textform abgefasste Einwilligungserklärungen möglich, wenn sie unmissverständlich erteilt wurden und durch entsprechende Dokumentation und Archivierung einem Nachweis zugänglich sind.[105] Bei mündlich erteilten Einwilligungen kommt zu die-

---

98 Simitis/Klement, DS-GVO Art. 7 Rn. 72.
99 Simitis/Klement, DS-GVO Art. 7 Rn. 73.
100 Paal/Pauly/Ernst, DS-GVO Art. 4 Rn. 83.
101 LAG Hamm 17.6.2016 – 16 Sa 1711/15, CR 2016, 99; Bergmann/Möhrle/Herb, BDSG § 26 Rn. 50.
102 Kühling/Buchner/Maschmann, BDSG § 26 Rn. 62.
103 Thüsing/Rombey, NZA 2019, 1399 (1400); aA Kühling/Buchner/Maschmann, BDSG § 26 Rn. 64; Krohm, ZD 2016, 368 (371).
104 Thüsing/Rombey, NZA 2019, 1399 (1403).
105 Kühling/Buchner/Maschmann, BDSG § 26 Rn. 64; Thüsing/Rombey, NZA 2019, 1399 (1403).

sem Zweck beispielsweise eine anschließende Verschriftlichung oder eine Tonbandaufnahme in Betracht.[106] Die von Erwägungsgrund 32 Satz 1 DS-GVO vorausgesetzte elektronische Einwilligung kann beispielsweise durch eine einfache E-Mail oder über ein Online-Formular erteilt werden.[107] Auch das Ankreuzen eines vorgedruckten Kästchens oder das Anklicken eines Kästchens beim Besuch einer Internetseite kann eine Einwilligung darstellen.[108] Die Untätigkeit bzw. das Schweigen eines Beschäftigten genügt aber nicht (sog. Opting-out).[109]

Die **Freiwilligkeit** einer Einwilligungserklärung setzt voraus, dass der Betroffene in der Lage ist, seine Einwilligung zu verweigern oder zurückzuziehen, ohne Nachteile zu erleiden.[110] Erklärungen, die unter Zwangs- oder Gewalteinwirkung oder aufgrund von Drohungen abgegeben wurden, sind deshalb von vorne herein unwirksam.[111] Das ungleiche Kräfteverhältnis zwischen Arbeitgeber und Beschäftigten schließt eine Einwilligung zwar nicht generell aus, ist aber bei der gebotenen Einzelfallbetrachtung zu berücksichtigen.[112] Die Art.-29-Datenschutzgruppe erachtete die Einwilligung in Arbeitsverhältnissen schon vor dem 25.5.2018 deshalb zutreffend nur in Ausnahmefällen als geeignete Grundlage für die Datenverarbeitung.[113] Diesem Gedanken trägt § 26 Abs. 2 Satz 2 BDSG Rechnung, indem das Eigeninteresse des Beschäftigten als Kriterium für eine freiwillige Einwilligung in den Vordergrund gestellt wird. 68

Einwilligungen gelten danach insbesondere, aber nicht ausschließlich als freiwillig erteilt, wenn 69

- für die beschäftigte Person ein rechtlicher oder wirtschaftlicher Vorteil erreicht wird, oder
- Arbeitgeber und beschäftigte Person gleichgelagerte Interessen verfolgen.

Die denkbaren Fälle rechtlicher oder wirtschaftlicher Vorteile des Beschäftigten und gleichgelagerter Interessen sind vielfältig. Sie können beispielsweise angenommen werden bei Einwilligungen, die Voraussetzung für die Gewährung von (freiwilligen) Leistungen des Arbeitgebers sind. Dabei kann es sich etwa um eine von der Einwilligung abhängige Erlaubnis zur **Privatnutzung** von dienstlichen IT-Systemen handeln.[114] Auch die Aufnahme von Name und Geburtsdatum in eine Geburtstagsliste kann im beiderseitigen Interesse von Arbeitgeber und Beschäftigtem liegen.[115] Außerhalb des Anwendungsbereichs von § 26 Abs. 2 Satz 2 BDSG kann ein Kriterium für die Freiwilligkeit die sachliche Nähe einer Datenverarbeitung zu den Zwecken des Beschäftigungsverhältnisses sein. 70

---

106 Simitis/Klement, DS-GVO Art. 7 Rn. 44.
107 Simitis/Klement, DS-GVO Art. 7 Rn. 39.
108 Vgl. Erwägungsgrund 32 Satz 2 DS-GVO.
109 Vgl. Erwägungsgrund 32 Satz 3 DS-GVO; vgl. dazu auch Schantz, NJW 2016, 1841 (1844).
110 Vgl. Erwägungsgrund 42 Satz 4 DS-GVO.
111 Simitis/Klement, DS-GVO Art. 7 Rn. 48.
112 BAG 11.12.2014 – 8 AZR 1010/13, NZA 2015, 604.
113 Art.-29-Datenschutzgruppe, WP 259, S. 8.
114 BT-Drs. 18/11325, 97; Kühling/Buchner/Maschmann, BDSG § 26 Rn. 63.
115 BT-Drs. 18/11325, 97; Kühling/Buchner/Maschmann, BDSG § 26 Rn. 63.

71 **Beispiel:** Der Arbeitgeber will eine Fotografie seiner Pressesprecherin auf der Unternehmenswebseite neben deren Kontaktdaten einstellen. Die damit verbundene Datenverarbeitung ist mangels Erforderlichkeit nicht gemäß § 26 Abs. 1 Satz 1 BDSG oder Art. 6 Abs. 1 lit. f DS-GVO zulässig. Es besteht aber ein enger Zusammenhang mit dem Zweck der Tätigkeit einer Pressesprecherin, nach außen für das Unternehmen aufzutreten.

72 Eine Einwilligung ist auch dann ohne Weiteres zulässig, wenn dem Beschäftigten überhaupt keine Nachteile entstehen.[116] Das ist bei Überwachungsmaßgaben des Arbeitgebers freilich nicht der Fall. In solche Maßnahmen kann nicht wirksam eingewilligt werden.[117] Im Rahmen der Gesamtabwägung der Umstände, unter denen die Einwilligung erklärt wird, ist auch der Zeitpunkt der Einwilligung zu berücksichtigen. Vor oder bei Abschluss eines Arbeitsvertrags sind Beschäftigte regelmäßig einer größeren Drucksituation ausgesetzt als im laufenden Arbeitsverhältnis.[118] Die Koppelung einer datenschutzrechtlichen Einwilligung an den Abschluss eines Arbeitsvertrags schließt eine Einwilligung deshalb regelmäßig aus (sog. **Koppelungsverbot**).[119] Das gilt erst recht für formularmäßige Pauschaleinwilligungen in Arbeitsverträgen, durch die der Arbeitnehmer generell und ohne hinreichend konkrete Zweckbestimmung in die Verarbeitung seiner personenbezogenen Daten durch den Arbeitgeber einwilligen soll.

73 An der Freiwilligkeit der Einwilligung fehlt es gemäß Erwägungsgrund 43 Satz 2 DS-GVO im Übrigen, wenn zu verschiedenen Verarbeitungsvorgängen von personenbezogenen Daten nicht gesondert eine Einwilligung erteilt werden kann, obwohl dies im Einzelfall angebracht ist. Vorformulierte Einwilligungserklärungen müssen deshalb so gestaltet werden, dass der Beschäftigte in jeden Zweck gesondert einwilligen kann, zB durch die Möglichkeit zum Ankreuzen einzelner Zwecke.

cc) Rechtsfolgen eines Widerrufs

74 Beschäftigte können eine erteilte Einwilligung gemäß Art. 7 Abs. 3 Satz 1 DS-GVO jederzeit widerrufen. Der **Widerruf** wirkt gemäß Art. 7 Abs. 3 Satz 2 DS-GVO für die Zukunft und führt zum Wegfall der Einwilligung als Rechtsgrundlage für die Datenverarbeitung. Deshalb sind die auf Grundlage der Einwilligung gespeicherten Daten nach dem Widerruf gemäß Art. 17 Abs. 1 lit. b DS-GVO zu löschen, wenn keine andere Rechtsgrundlage für eine fortgesetzte Verarbeitung vorliegt. Die bis zum Widerruf erfolgte Verarbeitung wird von dem Widerruf aber nicht berührt, bleibt also rechtmäßig.[120]

75 Die bisherige **Rechtsprechung des BAG** zum Widerruf von Einwilligungen in der Verwendung von Arbeitnehmerbildnissen gemäß §§ 22, 23 KUG kann nicht auf die datenschutzrechtliche Einwilligung nach Art. 7 DS-GVO übertragen werden. Das BAG nahm hier an, dass eine ohne Einschränkungen erteilte Einwilligung nur bei Vorlie-

---

116 Art.-29-Datenschutzgruppe, WP 259, S. 8.
117 Kühling/Buchner/Maschmann, BDSG § 26 Rn. 63.
118 BT-Drs. 18/11325, 97; Kühling/Buchner/Maschmann, BDSG § 26 Rn. 62.
119 Kühling/Buchner/Maschmann, BDSG § 26 Rn. 62.
120 Simitis/Klement, DS-GVO Art. 7 Rn. 90.

gen eines vom Arbeitnehmer darzulegenden Sachgrundes widerrufen werden darf.[121] Für eine derartige Beschränkung des Widerrufsrecht besteht unter der Geltung der DS-GVO selbst dann kein Raum, wenn man die §§ 22, 23 KUG mit dem BAG als bereichsspezifische Datenschutzvorschriften ansieht.[122]

Hinweis für Arbeitgeber: Regelmäßig wiederkehrende oder besonders wichtige Datenverarbeitungsverfahren sollten wegen der ständigen Gefahr eines Widerrufs niemals auf eine Einwilligung gestützt werden.

II. Verarbeitung von besonderen Kategorien personenbezogener Daten

1. Prüfungsschema und Begriff

Bei einer Verarbeitung von besonderen Kategorien personenbezogener Daten iSv Art. 9 Abs. 1 DS-GVO ist die **Zulässigkeit** abweichend von dem unter I. dargestellten Prüfungsschema wie folgt zu prüfen:

76

Rechtsgrundlagen	Tatbestand
Art. 9 Abs. 2 lit. b DS-GVO; § 26 Abs. 3 BDSG	Erforderlichkeit für die Ausübung von Rechten oder zur Erfüllung von Pflichten aus dem Arbeitsrecht und dem Recht der sozialen Sicherheit und des Sozialschutzes
Art. 9 Abs. 2 lit. c bis lit. j. DS-GVO	Erfüllung einer der in lit. c bis lit. j genannten Voraussetzungen, insbesondere: Der Beschäftigte hat die Daten offensichtlich öffentlich gemacht (lit. e) Erforderlichkeit für die Geltendmachung, Ausübung oder Verteidigung von Rechtsansprüchen (lit. f) Erforderlichkeit für Zwecke der Arbeitsmedizin oder für die Beurteilung der Arbeitsfähigkeit des Beschäftigten (lit. h)
Art. 88 Abs. 1 DS-GVO; § 26 Abs. 4 BDSG	Erlaubnistatbestand in einer Kollektivvereinbarung
Art. 6 Abs. 1 lit. a DS-GVO; Art. 9 Abs. 2 lit. a DS-GVO; Art. 7 DS-GVO; § 26 Abs. 2 BDSG	Einwilligung des Beschäftigten

Der Begriff der besonderen Kategorien personenbezogener Daten ist durch die abschließende Aufzählung in Art. 9 Abs. 1 DS-GVO definiert. Dabei handelt es sich um Informationen mit höchstpersönlicher Natur und identitätsstiftendem Charakter sowie mit einem hohen Schadens- und Diskriminierungspotenzial.[123]

77

Besondere Kategorien personenbezogener Daten (Art. 9 Abs. 1 DS-GVO):

78

- Angaben über die rassische und ethnische Herkunft
- Politische Meinungen
- Religiöse und philosophische Überzeugung

---

121 BAG 11.12.2014 – 8 AZR 1010/13, NZA 2015, 604.
122 Simitis/Klement, DS-GVO Art. 7 Rn. 91.
123 Paal/Pauly/Frenzel, DS-GVO Art. 9 Rn. 6.

- Gewerkschaftszugehörigkeit
- Gesundheit oder Sexualleben
- Genetische Daten (Art. 4 Nr. 13 DS-GVO)
- Biometrische Daten (Art. 4 Nr. 14 DS-GVO)

2. Einzelheiten zur Zulässigkeitsprüfung

79 Der Art. 9 Abs. 1 DS-GVO bekräftigt das **Verbot mit Erlaubnisvorbehalt** für die Verarbeitung besonderer Kategorien personenbezogener Daten.[124] Solche Daten dürfen nur unter den Voraussetzungen in Art. 9 Abs. 2 DS-GVO verarbeitet werden, der insoweit den allgemeinen Erlaubnistatbeständen in Art. 6 Abs. 1 DS-GVO und in § 26 Abs. 1 BDSG vorgeht. Der Erlaubnistatbestand in Art. 9 Abs. 2 lit. b DS-GVO ist speziell auf das Beschäftigungsverhältnis ausgerichtet; sein Erlaubniszweck wird von § 26 As. 3 BDSG übernommen. Beide Vorschriften sind deckungsgleich und in gleicher Weise auszulegen.[125] Die tatbestandlich geforderten Rechte und Pflichten aus dem Arbeits- und Sozialrecht können sich nicht nur aus dem Gesetz, sondern auch aus dem Arbeitsvertrag oder einer Kollektivvereinbarung iSv Art. 88 Abs. 1 DS-GVO ergeben.[126] Erfasst ist beispielsweise die Datenverarbeitung zur Beurteilung der Arbeitsfähigkeit,[127] aber auch im Zusammenhang mit dem sog. Fragerecht des Arbeitgebers im Bewerbungsverfahren.[128] Maßgebliches Zulässigkeitskriterium ist wie bei § 26 Abs. 1 Satz 1 BDSG die Erforderlichkeit der Datenverarbeitung.[129] Hinzu kommt die Verpflichtung des Arbeitgebers gemäß § 26 Abs. 3 Satz 3 BDSG, angemessene und spezifische Schutzmaßnahmen iSv § 22 Abs. 2 BDSG zu ergreifen. Die Umsetzung der dort beispielhaft aufgeführten und anderer in Betracht kommender Schutzmaßnahmen ist bei der Verhältnismäßigkeitsprüfung im Einzelfall zu berücksichtigen.

80 Maßnahmen nach § 22 Abs. 2 BDSG:
- Technisch-organisatorische Maßnahmen
- Maßnahmen, die gewährleisten, dass nachträglich überprüft und festgestellt werden kann, ob und von wem personenbezogene Daten eingegeben, verändert oder entfernt worden sind
- Sensibilisierung der an Verarbeitungsvorgängen Beteiligten
- Benennung einer oder eines Datenschutzbeauftragten
- Beschränkung des Zugangs zu den personenbezogenen Daten innerhalb der verantwortlichen Stelle und von Auftragsverarbeitern
- Pseudonymisierung personenbezogener Daten
- Verschlüsselung personenbezogener Daten
- Sicherstellung der Fähigkeit, Vertraulichkeit, Integrität, Verfügbarkeit und Belastbarkeit der Systeme und Dienste im Zusammenhang mit der Verarbeitung perso-

---

124 Gola, HdB Beschäftigtendatenschutz, Rn. 1780.
125 Gola/Heckmann/Gola, BDSG § 26 Rn. 141.
126 DSK, Kurzpapier Nr. 17, S. 2; Wybitul, NZA 2017, 413 (417); Gola, HdB Beschäftigtendatenschutz, Rn. 1797; aA wohl Paal/Pauly/Gräber/Nolden, BDSG § 26 Rn. 41.
127 BT-Drs. 18/11325, 97.
128 Gola/Heckmann/Gola, BDSG § 26 Rn. 144.
129 BT-Drs. 18/11325, 97.

nenbezogener Daten, einschließlich der Fähigkeit, die Verfügbarkeit und den Zugang bei einem physischen oder technischen Zwischenfall rasch wiederherzustellen
- Einrichtung eines Verfahrens zur regelmäßigen Überprüfung, Bewertung und Evaluierung der Wirksamkeit der technischen und organisatorischen Maßnahmen
- spezifische Verfahrensregelungen, die im Fall einer Übermittlung oder Verarbeitung für andere Zwecke die Einhaltung der Vorgaben dieses Gesetzes sowie der Verordnung (EU) 2016/679 sicherstellen.

Kann eine beabsichtigte Verarbeitung besonderer Kategorien personenbezogener Daten nicht auf Art. 9 Abs. 2 lit. b bis j DS-GVO oder auf eine Kollektivvereinbarung gestützt werden, bedarf es einer Einwilligung des Beschäftigten gemäß Art. 9 Abs. 2 lit. a DS-GVO. Die Wirksamkeit der Einwilligung bestimmt sich nach den oben dargestellten Voraussetzungen (→ § 3 Rn. 61 ff.). Nach § 26 Abs. 3 Satz 2 Hs. 1 BDSG gelten die spezifischen Anforderungen von § 26 Abs. 2 BDSG auch in diesem Fall. Ergänzend ist zu beachten, dass sich die Einwilligungserklärung des Beschäftigten nach § 26 Abs. 3 Satz 2 Hs. 2 BDSG ausdrücklich auf die besonderen Kategorien personenbezogener Daten beziehen muss. 81

Besonderer Teil

§ 4 Die Begründung des Beschäftigungsverhältnisses

A. Allgemeines

I. Personalbeschaffungsprozess und Bewerbungsverfahren

Der Prozess der Personalbeschaffung (**Recruiting**) lässt sich typischerweise in folgende Phasen untergliedern: 1

- Feststellung des bestimmten Personalbedarfs
- Anfertigung einer Stellenausschreibung
- Veröffentlichung einer Stellenausschreibung und/oder Beauftragung von Personalvermittlern
- Eingang einer oder mehrerer Bewerbungen
- Erstanalyse der eingegangenen Bewerbungsunterlagen und Bewerbervorauswahl
- Durchführung von Bewerbungsgesprächen (Interviews) und ggf. von Einstellungstests
- Abschließende Bewerberevaluation
- Einstellung eines Bewerbers durch Vertragsunterzeichnung; Absage gegenüber abgelehnten Bewerbern
- Beginn des Integrationsprozesses (Onboarding)

Als **Bewerbungsverfahren** ist der Zeitraum zwischen dem Zugang einer Bewerbung beim Arbeitgeber und der Entscheidung über eine anschließende Zusammenarbeit in einem Beschäftigungsverhältnis zu bezeichnen. In diesem Zeitraum besteht zwischen Arbeitgeber und Bewerber ein vorvertragliches Schuldverhältnis bzw. ein Anbahnungsverhältnis im Sinne der §§ 311 Abs. 2 Nr. 2, 241 Abs. 2 BGB. Das Bewerbungsverfahren stellt damit den zentralen Bestandteil eines Personalbeschaffungsprozesses dar, ist mit diesem aber nicht deckungsgleich. 2

II. Der sachliche Anwendungsbereich von § 26 BDSG

Nach § 26 Abs. 8 Satz 2 BDSG gelten **Bewerber** für ein Beschäftigungsverhältnis als Beschäftigte. Der Zeitraum, in dem eine Person als Bewerber anzusehen ist, beginnt mit dem Zugang der Bewerbung bei dem Arbeitgeber und endet mit dem Abschluss des Bewerbungsverfahrens, dh entweder mit dem Zugang einer Absage oder der Begründung eines Beschäftigungsverhältnisses. Demzufolge findet § 26 BDSG nicht auf den gesamten Personalbeschaffungsprozess, sondern lediglich auf das Bewerbungsverfahren im engeren Sinne Anwendung. Vorgelagerte Maßnahmen der **Kandidatensuche** sind an den allgemeinen Grundsätzen der DS-GVO zu messen, soweit nicht – wie im Falle der Arbeitsvermittlung über die Agentur für Arbeit oder bei privaten Arbeitsvermittlern – bereichsspezifische Vorschriften gemäß § 1 Abs. 2 Satz 1 BDSG vorrangig Anwendung finden. 3

Hinweis zu Arbeitsvermittlern und Personalberatern (Headhuntern): Die Datenverarbeitung durch die Agentur für Arbeit im Rahmen der Arbeitsvermittlung gemäß § 35 SGB III bestimmt sich nach den §§ 67 ff. SGB X.

Private Arbeitsvermittler verpflichten sich vertraglich zur Vermittlung einer Arbeitsstelle an einen Arbeitsuchenden. Sie werden also von einem Arbeitsuchenden beauftragt; die Zulässigkeit der Datenverarbeitung richtet sich hier nach § 298 SGB III.[1] Arbeitsuchende sind gemäß § 15 SGB III alle Personen, die eine Beschäftigung als Arbeitnehmerin oder Arbeitnehmer suchen. Dies gilt auch, wenn sie bereits eine Beschäftigung oder eine selbstständige Tätigkeit ausüben.

Im Unterschied dazu werden Personalberater (Headhunter) von Unternehmen mit der Suche nach geeigneten Kandidaten/Bewerbern beauftragt.

III. Gilt der Grundsatz der Direkterhebung?

4   Bis zum 25.5.2018 regelte § 4 Abs. 2 Satz 1 BDSG aF den sog. Grundsatz der Direkterhebung. Personenbezogene Daten waren danach grundsätzlich bei dem Betroffenen selbst zu erheben. Eine Datenerhebung ohne die **Mitwirkung des Betroffenen** war nur in den wenigen Ausnahmekonstellationen nach § 4 Abs. 2 Satz 2 BDSG aF zulässig. Die DS-GVO und das BDSG nF beinhalten keinen Vorrang der Direkterhebung beim Betroffenen mehr. Aus den unterschiedlichen Informationspflichten des Verantwortlichen bei einer Direkterhebung (Art. 13 DS-GVO) und einer Datenerhebung aus anderen Quellen (Art. 14 DS-GVO) lässt sich kein Vorrang der Direkterhebung ableiten.[2] Gleiches gilt für die datenschutzrechtlichen Strukturprinzipien in Art. 5 Abs. 1 DS-GVO. Insbesondere erfordert eine Datenverarbeitung nach Treu und Glauben keinen Vorrang der Direkterhebung. Der Arbeitgeber darf personenbezogene Daten von Bewerbern deshalb gleichberechtigt bei diesen direkt oder aus an anderen Quellen erheben. Dieser Grundsatz gilt auch für die Daten von Beschäftigten oder von Personen, deren Beschäftigungsverhältnis bereits beendet ist. Im Bewerbungsverfahren hat der Arbeitgeber aber typischerweise ein gesteigertes Interesse an einer indirekten Datenerhebung, weil er sich von anderweitigen Informationsquellen ein besseres oder umfassenderes Bild von diesem verspricht.

B. Die Kandidatensuche

I. Die Stellenausschreibung

5   Die externe Stellenausschreibung erfolgt heute häufig mithilfe von Online-Karriereportalen bzw. Online-Jobbörsen oder anderen Online-Plattformen, wie etwa **beruflichen Netzwerken** (zB Xing, LinkedIN) oder auch **sozialen Netzwerken** wie Facebook.[3] Die Ausschreibung in Printmedien verliert an Bedeutung. Online-Karriereportale und Jobbörsen zeichnen sich dadurch aus, dass sie es dem Arbeitgeber ermöglichen, eine selbst formulierte Stellenausschreibung auf der Plattform einzustellen, so dass sie von Interessenten bei der Suche nach geeigneten Stellen dort wahrgenommen

---

[1] Vgl. dazu Simitis/Seifert, DS-GVO Art. 88 Rn. 107.
[2] Kühling/Buchner/Bäcker, DS-GVO Art. 13 Rn. 13; Ehmann/Selmayr/Knyrim, DS-GVO Art. 13 Rn. 3.
[3] Göpfert/Dußmann, NZA-Beil. 2016, 41; Forst, NZA 2010, 427.

werden kann. Bisweilen bieten die Plattformbetreiber gegen Entgelt verschiedene Zusatzdienstleistungen an, die beispielsweise eine besondere Sichtbarkeit/Auffindbarkeit der Stellenanzeige garantieren sollen. Interne Stellenausschreibungen gibt es ebenfalls in unterschiedlicher Gestalt. Es ist zu unterscheiden zwischen betriebs- und unternehmensinternen Ausschreibungen und konzernweiten Ausschreibungen. In der Praxis werden die Ausschreibungen zu diesem Zweck häufig im Unternehmens- oder Konzernintranet eingestellt. In größeren Unternehmen oder Konzernen erfreuen sich interne Stellenbörsen, Bewerberdatenpools und Recruiting-Softwaresysteme einer zunehmenden Beliebtheit. Die Printform verliert hier ebenfalls an Bedeutung.

Die Stellenausschreibung stellt – ungeachtet der eingesetzten technischen Mittel oder Plattform – bis zum Zeitpunkt ihrer Veröffentlichung (noch) kein personenbezogenes Datum dar.[4] Etwas anderes kann gelten, wenn eine Stellenausschreibung von vorne herein nur gegenüber einem abgrenzbaren Personenkreis veröffentlicht wird, in dem zugehörige Einzelpersonen nach Maßgabe von Art. 4 Nr. 1 DS-GVO identifiziert werden können. Wird eine Stellenausschreibung nur gegenüber einem offenen Personenkreis veröffentlicht, handelt es sich erst dann um ein personenbezogenes Datum, wenn eine bestimmte Person vom Arbeitgeber als Adressat der Ausschreibung identifiziert werden kann, spätestens mit dem Zugang der ersten Bewerbung beim Arbeitgeber.

Der Inhalt einer Stellenausschreibung beeinflusst regelmäßig den Inhalt des Bewerbungsanschreibens und die Zusammensetzung von Bewerbungsunterlagen, die ein Bewerber dem Arbeitgeber überlässt. Mit anderen Worten kann der Arbeitgeber durch die inhaltliche **Gestaltung der Stellenausschreibung** Einfluss darauf nehmen, welche personenbezogenen Daten er von den Bewerbern mit hoher Wahrscheinlichkeit erhält. Die Stellenausschreibung muss deshalb so ausgestaltet werden, dass Bewerber nicht dazu aufgefordert sind, dem Arbeitgeber schon im Bewerbungsanschreiben personenbezogene Daten zu übermitteln, die für die Begründung des Beschäftigungsverhältnisses im Einzelfall nicht erforderlich sind. Insbesondere dürfen keine personenbezogenen Daten abgefragt werden, die vom sog. Fragerecht des Arbeitgebers nicht abgedeckt sind (→ § 4 Rn. 18 ff.). Außerdem sind bei der Formulierung einer Stellenausschreibung die Grenzen des AGG zu beachten.

Hinweis: Bewerber müssen gemäß Art. 13, 14 DS-GVO über die Verarbeitung ihrer Daten im Bewerbungsverfahren informiert werden. Der Stellenausschreibung sollte daher entweder selbst eine Datenschutzinformation beigefügt werden oder ein Hinweis enthalten sein, wo die Informationen von dem Bewerber abgerufen werden können. Dies kann zB durch den Abdruck eines Weblinks zur Unternehmenswebseite geschehen, wenn die Informationen dort eingestellt sind.

II. Headhunting

Headhunter werden vom Arbeitgeber damit beauftragt, passende Kandidaten für offene Stellen zu akquirieren. Der Headhunter wird auf Grundlage eines vom Arbeitge-

---

4 AA WHWS Arbeitnehmerdatenschutz-HdB/Weth, S. 335 f.

ber definierten Anforderungsprofils tätig und identifiziert potenzielle Kandidaten (sog. **Direktsuche** oder Executive Search). Die Kandidatenidentifikation geschieht unter anderem durch Keyword-Suche in beruflichen oder sozialen Netzwerken oder durch die Analyse von Zielunternehmen, in denen geeignete Kandidaten vermutet werden. Nach der Identifikation spricht der Headhunter den Kandidaten telefonisch oder auf anderem Wege persönlich an und erkundigt sich nach dessen Interesse an der offenen Stelle. Auf Grundlage dieses sog. Interviews erstellt der Headhunter einen Bericht an den Arbeitgeber, der in der Regel ohne namentliche Nennung des Kandidaten die Eignung des Kandidaten herausarbeitet. Abschließend erfolgt die persönliche Vorstellung des Kandidaten beim Arbeitgeber, auf Grundlage derer beide Seiten über eine Zusammenarbeit entscheiden können. Die Vergütung des Headhunters hängt zumeist vom Vermittlungserfolg, also vom Zustandekommen eines Beschäftigungsverhältnisses ab. Headhunting spielt vor allem in Bereichen eine große Rolle, bei denen Stellenausschreibungen nicht gewünscht oder wenig erfolgversprechend sind. Das ist typischerweise bei der Suche nach Führungskräften oder nach seltenen Spezialisten der Fall.

9 Beim Headhunting besteht eine **gemeinsame Verantwortlichkeit** des Headhunters und des Arbeitgebers. Der Arbeitgeber bestimmt den Zweck der Datenverarbeitung, indem er die Kandidatensuche veranlasst und ihre Zielrichtung durch die Vorgabe eines stellenbezogenen Anforderungsprofils definiert. Der Headhunter bestimmt zunächst über die Mittel der Datenverarbeitung, indem er über die von ihm genutzten Kanäle/Plattformen zur Kandidatenidentifikation und -ansprache frei von Weisungen bestimmt. Zwar ist der Zweck der Kandidatensuche durch den Auftrag des Arbeitgebers im Wesentlichen vorgegeben. Allerdings entscheidet der Headhunter darüber, welche Personen er auf die zu besetzende Stelle anspricht und welche Kandidaten dem Arbeitgeber letztlich vorgestellt werden. Headhunter und Arbeitgeber müssen daher einen Vertrag iSv Art. 26 DS-GVO miteinander abschließen, in dem sinnvollerweise zu regeln ist, dass die Informationspflichten und Betroffenenrechte im Zusammenhang mit der Kandidatensuche von dem Headhunter gewährleistet werden.

10 Die **Zulässigkeit der Datenverarbeitung** durch den Headhunter richtet sich zumindest zu Beginn nach Art. 6 Abs. 1 DS-GVO und nicht nach § 26 Abs. 1 Satz 1 BDSG. Das gilt solange, bis der Kandidat sein Interesse an der zu besetzenden Stelle signalisiert hat. Ab diesem Zeitpunkt befindet er sich in einer mit einem Bewerber vergleichbaren Interessenlage. Die Erhebung von personenbezogenen Daten zum Zwecke der Kandidatenansprache kann nach Art. 6 Abs. 1 lit. f DS-GVO gerechtfertigt sein. Werden personenbezogene Daten von Personen in beruflichen Netzwerken oder auf Jobportalen durch die Erstellung eines Profils eingestellt, spricht der Zweck solcher Plattformen für ein überwiegendes Interesse des Headhunters an der Datenerhebung. Das gilt umso mehr, wenn die Person ihren Wunsch nach Jobangeboten etwa durch Einstellung eines entsprechenden Status nach außen hin sichtbar macht. Allerdings kann eine mangelnde Aktualität oder Unvollständigkeit der Profildaten im Einzelfall gegen eine Zulässigkeit der Datenerhebung sprechen.[5] Lehnt eine angesprochene Person die

---

5 Lepperhoff/Ermola, RDV 2018, 260.

angebotene Stelle ab, ist eine weitere Datenverarbeitung durch den Headhunter unzulässig.[6] Außerdem sind die wettbewerbsrechtlichen Grenzen von sog. Abwerbungsversuchen zu beachten.[7] Die Datenübermittlung der personenbezogenen Daten eines an der Stelle interessierten Kandidaten von dem Headhunter an den Arbeitgeber bzw. dessen Datenerhebung richten sich nach § 26 Abs. 1 Satz 1 BDSG. Sie ist zulässig, wenn und soweit sie für die Begründung des Beschäftigungsverhältnisses im Hinblick auf die konkret zu besetzende Stelle erforderlich ist.

C. Das Bewerbungsverfahren
I. Der Zugang der Bewerbung
1. Umgang mit dem Inhalt des Bewerbungsanschreibens

Die Verarbeitung personenbezogener Daten, die der Bewerber dem Arbeitgeber im Rahmen seines Bewerbungsanschreibens gemeinsam mit seinen **Bewerbungsunterlagen** zukommen lässt, richtet sich nach § 26 Abs. 1 Satz 1 BDSG. Die Bewerberdaten müssen also für die Durchführung des Bewerbungsverfahrens erforderlich sein: 11

- **Geeignetheit:** Ist die Information geeignet, um die Eignung des Stellenbewerbers für die zu besetzende Stelle festzustellen?
- **Erforderlichkeit:** Kann die Eignung des Stellenbewerbers gleichermaßen sicher auch ohne die Information festgestellt werden?
- **Angemessenheit:** Steht die Verarbeitung der Information in einem angemessenen Verhältnis zu der vom Arbeitgeber beabsichtigten Feststellung der Eignung?

Erforderliche Informationen und Unterlagen darf der Arbeitgeber zunächst für die Dauer des Bewerbungsverfahrens aufbewahren und unternehmensintern an alle Abteilungen und Personen weitergeben, die gemäß der vom Arbeitgeber vorgegebenen Arbeitsorganisation mit der Bearbeitung der Bewerbung befasst sind. Dieser Grundsatz gilt gleichermaßen für Bewerbungen auf eine Stellenanzeige als auch für sog. **Initiativbewerbungen**, die nicht aufgrund einer Stellenanzeige erfolgen.[8] Entscheidet sich der Arbeitgeber aufgrund einer Initiativbewerbung für die Durchführung eines Bewerbungsverfahrens, so ist die Datenverarbeitung grundsätzlich für dessen Durchführung zulässig. 12

Fraglich ist, wie der Arbeitgeber mit personenbezogenen Daten zu verfahren hat, die der Bewerber ihm ohne Aufforderung überlassen hat, die aber nicht für die Durchführung des Bewerbungsverfahrens erforderlich sind. 13

Beispiel: Nahezu alle Bewerbungen beinhalten, typischerweise im Lebenslauf, ein Lichtbild des Bewerbers, obwohl dieses mit wenigen Ausnahmen nicht zur Begründung des Beschäftigungsverhältnisses erforderlich ist.[9] 14

In der Fachliteratur wird die Auffassung vertreten, dass es sich bei der **unaufgeforderten Zusendung** von personenbezogen Daten an den Verantwortlichen nicht um eine 15

---

6 Gola, HdB Beschäftigtendatenschutz, Rn. 1505.
7 Vgl. dazu Gola, HdB Beschäftigtendatenschutz, Rn. 1507 f.
8 Schaub, ArbR-HdB/Linck, § 25 Rn. 13.
9 AA Gola, HdB Beschäftigtendatenschutz, Rn. 628.

Datenerhebung iSv Art. 4 Nr. 2 DS-GVO handele, weil der Verantwortliche daran nicht aktiv mitwirke. Das gelte sowohl für „aufgedrängte Informationen" als auch für „überschießende Daten".[10] Diese dogmatische Betrachtung mag hinsichtlich der Zusendung der Daten als solcher zutreffen. Sie verkennt aber, dass der Verantwortliche jedenfalls die anschließende Aufbewahrung bzw. Speicherung solcher Daten zu verantworten hat. Hierfür bedarf es einer Rechtsgrundlage. Da es bei „überschießenden Daten" an der Erforderlichkeit für die Begründung des Beschäftigungsverhältnisses fehlt, kann eine Verarbeitung dieser Daten auf Art. 6 Abs. 1 lit. f DS-GVO oder auf die Einwilligung des Bewerbers gestützt werden. Eine Einwilligung des Bewerbers liegt nicht bereits in der Zusendung der Bewerbung. Bei lebensnaher Betrachtung kann zwar davon ausgegangen werden, dass ein Bewerber faktisch mit der Verarbeitung seiner sich aus den Bewerbungsunterlagen ergebenden Daten zum Zwecke des Bewerbungsverfahrens einverstanden ist oder den potenziellen Arbeitgeber sogar konkludent durch deren Zusendung um eine Verarbeitung ersucht. Die bloße Zusendung der Bewerbungsunterlagen stellt aber keine taugliche Einwilligung iSv Art. 7 DS-GVO iVm § 26 Abs. 2 BDSG dar. Es fehlt regelmäßig an der nach § 26 Abs. 2 Satz 4 BDSG erforderlichen, vorherigen Aufklärung des Bewerbers über den Zweck der Datenverarbeitung und über das Widerrufsrecht nach Art. 7 Abs. 3 DS-GVO in Textform. Das „faktische Einverständnis" des Bewerbers spricht aber dafür, dass der Arbeitgeber auch die überschießenden Daten zumindest bis zum Abschluss des Bewerbers vorhalten darf. Außerdem ist zu beachten, dass der Arbeitgeber ein berechtigtes Interesse daran hat, sich ein Bild über die Persönlichkeit des Bewerbers und dessen „Soft-Skills" zu verschaffen. Das gilt allerdings nicht für besondere Kategorien personenbezogener Daten iSv Art. 9 Abs. 1 DS-GVO und für andere sensible Daten, vor allem wenn diese der Privat- oder gar der Intimsphäre des Arbeitnehmers zuzurechnen sind. Solche Daten sind unverzüglich vom Arbeitgeber zu löschen.

2. Besonderheiten bei der digitalen Bewerbung

16   Die wohl überwiegende Anzahl von Bewerbungen gelangt heute auf elektronischem Wege zum Arbeitgeber, sei es per E-Mail, über eine vom Arbeitgeber betriebene **Online-Bewerbungsplattform** oder über Online-Jobbörsen bzw. Karriereportale.

Hinweis: Auf der Unternehmenswebseite sollte an geeigneter Stelle (zB Rubrik „Karriere") eine E-Mail-Adresse für Bewerber hinterlegt werden (zB „bewerbung@unternehmen.de"). Dadurch kann sichergestellt werden, dass die Bewerbung direkt an die Personal- bzw. Recruiting-Abteilung zugestellt wird und die Bewerbungsunterlagen nicht von unbefugten Mitarbeitern geöffnet werden.

Zudem sollte für die angegebene E-Mail-Adresse eine automatische Antwort eingerichtet werden, die bei jeder eingehenden E-Mail automatisch an den Absender versandt wird (sog. auto-response). Die Antwortnachricht kann den Eingang der Bewerbung bestätigen und dem Bewerber Informationen gemäß Art. 13, 14 DS-GVO über die Verarbeitung seiner Daten im Bewerbungsverfahren zukommen lassen (**Muster** → Anh. Rn. 5).

---

10   WHWS Arbeitnehmerdatenschutz-HdB/Weth, S. 339.

Online-Bewerbungsplattformen müssen technisch so gestaltet sein, dass die Bewerberdaten verschlüsselt an den Arbeitgeber übertragen werden.[11] Ferner muss sichergestellt sein, dass die vom Bewerber auszufüllenden Datenfelder nur solche Informationen abfragen, die für die Durchführung des Bewerbungsverfahrens im Hinblick auf die konkret zu besetzende Stelle erforderlich sind. Häufig werden Online-Bewerbungsplattformen zwar vom Arbeitgeber gesteuert, die Bewerberdaten jedoch auf den Cloud-Servern eines externen Plattformanbieters gespeichert. Es handelt sich um einen Fall der Auftragsverarbeitung gemäß den Art. 28, 29 DS-GVO, so dass zwischen dem Arbeitgeber und dem Plattformanbieter ein Vertrag zur Auftragsverarbeitung abzuschließen ist. Gleiches gilt, wenn der Arbeitgeber eine Stellenausschreibung auf einer Online-Jobbörse oder einem **Karriereportal** einstellt und Bewerber ihre Bewerbungsunterlagen über die Plattform direkt an den Arbeitgeber übermitteln können.

17

II. Das Bewerbungsgespräch

1. Das Fragerecht des Arbeitgebers

Der Arbeitgeber muss sich in angemessenem Umfang ein Bild von einem Bewerber machen können, wenn er über die künftige Zusammenarbeit sachlich entscheiden können will. Zu diesem Zweck ist er grundsätzlich berechtigt, personenbezogene Daten bei dem Bewerber abzufragen. Die **Reichweite** des sog. Fragerechts des Arbeitgebers im Bewerbungsverfahren bestimmt sich nach § 26 Abs. 1 Satz 1 BDSG und, wenn besondere Kategorien personenbezogener Daten abgefragt werden, nach Art. 9 Abs. 2 DS-GVO bzw. § 26 Abs. 3 BDSG. Wegen § 26 Abs. 7 BDSG kommt es nicht darauf an, ob die Fragen des Arbeitgebers mündlich oder etwa unter Verwendung eines (elektronischen) Fragenkatalogs an den Bewerber gerichtet werden. Die Zulässigkeit einzelner Fragen hängt davon ab, ob sie für die Begründung des Beschäftigungsverhältnisses erforderlich sind. Das ist der Fall, wenn der Arbeitgeber ein berechtigtes, billigenswertes und schutzwürdiges **Interesse an der Beantwortung** seiner Frage bzw. der Informationsbeschaffung im Hinblick auf die Begründung des Arbeitsverhältnisses hat und das Interesse des Arbeitnehmers an der Geheimhaltung seiner Daten das Interesse des Arbeitgebers an der Erhebung dieser Daten nicht überwiegt.[12] Die Fragen des Arbeitgebers müssen in einem sachlichen Zusammenhang mit den Pflichten des Bewerbers aus dem in Aussicht stehenden Arbeitsverhältnis stehen und auf seine Befähigung für die Stelle abzielen.[13] Fragestellungen, die das Allgemeine Persönlichkeitsrecht des Bewerbers verletzen oder gegen das gleichbehandlungsrechtliche Benachteiligungsverbot verstoßen, sind für die Begründung des Beschäftigungsverhältnisses nicht erforderlich und unzulässig.[14]

18

---

11 Gola, HdB Beschäftigtendatenschutz, Rn. 528.
12 BAG 15.11.2012 – 6 AZR 339/11, NZA 2013, 429.
13 Kühling/Buchner, BDSG § 26 Rn. 39.
14 Kühling/Buchner, BDSG § 26 Rn. 29.

§ 1 AGG
Ziel des Gesetzes ist, Benachteiligungen aus Gründen der Rasse oder wegen der ethnischen Herkunft, des Geschlechts, der Religion oder Weltanschauung, einer Behinderung, des Alters oder der sexuellen Identität zu verhindern oder zu beseitigen.

19 Ein Verstoß gegen das **Benachteiligungsverbot** liegt gemäß §§ 7 Abs. 1, 3 Abs. 1 AGG vor, wenn der Bewerber wegen der in § 1 AGG genannten Merkmale eine weniger günstige Berücksichtigung erfährt, als sie ein anderer Bewerber erfährt, erfahren hat oder erfahren würde. Dafür bedarf es keiner Benachteiligungsabsicht oder eines Verschuldens des Arbeitgebers, sondern nur einer objektiven kausalen Verknüpfung zwischen der weniger günstigen Behandlung und dem unzulässigen Merkmal.[15] Eine unterschiedliche Behandlung ist im Einzelfall zulässig, wenn die Voraussetzungen der §§ 8 bis 10 AGG erfüllt sind.

§ 8 Abs. 1 AGG
Eine unterschiedliche Behandlung wegen eines in § 1 genannten Grundes ist zulässig, wenn dieser Grund wegen der Art der auszuübenden Tätigkeit oder der Bedingungen ihrer Ausübung eine wesentliche und entscheidende berufliche Anforderung darstellt, sofern der Zweck rechtmäßig und die Anforderung angemessen ist.

20 Unzulässige Fragen müssen vom Bewerber nicht wahrheitsgemäß beantwortet werden. Man spricht vom sog. **Recht zur Lüge**.[16] Umgekehrt kann die falsche Beantwortung zulässiger Fragen den Arbeitgeber zur **Anfechtung** des Arbeitsvertrags wegen arglistiger Täuschung berechtigen, sofern die Täuschung für dessen Abschluss ursächlich war.[17] Gleiches gilt, wenn der Bewerber gegen eine Offenbarungspflicht verstößt, also Informationen arglistig vorenthalten werden, die zwar vom Arbeitgeber nicht abgefragt werden, aber für dessen Entscheidung über das Zustandekommen des Arbeitsverhältnisses bei objektiver Betrachtung einen wesentlichen Ausschlag geben würden.[18]

2. Zulässigkeit einzelner Fragen

21 Nach diesen Grundsätzen sind im Einzelnen folgende Fragen an den Bewerber **zulässig**:
- Frage nach persönlichen Eigenschaften, soweit sie für die zu erbringende Arbeitsleistung relevant sind[19]
- Frage nach der Qualifikation und dem beruflichen Werdegang des Bewerbers[20]
- Frage nach den Vermögensverhältnissen, wenn es zu den Aufgaben des Bewerbers gehört, mit größeren Geldsummen oder Vermögenswerten umzugehen oder eine besondere Vertrauensstellung eingeräumt werden soll.[21] Gleiches gilt für Fragen nach früheren Lohnpfändungen oder -abtretungen[22]

---

15 BeckOK ArbR/Roloff, AGG § 3 Rn. 12.
16 Grundlegend BAG 22.9.1961 – 1 AZR 241/60, NJW 1962, 74.
17 BAG 6.9.2012 – 2 AZR 270/11, NZA 2013, 1087.
18 Gola, HdB Beschäftigtendatenschutz, Rn. 563 f.; vgl. dazu auch Strick, NZA 2000, 695.
19 Kühling/Buchner/Maschmann, BDSG § 26 Rn. 30.
20 Simitis/Seifert, DS-GVO Art. 88 Rn. 79.
21 Simitis/Seifert, DS-GVO Art. 88 Rn. 81.
22 Simitis/Seifert, DS-GVO Art. 88 Rn. 81.

§ 4 Die Begründung des Beschäftigungsverhältnisses

- Frage nach einschlägigen Vorstrafen (zB Vermögensdelikte bei einem Buchhalter), soweit diese noch nicht aus dem Zentralregister getilgt wurden[23]
- Frage nach einem laufenden Ermittlungs- oder Strafverfahren, soweit diese Zweifel an der persönlichen Eignung für die Stelle begründen können[24]
- Frage nach einschlägigen Wettbewerbsverboten aus früheren Arbeitsverhältnissen[25]
- Frage nach Vorliegen eines Aufenthaltstitels bzw. einer Aufenthaltserlaubnis, sofern es sich um einen ausländischen Bewerber handelt, der ggf. wegen § 4 Abs. 3 AufenthG nicht beschäftigt werden darf[26]
- spezifische Fragen nach dem Gesundheitszustand, wenn sie sich auf spezielle arbeitsplatzbezogene Anforderungen und Gefahren beziehen[27]
- Frage nach ansteckenden Krankheiten, sofern (nach der Einstellung) eine Gesundheitsgefahr für andere Beschäftigte oder Kunden in Betracht kommt[28]
- Frage nach einer Alkohol- oder Drogenabhängigkeit[29]

Unzulässig sind folgende Fragen:

- Frage nach dem Alter, soweit nicht ausnahmsweise eine Differenzierung nach § 10 AGG gestattet ist[30]
- Frage nach dem Privatleben ohne Bezug zu der in Aussicht stehenden Tätigkeit, zB nach Hobbies oder Ehrenämter[31]
- Frage nach dem Gehalt bei einem früheren Arbeitgeber, wenn der Bewerber sie nicht als Mindestvergütung für die Stelle fordert[32]
- (Unspezifische) Fragen nach eingestellten Ermittlungsverfahren[33]
- Frage nach einer Gewerkschaftszugehörigkeit[34]
- Frage nach der sexuellen Orientierung[35]
- Frage nach der Ableistung des Wehr- oder Zivildienstes[36]
- allgemein gehaltene Fragen nach dem Gesundheitszustand[37]
- Frage nach der Rauchereigenschaft[38]
- Frage nach einer HIV-Infektion[39]
- Frage nach der Zugehörigkeit zu einer Religion oder einer Weltanschauungsgemeinschaft, soweit der Arbeitgeber nicht selbst eine geschützte Gemeinschaft ist[40] oder die Zugehörigkeit zu einer bestimmten Religion oder Konfession aus ande-

22

---

23 Simitis/Seifert, DS-GVO Art. 88 Rn. 79.
24 BAG 6.9.2012 – 2 AZR 270/11, NZA 2013, 1087.
25 ErfK/Preis, BGB § 611a Rn. 280.
26 Kühling/Buchner/Maschmann, BDSG § 26 Rn. 30.
27 Iraschko-Luscher/Kiekenbeck, NZA 2009, 1239 (1241).
28 Simitis/Seifert, DS-GVO Art. 88 Rn. 81.
29 Simitis/Seifert, DS-GVO Art. 88 Rn. 81.
30 Kühling/Buchner/Maschmann, BDSG § 26 Rn. 30.
31 Gola, HdB Beschäftigtendatenschutz, Rn. 653 f.
32 BAG 19.5.1983 – 2 AZR 171/81.
33 BAG 15.11.2012 – 6AZR 339/11, NZA 2013, 429.
34 BAG 28.3.2000 – 1 ABR 16/99, NZA 2000, 1294.
35 Simitis/Seifert, DS-GVO Art. 88 Rn. 87.
36 Simitis/Seifert, DS-GVO Art. 88 Rn. 86.
37 Simitis/Seifert, DS-GVO Art. 88 Rn. 81.
38 Gola, HdB Beschäftigtendatenschutz, Rn. 687, 688.
39 ErfK/Preis, BGB § 611a Rn. 274c.
40 Kühling/Buchner/Maschmann, BDSG § 26 Rn. 30.

ren Gründen eine wesentliche und entscheidende berufliche Anforderung darstellt[41]
- Frage nach der politischen Überzeugung oder Parteiangehörigkeit, sofern es sich nicht um einen Tendenzbetrieb handelt[42]
- Frage nach einer (Schwer-)Behinderung, sofern nicht eine bestimmte körperliche Funktion, geistige Fähigkeit oder die seelische Gesundheit eine wesentliche und entscheidende berufliche Anforderung darstellt und deshalb eine spezifische Nachfrage gerechtfertigt ist[43]
- Frage nach einer Schwangerschaft,[44] und zwar selbst dann, wenn eine Bewerberin als (befristete) Vertretung für eine schwangere oder in Elternzeit befindliche Beschäftigte eingestellt werden soll[45]
- Frage nach einem Kinderwunsch und nach der Betreuung von Kindern[46]
- Frage nach der Betreuung von pflegebedürftigen Personen[47]

23 Bisher ist nicht abschließend geklärt, ob die Frage nach einer Mitgliedschaft bei **Scientology** zulässig ist. Obwohl es sich nicht um eine Religions- und Weltanschauungsgemeinschaft handelt,[48] bestehen hier erhebliche Zweifel. Bis zu einer höchstrichterlichen Entscheidung ist von der Nachfrage abzuraten.[49]

3. Anforderung von Unterlagen bei dem Bewerber

24 Zur Überprüfung der Angaben des Bewerbers über seine Qualifikation und seinen beruflichen Werdegang ist der Arbeitgeber berechtigt, die entsprechenden Prüfungs- und Arbeitszeugnisse bei diesem anzufordern.[50]

25 Die Anforderung einer **Schufa**-Auskunft ist auch dann unzulässig, wenn der Arbeitgeber im Einzelfall ein berechtigtes Interesse an einer Auskunft über die Vermögensverhältnisse des Bewerbers besitzt.[51] Dafür spricht, dass aus einer Schufa-Auskunft unter Umständen umfassende Informationen über die Kreditwürdigkeit einer Person ersichtlich sind, die nicht zwingend einen Rückschluss auf die Vertrauenswürdigkeit des Bewerbers bzw. dessen Fähigkeiten im Umgang mit Geld geben. Die Vorlage einer Schufa-Auskunft stellt einen gewichtigen Eingriff in das Arbeitnehmerpersönlichkeitsrecht dar, weil sie über alle Geld- und Warenkreditverträge des Bewerbers mit Vertragspartnern der Schufa informiert.[52] Bankauskünfte und Auszüge aus dem Gewerbezentralregister müssen in der Regel ebenfalls nicht vorgelegt werden.[53] Das gilt

---

[41] Simitis/Seifert, DS-GVO Art. 88 Rn. 86.
[42] Kort, NZA-Beil. 2016, 62 (68).
[43] BAG 17.12.2009 – 8 AZR 670/08, NZA 2010, 383.
[44] EuGH 4.10.2001 – C 109/00, NZA 2004, 1241; EuGH 8.11.1990 – 177/88, RDV 1991, 132.
[45] LAG Köln 11.10.2012 – 6 Sa 641/12, NZA-RR 2013, 232; aA Thüsing/Lambrich, BB 2002, 1146 (1147).
[46] Kort, NZA-Beil. 2016, 62 (67).
[47] Kort, NZA-Beil. 2016, 62 (67).
[48] BAG 22.3.1995 – 5 AZB 21/94, NZA 1995, 823.
[49] ErfK/Preis, BGB § 611a Rn. 274c.
[50] Simitis/Seifert, DS-GVO Art. 88 Rn. 79; Hohenstatt/Stamer/Hinrichs, NZA 2006, 1065 (1069).
[51] BAG 29.8.1980 – 7 AZR 726/77.
[52] Kania/Sansone, NZA 2012, 360 (361).
[53] Thum/Szczesny, BB 2007, 2405 (2406).

selbst für Mitarbeiter eines Dienstleisters für Geldtransporte, die im Rahmen ihrer Tätigkeit täglich erhebliche Geldwerte bewachen müssen.[54]

Die Anforderung eines polizeilichen **Führungszeugnisses** ist durch einen nicht-öffentlichen Arbeitgeber ist – unabhängig von dem Fragerecht des Arbeitgebers hinsichtlich einschlägiger Vorstrafen[55] – grundsätzlich unzulässig.[56] Selbst aus einem sog. einfachen Führungszeugnis gemäß § 30 Abs. 5 BZRG sind ggf. auch Vorstrafen ersichtlich, die keinen besonderen Bezug zu dem angestrebten Arbeitsverhältnis besitzen.[57] Der Bewerber ist im Übrigen auch nicht verpflichtet, dem Arbeitgeber Einsicht in staatsanwaltliche Ermittlungsakten zu geben.[58]

III. Beschaffung von Informationen aus anderen Quellen

1. Auskünfte beim früheren Arbeitgeber

Arbeitgeber haben bisweilen ein Interesse daran, sich bei den früheren Arbeitgebern eines Bewerbers über diesen zu erkundigen. Dieses Interesse wird dadurch gesteigert, dass die Erteilung guter oder sogar sehr guter Arbeitszeugnisse in der Praxis gerade in Beendigungsstreitigkeiten Teil einer Gesamteinigung oder eines gerichtlichen Vergleichs sein können, ohne dass dies aus dem Zeugnistext ersichtlich ist. Der Grundsatz der Zeugniswahrheit spielt dann oft nur eine untergeordnete Rolle.

Nach (älterer) Auffassung des BAG ist es grundsätzlich zulässig, dass ein früherer Arbeitgeber auch gegen den Willen seines ehemaligen Arbeitnehmers Auskunft über dessen **Leistung und Verhalten** an solche Personen erteilt, mit denen dieser in Verhandlungen über den Abschluss eines Arbeitsvertrags steht.[59] Diese Freiheit gehe aber nicht so weit, dass auch die Überlassung von Teilen der Personalakten von Arbeitnehmern an Dritte zulässig ist.[60] Die wohl herrschende Auffassung in der Fachliteratur und die Datenschutzaufsichtsbehörden verneinen eine Berechtigung zur Einholung von Auskünften bei früheren Arbeitgebern mit überzeugenden Argumenten.[61] Zwar spricht gegen eine Datenerhebung nicht (mehr) der Grundsatz der Direkterhebung. Allerdings ist im Rahmen der gemäß § 26 Abs. 1 Satz 1 BDSG anzustellenden Verhältnismäßigkeitsprüfung zu berücksichtigen, dass der Arbeitgeber Informationen über frühere Arbeitsverhältnisse bei dem Bewerber abfragen kann.[62] Die Abfrage von Informationen bei dem Bewerber greift weniger stark in dessen Persönlichkeitsrecht ein als die anderweitige Informationsbeschaffung. Etwas anderes kann gelten, wenn aufgrund der Umstände des Einzelfalls berechtigte Zweifel an der Richtigkeit eines Arbeitszeugnisses oder an Aussagen des Bewerbers über seine frühere Anstellungsverhältnisse bestehen.[63] In diesem Fall ist das Auskunftsersuchen auf Rückfragen zu den zweifelbehafteten Aussagen des Bewerbers bzw. des Arbeitszeugnisses zu beschrän-

---

54 Brink/Schwab, RDV 2017, 170 (178).
55 BAG 5.12.1957 – 1 AZR 594/56.
56 Bergmann/Möhrle/Herb, BDSG § 26 Rn. 98.
57 WHWS Arbeitnehmerdatenschutz-HdB/Weth, S. 353.
58 BAG 23.10.2008 – 2 AZR 483/07, NZA-RR 2009, 362.
59 BAG 18.12.1984 – 3 AZB 389/83, NZA 1985, 811; BAG 25.10.1957 – 1 AZR 434/44, NJW 1958, 1061.
60 BAG 18.12.1984 – 3 AZB 389/83, NZA 1985, 811.
61 Simitis/Seifert, DS-GVO Art. 88 Rn. 97; Kühling/Buchner/Maschmann, BDSG § 26 Rn. 35.
62 Gola, HdB Beschäftigtendatenschutz, Rn. 712 f.
63 Ähnlich WHWS Arbeitnehmerdatenschutz-HdB/Weth, S. 355.

ken. Ein Auskunftsersuchen hat in jedem Falle zu unterbleiben, wenn der Bewerber (aus verständlichem Anlass) ausdrücklich wünscht, dass Anfragen bei seinem früheren Arbeitgeber unterbleiben.[64] Im Falle einer Einwilligung des Bewerbers ist der frühere Arbeitgeber zur wahrheitsgemäßen Auskunftserteilung verpflichtet.[65] In jedem Falle ist der Bewerber gemäß Art. 14 Abs. 1 und 2 DS-GVO innerhalb einer angemessenen Frist, spätestens jedoch nach Ablauf eines Monats nach erfolgter Auskunft, über die Datenerhebung zu informieren.

2. Background-Checks

a) Internetrecherche

29 Wegen des fehlenden Vorrangs der Direkterhebung ist der Arbeitgeber grundsätzlich berechtigt, allgemein zugängliche Informationen über einen Bewerber abzurufen, soweit diese für seine Einstellungsentscheidung erforderlich sind. Zu diesem Zweck ist eine Suchmaschinenrecherche im Internet (z.B. über **Google**) zulässig.[66] Hat der Bewerber die Informationen selbst in das Internet eingestellt, kommt es für die Zulässigkeit der Datenverarbeitung durch den Arbeitgeber darauf an, zu welchem Zweck dies geschehen ist. Stellt eine Person Informationen in ein beruflich orientiertes Online-Netzwerk (zB Xing, LinkedIn) ein, so muss sie damit rechnen, dass diese Informationen von einem Unternehmen abgerufen werden, bei dem sich die Person bewirbt. In vielen Fällen wird dies von den angemeldeten Mitgliedern solcher Plattformen sogar positiv gewünscht, so dass die Einstellung der Daten in die Nähe einer Einwilligung rückt, wenngleich die formalen Wirksamkeitsvoraussetzungen von Art. 7 DS-GVO und § 26 Abs. 2 BDSG nicht erfüllt sind. Die Datenverarbeitung ist in diesem Fällen regelmäßig durch § 26 Abs. 1 Satz 1 BDSG gerechtfertigt.[67] Die Recherche in freizeitorientierten Netzwerken ist unzulässig, weil sie Informationen betrifft, die der Privatsphäre des Bewerbers zuzurechnen sind und keinen Bezug zu der zu besetzenden Stelle aufweisen. Das Interesse des Arbeitgebers, sich ein umfassendes Bild über die Person des Bewerbers zu machen, überwiegt hier nicht gegenüber dem Schutz der Privatsphäre des Bewerbers. Informationen, die der Bewerber nicht selbst in das Internet eingestellt hat, sind einer Verwendung im Bewerbungsverfahren ebenfalls entzogen.[68]

b) Terrorlistenabgleich

30 Die Europäische Union hat verschiedene **Anti-Terror-Verordnungen** erlassen,[69] die bezwecken, dass Terroristen oder terroristischen Organisationen keine wirtschaftlichen Ressourcen zur Verfügung gestellt werden. Zu wirtschaftlichen Ressourcen in diesem Sinne zählen auch Arbeitsentgelte.[70] Es ist fraglich, ob der Arbeitgeber vor der Einstellung eines Bewerbers einen Datenabgleich durchzuführen hat, um die Beschäftigung eines Terroristen auszuschließen. Die einschlägigen Verordnungen gelten

---

64 Gola, HdB Beschäftigtendatenschutz, Rn. 716.
65 BAG 25.10.1957 – 1 AZR 434/44, NJW 1958, 1061; LAG Berlin 8.5.1989 – 9 Sa 21/89, BB 1989, 1825.
66 Kühling/Buchner/Maschmann, BDSG § 26 Rn. 36.
67 WHWS Arbeitnehmerdatenschutz-HdB/Weth, S. 357.
68 Simitis/Seifert, DS-GVO Art. 88 Rn. 105.
69 Eine Übersicht findet sich bei Bergmann/Möhrle/Herb, BDSG § 26 Rn. 175.
70 Bergmann/Möhrle/Herb, BDSG § 26 Rn. 176.

für alle nach dem Recht eines Mitgliedstaats gegründeten oder eingetragenen juristischen Personen, Gruppen, Unternehmen und Einrichtungen.[71] Sie regeln aber keine ausdrückliche Verpflichtung zum Datenabgleich.[72] Für die Begründung oder Durchführung eines Beschäftigungsverhältnisses ist ein solcher Abgleich nicht erforderlich, weil es an einem Bezug zu den Zwecken des Beschäftigungsverhältnisses fehlt.[73] Vielmehr ist der Datenabgleich gemäß Art. 6 Abs. 1 lit. c DS-GVO zulässig, damit der Arbeitgeber seinen gesetzlichen Pflichten im Rahmen der Terrorbekämpfung genügen kann.[74]

IV. Einstellungstests und Einstellungsuntersuchungen

1. Psychologische Tests und Assessment-Center

Psychologische Testverfahren sind nur zulässig, soweit sie erforderlich sind, um die persönliche **Eignung des Bewerbers** im Hinblick auf die speziellen Anforderungen der zu besetzenden Stelle festzustellen. 31

Es ist erforderlich, dass das Testverfahren und die damit zu generierenden Erkenntnisse einen **Bezug** aufweist zum Anforderungsprofil des konkreten Arbeitsplatzes.[75] Ein Bedürfnis kann insbesondere bei Arbeitsaufgaben bestehen, die in besonders hohem Maße Zuverlässigkeit, Belastbarkeit und Verhalten in Krisensituationen auch zum Schutze Dritter relevant sind.[76] Allgemeine **Persönlichkeitstests** ohne Bezug zu dem avisierten Arbeitsplatz sind auf Grundlage von § 26 Abs. 1 Satz 1 BDSG unzulässig.[77] Gleiches gilt für die Erstellung von psychologischen Persönlichkeitsprofilen von Bewerbern[78] und für sog. **grafologische Gutachten**,[79] bei denen umstritten ist, ob sie überhaupt einen verlässlichen Aussagewert beinhalten.[80] 32

Bei einem **Assessment-Center** handelt es sich um ein standardisiertes, eignungsdiagnostisches Verfahren, an dem mehrere Bewerber gleichzeitig als Beurteilte teilnehmen und von mehreren Beurteilern hinsichtlich ihrer Eignung eine zu besetzende Stelle eingeschätzt werden.[81] Im Rahmen des Assessment-Centers dürfen alle Fragen an Bewerber gerichtet werden, die vom Fragerecht des Arbeitgebers abgedeckt sind.[82] Im Übrigen muss das Verfahren, das typischerweise aus Einzel- und Gruppenübungen besteht, so gestaltet werden, dass die Anforderungen von § 26 Abs. 1 Satz 1 BDSG berücksichtigt sind. Zweck der Datenverarbeitung im Assessment-Center ist die Auswahl des bestgeeigneten Kandidaten für die zu besetzende Stelle. Bei Gruppenübungen oder -diskussionen zur Erfassung von Kompetenzen kann es je nach Thema fraglich sein, ob weniger eingriffsintensive Maßnahmen zur Verfügung stehen. Hier be- 33

---

71 Bergmann/Möhrle/Herb, BDSG § 26 Rn. 176.
72 Otto/Lampe, NZA 2011, 1134 (1136).
73 Bergmann/Möhrle/Herb, BDSG § 26 Rn. 181; Simitis/Seifert, DS-GVO Art. 88 Rn. 166; aA Behling, NZA 2015, 1359 (1361).
74 Simitis/Seifert, DS-GVO Art. 88 Rn. 166.
75 Franzen, NZA 2013, 1 (1).
76 Gola, HdB Beschäftigtendatenschutz, Rn. 697.
77 Simitis/Seifert, DS-GVO Art. 88 Rn. 93.
78 WHWS Arbeitnehmerdatenschutz-HdB/Weth, S. 364.
79 BAG 16.9.1982 – 2 AZR 228/80, NJW 1984, 446.
80 Michel/Wiese, NZA 1986, 505.
81 Carpenter, NZA 2015, 466 (466).
82 WHWS Arbeitnehmerdatenschutz-HdB/Weth, S. 363.

steht die Problematik, dass Kompetenzen oder andere persönliche Eigenschaften nicht nur gegenüber dem Arbeitgeber, sondern auch gegenüber anderen Teilnehmern offenbart werden[83] und Einzelgespräche häufig gleich geeignet sind, um den gewünschten Eindruck zu gewinnen.[84] Im Rahmen der Verhältnismäßigkeitsprüfung ist es zuletzt von erheblicher Bedeutung, dass das Assessment-Center nach den bestehenden wissenschaftlichen Standards[85] durchgeführt wird, um den Bewerber vor fragwürdigen Methoden zu schützen, deren Aussagekraft beschränkt ist.[86] *Seifert* empfiehlt zu diesem Zwecke eine Heranziehung der DIN-Norm 33430 über „Anforderungen an Verfahren und deren Einsatz bei berufsbezogenen Eignungsbeurteilungen".[87]

Hinweis: Wegen der hohen datenschutzrechtlichen Anforderungen an psychologische Testverfahren und Assessment-Center ist Arbeitgebern zu raten, die Teilnahme von der Einwilligung des Bewerbers abhängig zu machen. Zu diesem Zweck ist der Bewerber umfassend über das Testverfahren, seinen Ablauf und die zu ermittelnden Eignungsmerkmale sowie die Verwendung der erhobenen Einzeldaten bzw. der Gesamtbewertung zu informieren.[88] Die Freiwilligkeit des Bewerbers ist dabei anzunehmen, weil dieser durch die Teilnahme als potenzieller Kandidat für die Stelle in Betracht gezogen wird, auf die er sich beworben hat.

2. Ärztliche Einstellungsuntersuchungen

34 Ärztliche Einstellungsuntersuchungen sind gemäß § 26 Abs. 3 Satz 1 BDSG zulässig, wenn die damit verbundene Verarbeitung personenbezogener **Gesundheitsdaten** des Bewerbers zur Ausübung von Rechten aus dem Arbeitsrecht, dem Recht der sozialen Sicherheit oder des Sozialschutzes erforderlich ist und das schutzwürdige Interesse des Bewerbers nicht überwiegt. Die Untersuchung muss Aufschluss über die gesundheitliche Eignung des Bewerbers für die konkret in Aussicht genommene Arbeitsstelle geben (**arbeitsplatzbezogene Gesundheitsuntersuchung**).[89] Etwas anderes gilt, soweit im Einzelfall eine gesetzliche Verpflichtung zur ärztlichen Eignungsuntersuchung besteht.[90] Die bei einer ärztlichen Untersuchung erhobenen Befunde und Untersuchungsergebnisse unterliegen der ärztlichen Schweigepflicht. Gegenüber dem Arbeitgeber dürfen, wenn keine weitergehende Einverständniserklärung des Arbeitnehmers vorliegt, nur die arbeitsplatzbezogenen ärztlichen Bewertungen genannt werden.[91] Der untersuchende Arzt darf die Eignung des Bewerbers gegenüber dem Arbeitgeber ganz oder mit Einschränkungen bejahen oder verneinen.[92]

---

83 Carpenter, NZA 2015, 466 (467, 468).
84 Simitis/Hornung/Spiecker/Seifert, DS-GVO Art. 88 Rn. 93.
85 Simitis/Hornung/Spiecker/Seifert, DS-GVO Art. 88 Rn. 93.
86 Simitis/Hornung/Spiecker/Seifert, DS-GVO Art. 88 Rn. 93.
87 Simitis/Hornung/Spiecker/Seifert, DS-GVO Art. 88 Rn. 93.
88 Gola, HdB Beschäftigtendatenschutz, Rn. 698.
89 Simitis/Hornung/Spiecker/Seifert, DS-GVO Art. 88 Rn. 90.
90 Vgl. bspw. § 32 Abs. 1 JArbSchG, § 43 Abs. 1 IfSG.
91 Keller, NZA 1988, 561 (568).
92 Simitis/Seifert, DS-GVO Art. 88 Rn. 91.

Die Zulässigkeit **genetischer Untersuchungen** im Beschäftigungsverhältnis bestimmt sich nach den §§ 19, 20 GenDG, die insoweit § 26 BDSG vorgehen.[93] Sie sind im Bewerbungsverfahren und im Beschäftigungsverhältnis grundsätzlich verboten. 35

§ 19 GenDG
Der Arbeitgeber darf von Beschäftigten weder vor noch nach Begründung des Beschäftigungsverhältnisses
1. die Vornahme genetischer Untersuchungen oder Analysen verlangen oder
2. die Mitteilung von Ergebnissen bereits vorgenommener genetischer Untersuchungen oder Analysen verlangen, solche Ergebnisse entgegennehmen oder verwenden.

Eine Ausnahme besteht gemäß § 20 Abs. 1 GenDG nur im Rahmen arbeitsmedizinischer Vorsorgeuntersuchungen für diagnostische genetische Untersuchungen durch Genproduktanalyse, soweit sie zur Feststellung genetischer Eigenschaften erforderlich sind, die für schwerwiegende Erkrankungen oder schwerwiegende gesundheitliche Störungen, die bei einer Beschäftigung an einem bestimmten Arbeitsplatz oder mit einer bestimmten Tätigkeit entstehen können, ursächlich oder mitursächlich sind. 36

D. Speicherung und Löschung von Bewerberdaten

I. Während des Bewerbungsverfahrens

Solange das Bewerbungsverfahren nicht durch eine abschließende Entscheidung über eine Zusammenarbeit beendet ist dürfen sämtliche zulässigerweise erhobenen personenbezogenen Daten des Bewerbers vom Arbeitgeber gespeichert werden. Rechtsgrundlage für die Speicherung ist § 26 Abs. 1 Satz 1 BDSG. 37

Die Speicherung kann digital in einer entsprechenden Bewerberdatenbank oder manuell in einer Bewerberpapierakte erfolgen. Es die gespeicherten Bewerberdaten dürfen nur diejenigen Personen Zugriff erhalten, die an der Entscheidungsfindung über die Zusammenarbeit oder in sonstiger Weise an der Durchführung des Bewerbungsverfahrens beteiligt sind. Die Pflicht einer **Zugriffsbeschränkung** ist Ausfluss des Grundsatzes der Erforderlichkeit gem. § 26 Abs. 1 Satz 1 BDSG, der sich auch auf interne Datenverarbeitungsvorgänge beim Arbeitgeber einschließlich der Offenlegung gegenüber einzelnen Mitarbeitern erstreckt. Zudem sind geeignete technische und organisatorische Maßnahmen zu ergreifen, um eine unrechtmäßige und unbefugte Offenlegung bzw. unbefugten Zugang zu den Bewerberdaten möglichst zu vermeiden. Eine interne Übermittlung von Bewerberdaten per E-Mail hat daher stets verschlüsselt zu erfolgen. 38

Hinweis: Die Einführung und Anwendung von digitalen Bewerberdatenbanken unterliegen gemäß § 87 Nr. 6 BetrVG der Mitbestimmung des Betriebsrats. Es ist zu empfehlen, in einer Betriebsvereinbarung ein sog. **Berechtigungskonzept** zu vereinbaren, in dem der Kreis der zugriffsberechtigten Personen anhand abstrakter Kriterien oder durch namentliche Nennung etwa in einer separaten Anlage definiert wird. Dadurch wird nicht nur der vorstehend beschriebenen Verpflichtung und den Anforde-

---

93 Simitis/Seifert, DS-GVO Art. 88 Rn. 95.

rungen von Art. 88 Abs. 2 DS-GVO Rechnung getragen, sondern auch ein Nachweis iSv Art. 5 Abs. 2 DS-GVO geschaffen.

II. Nach Abschluss des Bewerbungsverfahrens
1. Zustandekommen eines Beschäftigungsverhältnisses

39 Haben sich der Arbeitgeber und der Bewerber auf ein Beschäftigungsverhältnis verständigt, ist das Bewerbungsverfahren abgeschlossen. Der ursprüngliche Zweck der Datenspeicherung ist dann entfallen. Eine fortgesetzte Datenspeicherung ist aber nach Maßgabe von § 26 Abs. 1 Satz 1 BDSG für die Zwecke des sich anschließenden Beschäftigungsverhältnisses zulässig. Es handelt sich um einen Fall der zulässigen **Zweckänderung** gem. Art. 6 Abs. 4 DS-GVO. Der Arbeitgeber muss aber prüfen, ob sämtliche im Bewerbungsverfahren erhobenen Daten weiterhin zur Erreichung eines im Beschäftigungsverhältnis angelegten Zwecks erforderlich sind. Kann dies bei einzelnen Daten nicht bejaht werden, sind diese wegen Zweckwegfalls gemäß Art. 17 Abs. 1 lit. a DS-GVO unverzüglich zu löschen.

40 Hinsichtlich aller weiterhin gespeicherten Daten muss der Bewerber/Beschäftigte gemäß Art. 13 Abs. 3 DS-GVO erneut umfassend informiert werden.

Hinweis für Arbeitgeber: Die Information gemäß Art. 13 DS-GVO von neu eingetretenen Beschäftigten über die Verarbeitung ihrer personenbezogenen Daten im Beschäftigungsverhältnis sollte einen Standardbestandteil des Onboarding-Prozesses bilden.

Es empfiehlt sich, den einzelnen Beschäftigten bei der Vertragsunterzeichnung ein Hinweisblatt zum Datenschutz zu übergeben. Darin können die Beschäftigten über die unternehmensinternen Regelungen zum Datenschutz (Datenschutzrichtlinie, einschlägige Betriebsvereinbarungen etc) aufgeklärt und nach Maßgabe von Art. 13 DS-GVO über die sie betreffenden Datenverarbeitungsprozesse im Unternehmen informiert werden.

Alternativ können derartige Hinweise zum Datenschutz auch im Intranet zum Abruf hinterlegt werden. In diesem Fall sind neu eingetretene Beschäftigte über den genauen Speicherort zu informieren und ausdrücklich anzuweisen, sich mit den Hinweisen unverzüglich vertraut zu machen.

2. Absage durch Arbeitgeber oder Bewerber

41 Kommt im Anschluss an das Bewerbungsverfahren kein Beschäftigungsverhältnis zustande, ist eine fortgesetzte **Datenspeicherung** nur für einen Zeitraum von höchstens sechs Monaten zulässig. Dazu ist der Arbeitgeber gemäß Art. 17 Abs. 3 lit. e DS-GVO berechtigt, um sich gegen die Geltendmachung möglicher Schadensersatzansprüche des Bewerbers aus § 15 Abs. 1 und 2 AGG wegen Verstoßes gegen das Benachteiligungsverbot in §§ 1, 7 Abs. 1 AGG verteidigen zu können. Die Frist für die Geltendmachung solcher Ansprüche beträgt nach § 15 Abs. 4 AGG zwei Monate ab Zugang der Mitteilung über die Ablehnung des Bewerbers. Der darüberhinausgehende Zeitraum von sechs Monaten berücksichtigt einen angemessenen Zeitraum für die Zu-

stellung einer entsprechenden Klageschrift durch das zuständige Arbeitsgericht.[94] Eine längere Speicherung der Bewerberdaten ist nur auf Grundlage einer **Einwilligung** des abgelehnten Bewerbers zulässig. Sowohl Bewerber als auch Arbeitgeber können daran ein berechtigtes Interesse haben, beispielsweise wenn eine künftige Zusammenarbeit nicht ausgeschlossen ist.

Hinweis: Bewerber sollten in solchen Fallkonstellationen darauf achten, dass die Einwilligung nur für einen befristeten Zeitraum Geltung besitzt bzw. eine definierte Löschfrist vorgesehen ist. Wird auch in Zukunft kein geeigneter Arbeitsplatz frei oder vergisst der Arbeitgeber das Vorhandensein der Bewerbungsunterlagen im Laufe der Zeit, besteht andernfalls die Gefahr, dass die Bewerbungsunterlagen über einen nicht überschaubaren Zeitraum hinweg aufbewahrt werden, obwohl der Zweck der Einwilligung faktisch nicht mehr erreicht wird. Befristungen/Löschfristen sind vom Arbeitgeber in geeigneter Weise zu dokumentieren.

Gelegentlich bieten Arbeitgeber abgelehnten Bewerbern an, ihre Bewerbungsunterlagen an bekannte Dritte weiterzugeben, die ein Interesse an dem Kandidaten haben könnten. Dafür ist ebenfalls die Einwilligung des Bewerbers erforderlich. 42

Hinweis: Bei der Gestaltung solcher Einwilligungen sollte darauf geachtet werden, dass der Adressatenkreis der Bewerbungsunterlagen klar bezeichnet wird. Dies ermöglicht es dem Bewerber, gegenüber den Adressaten von seinem Auskunftsrecht nach Art. 15 DS-GVO Gebrauch zu machen, um bei Bedarf etwa die Löschung seiner Bewerbungsunterlagen überprüfen zu können.

---

94 Kühling/Buchner/Maschmann, BDSG § 26 Rn. 28.

§ 5 Das bestehende Beschäftigungsverhältnis

A. Personalstammdaten und Personalakte
I. Personalstammdaten

1 Als **Personalstammdaten** werden die **Grundinformationen** über den Beschäftigten bezeichnet, die keiner ständigen Veränderung unterliegen.¹

2 Personalstammdaten sind:
- Vor- und Nachname
- Geschlecht
- Alter
- Familienstand
- Anschrift/Wohnsitz
- private Kontaktdaten
- Schulabschluss, Ausbildung, Studium
- Sprachkenntnisse
- Bankverbindung
- Personalnummer

3 Obwohl der Arbeitgeber zur Durchführung des Beschäftigungsverhältnisses regelmäßig auf gewisse Mindestinformationen über den Beschäftigten angewiesen ist, muss die **Erforderlichkeit** gemäß § 26 Abs. 1 Satz 1 BDSG für alle Stammdaten einzeln geprüft werden. Das gilt nicht nur hinsichtlich der Datenerhebung und -speicherung als solcher, sondern insbesondere auch für die Dauer der Datenspeicherung. Im Grundsatz gilt, dass Stammdaten für die Dauer des Beschäftigungsverhältnisses gespeichert werden dürfen, wenn sie für ständig wiederkehrende Aufgaben benötigt und bereitgehalten werden. Das Interesse des Arbeitgebers an einer durchgängigen Speicherung zum Zwecke der Verwaltungsvereinfachung überwiegt gegenüber Löschungsinteresse des Arbeitnehmers deshalb auch in Zeiten, in denen die Stammdaten nicht akut für einen bestimmten Zweck benötigt werden.² Es handelt sich nicht um eine unzulässige Vorratsdatenspeicherung.³ Etwas anderes gilt aber dann, wenn sich das Arbeitsverhältnis auch ohne die dauerhafte Speicherung der Stammdaten genauso leicht und einfach durchführen ließe.⁴

4 Ohne den Vor- und Nachnamen eines Beschäftigten kann ein Arbeitsverhältnis weder begründet noch durchgeführt oder beendet werden. Eine Speicherung ist stets zulässig. Gleiches gilt für das **Geschlecht** des Beschäftigten, das unter anderem für die Personalplanung ein wichtiges Datum darstellt.⁵ Die Speicherung des **Familienstandes** ist häufig für die Berechnungen von Leistungen des Arbeitgebers erforderlich. Der Familienstand kann darüber hinaus als Sozialdatum für die Ermessensausübung des Arbeitgebers im Rahmen seines Weisungsrechts (§ 106 GewO, § 315 BGB) oder beim

---

1 Simitis/Seifert, DS-GVO Art. 88 Rn. 115.
2 BAG 22.10.1986 – 5 AZR 660/85, NZA 1987, 415.
3 Kühling/Buchner/Maschmann, BDSG § 26 Rn. 38.
4 Kühling/Buchner/Maschmann, BDSG § 26 Rn. 38.
5 BAG 22.10.1986 – 5 AZR 660/85, NZA 1987, 415.

Ausspruch von Kündigungen im Rahmen der Interessenabwägung oder einer Sozialauswahl gemäß § 1 Abs. 3 KSchG relevant sein. Das **Alter** des Beschäftigten darf vom Arbeitgeber ebenfalls wegen seiner arbeitsrechtlichen Relevanz als Sozialdatum und wegen ggf. daran anknüpfender Altersgrenzen gespeichert werden, etwa im Kontext tarifvertraglicher Kündigungsschutzvorschriften für ältere Arbeitnehmer. Die Bankverbindung ist für die bargeldlose Auszahlung der Arbeitsvergütung erforderlich, die durch Betriebsvereinbarung zu regeln ist.[6]

Von der **Anschrift** bzw. dem Wohnsitz des Beschäftigten muss der Arbeitgeber Kenntnis haben, um dem Arbeitnehmer schriftliche Willenserklärungen (zB Kündigung) per Post zustellen zu können. Unklar ist allerdings, ob der Arbeitnehmer eine vertragliche oder gesetzliche Verpflichtung hat, etwaige **Adressänderungen** beim Arbeitgeber anzuzeigen.[7] Das ist jedenfalls dann zu bejahen, wenn eine Anzeigepflicht ausdrücklich im Arbeitsvertrag vereinbart wird. Die Erhebung und Speicherung der privaten **Telefonnummer** des Arbeitnehmers dient dem Arbeitgeber bei Bedarf zur kurzfristigen Kontaktaufnahme. In der Regel darf aber nur die private Festnetznummer erfasst werden, nicht aber die private Mobilfunknummer.[8] Die Mobilfunknummer kann aber gespeichert werden, wenn der Arbeitnehmer nicht über einen Festnetzanschluss verfügt und eine telefonische Kontaktaufnahme des Arbeitgebers durch das konkrete Arbeitsverhältnis (zB bei Rufbereitschaft oder Bereitschaftsdienst) typischerweise bedingt ist. Die **private E-Mail-Adresse** muss der Beschäftigte dem Arbeitgeber nicht mitteilen. Informationen über die Qualifikation des Beschäftigten geben Auskunft über dessen Einsatzmöglichkeiten[9] und sind für die beruflichen Entwicklungsmöglichkeiten oder für die Zuweisung anderer Tätigkeiten relevant. Für die **Sprachkenntnisse** eines Beschäftigten gilt das nur dann, wenn die vereinbarte Tätigkeit oder realistischerweise in Betracht kommende künftige Einsatzmöglichkeiten weitere Sprachkenntnisse als die deutsche Sprache erfordern.

II. Die Personalakte

1. Arbeitsrechtliche Grundlagen

a) Materieller und formeller Personalaktenbegriff

Die Rechtsprechung unterscheidet zwischen Personalakten im materiellen und im formellen Sinn.[10] Bei der **Personalakte im formellen Sinn** handelt es sich um die Schriftstücke und Unterlagen, die der Arbeitgeber als Personalakten führt oder diesen als Bei-, Neben- oder Sonderakten zuordnet.[11] Gemeint ist die Personalakte, die vom Arbeitgeber ausdrücklich als solche bezeichnet wird. Zu der Personalakte im materiellen Sinn zählen alle schriftlichen Aufzeichnungen, Urkunden und Vorgänge, welche die persönlichen und dienstlichen Verhältnisse des Arbeitnehmers betreffen und in

---

6 Vgl. § 87 Abs. 1 Nr. 4 BetrVG.
7 Offen gelassen in BAG 18.2.1977 – 2 AZR 770/75.
8 LAG Thüringen 16.5.2018 – 6 Sa 442/17.
9 BAG 22.10.1986 – 5 AZR 660/85, NZA 1987, 415.
10 BAG 16.11.2010 – 9 AZR 573/09, NZA 2011, 453; BAG 7.5.1980 – 4 AZR 214/78.
11 BAG 16.11.2010 – 9 AZR 573/09, NZA 2011, 453; BAG 7.5.1980 – 4 AZR 214/87.

einem inneren Zusammenhang mit dem Arbeitsverhältnis stehen.[12] Die **Personalakte im materiellen Sinn** kann also auch Einzelunterlagen oder Unterlagensammlungen umfassen, die nicht in der begrifflich als solche bezeichneten Personalakte abgelegt sind.

b) Gestaltungsfreiheit des Arbeitgebers

7   Der Arbeitgeber ist aufgrund seiner betrieblichen Leitungs- und Organisationsmacht berechtigt, Unterlagen über sein Personal zu führen.[13] Eine **Verpflichtung zur Personalaktenführung** ergibt sich aber weder aus dessen Fürsorgepflicht gemäß § 241 Abs. 2 BGB noch als Umkehrschluss aus gesetzlich oder tarifvertraglich verankerten Einsichtsrechten des Arbeitnehmers.[14] Soweit der Arbeitgeber gesetzlichen Aufbewahrungspflichten unterliegt, also etwa im Bereich des Handels- oder Steuerrechts oder im Datenschutzrecht, bedarf es zwar einer geordneten Dokumentation. Diese muss aber nicht zwingend als Personalakte ausgestaltet sein.

8   Der Arbeitgeber entscheidet auch über den Ort der Aufbewahrung, die Quantität der aufzunehmenden Unterlagen und die Form der Personalaktenführung.[15] Er ist insbesondere berechtigt eine **digitale Personalakte** anzulegen.[16] Bei der Einführung der digitalen Personalakte ist eine Datenschutzfolgenabschätzung gemäß Art. 35 DS-GVO durchzuführen und die betriebliche Mitbestimmung gemäß § 87 Abs. 1 Nr. 6 BetrVG zu beachten.

9   **Gestaltungshinweise** für eine Betriebsvereinbarung zur digitalen Personalakte:
- Regelung zur Einführung der digitalen Personalakte
- Festlegung des Mindest- oder Regelinhalts der Personalakte
- Regelungen zur Aufbewahrung und Löschung bzgl. einzelner Unterlagen und Informationen
- Festlegung der Zugriffsberechtigungen, ggf. mit mehreren Vertraulichkeitsstufen (Lese- und Schreibberechtigung; technische Administration), sowie Vereinbarung einer Protokollierungspflicht für Zugriffe
- Regelungen zur Datensicherheit, insbes. zur Verschlüsselung, unter Berücksichtigung des Ergebnisses der Datenschutzfolgenabschätzung
- Prüfung/Regelung zusätzlicher Maßnahmen für besondere Kategorien personenbezogener Daten gemäß Art. 22 DS-GVO.
- Abbildung eines Prozesses zur Einsichtnahme und zur Auskunft nach Art. 15 DS-GVO
- Abbildung der Informationspflichten nach Art. 13 DS-GVO

2. Zulässiger Inhalt und Prinzipien der Personalaktenführung

10 Der zulässige Inhalt einer Personalakte richtet sich nach § 26 Abs. 1 Satz 1 BDSG respektive Art. 9 Abs. 2 DS-GVO iVm § 26 Abs. 3 BDSG. Diese Vorschriften gelten we-

---

12 BAG 19.7.2012 – 2 AZR 782/11, NZA 2013, 91; BAG 16.11.2010 – 9 AZR 573/09, NZA 2011, 453; BAG 7.5.1980 – 4 AZR 214/78.
13 BAG 7.5.1980 – 4 AZR 214/78; MHdB ArbR/Reichhold, § 95 Rn. 6.
14 MHdB ArbR/Reichhold, § 95 Rn. 7.
15 MHdB ArbR/Reichhold, § 95 Rn. 7.
16 MHdB ArbR/Reichhold, § 95 Rn. 7; Herfs-Röttgen, NZA 2013, 478 (478).

gen § 26 Abs. 7 BDSG unabhängig davon, ob die Personalakte in Papierform oder als digitale Personalakte geführt wird. Nach § 26 Abs. 1 Satz 1 BDSG dürfen in einer Personalakte nur solche Informationen und Unterlagen gespeichert werden, die für die Durchführung des Arbeitsverhältnisses erforderlich sind. Bei der anzustellenden **Verhältnismäßigkeitsprüfung** sind die beiderseitigen Interessen zu berücksichtigen und abzuwägen. Der Arbeitgeber hat ein legitimes Interesse daran, dass die von ihm geführten Personalakten vollständig sind und möglichst lückenlos über die Person des Arbeitnehmers und dessen dienstlichen Weg Aufschluss geben.[17] Dieses Interesse schließt Informationen über die Persönlichkeit und die **Gesundheit** des Arbeitnehmers (zB Vorliegen einer Suchterkrankung, Fehlzeiten aufgrund von Arbeitsunfähigkeit) zum Zwecke einer späteren Verwertung für arbeitsrechtliche Maßnahmen ein.[18] Es besteht kein generelles Erfordernis, Gesundheitsdaten in einer gesonderten Gesundheitsakte aufzubewahren.[19] Etwas anderes gilt für Gesundheitsdaten, die im Zuge eines Betrieblichen Eingliederungsmanagements (BEM) erhoben werden. Diese sind in einer separaten BEM-Akte aufzubewahren.[20]

Auf Seiten des Arbeitnehmers streitet dessen Persönlichkeitsrecht und die diesbezügliche Fürsorgepflicht des Arbeitgebers für eine möglichst wenig umfassende Personalakte. Das Prinzip der **Richtigkeit der Personalakte** ist Ausfluss des Grundrechts und verpflichtet den Arbeitgeber dazu, nur sachlich richtige Daten des Arbeitnehmers in der Personalakte abzubilden.[21] Dabei hat der Arbeitgeber auch auf den beruflichen Werdegang des Arbeitnehmers Rücksicht zu nehmen.[22] Zur Aufnahme nachteiliger Inhalte ist der Arbeitgeber deshalb nur berechtigt, soweit dies erforderlich ist, um ein klares Bild vom Arbeitnehmer in der Personalakte wiederzugeben.[23] Das Recht des Arbeitgebers, auch nachteilige dienstliche Beurteilungen des Arbeitnehmers in die Personalakte mit aufzunehmen, wird durch das Prinzip der Richtigkeit aber nicht beseitigt, solange der Arbeitgeber allgemeine Beurteilungsmaßstäbe beachtet, alle wesentlichen Umstände berücksichtigt und ein fehlerfreies Verfahren eingehalten hat.[24] Der Arbeitnehmer darf folglich nicht nach Merkmalen beurteilt werden, die keinen Bezug zur arbeitsvertraglich geschuldeten Leistung haben.[25] Außerdem müssen dienstliche Beurteilungen hinreichend konkret und nicht nur allgemein gehalten sein.[26] Eine Pflicht zur vorherigen Anhörung des Arbeitnehmers besteht nicht.[27]

Aus dem Persönlichkeitsrecht des Arbeitnehmers folgt außerdem das Prinzip der **Vertraulichkeit der Personalakte**. Demzufolge müssen Personalakten sorgfältig aufbewahrt und ihr Inhalt vertraulich behandelt werden.[28] Zudem muss der Kreis der zu-

---

17 MHdB ArbR/Reichhold, § 95 Rn. 12; Herfs-Röttgen, NZA 2013, 478 (478).
18 Herfs-Röttgen, NZA 2013, 478 (479).
19 Kühling/Buchner/Maschmann, BDSG § 26 Rn. 40.
20 Gola, HdB Beschäftigtendatenschutz, Rn. 1914.
21 MHdB ArbR/Reichhold, § 95 Rn. 12; Herfs-Röttgen, NZA 2013, 478 (479).
22 BAG 28.3.1979 – 5 AZR 80/77.
23 MHdB ArbR/Reichhold, § 95 Rn. 12.
24 BAG 8.5.2001 – 9 AZR 208/00; BAG 29.10.1998 – 7 AZR 676/96, NZA 1999, 717; MHdB ArbR/Reichhold, § 95 Rn. 12.
25 BAG 28.3.1979 – 5 AZR 80/77.
26 BAG 18.8.2009 – 9 AZR 617/09, NZA 2010, 115.
27 MHdB ArbR/Reichhold, § 95 Rn. 10.
28 Kramer/Raif, Rn. 912.

griffsberechtigten Personen auf das erforderliche Mindestmaß reduziert sein, so dass im Wesentlichen nur die für Personalentscheidungen zuständigen Beschäftigten Einsicht nehmen können.[29] Bei digitalen Personalakten bedarf es dafür eines entsprechenden Zugriffsberechtigungskonzepts, das Lese-, Speicher-, Lösch- und Veränderungsberechtigungen festlegt.[30] Werden besondere Kategorien personenbezogener Daten in der Personalakte gespeichert sind auch die weiteren in § 22 Abs. 2 BDSG aufgeführten Schutzmaßnahmen in Betracht zu ziehen. Diese Daten bedürfen eines gesteigerten Zugriffsschutzes, der beispielsweise durch die Festlegung einer höheren Vertraulichkeitsstufe gewährleistet werden kann, die den Kreis der zugriffsberechtigten Personen zusätzlich beschränkt.[31] Die mit der Datenverarbeitung befassten Beschäftigten müssen auf die Vertraulichkeit verpflichtet werden und sollten im Rahmen von Schulungen hinsichtlich des Umgangs mit den in der Personalakte aufbewahrten Daten sensibilisiert werden.[32]

13 Das beamtenrechtliche Prinzip der **Vollständigkeit von Personalakten** gilt nicht für privatrechtlich organisierte Arbeitgeber.[33] Entschließt sich der Arbeitgeber zur Aufnahme einzelner Unterlagen in die Personalakte, muss der Arbeitnehmer über eine Entfernung in Kenntnis gesetzt werden, sofern nicht nur solche Unterlagen betroffen sind, die sich auf abgeschlossene Vorgänge beziehen oder völlig unbedeutend sind.[34] Eine Aufbewahrungspflicht besteht hinsichtlich solcher Angaben oder Unterlagen, die für laufende Angelegenheiten relevant sind. Sie dürfen weder willkürlich aufgenommen noch entfernt werden.[35]

3. Rechte des Arbeitnehmers

a) Einsicht

14 Der § 83 Abs. 1 BetrVG gewährt dem Arbeitnehmer ein **Einsichtsrecht** in die über ihn geführte Personalakte.

§ 83 Abs. 1 BerVG
Der Arbeitnehmer hat das Recht, in die über ihn geführten Personalakten Einsicht zu nehmen. Er kann hierzu ein Mitglied des Betriebsrats hinzuziehen. Das Mitglied des Betriebsrats hat über den Inhalt der Personalakte Stillschweigen zu bewahren, soweit es vom Arbeitnehmer im Einzelfall nicht von dieser Verpflichtung entbunden wird.

15 Für **leitende Angestellte**, die gemäß § 5 Abs. 3 Satz 1 BetrVG grundsätzlich nicht dem Anwendungsbereich des BetrVG unterfallen, ergibt sich das Einsichtsrecht aus der nahezu gleichlautenden Vorschrift in § 26 Abs. 2 SprAuG. Das Einsichtsrecht ist Ausfluss des Arbeitnehmerpersönlichkeitsrechts. Es kann ausgeübt werden, ohne dass der Arbeitnehmer ein berechtigtes Interesse an der Einsichtnahme darlegen muss.[36] Der Arbeitnehmer kann im Zuge der Einsicht Notizen anfertigen und auf eigene Kosten

---
29 Kramer/Raif, Rn. 912.
30 Herfs-Röttgen, NZA 2013, 478 (482).
31 BAG 12.9.2006 – 9 AZR 271/06, NZA 2007, 269; MHdB ArbR/Reichhold, § 95 Rn. 13.
32 MHdB ArbR/Reichhold, § 95 Rn. 13.
33 MHdB ArbR/Reichhold, § 95 Rn. 11.
34 Herfs-Röttgen, NZA 2013, 478 (480).
35 MHdB ArbR/Reichhold, § 95 Rn. 16.
36 BAG 16.11.2010 – 9 AZR 573/09, NZA 2011, 453.

Kopien von in der Personalakte befindlichen Unterlagen anfertigen.[37] Bei digitalen Personalakten kann der Arbeitnehmer verlangen, dass die elektronisch gespeicherten Informationen für ihn lesbar gemacht und zu diesem Zweck ggf. entschlüsselt werden.[38]

b) Aufnahme von Erklärungen

Der Arbeitnehmer hat grundsätzlich keinen Anspruch darauf, dass der Arbeitgeber alle ihn und sein Arbeitsverhältnis betreffenden Unterlagen aufbewahrt. Er kann gemäß § 83 Abs. 2 BetrVG lediglich verlangen, dass **schriftliche Erklärungen** oder sonstige Unterlagen aufgenommen werden, die einen bestimmten Vorgang betreffen.[39] Das Recht besteht unabhängig davon, ob der Arbeitgeber die Erklärungen für fehlerhaft oder nicht in die Personalakte gehörend erachtet.[40] Typischer Anwendungsfall von § 83 Abs. 2 BetrVG ist die Aufnahme einer vom Arbeitnehmer verfassten Gegendarstellung zu einem vom Arbeitgeber abgemahnten Sachverhalt.[41]

16

c) Datenschutzrechtliche Auskunft

Das **Auskunftsrecht** nach Art. 15 Abs. 1 DS-GVO und das **Recht auf eine Datenkopie** nach Art. 15 Abs. 3 DS-GVO bestehen neben dem Einsichtsrecht nach § 83 Abs. 1 BetrVG und werden von diesem nicht verdrängt.[42] Dafür spricht die unterschiedliche Ausgestaltung dieser Rechte.[43] Deshalb kann der Arbeitnehmer grundsätzlich eine vollständige Kopie seiner in der Personalakte gespeicherten personenbezogenen Daten verlangen (zu den Ausnahmen → § 3 Rn. 20 f.).

17

d) Entfernung und Löschung

Informationen und Unterlagen sind aus der Personalakte zu entfernen, wenn sie unrichtig sind.[44] Bei (unberechtigten) **Abmahnungen** kann die Entfernung verlangt werden, wenn diese entweder inhaltlich unbestimmt ist, unrichtige Tatsachenbehauptungen enthält, auf einer unzutreffenden rechtlichen Bewertung des Verhaltens des Arbeitnehmers beruht, den Grundsatz der Verhältnismäßigkeit verletzt oder kein schutzwürdiges Interesse des Arbeitgebers am Verbleib der Abmahnung in der Personalakte mehr besteht.[45] Vorgänge, die zunächst zulässigerweise in die Personalakte aufgenommen wurden, sind nur ausnahmsweise zu entfernen, wenn das schutzwürdige Interesse des Arbeitgebers an einem dauernden Verbleib der Eintragung in der Personalakte weggefallen ist und der weitere Verbleib in der Personalakte Gefahren für die berufliche Entwicklung des Arbeitnehmers begründet.[46] Bei berechtigterweise erteilten Abmahnungen scheidet ein Entfernungsanspruch nur aufgrund Zeitablaufs aus. Es ist erforderlich, dass die Abmahnung ihre Warnfunktion verloren hat und der Arbeitgeber auch im Hinblick auf die Art und Schwere der Pflichtverletzung kein be-

18

---

37 ErfK/Kania, BetrVG § 83 Rn. 4; BAG 12.7.2016 – 9 AZR 791/14, NZA 2016, 1344.
38 Fitting, BetrVG § 83 Rn. 11; ErfK/Kania, BetrVG § 83 Rn. 5.
39 ErfK/Kania, BetrVG § 83 Rn. 6.
40 ErfK/Kania, BetrVG § 83 Rn. 6.
41 Herfs-Röttgen, NZA 2013, 478 (480).
42 AA ErfK/Kania, BetrVG § 83 Rn. 13.
43 Schulte/Welge, NZA 2019, 1110 (1111); aA Däubler, Gläserne Belegschaften, Rn. 537 f.
44 Herfs-Röttgen, NZA 2013, 478 (479).
45 BAG 12.8.2010 – 2 AZR 593/09, NZA-RR 2011, 162.
46 BAG 13.4.1988 – 5 AZR 537/86, NZA 1988, 654.

rechtigtes Interesse an deren Dokumentation mehr hat.[47] So kann ein hinreichend lange zurückliegender, nicht schwerwiegender und durch beanstandungsfreies Verhalten faktisch überholter Pflichtenverstoß seine Bedeutung auch für eine später erforderlich werdende Interessenabwägung gänzlich verlieren. Eine nicht unerhebliche Pflichtverletzung im Vertrauensbereich wird demgegenüber für eine erhebliche Zeit von Bedeutung sein.[48]

19 Außerdem sind personenbezogene Daten aus der Personalakte zu **löschen**, wenn einer der in Art. 17 Abs. 1 DS-GVO aufgeführten Tatbestände einschlägig ist. Das ist insbesondere der Fall, wenn die Datenspeicherung in der Personalakte von Anfang an nicht auf eine datenschutzrechtliche Erlaubnisvorschrift gestützt werden konnte (lit. d) oder die Zwecke der Datenverarbeitung nachträglich weggefallen sind (lit. a).

B. Digitale Arbeitsmittel und moderne Formen der Arbeit
I. Digitale Transformation und Beschäftigtendatenschutz

20 Die moderne Arbeitswelt kommt ohne digitale Arbeitsmittel nicht mehr aus. Der Verwendung von **mobiler Kommunikationstechnik** hat zu einer ständigen Erreichbarkeit von Beschäftigten geführt und eine weit verbreitete Erwartungshaltung entstehen lassen, dass Nachrichten innerhalb kürzester Zeit beantwortet werden. Eine Studie im Auftrag des BMAS hat ergeben, dass 5 % der Beschäftigten täglich in der Freizeit dienstlich angerufen werden oder dienstliche E-Mails beantworten. Auf 15 % der Beschäftigten trifft dies „einige Male pro Woche", auf weitere 20 % „einige Male im Monat" und auf noch einmal weitere 25 % „einige Male im Jahr" zu.[49] Mehr als die Hälfte der Beschäftigten prüft den dienstlichen E-Mail-Account auf neue Eingänge während der Freizeit, 7 % unter ihnen nachts.[50]

21 Diese Entwicklung wird flankiert durch die Innovationen der „Industrie 4.0", die gemeinsam mit anderen Programmbegriffen wie dem „Internet der Dinge" oder der „Smart Factory" die umfassende Kommunikation zwischen Werkstücken, Maschinen, Beschäftigten und Kunden umschreibt.[51] Mehr als 80 % der Beschäftigten nutzen digitale Technologien am Arbeitsplatz, bei unternehmensbezogenen Dienstleistungen liegt die Quote sogar bei 98 %.[52] Infolge dessen hinterlassen Beschäftigte immer ausgeprägtere „digitale Spuren".[53] Weitere datenschutzrelevante Herausforderungen ergeben sich aus den modernen Erscheinungsformen der Arbeitsorganisation wie Homeoffice, Crowdworking oder Jobsharing, die sich letztlich als Folge der Digitalisierung darstellen. Vor diesem Hintergrund wird nunmehr seit mehreren Jahren über die Notwendigkeit eines angepassten **„Arbeitsrecht 4.0"** diskutiert, das sich insoweit auch auf die Fragen des Beschäftigtendatenschutzes erstrecken muss.[54]

---

47 Herfs-Röttgen, NZA 2013, 478 (479).
48 BAG 19.7.2012 – 2 AZR 782/11, NZA 2013, 91.
49 BMAS, Mobiles und entgrenztes Arbeiten, S. 11, 12; Krause, NZA 2016, 1004 (1004).
50 Krause, NZA 2016, 1004 (1004).
51 Günther/Böglmüller, NZA 2015, 1025 (1025).
52 Krause, NZA 2016, 1004 (1004); Kort, RdA 2018, 24 (24); Kramer/Solmecke, S. 2.
53 WHWS Arbeitnehmerdatenschutz-HdB/Baumgartner, S. 493.
54 Vgl. dazu ua Haußmann, RdA 2019, 131; Günther/Böglmüller, NZA 2015, 1025; Krause, NZA-Beil. 2017, 53.

II. Dienstliche Telekommunikationsmittel

1. Begriff der Telekommunikation

Weder die DS-GVO noch das BDSG oder die bereichsspezifischen Normen des Telekommunikationsgesetzes (TKG) und des Telemediengesetzes (TMG) bilden die aktuellen Erscheinungsformen digitaler Kommunikation im Beschäftigungskontext detailliert ab. Sie beschränken sich stattdessen wie ihre Vorgängerregelungen auf allgemeine Grundsätze und Generalklauseln.[55] Eine Begriffsbestimmung der Telekommunikation findet sich in § 3 Nr. 22 TKG. 22

Telekommunikation, Telekommunikationsanlagen, Telekommunikationsdienste § 3 Nr. 22 bis 24 TKG

„Telekommunikation" [ist] der technische Vorgang des Aussendens, Übermittelns und Empfangens von Signalen mittels Telekommunikationsanlagen.

„Telekommunikationsanlagen" [sind] technische Einrichtungen oder Systeme, die als Nachrichten identifizierbare elektromagnetische oder optische Signale senden, übertragen, vermitteln, empfangen, steuern oder kontrollieren können.

„Telekommunikationsdienste" [sind] in der Regel gegen Entgelt erbrachte Dienste, die ganz oder überwiegend in der Übertragung von Signalen über Telekommunikationsnetze bestehen, einschließlich Übertragungsdienste in Rundfunknetzen.

Davon abzugrenzen sind die sog. **Telemedien**. Dabei handelt es sich nach § 1 Abs. 1 TMG um alle elektronischen Informations- und Kommunikationsdienste, soweit sie nicht Telekommunikationsdienste iSv § 3 Nr. 24 TKG, die ganz in der Übertragung von Signalen über Telekommunikationsnetze bestehen, telekommunikationsgestützte Dienste nach § 3 Nr. 25 TKG oder Rundfunk nach § 2 des Rundfunkstaatsvertrages sind. Die Bereitstellung eines Zugangs zum Internet beinhaltet einen Telemedien- und gleichzeitig einen Telekommunikationsdienst.[56] Dazu zählen neben Telefonie und E-Mail-Diensten[57] auch weitere Formen internetbasierter Kommunikation, wie Chat-Programme oder Messaging-Dienste.[58] 23

2. Anwendbare Vorschriften

Derzeit ist nicht abschließend geklärt, nach welchen Vorschriften sich die Zulässigkeit der Datenverarbeitung im Zusammenhang mit der Nutzung von dienstlichen Kommunikationsmedien richtet. Im Ausgangspunkt ist an eine Anwendung der allgemeinen Erlaubnistatbestände in Art. 6 Abs. 1 DS-GVO und Art. 9 Abs. 2 DS-GVO zu denken, soweit diese im Beschäftigungskontext nicht durch § 26 BDSG verdrängt werden. Fraglich ist allerdings, ob die bereichsspezifischen Datenschutzvorschriften in den §§ 11 f. TMG und das **Fernmeldegeheimnis** gemäß §§ 88 TKG, 206 StGB den allgemeinen Datenschutzvorschriften (weiterhin) als *lex specialis* vorgehen. 24

Die Datenschutzaufsichtsbehörden gehen davon aus, dass das TMG seit dem 25.5.2018 durch die DS-GVO verdrängt wird.[59] Hintergrund ist, dass die §§ 11 ff. TMG nicht an die DS-GVO angepasst wurden und ein formeller Umsetzungsakt für 25

---

55 WHWS Arbeitnehmerdatenschutz-HdB/Baumgartner, S. 492, 493; Simitis/Seifert, DS-GVO Art. 88 Rn. 144.
56 Kramer/Oberthür, Rn. 517; BGH 26.11.2015 – I ZR 174/14, NJW 2016, 794.
57 VG Köln 11.11.2015 – 21 K 450/15, CR 2016, 131; Kühling/Schall, CR 2016, 185 (185 f.).
58 Kühling/Schall, CR 2015, 641.
59 DSK, Orientierungshilfe der Aufsichtsbehörden für Anbieter von Telemedien, S. 6.

Art. 5 Abs. 3 der ePrivacy-Richtlinie 2002/58/EG insoweit nicht erfolgt sein soll.[60] Nach gegenteiliger Auffassung sollen die datenschutzrechtlichen Vorschriften von TKG und TMG auch unter der DS-GVO weiterhin Geltung besitzen.[61] Bis zu dem für 2020 geplanten Inkrafttreten der **ePrivacy-Verordnung**[62] wird in dieser Frage keine Rechtssicherheit zu erreichen sein. Die ePrivacy-Verordnung soll die DS-GVO ergänzen und ein hohes Schutzniveau für die Daten im Bereich der elektronischen Kommunikation garantieren.

26 Selbst bei unterstellter Fortgeltung von TKG und TMG sind deren Vorschriften nur dann auf Arbeitsverhältnisse anwendbar, wenn zwischen Arbeitgeber und Arbeitgeber ein sog. **Anbieter-Nutzer-Verhältnis** besteht.[63] Dabei kommt es entscheidend darauf an, ob der Arbeitgeber dem Arbeitnehmer nur eine dienstliche Nutzung des jeweiligen Kommunikationsmittels gestattet oder ob auch eine private Nutzung zulässig ist.[64] Bei einer ausschließlich dienstlichen Nutzung scheidet eine Anwendung der bereichsspezifischen Vorschriften von TKG und TMG aus, weil der Arbeitgeber die Nutzung des Kommunikationsmittels auf Grundlage seines Direktionsrechts gemäß § 106 GewO vorgibt und sich der Arbeitnehmer an die entsprechenden Weisungen seines Arbeitgebers halten muss. Der Arbeitnehmer besitzt also nur wenige oder gar keine Entscheidungsfreiheiten. Diese Situation passt nicht zu einem Anbieter-Nutzer-Verhältnis, weil der Arbeitgeber dem Arbeitnehmer nicht wie auf dem Telekommunikationsmarkt „als Kunde" gegenübersteht, dem eine Leistung angeboten wird.[65] In § 11 Abs. 1 TMG ist diese Wertung für die ausschließlich dienstliche Nutzung von Telemedien ausdrücklich festgehalten.

§ 11 Abs. 1 TMG
(1) Die Vorschriften dieses Abschnitts gelten nicht für die Erhebung und Verwendung personenbezogener Daten der Nutzer von Telemedien, soweit die Bereitstellung solcher Dienste
1. im Dienst- und Arbeitsverhältnis zu ausschließlich beruflichen oder dienstlichen Zwecken oder
2. innerhalb von oder zwischen nicht öffentlichen Stellen oder öffentlichen Stellen ausschließlich zur Steuerung von Arbeits- oder Geschäftsprozessen erfolgt.

27 Im Falle einer gestatteten **Privatnutzung** möchte die herrschende Lehre in der Fachliteratur ein Anbieter-Nutzer-Verhältnis bejahen. Der Arbeitgeber trete gegenüber seinem Arbeitnehmer dann als geschäftsmäßiger Anbieter von Telekommunikationsdiensten auf.[66] Der Arbeitnehmer sei in diesem Verhältnis als Dritter iSv § 3 Nr. 10 TKG anzusehen, der das Angebot des Arbeitgebers auf private Nutzung des Telekommunikationsmediums annehme.[67] Die gegenteilige Auffassung argumentiert mit dem Sinn und Zweck des TKG, nachhaltigen Wettbewerb auf dem Telekommunikationsmarkt zu ermöglichen. Der Arbeitgeber trete gerade nicht als Wettbewerber auf

---
60 BGH 5.10.2017 – I ZR 7/16.
61 WHWS Arbeitnehmerdatenschutz-HdB/Baumgartner, S. 493; Simitis/Seifert, DS-GVO Art. 88 Rn. 145.
62 Die Entwurfsfassung des Rats der Europäischen Union vom 4.10.2019 ist abrufbar unter https://www.parlament.gv.at/PAKT/EU/XXVI/EU/07/70/EU_77024/imfname_10929175.pdf.
63 Gola, HdB Beschäftigtendatenschutz, Rn. 1303.
64 Simitis/Seifert, DS-GVO Art. 88 Rn. 150; BeckOK DatenschutzR/Riesenhuber, BDSG § 26 Rn. 171.
65 WHWS Arbeitnehmerdatenschutz-HdB/Baumgartner, S. 506.
66 Simitis/Seifert, DS-GVO Art. 88 Rn. 150.
67 WHWS Arbeitnehmerdatenschutz-HdB/Baumgartner, S. 507; Gola, HdB Beschäftigtendatenschutz, Rn. 1305; Feldmann, NZA 2008, 1398 (1398); Koch, NZA 2008, 911 (912).

dem Telekommunikationsmarkt auf, weil er im Verhältnis zu seinen Beschäftigten nicht mit anderen Internet-Access-Providern oder Telefonie-Anbietern konkurriere.[68] Zu den Befürwortern der zuletzt genannten Auffassung gehören auch das LAG Berlin-Brandenburg und das LAG Niedersachsen. In mittlerweile drei rechtskräftigen Entscheidungen haben beide Instanzgerichte das Vorliegen eines „Anbieter-Nutzer-Verhältnisses" auch im Falle einer vom Arbeitgeber gestatteten Privatnutzung verneint, wenn auch ohne nähere Begründung.[69]

Bis zum Vorliegen einer – derzeit nicht in Aussicht stehenden – höchstrichterlichen Rechtsprechung oder einer Änderung der Rechtslage durch die E-Privacy-Verordnung ist es in der betrieblichen Praxis empfehlenswert, von einer Anwendbarkeit von TMG und TKG auszugehen.[70] Das gilt nach der noch zur alten Rechtslage verfassten Empfehlung der Datenschutzaufsichtsbehörden insbesondere für eine Anwendbarkeit des strafbewehrten Fernmeldegeheimnisses gemäß §§ 88 TKG, 206 StGB.[71]   28

3. Fernmeldegeheimnis

Die **Reichweite** des Fernmeldegeheimnisses im Beschäftigungskontext ergibt sich aus § 88 Abs. 1 bis 3 TKG. Die in § 88 Abs. 4 TKG geregelten Telekommunikationsanlagen an Bord von Wasser- oder Luftfahrzeugen sollen hier außer Betracht bleiben.   29

§ 88 Abs. 1 bis 3 TKG

(1) Dem Fernmeldegeheimnis unterliegen der Inhalt der Telekommunikation und ihre näheren Umstände, insbesondere die Tatsache, ob jemand an einem Telekommunikations-vorgang beteiligt ist oder war. Das Fernmeldegeheimnis erstreckt sich auch auf die näheren Umstände erfolgloser Verbindungsversuche.

(2) Zur Wahrung des Fernmeldegeheimnisses ist jeder Diensteanbieter verpflichtet. Die Pflicht zur Geheimhaltung besteht auch nach dem Ende der Tätigkeit fort, durch die sie begründet worden ist.

(3) Den nach Absatz 2 Verpflichteten ist es untersagt, sich oder anderen über das für die geschäftsmäßige Erbringung der Telekommunikationsdienste einschließlich des Schutzes ihrer technischen Systeme erforderliche Maß hinaus Kenntnis vom Inhalt oder den näheren Umständen der Telekommunikation zu verschaffen. Sie dürfen Kenntnisse über Tatsachen, die dem Fernmeldegeheimnis unterliegen, nur für den in Satz 1 genannten Zweck verwenden. Eine Verwendung dieser Kenntnisse für andere Zwecke, insbesondere die Weitergabe an andere, ist nur zulässig, soweit dieses Gesetz oder eine andere gesetzliche Vorschrift dies vorsieht und sich dabei ausdrücklich auf Telekommunikationsvorgänge bezieht. Die Anzeigepflicht nach § 138 des Strafgesetzbuches hat Vorrang.

Mit dem Inhalt und den näheren Umständen der Telekommunikation iSv § 88 Abs. 1 TKG ist grundsätzlich all dasjenige gemeint, was während eines Telekommunikationsvorgangs ausgesandt, übermittelt oder empfangen wird, einschließlich der in § 3 Nr. 3 TKG definierten Bestandsdaten und der **Verkehrsdaten** iSv § 3 Nr. 30 TKG.[72] Umfasst sind auch die Informationen, ob, wann und wie oft zwischen welchen Personen oder Einrichtungen Telekommunikationsverkehr stattgefunden hat oder versucht   30

---

68 WHWS Arbeitnehmerdatenschutz-HdB/Baumgartner, S. 508, 509; Buschbaum/Rosak, DB 2014, 2530 (2530, 2531).
69 LAG Berlin-Brandenburg 14.1.2016 – 5 Sa 657/15, BB 2016, 891; LAG Berlin-Brandenburg 16.2.2011 – 4 Sa 2132/10, NZA-RR 2011, 342; LAG Niedersachsen 31.5.2010 – 12 Sa 875/09, NZA-RR 2010, 406.
70 Ebenso WHWS Arbeitnehmerdatenschutz-HdB/Baumgartner, S. 510.
71 DSK, Orientierungshilfe der Datenschutzaufsichtsbehörden zur datenschutzgerechten Nutzung von E-Mail und anderen Internetdiensten am Arbeitsplatz, S. 4.
72 WHWS Arbeitnehmerdatenschutz-HdB/Baumgartner, S. 512.

worden ist.[73] Der Schutz des Fernmeldegeheimnisses gilt für die Dauer des Kommunikationsvorgangs. Dieser endet erst dann vollständig, wenn die sich die Daten ausschließlich im Herrschaftsbereich des Betroffenen befinden.[74] Sind die Informationen über die Umstände der Kommunikation auch nach Beendigung des Kommunikationsvorgangs beim Arbeitgeber gespeichert, bleiben sie vom Fernmeldegeheimnis geschützt.[75] Demzufolge unterliegt der Arbeitgeber bei einer gestatteten Privatnutzung der dienstlichen Kommunikation einem weitgehenden **Zugriffs- und Kontrollverbot**. Es ist ihm gemäß § 88 Abs. 3 TKG lediglich erlaubt, die für den technischen Betrieb und zur Gewährleistung der Datensicherheit des Netzes benötigten Daten vorübergehend in Protokolldateien zu speichern und, soweit die private Nutzung eine Entgeltzahlungspflicht des Arbeitnehmers nach sich zieht, nach Beendigung der Verbindung die Abrechnungsdaten festzuhalten.[76] Eine Auswertung von Daten zum Zwecke der **Leistungs- und Verhaltenskontrolle** ist hingegen unzulässig (Einzelheiten zur Überwachung und Kontrolle der dienstlichen Kommunikation → § 5 Rn. 93 ff.).

Hinweis: Der weitreichende Schutz des Fernmeldegeheimnisses kann dadurch abgeschwächt werden, dass die Gestattung der Privatnutzung durch den Arbeitgeber vom Vorliegen einer datenschutzrechtlichen Einwilligungserklärung des Beschäftigten abhängig gemacht wird, die dem Arbeitgeber weitreichendere Zugriffsmöglichkeiten eröffnet. Eine solche Einwilligung erfüllt den Tatbestand der Freiwilligkeit, weil der Beschäftigte durch die private Nutzungsberechtigung einen rechtlichen Vorteil iSv § 26 Abs. 2 Satz 2 BDSG erlangt.

31 Nach **Abschluss des Kommunikationsvorgangs** bestimmt sich die Zulässigkeit der Verarbeitung von personenbezogenen Telekommunikationsdaten nach den §§ 91 f. TKG und ggf. nach den §§ 11 Abs. 3, 15 Abs. 8, 16 Abs. 2 Nr. 4 TMG. Auch diese Vorschriften gestatten keine Leistungs- und Verhaltenskontrolle, sondern lassen lediglich eine Datenverarbeitung zum Zwecke der Bereitstellung der Dienste und der Systemsicherheit sowie zum Zwecke der Entgeltermittlung und -abrechnung der erbrachten Dienste zu.[77]

32 Eine Kontrolle des **Nutzerverhaltens** kommt nach alledem nur auf Grundlage von § 100 Abs. 3 TKG in Betracht, soweit eine rechtswidrige Inanspruchnahme eines Telekommunikations-dienstes im Raum steht.

§ 100 Abs. 3 Satz 1 TKG

Wenn zu dokumentierende tatsächliche Anhaltspunkte für die rechtswidrige Inanspruchnahme eines Telekommunikationsnetzes oder -dienstes vorliegen, insbesondere für eine Leistungserschleichung oder einen Betrug, darf der Diensteanbieter zur Sicherung seines Entgeltanspruchs die Bestandsdaten und Verkehrsdaten verwenden, die erforderlich sind, um die rechtswidrige Inanspruchnahme des Telekommunikationsnetzes oder -dienstes aufzudecken und zu unterbinden.

---

73 Kramer/Oberthür, Rn. 506.
74 WHWS Arbeitnehmerdatenschutz-HdB/Baumgartner, S. 513.
75 Brink, ArbRAktuell 2018, 111 (113).
76 Gola, HdB Beschäftigtendatenschutz, Rn. 1311.
77 Kramer/Oberthür, Rn. 513, 514.

Die Vorschrift ähnelt hinsichtlich ihrer Voraussetzungen dem Erlaubnistatbestand in § 26 Abs. 1 Satz 2 BDSG, so dass insbesondere die Anforderungen für das Vorliegen von „zu dokumentierenden tatsächlichen Anhaltspunkten" hier entsprechend gelten.

4. Verbot und Gestattung der Privatnutzung

Nach derzeitiger Rechtslage kommt es – bei unterstellter Anwendbarkeit von §§ 88 TKG, 206 StGB – für die Befugnisse des Arbeitgebers nach dem oben Gesagten entscheidend darauf an, ob den Beschäftigten arbeitsrechtlich eine Privatnutzung dienstlicher Kommunikationsmittel gestattet ist. Äußert sich der Arbeitgeber zu der Frage nicht, so ist die private Nutzung dienstlicher Kommunikationsmittel **grundsätzlich untersagt**.[78] Allerdings kann der Arbeitgeber die Privatnutzung konkludent gestatten, insbesondere indem er diese in positiver Kenntnis über einen längeren Zeitraum ohne Beanstandung duldet.[79] Ein rein passives Verhalten des Arbeitgebers begründet aber keinen Vertrauenstatbestand des Beschäftigten hinsichtlich einer Gestattung der Privatnutzung.[80] Denkbar ist auch eine Gestattung der Privatnutzung auf Grundlage des Rechtsinstituts der betrieblichen Übung.[81]

Hinweis: Arbeitgebern ist im Hinblick auf die weitreichenden Folgen einer privaten Nutzungsberechtigung dienstlicher Kommunikationsmittel dringend zu empfehlen, deren (Un-)Zulässigkeit ausdrücklich in einer Unternehmensrichtlinie oder in einer Betriebsvereinbarung zu regeln. In einer Betriebsvereinbarung über die Gestattung der Privatnutzung kann auch ein Widerrufsrecht des Arbeitgebers bei Vorliegen eines Sachgrundes vereinbart werden. Ein solcher Sachgrund kann unter anderem in dem Widerruf einer Einwilligung des Beschäftigten liegen, welche dem Arbeitgeber ggf. zum Erhalt seiner Kontrollbefugnisse über die dienstliche Telekommunikation erteilt wurde.

III. Digitale Arbeitsmittel

1. Personalsoftwareprogramme

In zahlreichen Unternehmen werden Personal-Standardprozesse softwaregestützt abgewickelt. Typische Anwendungsfelder für Personalsoftwareprogramme sind unter anderem:

- Recruiting, Active Sourcing und Onboarding
- Personaldatenverwaltung; elektronische Personalakte
- Lohnabrechnung („Payroll")
- Zeit- und Anwesenheitsmanagement
- Human-Capital-Management (HCM)
- Personalentwicklungsmanagement und Nachfolgeplanung

---

78 BAG 7.7.2005 – 2 AZR 581/04, NZA 2006, 98.
79 Barton, NZA 2006, 460 (460 f.); Kratz/Gubbels, NZA 2009, 652; aA aber WHWS Arbeitnehmerdatenschutz-HdB/Baumgartner, S. 501.
80 Gola, HdB Beschäftigtendatenschutz, Rn. 1301.
81 Kratz/Gubbels, NZA 2009, 652 (653); aA WHWS Arbeitnehmerdatenschutz-HdB/Baumgartner, S. 501, 502.
Zu den Voraussetzungen des Rechtsinstituts der Betrieblichen Übung ua BAG 19.8.2008 – 3 AZR 194/07, NZA 2009, 196.

- Performancemanagement und Performancebeurteilung
- Lernmanagement
- People-Analytics (Einzelheiten dazu → § 5 Rn 53 f.)

36 Dabei verlieren sog. **On-Premise-Lösungen**, also beim Arbeitgeber „vor Ort" installierte und betriebene Programme, gegenüber Cloud-basierten Programmen zunehmend an Bedeutung. Bei dem sog. **Software-as-a-Service**-Modell (SaaS) wird die Software bei einem externen IT-Dienstleister betrieben und vom Kunden gegen Entgelt als Dienstleistung genutzt.

37 Die Einführung und Anwendung solcher Softwaresysteme unterliegt der **Mitbestimmung** gemäß § 87 Abs. 1 Nr. 6 BetrVG und ggf. weiterer Mitbestimmungsrechte.[82] Bei einer betriebsübergreifenden Einführung der Software ist der Gesamtbetriebsrat gemäß § 50 Abs. 1 Satz 1 BetrVG originär zuständig, wenn eine unterschiedliche Ausgestaltung in den einzelnen Betrieben mit der einheitlichen Funktion des Systems nicht vereinbar wäre.[83] In der Praxis hat sich gezeigt, dass es in Betriebsverhandlungen über die Softwareeinführung typische Konfliktfelder gibt, zu denen Arbeitgeber und Betriebsräte schon im Vorfeld klare Vorstellungen und Lösungsansätze entwickeln sollten.

38 Typische Konfliktfelder in Betriebsverhandlungen über die Einführung von Personalsoftware:
- Welche Mitbestimmungsrechte sind (neben § 87 Abs. 1 Nr. 6 BetrVG) betroffen?
- Welche Daten/Datenkategorien dürfen mithilfe der Software erhoben werden?
- Zu welchen Zwecken dürfen Beschäftigtendaten mithilfe der Software verarbeitet werden?
- Bestehen Verknüpfungen/Schnittstellen zu anderen Softwareprogrammen und inwieweit dürfen diese zum Austausch von Beschäftigtendaten genutzt werden?
- Welche Beschäftigten haben Zugriff auf welche Daten?
- Inwieweit soll die technische Möglichkeit zur Leistungs- und Verhaltenskontrolle beschränkt werden?
- Welche Reports/Auswertungen dürfen mithilfe der Software erstellt werden?
- Inwieweit dürfen die mittels Software erhobenen Beschäftigtendaten zur Begründung arbeitsrechtlicher Maßnahmen (Abmahnung, Kündigung etc) verwendet werden?
- Wann werden Beschäftigtendaten aus dem System gelöscht bzw. deren Verarbeitung eingeschränkt?
- Welche Datensicherheitsmaßnahmen sieht das System vor oder müssen nachträglich implementiert werden?
- Welche datenschutzfreundlichen Systemeinstellungen werden aktiviert?
- Welche Maßnahmen der Datenmissbrauchs-Kontrolle werden vereinbart?
- Welche Revisions- und Kontrollrechte stehen dem Betriebsrat und ggf. dem betrieblichen Datenschutzbeauftragten zu?
- Welche Qualifizierungs- und Schulungsansprüche haben Beschäftigte, die mit der Software arbeiten müssen?

---

82 Vgl. dazu Dahl/Brink, NZA 2018, 1231.
83 BAG 14.11.2006 – 1 ABR 4/06, NZA 2007, 399.

§ 5 Das bestehende Beschäftigungsverhältnis

Datenschutzrechtliche Anforderungen bestehen bereits bei der Auswahl des passenden Softwareprogramms. Aus der DS-GVO ergibt sich keine ausdrückliche Verpflichtung des Arbeitgebers zur Auswahl einer möglichst „datenschutzfreundlichen Software". Allerdings nimmt der in Art. 25 Abs. 1 DS-GVO verankerte Grundsatz „Datenschutz durch Technik" („Privacy-by-Design") den Arbeitgeber hinsichtlich aller Vorgänge in die Pflicht, die direkt oder indirekt mit der Verarbeitung von Daten zusammenhängen. Erfasst sind alle Maßnahmen, die er ergreifen kann, um die Datenschutzgrundsätze wirksam umzusetzen und die notwendigen Garantien in die Verarbeitung aufzunehmen.[84] Wenn schon in die Entwicklung von Diensten und Anwendungen, mit deren Hilfe personenbezogene Daten verarbeitet werden, datenschutzrechtliche Erwägungen einfließen sollen,[85] müssen derartige Erwägungen konsequenterweise auch beim Einkauf von Diensten und Anwendungen einfließen. Wichtige **Auswahlkriterien** für eine „datenschutzfreundliche" Personalsoftware sind: 39

- Möglichkeit zur manuellen Vornahme von datenschutzfreundlichen Voreinstellungen (Art. 25 Abs. 2 DS-GVO; „Privacy-by-Default")
- Möglichkeit zur Pseudonymisierung und der Verschlüsselung von personenbezogenen Daten
- Möglichkeit zur Implementierung von spezifizierten Datenschutzhinweisen gemäß Art. 13, 14 DS-GVO für Nutzer und Betroffene
- Möglichkeit zur Separierung von zu verschiedenen Zwecken genutzten Daten oder zum sog. Tagging[86]
- Möglichkeit zur Implementierung eines passenden Rollen- und Berechtigungskonzepts
- Vorhandensein von (Lösch-)Funktionen, mit denen ein Löschkonzept oder die Einschränkung von Verarbeitungsvorgängen umgesetzt werden können
- Voraussichtliche Kosten für die Umsetzung/Implementierung datenschutzrechtlicher Schutzmechanismen und sonstiger datenschutzrechtlicher Anforderungen

Nach der (Vor-)Auswahl der in Betracht kommenden Softwaresysteme hat der Arbeitgeber sodann eine **Datenschutz-Folgenabschätzung** gemäß Art. 35 DS-GVO im Rahmen derer die Art, der Umfang und die Schwere etwaiger Risiken im Zusammenhang mit der beabsichtigten Softwarenutzung sowie geeignete Abhilfemaßnahmen identifiziert werden.[87] 40

Handelt es sich um eine **Cloud-basierte Softwarelösung,** muss der Arbeitgeber mit dem Softwareanbieter einen Vertrag zur Auftragsverarbeitung abschließen, der den inhaltlichen Anforderungen von Art. 28 Abs. 3 DS-GVO genügt. 41

Hinweis: Einige Anbieter bieten den Abschluss von Auftragsverarbeitungsverträgen nur auf ausdrückliche Kundenanfrage an. Es ist dringend anzuraten, schon vor dem Erwerb der Software die Bereitschaft des Anbieters zum Abschluss eines solchen Vertrages anzufragen.

---

84 Paal/Pauly/Martini, DS-GVO Art. 25 Rn. 27.
85 Ehmann/Selmayr/Baumgartner, DS-GVO Art. 25 Rn. 11.
86 Ehmann/Selmayr/Baumgartner, DS-GVO Art. 25 Rn. 13.
87 Ein Ablaufschema für die Datenschutz-Folgenabschätzung findet sich im DSK Kurzpapier Nr. 5.

42 Eine große Herausforderung stellt in der Praxis häufig die Prüfung dar, ob sämtliche Funktionen der Software in datenschutzrechtlich zulässiger Weise genutzt werden dürfen. Bisweilen können in Softwareprogrammen Datenfelder befüllt werden, die für die mit der Datenverarbeitung verfolgten Zwecke nicht iSv § 26 Abs. 1 Satz 1 BDSG erforderlich sind. Dies kann nur mithilfe einer aufwändigen **Datenfeldanalyse** festgestellt werden. Gleiches gilt für die Möglichkeit, sog. Reportings vorzunehmen. Diese dienen häufig nicht den Zwecken einzelner Beschäftigungsverhältnisse, sondern dem Interesse des Arbeitgebers an statischen oder sonstigen Analysen („People-Analytics"; dazu sogleich → Rn. 53 f. IV.). Im Übrigen muss auch der Datenaustausch zwischen mehreren Softwaresystemen über Schnittstellen/Verknüpfungen datenschutzrechtlich zulässig sein. Hier stellt sich regelmäßig die anhand von Art. 6 Abs. 4 DS-GVO und § 24 Abs. 1 BDSGG zu beurteilende Frage nach der Zulässigkeit einer Weiterverarbeitung von personenbezogenen Beschäftigtendaten zu einem anderen als dem ursprünglichen Zweck (→ Rn. 22 f. Allgemeiner Teil § 3 A. II. 4). Eine Übermittlung von Beschäftigtendaten im Rahmen eines konzernweit zum Einsatz gelangenden Personalsoftwaresystems wie SAP SuccessFactors oder Workday an eine andere Konzern(-mutter)gesellschaft kann datenschutzrechtlich trotz fehlendem Konzernprivileg (→ Rn. 170 F. I. 2) auf Grundlage einer entsprechenden Konzernbetriebsvereinbarung zu rechtfertigen sein.[88]

2. Wearables

43 Als **Wearables** werden mobile Kleincomputer bezeichnet, die von Beschäftigten am Körper getragen werden.[89] Zu ihnen zählen beispielsweise sog. Bodycams, Smartphones, Smart Watches, Smart Glasses, Smart Hands oder auch Fitnessarmbänder.[90] Sie werden im Beschäftigungsverhältnis zur Unterstützung der Beschäftigten bei der Erbringung der Arbeitsleistung bzw. zur Optimierung von betrieblichen Arbeitsprozessen eingesetzt, bisweilen aber auch als „Fitness-Tracker" für betriebliche Gesundheitsprogramme.[91] Sog. Exo-Skelette gehören per Definition nicht zu den Wearables, erfüllen aber vergleichbare Funktionen, weil auch sie ihren Träger bei vor allem physisch belastenden Arbeiten unterstützen sollen.[92]

44 Aus datenschutzrechtlicher Sicht ist der Einsatz von Wearables problematisch, weil diese während dem Tragen laufend oder regelmäßig personenbezogene Daten einschließlich **besonderer Kategorien personenbezogener Daten** wie Gesundheitsdaten erfassen und auswerten.[93] Wearables ermöglichen deshalb – je nach konkretem Einsatz – eine besonders eingriffsintensive Leistungs- und Verhaltenskontrolle bis hin zur Daueröberwachung des Beschäftigten bei der Arbeit.[94] So können Wearables den Beschäftigten nicht nur detaillierte Vorgaben für die Ausübung ihrer Arbeit erteilen,

---

88 Lücke, NZA 2019, 658 (666).
89 Kopp/Sokoll, NZA 2015, 1352 (1352).
90 Dzida, ArbRB 2016, 146 (146).
91 Kopp/Sokoll, NZA 2015, 1352 (1356).
92 Vgl. dazu Martini/Botta, NZA 2018, 625.
93 Weichert, NZA 2017, 565 (567).
94 Dzida, ArbRB 2016, 146 (146); Weichert, NZA 2017, 565 (567).

sondern auch die Geschwindigkeit der Arbeit messen, Abweichungen von Vorgaben oder Arbeitsfehler dokumentieren oder Standort- und Bewegungsdaten erfassen.[95]

Beispiel: Ein mit der Wartung von technisch komplexen Geräten befasster Beschäftigter trägt Smart Hands (intelligente Handschuhe), welche jeden einzelnen Arbeitsschritt erfassen und ihm mitteilen, ob dieser korrekt ausgeführt wurde. 45

Der Arbeitgeber ist vor diesem Hintergrund zwar grundsätzlich berechtigt, die Verwendung von Wearables im Rahmen der Arbeitsorganisation auf Grundlage seines Direktionsrechts gemäß § 106 GewO anzuweisen. Allerdings entspricht eine solche Anweisung nur dann billigem Ermessen, wenn es dem Beschäftigten möglich und gestattet ist, die Datenerhebung auszustellen, zeitlich oder räumlich einzuschränken oder durch andere Vorkehrungen den Überwachungsdruck auf ein angemessenes Niveau zu beschränken.[96] Zur Ermittlung der konkreten Einsatzrisiken ist eine Datenschutz-Folgenabschätzung gemäß Art. 35 DS-GVO durchzuführen und anhand des Ergebnisses zu überlegen, wie ein möglichst datenschutzverträglicher Einsatz in technischer und organisatorischer Hinsicht ausgestaltet werden kann. 46

Darüber hinaus muss die mit dem Einsatz von Wearables verbundene Datenverarbeitung im Hinblick auf den konkreten Einsatzzweck datenschutzrechtlich zulässig sein. An der **datenschutzrechtlichen Zulässigkeit** fehlt es, wenn mithilfe von Wearables Leistungsprofile erstellt werden sollen.[97] Erfolgt der Einsatz hingegen zur Verbesserung betrieblicher Arbeitsabläufe respektive zur Arbeitserleichterung oder zum Schutz der Beschäftigten vor Gefahren, kann die Datenverarbeitung nach § 26 Abs. 1 Satz 1 BDSG für die Durchführung des Beschäftigungsverhältnisses erforderlich sein.[98] Dabei kommt es nicht darauf an, ob der Einsatz der Wearables für die Erbringung der geschuldeten Arbeitsleistung des Beschäftigten unverzichtbar ist, weil der Arbeitgeber berechtigt ist, die Arbeitsorganisation nach seinen Vorstellungen zu gestalten und zu diesem Zweck auch den Einsatz bestimmter Technologien vorzugeben. Entscheidend ist vielmehr, dass der Umfang der Datenverarbeitung mithilfe der Wearables auf das unbedingt zur Erbringung der Arbeitsleistung nötige Maß beschränkt bleibt. Personenbezogene Gesundheitsdaten dürfen mithilfe von Wearables nur verarbeitet werden, soweit mit der Tätigkeit besondere Gesundheitsgefahren einhergehen, die eine Überwachung der Daten erforderlich macht. Ähnliches gilt für die Lokalisierung von Beschäftigten mithilfe von Wearables. Eine solche kommt vor allem dann in Betracht, wenn der Beschäftigte im Rahmen seiner Tätigkeit in Nothilfesituationen gelangen kann[99] oder der Einsatz der Assistenzsysteme der verbesserten Koordinierung von Beschäftigten dient.[100] 47

Beispiel: Sensoren in Schutzkleidung von Rettungskräften oder von Beschäftigten, die mit Gefahrenstoffen in Berührung kommen[101] 48

---

95 Gola, HdB Beschäftigtendatenschutz, Rn. 1129.
96 Weichert, NZA 2017, 565.
97 Gola, HdB Beschäftigtendatenschutz, Rn. 1130; Kopp/Sokoll, NZA 2015, 1352 (1356).
98 Gola, HdB Beschäftigtendatenschutz, Rn. 1130.
99 Weichert, NZA 2017, 567.
100 Gola, HdB Beschäftigtendatenschutz, Rn. 1132.
101 Kopp/Sokoll, NZA 2015, 1352 (1356).

49 Der vom Arbeitgeber im Rahmen betrieblicher Gesundheitsprogramme veranlasste Einsatz von **Fitnesstrackern**, die Schritte oder Kalorien zählen, Körperfunktionen wie Puls, Herzfrequenz, Körpertemperatur messen oder komplexere „Health-Scores" ermitteln, ist nur auf Grundlage einer Einwilligung zulässig.[102] Die Freiwilligkeit einer solchen Einwilligung setzt eine größtmögliche Transparenz der Verarbeitung voraus, weil hier ein umfassendes Bild über die gesundheitliche Verfassung des Beschäftigten erstellt werden kann.

3. Bring Your Own Device (BYOD)

50 Beim Bring Your Own Device (BYOD) erlaubt der Arbeitgeber seinen Beschäftigten das Mitführen und die Nutzung von **privaten IT-Endgeräten**, typischerweise eines Smartphones, Laptops oder Tablet-PCs.[103] Ein Fall von BYOD liegt aber auch dann vor, wenn dienstlicher E-Mail-Verkehr nach Dienstschluss vom privaten Computer aus abgewickelt wird.[104] Durch BYOD möchte der Arbeitgeber zumeist Kosten sparen, die er andernfalls für die Beschaffung von entsprechenden Betriebsmitteln hätte aufwenden müssen.[105] Der Einsatz von privaten Endgeräten geschieht auf freiwilliger Basis und kann nicht von dem Arbeitgeber auf Grundlage des Direktionsrechts gemäß § 106 GewO angewiesen oder durch Betriebsvereinbarung vorgeschrieben werden.[106] Umgekehrt ist auch der Beschäftigte ohne die vorherige Zustimmung des Arbeitgebers nicht berechtigt, seine privaten Geräte zu dienstlichen Zwecken einzusetzen.[107]

51 Einigen sich die Arbeitsvertragsparteien auf den Einsatz privater Endgeräte zu dienstlichen Zwecken, so führt dies trotz der Überschneidung von dienstlichem und privatem Gebrauch nicht dazu, dass der Arbeitgeber seine datenschutzrechtliche **Verantwortlichkeit** gemäß Art. 4 Nr. 7 DS-GVO verliert.[108] Im Gegenteil wird das private Endgerät von der dienstlichen Nutzung „infiziert", so dass der Arbeitgeber auch für Verstöße des Beschäftigten gegen datenschutzrechtliche Vorgaben bei dessen Verwendung einzustehen hat.[109] Es ist schon aus diesem Grund dringend anzuraten, dass der Arbeitgeber vor der Einführung von BYOD eine Datenschutzfolgenabschätzung gemäß Art. 35 DS-GVO durchführt, derartige Risiken vorab analysiert und spezifische Vorkehrungen zu ihrer Vermeidung entwickelt.

52 Bei der Verwendung privater Endgeräte zu dienstlichen Zwecken muss zunächst sichergestellt sein, dass die erforderlichen **technischen und organisatorischen Maßnahmen** gemäß Art. 32 DS-GVO umgesetzt werden. Das erfordert es, dass die dienstlichen Daten im Rahmen der technischen Möglichkeiten, etwa mithilfe sog. Container-Apps, von den privaten Daten des Beschäftigten getrennt gespeichert und durch Verschlüsselung vor unbefugtem Zugriff geschützt werden.[110] Der Arbeitgeber hat

---

102 Kopp/Sokoll, NZA 2015, 1352 (1356, 1357).
103 Göpfert/Wilke, NZA 2012, 765 (765).
104 Gola, HdB Beschäftigtendatenschutz, Rn. 1106.
105 Göpfert/Wilke, NZA 2012, 765 (765).
106 Kramer/Hoppe, Rn. 683 f.; Zöll/Kielkowski, BB 2012, 2625.
107 BAG 24.3.2011 – 2 AZR 282/10, NZA 2011, 1029.
108 Kort, RdA 2018, 24 (30); Kramer/Hoppe, Rn. 688.
109 Gola, HdB Beschäftigtendatenschutz, Rn. 1110; Kramer/Hoppe, Rn. 688.
110 Kramer/Hoppe, Rn. 691.

darüber hinaus konkrete Vorgaben für sicherheitsrelevante Konfigurationen und Systemeinstellungen aufzustellen und die Installation von potenzieller Schadsoftware zu untersagen. Soll der Beschäftigte über sein Endgerät Zugriff auf das Unternehmensnetzwerk oder auf ein von dem Arbeitgeber betriebenen **Cloud-Dienst** erlangen, so hat er dafür einen von diesem zur Verfügung gestellten VPN Zugang zu verwenden.[111] Gleiches gilt, wenn der Beschäftigte dienstliche Daten über ein privates oder öffentliches WLAN-Netzwerk per E-Mail oder auf andere Weise versenden oder empfangen will. Ein Upload von dienstlichen Daten auf unternehmensfremde Cloud-Dienste ist zu untersagen, weil es regelmäßig an einem zugrundeliegenden Vertrag zur Auftragsverarbeitung zwischen dem Arbeitgeber und dem Cloud-Anbieter fehlt. Ferner muss gewährleistet sein, dass der Arbeitgeber während des bestehenden Beschäftigungsverhältnisses zu Kontroll- und Wartungszwecken einen Zugriff auf das Endgerät erhält, so dass auch die Einhaltung der Vorgaben für das BYOD (stichprobenartig) überprüft werden kann. Für den Fall der Beendigung des Beschäftigungsverhältnisses ist ein Herausgabe- und Löschanspruch hinsichtlich der auf dem Gerät gespeicherten dienstlichen Daten zu vereinbaren.[112] Die **Löschung** der Daten ist dem Arbeitgeber dann durch ein Löschprotokoll nachzuweisen. Für den Fall, dass das Gerät verloren geht, sollte die Möglichkeit zur Fernsperrung oder -löschung eingerichtet sein.[113] Werden auf dem privaten Endgerät aufbewahrungspflichtige Geschäftsunterlagen gespeichert, ist der Beschäftigte darüber aufzuklären und dazu zu verpflichten, die Daten nicht vor Ablauf der Aufbewahrungsfrist zu löschen und ggf. zuvor zu archivieren.[114]

Hinweis: Die vorstehend genannten Erfordernisse können in einer Betriebsvereinbarung geregelt werden. Eine Musterbetriebsvereinbarung zum BYOD findet sich bei *Gola*.[115]

Der Zugriff des Arbeitgebers auf die dienstlichen Daten ist von § 26 Abs. 1 Satz 1 BDSG gedeckt. Kann allerdings nicht ausgeschlossen werden, dass dem Arbeitgeber im Rahmen eines (Fern-)Zugriffs auch private Daten des Beschäftigten zur Kenntnis gelangen, bedarf einer Einwilligung des Beschäftigten, wenn der Zugriff auf dienstliche Daten gewährleistet sein soll. Die Durchführung des BYOD sollte in diesem Fall vom Vorliegen der Einwilligung abhängig gemacht werden.

IV. Big Data im Beschäftigungsverhältnis

„Big Data" bezeichnet die Verarbeitung großer Datenmengen aus vielfältigen Quellen in hoher Verarbeitungsgeschwindigkeit zur Erzeugung wirtschaftlichen Nutzens.[116] In engem Zusammenhang mit Big Data steht der Begriff „**People-Analytics**", der eine Datenanalyse umschreibt, die Personal-, Unternehmens- und sonstige Daten miteinander verknüpft und beispielsweise mit Vorhersagemodellen Personalentscheidungen

---

111 Kramer/Hoppe, Rn. 692.
112 Kramer/Hoppe, Rn. 694.
113 Gola, HdB Beschäftigtendatenschutz, Rn. 1114.
114 Göpfert/Wilke, NZA 2012, 765 (768).
115 Gola, HdB Beschäftigtendatenschutz, Rn. 1115.
116 Arnold/Günther/Hamann, S. 236, 237.

unterstützen soll.[117] Die Datenmenge wird hier mithilfe von Analyse-Algorithmen ausgewertet, so dass neue Zusammenhänge und Verbindungen erkennbar werden. Hierdurch lassen sich Prognosen treffen, welche die Grundlage für Entscheidungen in allen möglichen Bereichen der Personalarbeit bilden.[118] Mit *Dzida*[119] und *Hamann*[120] kann auf folgende Beispiele hingewiesen werden:

- Auswahl möglichst leistungsstarker Bewerber
- Potenzialanalysen von Arbeitnehmern, die für eine Beförderung in Betracht kommen
- Auswahl von Führungskräften
- Auswertung von unverbundenen Daten über die Mitglieder von Arbeitsgruppen, Abteilungen oder anderen Organisationseinheiten, um eine möglichst optimale Zusammensetzung von Teams zu erreichen
- Vorbeugung von Compliance-Risiken
- Analyse der Mitarbeiterzufriedenheit
- Analyse der Unternehmenskultur

54 Zu diesen Zwecken sind große Mengen von personenbezogenen Beschäftigtendaten notwendig. Eine Anonymisierung dieser Daten kommt im Hinblick auf den damit verbundenen Aufwand kaum in Betracht.[121] Die Ergebnisse von Big-Data-Analysen können aber derart abstrahiert sein oder eine so große Anzahl von Personen erfassen, dass keine Rückschlüsse mehr auf die einzelnen Beschäftigten möglich sind und die Identifizierbarkeit iSv Art. 4 Nr. 1 DS-GVO somit (nachträglich) entfällt.[122] Dies ändert jedoch nichts daran, dass die Durchführung der Big-Data-Analyse eine Verarbeitung personenbezogener Daten umfasst, die auf eine taugliche datenschutzrechtliche Erlaubnisvorschrift gestützt werden muss.

55 Zunächst stellt sich dabei die Frage, ob der Arbeitgeber zum Zwecke der Big-Data-Analyse auf bereits bei ihm gespeicherte Daten von Beschäftigten zurückgreifen kann oder ob er die erforderlichen Daten neu erheben muss. Die Verarbeitung bereits gespeicherter Daten stellt einen Fall der **Zweckänderung** dar und kommt insoweit nur bei Vorliegen der Voraussetzungen von Art. 6 Abs. 4 DS-GVO oder § 24 BDSG in Betracht. Das ist problematisch, weil bei der Verarbeitung personenbezogener Beschäftigtendaten für Big-Data-Analysen regelmäßig davon ausgegangen werden muss, dass der ursprüngliche Zweck nichts oder nur wenig mit dem ursprünglichen Erhebungszweck zu tun hat und die Beschäftigten vernünftigerweise nicht mit einer Weiterverarbeitung rechnen müssen.[123] Es fehlt demnach an einer tatsächlichen Verbindung zwischen beiden Zwecken iSv Art. 6 Abs. 4 lit. a DS-GVO. *Hamann* schlägt vor, diesen Aspekt dadurch zu kompensieren, dass die Beschäftigten über die Verarbeitung ihrer Daten vorab informiert werden und ihnen ein Recht zu Widerspruch einge-

---

117 Dzida, NZA 2017, 541 (541).
118 Niklas/Thurn, BB 2017, 1589 (1589).
119 Dzida, NZA 2017, 541 (541).
120 Arnold/Günther/Hamann, S. 237.
121 Niklas/Thurn, BB 2017, 1589 (1590).
122 Däubler, Gläserne Belegschaften, Rn. 429d.
123 Arnold/Günther/Hamann, S. 238.

räumt wird.¹²⁴ Dieser Ansatz ist wenig überzeugend, weil eine Verpflichtung zur Information gemäß Art. 13 Abs. 3 DS-GVO und Art. 14 Abs. 4 DS-GVO ohnehin bei jeder Zweckänderung zu erfolgen hat und auch ein Recht zum Widerspruch gemäß Art. 21 DS-GVO nicht erst „eingeräumt" werden muss, weil als Rechtsgrundlage der Datenverarbeitung, wie gleich noch aufzuzeigen sein wird, nur Art. 6 Abs. 1 lit. f DS-GVO in Betracht kommt. Die Beachtung ohnehin bestehender gesetzlicher Verpflichtungen kann nicht als Argument für die **Zweckvereinbarkeit** herangezogen werden. Richtig ist allerdings, dass es bei der Kompatibilitätsprüfung auch darauf ankommen kann, ob die Ergebnisse der Big-Data-Analyse Auswirkungen auf die betroffen Beschäftigten haben soll oder ob beispielsweise ein People-Analytics-Tool entwickelt werden soll, mit dessen Hilfe Dritte wie zB Stellenbewerber bewertet werden sollen. Die Auswirkungen der Weiterverarbeitung sind gemäß Art. 6 Abs. 4 lit. d DS-GVO bei der Gesamtabwägung mit einzubeziehen. In diesem Fall kann eine Weiterverarbeitung zulässig sein, wenn die für die Analyse genutzten Rohdaten frühstmöglich gelöscht oder anonymisiert werden.¹²⁵

Bei einer Weiterverarbeitung bereits gespeicherter Daten und bei der Erhebung neuer Daten zum Zwecke der Big-Data-Analyse bedarf es zudem einer tauglichen Erlaubnisnorm. Der § 26 Abs. 1 Satz 1 BDSG ist hier regelmäßig nicht einschlägig, weil die Datenanalysen für die Durchführung des Beschäftigungsverhältnisses nicht erforderlich sind. In Betracht kommt daher nur eine Anwendung von Art. 6 Abs. 1 lit. f DS-GVO. Für die Zulässigkeit der Big-Data-Analyse ist es folglich entscheidend, ob das **Interesse des Arbeitgebers** an der Durchführung der Big-Data-Analyse gegenüber dem Interesse der Beschäftigte an einem Unterbleiben der damit verbundenen Datenverarbeitung überwiegt. Wie hoch das in der Regel vornehmlich wirtschaftliche Interesse des Arbeitgebers zu bewerten ist, lässt sich nur schwer und nicht pauschal bestimmen, insbesondere auch deswegen, weil sich nicht genau prognostizieren lässt, welche Ergebnisse eine Big-Data-Analyse hervorbringt und auf welche Daten sie zurückgreift.¹²⁶ Auf Seiten der Beschäftigten ist zu berücksichtigen, dass es sich um einen ggf. erheblichen Eingriff in das Persönlichkeitsrecht handelt, weil Big Data-Analysen im Personalbereich darauf abzielen, anhand von persönlichen Merkmalen und Eigenschaften der Mitarbeiter – also anhand der Bildung eines Persönlichkeitsprofils – Rückschlüsse zu ziehen. Eine Verwendung von Personaldaten im Zusammenhang mit Big-Data-Analysen ist daher nur sehr eingeschränkt zulässig, nämlich allenfalls dann, wenn die Anzahl der besonderen Merkmale so gering wie möglich gehalten wird und sich die Analyse nicht auf besondere Kategorien personenbezogener Daten bezieht.¹²⁷ Keinesfalls darf eine Big-Data-Analyse zu einer „Persönlichkeitsdurchleuchtung" führen.¹²⁸

Weitere Einschränkungen können sich aus Art. 22 Abs. 1 DS-GVO ergeben. Danach haben auch Beschäftigte das Recht nicht einer ausschließlich auf einer automatisier-

---

124 Arnold/Günther/Hamann, S. 239.
125 Arnold/Günther/Hamann, S. 239.
126 Niklas/Thurn, BB 2017, 1589 (1591).
127 Niklas/Thurn, BB 2017, 1589 (1591).
128 Dzida, NZA 2017, 541 (545); Däubler, Gläserne Belegschaften, Rn. 429d.

ten Verarbeitung einschließlich **Profiling** beruhenden Entscheidung unterworfen zu werden, die ihr gegenüber rechtliche Wirkung entfaltet oder sie in ähnlicher Weise erheblich beeinträchtigt. Die Vorschrift kann vor allem bei People Analytics unter dem Gesichtspunkt des Profilings relevant sein. Profiling ist dadurch gekennzeichnet, dass im Wege automatisierter Verarbeitung anhand von Algorithmen personenbezogene Daten ausgewertet werden, um auf diese Grundlage bestimmte persönliche Aspekte, die sich auf eine natürliche Person beziehen, zu bewerten, insbesondere um bestimmte Verhaltensweisen zu analysieren oder vorherzusagen.[129] Das ist bei People Analytics typischerweise der Fall. Allerdings bezieht sich das Verbot nach Art. 22 Abs. 1 DS-GVO nur auf solche Entscheidungen, die ausschließlich auf einer automatisierten Verarbeitung von personenbezogenen Daten beruhen. Lediglich entscheidungsvorbereitende Big-Data-Analysen sind davon nicht erfasst.[130]

58 Kann die Datenverarbeitung im Einzelfall nicht auf Art. 6 Abs. 1 lit. f DS-GVO gestützt werden, ist noch an die **Einwilligung** der betroffenen Beschäftigten zu denken. Diese gestaltet sich aber problematisch und wird regelmäßig unzulässig sein, weil es an der dafür erforderlichen Freiwilligkeit fehlt.[131] Dafür spricht, dass lediglich der Arbeitgeber ein Interesse an der Durchführung von Big-Data-Analysen hat.

V. Datenschutz bei modernen Erscheinungsformen der Arbeit

1. Home-Office und mobiles Arbeiten

59 Die Digitalisierung der Arbeitswelt und mobile Arbeitsmittel wie Laptops, Smartphones oder Tablet-Computer ermöglichen es Beschäftigten, zahlreiche Arbeiten auch außerhalb der Betriebsstätte des Arbeitgebers zu erbringen. Unter dem Begriff der **Telearbeit** werden in diesem Kontext Tätigkeiten verstanden, die nicht ortsgebunden sind, die eigenständig bzw. eigenverantwortlich durchgeführt werden können und die weitgehend unter Einsatz von Informations- und Kommunikationstechnologie erledigt werden können.[132] Wird die Telearbeit zumindest zeitweise auch in der Wohnung des Beschäftigten verrichtet, ist im allgemeinen Sprachgebrauch vom „Home-Office" die Rede.[133] Die mobile Arbeit, die ebenfalls an wechselnden Orten außerhalb der Betriebsstätte zB in Zügen, bei Kunden vor Ort oder im Hotel, aber nicht in der Wohnung des Beschäftigten geleistet wird, wird als „Mobile Office" bezeichnet.[134]

60 Der Umstand, dass die Arbeit außerhalb der Betriebsstätte geleistet wird, ändert nichts an der datenschutzrechtlichen **Verantwortlichkeit des Arbeitgebers** für die damit einhergehende Datenverarbeitung.[135] Der Arbeitgeber hat deshalb auch hier sicherzustellen, dass die datenschutzrechtlichen Bestimmungen eingehalten werden.[136]

---

129 Paal/Pauly/Martini, DS-GVO Art. 22 Rn. 21.
130 Niklas/Thurn, BB 2017, 1589 (1594).
131 Niklas/Thurn, BB 2017, 1589 (1591).
132 Müller, Homeoffice, Rn. 1.
133 Müller, Homeoffice, Rn. 2; Ein Muster für eine Home-Office-Vereinbarung findet sich bei Kramer/Hoppe, S. 237.
134 Müller, Homeoffice, Rn. 2.
135 Däubler, Gläserne Belegschaften, Rn. 388k.
136 Bonanni/Kamps, ArbRB 2014, 83 (83).

Für die Zulässigkeit der Datenverarbeitung gelten dabei keine Besonderheiten. Erfolgt die Datenverarbeitung auf Grundlage von § 26 Abs. 1 Satz 1 BDSG oder Art. 6 Abs. 1 lit. f DS-GVO, so ist im Rahmen der Verhältnismäßigkeitsprüfung im engeren Sinne aber zu berücksichtigen, dass die Datensicherheit typischerweise nicht in demselben Maße garantiert werden kann, als erfolgte sie innerhalb der Betriebsstätte des Arbeitgebers. Im Hinblick auf die zusätzlichen Anforderungen von § 22 Abs. 2 BDSG ist deshalb bei der Verarbeitung von besonderen Kategorien personenbezogener Daten aus dem Home oder Mobile Office große Zurückhaltung geboten.

Handlungsempfehlungen des BfDI für technisch-organisatorische Maßnahmen iSv Art. 32 DS-GVO bei Telearbeit und mobilem Arbeiten:[137]

- Zugang der Berechtigten zu sensiblen personenbezogenen Daten nur mit PIN und hardwarebasiertem Vertrauensanker (Zwei-Faktor-Authentifizierung)
- Verbindung ausschließlich über ein Virtual Private Network (VPN)
- Verschlüsselung der Daten (Ende-zu-Ende-Sicherheit) inklusive Ablageverschlüsselung auf dem mobilen Gerät
- Sperrung von USB-Zugängen und anderen Anschlüssen
- Keine Anbindung von Druckern
- Keine private Nutzung der beruflich zur Verfügung gestellten IT-Ausstattung
- Regelmäßige Schulung/Fortbildung der Beschäftigten zum datensicheren und datenschutzgerechten Umgang mit mobilen Geräten.

61

2. Desk Sharing

Beim „Desk Sharing" sind die Arbeitsplätze nicht mehr persönlich zugeordnet, sondern mehrere Beschäftigte teilen sich in einem Großraumbüro einen Arbeitsplatz. Für die Zeiten, zu denen der Beschäftigte im Unternehmen arbeitet, bucht er einen Arbeitsplatz über ein spezielles IT-System (**Desk-Sharing-Buchungssystem**).[138] Der Arbeitgeber hat dabei die erforderlichen technischen und organisatorischen Maßnahmen zu ergreifen, um sicherzustellen, dass der Zugriff auf personenbezogene (Beschäftigten-)Daten trotz der wechselnden Nutzung einzelner Arbeitsplätze nur denjenigen Personen ermöglicht wird, die diesen zur Ausübung ihrer vertraglichen Tätigkeit unbedingt benötigen. Werden arbeitsplatzgebundene Desktop-Computer von mehreren Beschäftigten benutzt, sollte jeder Beschäftigte einen eigenen Account besitzen, auf den er sich mit einem persönlichen Passwort einloggen kann, um ausschließlich Zugriff auf die für seine Tätigkeit relevanten Daten zu erhalten. Alternativ können Docking-Stations vorgesehen werden, mit denen sich die Beschäftigten mit einem persönlich zugeteilten Laptop zu einem unternehmensinternen Intranet Zugang verschaffen können.[139] Allgemeine (Team-)Besprechungen sollten in speziellen Meetingräumen stattfinden. Für vertrauliche Telefonate oder Gespräche sind spezielle Räume (Quiet Spaces, Think Tanks) zur Verfügung zu stellen.[140]

62

---

137 BfDI, Telearbeit und mobiles Arbeiten, S. 13, 14.
138 Steffan, NZA 2015, 1409.
139 Steffan, NZA 2015, 1409; Arnold/Günther/Arnold/Winzer, S. 112.
140 Steffan, NZA 2015, 1409; Arnold/Günther/Arnold/Winzer, S. 112.

3. Crowdworking

63 „Crowdworking" oder „Crowdsourcing" ist eine digitale Form des **Outsourcing**. Unternehmen schreiben einzelne Projekte oder kleine Arbeitsaufgaben über webbasierte Plattformen aus. Registrierte User haben die Möglichkeit, ihre Arbeitskraft und ihre Fähigkeiten weltweit anzubieten und die ausgeschriebenen Arbeitsaufgaben ortsunabhängig abzuarbeiten.[141] Crowdworker sind häufig nicht als Arbeitnehmer zu qualifizieren.[142] Aus datenschutzrechtlicher Sicht ist der Einsatz von Crowdworkern bei der Verarbeitung von personenbezogenen Beschäftigtendaten besonders problematisch, weil diese nicht dem Direktionsrecht des Arbeitgebers unterliegen und der Arbeitgeber auch sonst keine Kontrollmöglichkeiten in Bezug auf die Datenverarbeitung hat. Deshalb müssen Arbeitgeber den Crowdworker bereits im Rahmen des zugrundeliegenden Dienst- oder Werkvertrags umfassend zur Einhaltung der datenschutzrechtlichen Vorschriften und zur Umsetzung technischer und organisatorischer Maßnahmen iSv Art. 32 DS-GVO verpflichten. Es empfiehlt sich außerdem, eine vertragliche Nachweispflicht für die Einhaltung der vertraglichen Verpflichtungen zu regeln. Der Inhalt der vertraglichen Verpflichtung kann sich an Art. 28 Abs. 3 DS-GVO orientieren.

C. Überwachung und Kontrolle von Beschäftigten

I. Einleitung

1. Bedeutung im Arbeitsverhältnis

64 Die Überwachung und Kontrolle des Beschäftigtenverhaltens ist das Kernthema des Beschäftigtendatenschutzrechts. Der Arbeitgeber hat ein berechtigtes und schutzwürdiges Interesse an entsprechenden Überwachungsmaßnahmen, soweit diese der Feststellung dienen, ob sich die Beschäftigten entsprechend der vertraglichen Verpflichtungen und den Weisungen des Arbeitgebers verhalten.[143] Diese Wertung des deutschen Gesetzgebers kommt in § 87 Abs. 1 Nr. 6 BetrVG zum Ausdruck. Danach sind **Leistungs- und Verhaltenskontrollen** nicht per se unzulässig, sondern ein der betrieblichen Mitbestimmung unterliegender Regelungsgegenstand. Auch § 26 Abs. 1 BDSG verbietet Leistungs- und Verhaltenskontrollen nicht, sondern lässt sie zu, wenn sie mit dem datenschutzrechtlichen Grundsatz der Verhältnismäßigkeit vereinbar sind. Der europäische Gesetzgeber gestattet spezifische Vorschriften für „Überwachungssysteme am Arbeitsplatz" gemäß Art. 88 Abs. 2 DS-GVO unter der Bedingung, dass diese „geeignete und besondere Maßnahmen zur Wahrung der menschlichen Würde, der berechtigten Interessen und der Grundrechte der betroffenen Person" umfassen. Allen genannten Vorschriften ist es gemeinsam, dass sie einen angemessenen Ausgleich zwischen den schützenswerten Interessen des Arbeitgebers und dem Arbeitnehmerpersönlichkeitsrecht herstellen wollen. Dieses Bedürfnis besteht unter den Bedingungen der technisch gestützten Datenverarbeitung im Hinblick auf die gesteigerte Eingriffsintensität in besonderem Maße.[144]

---

141 Günther/Böglmüller, NZA 2015, 1025; LAG München 4.12.2019 – 8 Sa 146/19, BeckRS 2019, 30311.
142 Dazu ausführlich Däubler/Klebe, NZA 2015, 1032.
143 Simitis/Seifert, DS-GVO Art. 88 Rn. 133.
144 BT-Drs. VI/1786, 49; BVerfG 23.2.2007 – 1 BvR 2368/06, NVwZ 2007, 688.

2. Zulässigkeit heimlicher Überwachungsmaßnahmen

Auf heimliche bzw. verdeckte Überwachungs- oder Kontrollmaßnahmen greifen Arbeitgeber typischerweise zurück, wenn **schwerwiegende Pflichtverletzungen** oder **Straftaten** aufgedeckt werden sollen. Nach der bisherigen Rechtsprechung des BAG zu § 32 Abs. 1 BDSG aF waren heimliche Überwachungsmaßnahmen wie heimliche Videoüberwachungen, Detektivobservationen oder das Belauschen von (Telefon-)Gesprächen zwar nicht generell unzulässig, aber wegen der außerordentlich hohen Eingriffsintensität nur unter strengster Beachtung des Verhältnismäßigkeitsgrundsatzes in sehr engen Grenzen möglich. 65

Fraglich ist, ob das datenschutzrechtliche Strukturprinzip der **Transparenz** gemäß Art. 5 Abs. 1 lit. a DS-GVO und die daraus resultierenden Informationspflichten des Arbeitgebers gemäß Art. 13, 14 DS-GVO heimliche Datenverarbeitungsvorgänge nunmehr generell verbietet, ohne dass es auf das Vorliegen der Voraussetzungen in § 26 Abs. 1 BDSG ankommt. In der Fachliteratur wird ein grundsätzliches Verbot heimlicher Überwachungsmaßnahmen teilweise damit begründet, dass diese regelmäßig gegen das Transparenzprinzip verstoßen würden. Der Art. 5 Abs. 1 lit. a DS-GVO sehe keine Ausnahmen von dem Transparenzprinzip vor. Die Mitgliedstaaten seien zwar auf Grundlage von Art. 23 Abs. 1 DS-GVO berechtigt, in nationalen Rechtsvorschriften Beschränkungen von Art. 5 DS-GVO zu regeln. Von dieser Möglichkeit habe der deutsche Gesetzgeber aber im Hinblick auf die Zulässigkeit heimlicher Überwachungsmaßnahmen (bislang) keinen Gebrauch gemacht. Insbesondere handele es sich bei § 26 BDSG nicht um eine taugliche Ausnahmevorschrift iSv Art. 23 DS-GVO, zumal dort nicht ausdrücklich von heimlichen Überwachungsmaßnahmen die Rede sei.[145] 66

Nach gegenteiliger und überzeugender Auffassung sind heimliche Überwachungsmaßnahmen auch unter der Geltung der DS-GVO nicht generell verboten.[146] Dafür spricht, dass das Art. 5 Abs. 1 lit. a DS-GVO zwischen dem Rechtmäßigkeitsprinzip und dem Transparenzprinzip begrifflich unterscheidet. Diese Unterscheidung indiziert, dass nicht jeder Verstoß gegen das Transparenzprinzip zur Rechtswidrigkeit der Datenverarbeitung führen muss. Der Verstoß gegen das Transparenzprinzip ist aber im Rahmen der **Verhältnismäßigkeitsprüfung** zulasten des Arbeitgebers zu berücksichtigen, der, wenn er die beabsichtigte Überwachungsmaßnahme trotz des Verstoßes durchführen möchte, besonders gewichtige Gründe vorweisen können muss. Dieser Rechtsgedanke kommt auch in dem Erlaubnistatbestand des Art. 6 Abs. 1 lit. f DS-GVO zum Ausdruck, der das Strukturprinzip der Rechtmäßigkeit gemäß Art. 5 Abs. 1 lit. a DS-GVO konkretisiert und auf den die von der Rechtsprechung zum BDSG aF entwickelten Grundsätze der Verhältnismäßigkeitsprüfung übertragen werden können.[147] Die Informationspflicht nach Art. 14 DS-GVO ist nach dessen Abs. 5 lit. b von vorne herein ausgeschlossen, wenn die Information die Verwirklichung der mit der Überwachung verfolgten Ziele unmöglich machen oder ernsthaft beeinträchtigen würde. Davon ist auszugehen, wenn eine offene Überwachung als milderes Mit- 67

---
145 Kühling/Buchner/Maschmann, BDSG § 26 Rn. 22.
146 Kühling/Buchner/Bäcker, DS-GVO Art. 13 Rn. 14; Härting, Rn. 448; Byers, NZA 2017, 1086 (1091).
147 Byers, NZA 2017, 1086 (1090).

tel nach den Umständen des Einzelfalls nicht in Betracht kommt. Insoweit überschneidet sich der Ausnahmetatbestand des Art. 14 Abs. 5 lit. b DS-GVO mit den von der Rechtsprechung stets betonten Anforderungen des *ultima-ratio*-Grundsatzes bei heimlichen Überwachungsmaßnahmen.[148] Auf die Informationspflicht nach Art. 13 DS-GVO findet Art. 14 Abs. 5 lit. b DS-GVO entsprechende Anwendung.[149]

II. Videoüberwachung

1. Begriff und Rechtsgrundlagen

68 Die Überwachung von Beschäftigten durch den Einsatz von Videokameras im Betrieb besitzt unter allen denkbaren Überwachungsmaßnahmen des Arbeitgebers die wohl größte Praxisrelevanz. Für die Begriffsbestimmung der Videoüberwachung kann auf § 4 Abs. 1 BDSG zurückgegriffen werden. Danach gilt als Videoüberwachung die „Beobachtung […] mit optisch-elektronischen Einrichtungen". Unter **optisch-elektronischen Einrichtungen** sind alle Geräte zu verstehen, die sich zur Beobachtung eignen, ohne dass es auf den Einsatz bestimmter Technologien ankommt.[150] Der technologieneutrale Begriff der Videoüberwachung erfasst gleichermaßen analoge und digitale Videotechnik, unabhängig davon, ob diese stationär oder mobil eingesetzt wird.[151] Die eingesetzte Videotechnik ist zugleich ein wichtiger Indikator für die Eingriffsintensität der Überwachungsmaßnahme und spielt deshalb bei der Frage der datenschutzrechtlichen Zulässigkeit eine große Rolle.[152]

69 Gleiches gilt für die Frage, ob eine Videoüberwachung offen, also für die Betroffenen in erkennbarer Weise, oder verdeckt, also heimlich und für die Betroffenen nicht erkennbar erfolgt. Die **offene Videoüberwachung** ist trotz des dadurch entstehenden Überwachungsdrucks in der Regel weniger eingriffsintensiv als eine heimliche Überwachung, weil der Betroffene sein Verhalten in Kenntnis der Maßnahme entsprechend anpassen und der Überwachung zumindest zeitweilig ausweichen kann.[153] Bei einer verdeckten Videoüberwachung entsteht ein solcher Überwachungsdruck nur dann, wenn der Arbeitgeber die Maßnahme ankündigt oder sich vorbehält, jederzeit ohne konkreten Hinweis den Arbeitsplatz durch versteckt aufgestellte Videokameras zu beobachten.[154] Mit offen erkennbaren Videoüberwachungsanlagen verfolgen Arbeitgeber häufig in erster Linie andere Zwecke als die Überwachung ihrer Beschäftigten, namentlich die Durchführung von betrieblichen Zutrittskontrollen zur Wahrung des Hausrechts, den Schutz der betrieblichen Anlagen, die Verhinderung von Arbeitsunfällen, aber auch die Prävention von Straftaten. **Heimliche Videoüberwachungsmaßnahmen** dienen regelmäßig repressiven Zwecken wie der Aufdeckung schwerwiegender Pflichtverletzungen oder Straftaten.[155]

---

148 Vgl. bspw. BAG 20.6.2013 – 2 AZR 546/12, NZA 2014, 143 (147).
149 Byers, NZA 2017, 1086 (1090).
150 Gola/Heckmann/Starnecker, BDSG § 4 Rn. 20.
151 Gola/Heckmann/Starnecker, BDSG § 4 Rn. 20, 21; Gola/Gola, DS-GVO Art. 6 Rn. 155.
152 WHWS Arbeitnehmerdatenschutz-HdB/Byers, S. 477.
153 WHWS Arbeitnehmerdatenschutz-HdB/Byers, S. 479; Maschmann, NZA 2002, 13 (15).
154 BAG 7.10.1987 – 5 AZR 116/86, NZA 1988, 92.
155 Bayreuther, NZA 2005, 1038 (1041).

Je nach zugrundeliegender Zielsetzung der Videoüberwachung kann die Maßnahme auf unterschiedliche Rechtsgrundlagen gestützt werden. § 26 Abs. 1 **Satz 1** BDSG ist einschlägig, wenn 70

- Pflichtverletzungen von Beschäftigten aufgeklärt werden sollen, die keine Straftaten darstellen,[156]
- Pflichtverletzungen oder Straftaten von Beschäftigten verhindert werden sollen (Gefahrenprävention),[157]
- die Videoüberwachung zum Zwecke der Leistungskontrolle erfolgt,[158] oder
- die Videoüberwachung den Beschäftigten bei der Erbringung seiner Arbeitsleistung unterstützt, zB bei der Überwachung technischer Arbeitsabläufe[159]

§ 26 Abs. 1 Satz 2 BDSG findet nur Anwendung, wenn **Straftaten** von Beschäftigten aufgedeckt werden sollen. Zuletzt kommt Art. 6 Abs. 1 lit. f DS-GVO als Rechtsgrundlage in Betracht, wenn 71

- Straftaten von Dritten, die keine Beschäftigten sind, aufgedeckt werden sollen,[160] oder
- die Videoüberwachung nicht zu den Zwecken des Beschäftigungsverhältnisses, sondern zur Wahrung berechtigter Interessen des Arbeitgebers erfolgt.[161]

Neben diesen Vorschriften findet § 4 BDSG im Beschäftigungsverhältnis keine Anwendung.[162] Die Vorschrift ist, soweit sie nicht-öffentliche Stellen in den Kreis der Normadressaten einbezieht, nach zutreffender Auffassung in der Fachliteratur nicht mit der Öffnungsklausel des Art. 6 Abs. 1 lit. e, Abs. 3 DS-GVO vereinbar und deshalb (teilweise) unionsrechtswidrig.[163] Auf die Öffnungsklausel in Art. 88 Abs. 1 DS-GVO kann § 4 BDSG ebenfalls nicht gestützt werden, weil sich die Vorschrift nach ihrem Regelungsgehalt nicht ausschließlich auf Videoüberwachungsmaßnahmen im Beschäftigungskontext bezieht.[164] Für die bis zum 25.5.2018 in § 6b BDSG aF angelegte Unterscheidung zwischen Videoüberwachungsmaßnahmen in öffentlich zugänglichen und nicht öffentlich zugänglichen Räumen besteht daher kein Anlass mehr.[165] 72

Rechtsgrundlage für eine Videoüberwachung kann auch eine **Kollektivvereinbarung**, insbesondere eine Betriebsvereinbarung sein. Der Abschluss einer Betriebsvereinbarung zur Einführung und Anwendung von Videoüberwachungsanlagen ist nicht nur wegen des einschlägigen Mitbestimmungstatbestands in § 87 Abs. 1 Nr. 6 BetrVG unbedingt anzuraten, sondern auch deshalb, weil dort die spezifischen betrieblichen Bedürfnisse der Videoüberwachung abgebildet werden können. Die Betriebsvereinbarung kann zugleich Rechtmäßigkeitsnachweis iSv Art. 5 Abs. 2 DS-GVO vorgehalten werden. 73

---

156 BAG 29.6.2017 – 2 AZR 597/16, NZA 2017, 1179.
157 Kramer/Bongers, S. 266.
158 Wybitul, BB 2009, 1582 (1583).
159 WHWS Arbeitnehmerdatenschutz-HdB/Byers, S. 485.
160 Kramer/Bongers, S. 265.
161 Simitis/Seifert, DS-GVO Art. 88 Rn. 135.
162 WHWS Arbeitnehmerdatenschutz-HdB/Byers, S. 478.
163 Kühling/Buchner/Buchner, BDSG § 4 Rn. 3; Lachenmann, ZD 2017, 407 (410); Gola/Heckmann/Starnecker, BDSG § 4 Rn. 11.
164 Byers/Wenzel, BB 2017, 2038 (2038).
165 WHWS Arbeitnehmerdatenschutz-HdB/Byers, S. 478.

74 Eine **Einwilligung** der betroffenen Beschäftigten in Videoüberwachungsmaßnahmen scheitert regelmäßig an dem Tatbestandsmerkmal der Freiwilligkeit.[166] Ein gleichgelagertes Interesse des Beschäftigten und des Arbeitgebers an der Videoüberwachung iSv § 26 Abs. 2 Satz 2 BDSG kann allenfalls angenommen werden, wenn die Überwachung den Beschäftigten vor konkreten Gefahren im Zusammenhang mit seiner Tätigkeit schützen soll und damit zugleich seiner Sicherheit dient.[167] In diesen Fällen kann die Videoüberwachung jedenfalls bei sachgerechter Ausgestaltung aber auch auf eine gesetzliche Rechtsgrundlage gestützt werden, so dass es einer Einwilligung nicht bedarf.

2. Einzelheiten zur Zulässigkeit von Videoüberwachungsmaßnahmen

75 Eine Videoüberwachung ist nur zulässig, wenn das Kontrollinteresse des Arbeitgebers das Persönlichkeitsrecht des oder der betroffenen Arbeitnehmer überragt.[168] Dieser Grundsatz ist bei der Anwendung von § 26 Abs. 1 BDSG und Art. 6 Abs. 1 lit. f DS-GVO gleichermaßen gültig. Entscheidend ist letztlich, ob der die Videoüberwachung im Hinblick auf den konkreten Anlass das mildeste, gleich geeignete Überwachungsinstrument darstellt und, falls dies anzunehmen ist, ob die damit verbundene **Eingriffsintensität** noch als angemessen angesehen werden kann. Bei der Prüfung milderer Mittel und der Bestimmung der Eingriffsintensität einer Videoüberwachung kann von folgenden **Leitlinien** ausgegangen werden:

- Ein milderes, häufig aber nicht gleich geeignetes Mittel kann beispielsweise darin liegen, dass bestimmte Beschäftigte unter Hinweis auf den konkreten Anlass zu „intensiveren Beobachtungen" angewiesen werden.[169]
- Eine offene Videoüberwachung greift erheblich weniger stark in das Persönlichkeitsrecht der Betroffenen ein als eine verdeckte Überwachung.
- Analoge Videotechniken sind weniger eingriffsintensiv als digitale Techniken.[170]
- Das bloße „Monitoring" ist weniger eingriffsintensiv als die Erstellung von Videoaufzeichnungen oder gar zusätzliche Tonwiedergaben und -aufzeichnungen.
- Die Möglichkeit zur Schwenkung von Kameras bis hin zu einem 360-Grad-Blickwinkel erhöht die Eingriffsintensität zusätzlich. Werden größere Gebiete oder Räume überwacht, kann auch eine hohe Tiefenschärfe für eine höhere Eingriffsintensität sprechen.[171]
- Der Einsatz von Videokameras mit Bewegungssensor, Wärmebildtechnik oder Verhaltensmustererkennung ist besonders eingriffsintensiv.
- Die bloß zeitweilige Videoüberwachung ist weniger eingriffsintensiv als eine Dauerüberwachung. Eine ständige bzw. lückenlose Beobachtung, ist wegen des damit verbundenen Anpassungszwangs regelmäßig unzulässig.[172]

---

166 Kühling/Buchner/Maschmann, BDSG § 26 Rn. 63; Gola, BB 2017, 1462 (1468).
167 WHWS Arbeitnehmerdatenschutz-HdB/Byers, S. 490.
168 Kühling/Buchner/Maschmann, BDSG § 26 Rn. 45.
169 BAG 29.6.2004 – 1 ABR 21/03, NZA 2004, 1278.
170 Maties, NJW 2008, 2219 (2220); WHWS Arbeitnehmerdatenschutz-HdB/Byers, S. 477.
171 Kramer/Bongers, S. 251.
172 Kühling/Buchner/Maschmann, BDSG § 26 Rn. 45.

- Eine erhöhte Eingriffsintensität kann sich auch aus dem Ort der Videoüberwachung ergeben. Kameras, die den Arbeitnehmer am Arbeitsplatz bei der Erbringung der Arbeitsleistung filmen, greifen stärker in das Persönlichkeitsrecht ein, als Kameras, die etwa im Eingangsbereich des Betriebs installiert sind. Bereiche, in denen die Intimsphäre der Betroffenen berührt sein kann (Toiletten, Umkleideräume etc) dürfen nicht gefilmt werden.[173]
- Die Eingriffsintensität wird auch durch die Anzahl der betroffenen Personen und die Frage bestimmt, ob diese Personen anonym oder bekannt sind.[174]
- Werden mithilfe der Videoüberwachung auch besondere Kategorien personenbezogener Daten erfasst (zB zur rassischen oder ethnischen Herkunft), liegt ein besonders schwerer Eingriff in das Persönlichkeitsrecht vor, der nur unter den strengeren Voraussetzungen von Art. 9 Abs. 2 DS-GVO iVm § 26 Abs. 3 BDSG und § 22 Abs. 2 BDSG gestattet ist.[175]

Je höher die Eingriffsintensität nach diesen Kriterien im Einzelfall einzustufen ist, desto gewichtiger muss das **Überwachungsinteresse** des Arbeitgebers sein. Dieses liegt häufig in der Wahrnehmung von bestehenden Rechten aus dem Arbeitsverhältnis. Die Kontrolle, ob ein Arbeitnehmer seinen vertraglichen Pflichten oder den Weisungen des Arbeitgebers nachkommt, gehört zur Durchführung des Arbeitsverhältnisses iSv § 26 Abs. 1 Satz 1 BDSG.[176] Eine anlasslose Kontrolle in dem Sinne, dass der Arbeitgeber schlicht überprüfen will, ob und wie gearbeitet wird, rechtfertigt eine Videoüberwachung aber nicht.[177] Leistungskontrollen unter Zuhilfenahme einer Videoüberwachung sind ebenfalls sehr restriktiv zu handhaben und können in jedem Falle nur stichprobenartig und nicht lückenlos erfolgen.[178]

76

Die Zulässigkeit einer Videoüberwachung kann am ehesten bejaht werden, wenn der Arbeitgeber diese zum **Schutz seines Eigentums** veranlasst. In diesem Fall müssen die widerstreitenden Grundrechtspositionen aus Art. 14 GG (Eigentum) und aus Art. 2 Abs. 1, Abs. 1 GG (Arbeitnehmerpersönlichkeitsrecht) nach dem Prinzip der praktischen Konkordanz gegeneinander abgewogen werden. Das Überwachungsinteresse des Arbeitgebers überwiegt regelmäßig, wenn konkrete tatsächliche Anhaltspunkte den Verdacht einer gewichtigen Pflichtverletzung (§ 26 Abs. 1 Satz 1 BDSG) oder einer Straftat (§ 26 Abs. 1 Satz 2 BDSG) zu seinen Lasten begründen.[179] Ausreichend ist ein durch konkrete Tatsachen belegter und zu dokumentierender **Anfangsverdacht**, der sich gegen eine bestimmte Person oder eine abgrenzbare Personengruppe richtet.[180] Es muss zudem feststehen und dokumentiert werden, dass die Videoüberwachung das praktisch einzig verbleibende Mittel darstellt, um den Sachverhalt weiter aufzuklären.[181] Ein milderes Mittel in diesem Sinne kann im Falle einer Straftat auch darin liegen, die Strafverfolgungsbehörden einzuschalten und ihnen die Aufklä-

77

---

173 Kühling/Buchner/Maschmann, BDSG § 26 Rn. xx.
174 BAG 29.6.2004 – 1 ABR 21/03, NZA 2004, 1278.
175 Kramer/Bongers, S. 259.
176 BAG 27.7.2017 – 2 AZR 681/16, NZA 2017, 1327.
177 Kühling/Buchner/Maschmann, BDSG § 26 Rn. 45.
178 Kramer/Bongers, S. 266.
179 Kramer/Bongers, S. 266.
180 BAG 20.10.2016 – 2 AZR 395/15, NZA 2017, 443; BAG 21.6.2012 – 2 AZR 1453/11, NZA 2012, 1025.
181 BAG 21.11.2013 – AZR 797/11, NZA 2014, 243.

rung zu überlassen.¹⁸² Der Kreis der „unschuldigen" Beschäftigten muss im Rahmen der tatsächlichen Gegebenheiten möglichst von der Überwachung ausgenommen sein.¹⁸³ Auch im Hinblick auf die Möglichkeit einer weiteren Einschränkung des Kreises der Verdächtigen müssen weniger einschneidende Mittel als eine verdeckte Videoüberwachung zuvor ausgeschöpft worden sein.¹⁸⁴ Wird das Fehlverhalten eines Beschäftigten allerdings „zufällig" bei einer gegen andere Personen gerichteten, zulässigen Videoüberwachung festgestellt (sog. **Zufallsfund**), kommt es nicht darauf an, ob der Arbeitgeber alle milderen Aufklärungsmaßnahmen ausgeschöpft hat, weil ihm dies mangels entsprechender Anhaltspunkte faktisch nicht möglich war.¹⁸⁵ Bei der abschließenden Angemessenheitsprüfung ist zu beachten, dass das alleinige Interesse des Arbeitgebers, sich ein Beweismittel zu sichern, nicht ausreichend ist, um ein überwiegendes Überwachungsinteresse des Arbeitgebers zu bejahen. Die weiteren Aspekte des Einzelfalls müssen gerade eine bestimmte Informationsbeschaffung und Beweiserhebung mithilfe einer Videoüberwachung als schutzbedürftig qualifizieren.¹⁸⁶

78 Besonders hohe Anforderungen sind an **verdeckte Videoüberwachungsmaßnahmen** zu stellen. Diese können unter Beachtung des vorstehend Gesagten nur in Betracht gezogen werden, wenn eine offene Videoüberwachung als milderes Mittel von vorne herein nicht vielversprechend ist und die verdeckte Überwachung sowohl in zeitlicher als auch in räumlicher Hinsicht auf das unbedingt notwendige Maß beschränkt bleibt. Die verdeckte Videoüberwachung ist damit stets als *ultima ratio* zur Aufklärung eines Verdachts anzusehen.¹⁸⁷ Sie ist unverzüglich einzustellen, wenn der Verdacht aufgeklärt ist oder sie sich über einen angemessenen Zeitraum hinweg nicht als erfolgreich erwiesen hat, den Verdacht also nicht aufklären konnte.¹⁸⁸

79 Ist eine Videoüberwachung nach diesen Grundsätzen rechtmäßig erfolgt, kann auch eine langfristige **Speicherung** der Videoaufnahmen über mehrere Wochen und Monate erforderlich und damit zulässig sein, wenn Straftaten oder erhebliche Pflichtverletzungen erst nach aufwendigen Überprüfungen entdeckt werden können.¹⁸⁹ Hinsichtlich einer späteren Verwertung im Kündigungsschutzprozess soll ein Vorsatztäter nach jüngster Auffassung des BAG aber auch dann nicht schutzwürdig sein, wenn ein Verstoß gegen eine datenschutzrechtliche Löschpflicht vorliegt. Jedenfalls bei Informationen, die durch eine offene Videoüberwachung gewonnen worden seien, liege darin kein ungerechtfertigter Grundrechtseingriff, der einer gerichtlichen Verwertung entgegenstehen könnte („Datenschutz ist kein Tatenschutz").¹⁹⁰

80 Gemäß § 26 Abs. 1 Satz 1 BDSG kann eine offene Videoüberwachung im Übrigen auch präventiv zur **Verhinderung von Straftaten** oder von schwerwiegenden Pflichtverletzungen durchgeführt werden. Voraussetzung ist, dass Straftaten oder Pflichtverletzungen in dem zu überwachenden Bereich mit einer gewissen Wahrscheinlichkeit

---

182 Kramer/Bongers, S. 267.
183 BAG 26.8.2008 – 1 ABR 16/07, NZA 2008, 1187.
184 BAG 21.6.2012 – 2 AZR 1453/11, NZA 2012, 1025.
185 BAG 22.9.2016 – 2 AZR 848/15, NZA 2017, 112, aA Eylert, NZA-Beil. 2015, 100 (107).
186 Kramer/Bongers, S. 267; BAG 21.6.2012 – 2 AZR 1453/11, NZA 2012, 1025.
187 BAG 22.9.2016 – 2 AZR 848/15, NZA 2017, 112.
188 WHWS Arbeitnehmerdatenschutz-HdB/Byers, S. 489.
189 BAG 23.8.2018 – 2 AZR 133/18, NZA 2018, 1329.
190 BAG 23.8.2018 – 2 AZR 133/18, NZA 2018, 1329.

zu erwarten sind, etwa in Kaufhäusern mit hohem Kundenbesuch.[191] Erforderlich ist also eine objektive Gefahrenlage, die sich beispielsweise aus den tatsächlichen Erfahrungen des Arbeitgebers ergeben kann. Der Wert der zu bewachenden Objekte kann dabei relevant sein.[192] Auch im Falle der Diebstahlsprävention müssen mildere Mittel ausgeschöpft sein. In Kaufhäusern ist etwa an eine Überwachung durch Personal oder den Einsatz einer elektronischen Artikelsicherung zu denken.[193]

III. Ortungssysteme

1. Eingesetzte Technik

Die Überwachung von Beschäftigten kann auch durch den Einsatz von **Ortungssystemen** erfolgen. Je nach eingesetzter Technik ermöglichen es solche Systeme dem Arbeitgeber, den Aufenthaltsort eines Beschäftigten exakt zu lokalisieren, zurückgelegte Wegstrecken nachzuvollziehen und Bewegungs- oder Verhaltensprofile zu erstellen. Vor allem im Außendienst tätige und andere „mobile Beschäftigte" sind vom Einsatz von Ortungssystemen betroffen. Zu den wohl praktisch bedeutsamsten Ortungssystemen zählt das satellitengestützte **GPS** (Global Positioning System), das eine auf zehn Meter genaue Lokalisierung ermöglicht.[194] GPS-Systeme können in Fahrzeugen als Navigationssystem, aber auch in Computern und anderer Hardware eingebaut sein.[195] 81

Mobiltelefone ermöglichen dem Arbeitgeber gleich mehrere Möglichkeiten zur Ortung eines Beschäftigten. Überlässt der Arbeitgeber dem Beschäftigten ein Mobiltelefon zu dienstlichen Zwecken aus, ist er berechtigt, ihn während der Arbeitszeit anzurufen und sich – etwa zum Zwecke der Einsatzplanung – zu erkundigen, wo sich dieser befindet. Umgekehrt kann es dem Arbeitnehmer aufgegeben werden, seinen Standort in regelmäßigen Zeitabständen mithilfe des Mobiltelefons zu übermitteln.[196] Die Ortung des Mobiltelefons selbst (sog. **Handy-Ortung**) ist mithilfe der Signale möglich, welche die Geräte an die umgebenden Sendemasten senden. Dadurch kann das Mobiltelefon einer bestimmten Funkzelle zugeordnet werden, in Stadtgebieten mit einer Genauigkeit von weniger als hundert Metern.[197] 82

Vergleichbare Möglichkeiten bestehen, wenn Beschäftigte außerhalb der Betriebe ihres Arbeitgebers auf dessen IT-Ressourcen zurückgreifen können, indem sie beispielsweise über ihren privaten Internetanschluss am Heimarbeitsplatz dienstliche E-Mails abrufen können. In diesem Fall kann der Standort des Beschäftigten ggf. über seine IP-Adresse ermittelt werden.[198] 83

Die sog. **RFID-Technik** (Radio-Frequency-Identification) ermöglicht es, dass mithilfe von Funketiketten gespeicherte Daten berührungslos und ohne Sichtkontakt an ein 84

---

[191] Kramer/Bongers, S. 269/270.
[192] Kramer/Bongers, S. 269/270.
[193] LAG Köln 30.8.1996 – 12 Sa 639/96, RDV 1997, 183.
[194] Göpfert/Papst, DB 2016, 1015 (1016); Gola, NZA 2007, 1139 (1143).
[195] Simitis/Seifert, DS-GVO Art. 88 Rn. 141.
[196] Oberwetter, NZA 2008, 609 (612).
[197] Oberwetter, NZA 2008, 609 (612).
[198] Bergmann/Möhrle/Herb, BDSG § 26 Rn. 290.

Empfangsgerät übermittelt werden.[199] Ein RFID-System besteht aus einem Transponder, der einen elektronischen Mikrochip und eine Antenne zum Empfangen und Aussenden von Funkwellen umfasst.[200] Der Transponder ist in der Lage, die darauf gespeicherten Daten berührungslos und ohne Sichtkontakt an ein Empfangsgerät zu übermitteln.[201] Seine Reichweite ist aber auf kurze Entfernungen im zweistelligen Meterbereich beschränkt, so dass im Beschäftigungskontext vor allem eine innerbetriebliche Ortung in Betracht kommt.[202] In der Regel werden RFID-Systeme im Bereich der Logistik angewendet, indem Waren hinsichtlich Artikelnummer, Produktherkunft oder Preis im Betriebsablauf identifiziert und bestimmungsgemäß verteilt werden können.[203] Es ist aber auch möglich, von Arbeitnehmern mitzuführende Gegenstände mit RFID-Technik auszustatten. Beispielhaft zu nennen sind Ausweiskarten, deren gespeicherte Zugangsdaten von einem berührungslos funktionierenden Türöffner gelesen und mit einem Zeitstempel versehen in einer Datenbank gespeichert werden.[204] Auch eine elektronische Führerscheinkontrolle mittels RFID bei Beschäftigten, die im Rahmen ihrer Tätigkeit Kraftfahrzeuge führen müssen, ist denkbar.[205]

85 Zu erwähnen sind im Übrigen sog. **Tachografen**, die der Überwachung und der Einhaltung der VO (EG) Nr. 561/2006 dienen. Dabei handelt es sich um elektronische Fahrtenschreiber, die ggf. in Kombination mit einer eingesteckten Chipkarte die Identität eines Fahrzeugführers, dessen Lenk- und Ruhezeiten, gefahrene Geschwindigkeiten und zurückgelegte Wegstrecken aufzeichnen.[206] Dadurch soll bei Berufskraftfahrern die Einhaltung von Ruhepausen sichergestellt und die Kontrollmöglichkeiten der Polizei und der Gewerbeaufsicht verbessert werden.[207]

2. Datenschutzrechtliche Bewertung

86 Der Einsatz von Ortungssystemen kann gemäß § 26 Abs. 1 Satz 1 und Satz 2 BDSG datenschutzrechtlich zulässig sein. Ebenso wie bei der Videoüberwachung stellt sich auch hier vor allem die Frage, wie stark die beabsichtigte Ortung in das **Persönlichkeitsrecht** des Beschäftigten eingreift. Dabei kann zunächst festgehalten werden, dass eine Ortung von Beschäftigten im Privatbereich, das heißt vor Beginn oder nach dem Ende der täglichen Arbeitszeit, an freien Tagen und im Urlaub wegen des damit verbundenen, massiven Eingriffs in die Privatsphäre regelmäßig unzulässig ist.[208] Die Gefahr einer Ortung im Privatbereich besteht typischerweise dann, wenn der Be-

---

199 Oberwetter, NZA 2008, 609 (611).
200 Für Einzelheiten zur Funktionsweise vgl. die Orientierungshilfe „Datenschutzgerechter Einsatz von RFID", herausgegeben vom Arbeitskreis „Technische und organisatorische Datenschutzfragen" der Konferenz der Datenschutzbeauftragten des Bundes und der Länder, S. 5 f.
201 Kramer/Bongers, S. 285.
202 Kramer/Bongers, S. 285; Gola, HdB Beschäftigtendatenschutz, Rn. 1232.
203 Gola, HdB Beschäftigtendatenschutz, Rn. 1233.
204 Gola, HdB Beschäftigtendatenschutz, Rn. 1234; WHWS Arbeitnehmerdatenschutz-HdB/Byers, S. 464.
205 Gola, HdB Beschäftigtendatenschutz, Rn. 1235 f.
206 Gola, HdB Beschäftigtendatenschutz, Rn. 1246.
207 Byers, NZA 2007, 1139 (1142).
208 Gola, NZA 2007, 1139 (1144).

schäftigte dienstliche Hardware (Laptop, Mobiltelefon etc) mit nach Hause nehmen darf oder einen Dienstwagen mit privater Nutzungsberechtigung besitzt.[209]
Hinweis: Arbeitgeber müssen deshalb darauf achten, dass die Ortung auf die Arbeitszeit beschränkt ist. Es bietet sich der Einsatz von Ortungssystemen an, die von dem Beschäftigten selbst nach dem Ende der Arbeitszeit deaktiviert werden können.[210]

Bei der Ortung **während der Arbeitszeit** kann im Wesentlichen zwischen folgenden Fallgruppen unterschieden werden: 87
- Aufklärung von Pflichtverletzungen oder Straftaten
- Prävention gegen Pflichtverletzungen oder Straftaten
- Koordinierung von Einsätzen der Beschäftigten; Warenverfolgung
- Leistungskontrolle
- Schutz des georteten Beschäftigten
- Ortung zur Erfüllung von rechtlichen Verpflichtungen

Hinsichtlich der Voraussetzungen einer **offenen Ortung** zur Aufklärung von Pflichtverletzungen und von Straftaten kann im Wesentlichen auf die obigen Ausführungen zur Zulässigkeit offener Videoüberwachungsmaßnahmen verwiesen werden. Sie kann entweder nach § 26 Abs. 1 Satz 1 BDSG oder nach § 26 Abs. 1 Satz 2 BDSG zulässig sein, je nachdem ob ein strafbares Verhalten im Raum steht oder nicht. In der Praxis kann der Einsatz von Ortungssystemen vor allem der Aufdeckung eines sog. Arbeitszeitbetrugs dienen. Voraussetzung ist, dass konkrete und zu dokumentierende Anhaltspunkte vorliegen, die einen Anfangsverdacht gegen eine bestimmte Person oder einen abgrenzbaren Personenkreis begründen. Bei einem Außendienstmitarbeiter kann ein Anfangsverdacht für einen Arbeitszeit- oder Spesenbetrug in einem rapiden 50-prozentigen Umsatzrückgang liegen, der von dem betroffenen Arbeitnehmer nicht plausibel begründet werden kann. Der mit der Erstellung eines sog. Bewegungsbildes mittels GPS verbundene Eingriff in das Persönlichkeitsrecht sowie die Speicherung und Weitergabe der hierbei angefallenen Daten ist in diesem Fall nicht rechtswidrig.[211] 88

Bei Präventionsmaßnahmen zur **Verhinderung von Straftaten** durch Beschäftigte muss aufgrund der Umstände des Einzelfalls eine realistische Gefährdungslage für das Eigentum des Arbeitgebers bejaht werden können. Eine solche kann anzunehmen sein, wenn den Beschäftigten besonders wertvolle Güter des Arbeitgebers oder seiner Kunden anvertraut werden.[212] Die Ortung kann in diesem Fall gemäß § 26 Abs. 1 Satz 1 BDSG zulässig sein, wenn sie nur stichprobenartig erfolgt. Die Erstellung von Bewegungsprofilen oder zeitlich unbegrenzte Ortungsmaßnahmen im Sinne einer „Rundumkontrolle" sind nicht mit der Straftatenprävention zu rechtfertigen.[213] 89

---

209 Gola, NZA 2007, 1139 (1144); ausführlich zur Dienstwagennutzung Kramer/Bongers, S. 293.
210 Gola, ZD 2012, 308 (310); WHWS Arbeitnehmerdatenschutz-HdB/Byers, S. 473; Kramer/Bongers, S. 293.
211 LAG BW 25.10.2002 – 5 Sa 59/00, BeckRS 2009, 68144.
212 WHWS Arbeitnehmerdatenschutz-HdB/Byers, S. 471.
213 WHWS Arbeitnehmerdatenschutz-HdB/Byers, S. 471.

90 Ein Einsatz von Ortungssystemen zur **Koordinierung von Arbeitseinsätzen** oder zur Warenverfolgung kann ebenfalls gemäß § 26 Abs. 1 Satz 1 BDSG zulässig sein, wenn die konkrete Tätigkeit dies erfordert. Das ist anzunehmen, wenn die Ortung dazu geeignet ist, die betreffenden Arbeitgeberinteressen effizient wahrzunehmen und sich dabei als mildestes Mittel darstellt.[214] Die Erforderlichkeit kann sich insoweit auch aus der Organisation des Betriebs ergeben.[215] Die Betriebsorganisation ist beispielsweise im Bereich des sog. Flottenmanagements (Verwaltung, Steuerung und Kontrolle eines Fuhrparks)[216] berührt, oder allgemeiner, wenn der Einsatz einzelner oder mehrerer Beschäftigter räumlich koordiniert werden muss. So müssen Taxiunternehmen typischerweise eine genaue Kenntnis davon haben, wo sich die einzelnen Fahrer mit ihren Fahrzeugen aufhalten, um im Falle eines Kundenanrufs das naheliegendste Fahrzeug in der kürzest möglichen Zeit zu dem Kunden entsenden zu können. Das berechtigte Interesse des Taxiunternehmens führt aber nicht so weit, dass ein Fahrer während des Wartens auf Fahrgäste alle drei Minuten eine Singaltaste drücken muss, um seine Arbeitsbereitschaft zu dokumentieren.[217] Vergleichbare Interessenlagen kann es bei Polizeistreifen, der Feuerwehr oder bei Rettungsdiensten geben.[218] Bei diesen Berufen besteht wegen möglicher Eil- oder Gefahreneinsätze, die häufig lebenswichtige Interessen betreffen, ein besonderes schutzwürdiges Bedürfnis an einer Ortung, zumal diese auch der eigenen Sicherheit der Beschäftigten dienen kann. Dies gilt auch für Beschäftigte im Bereich des Gefahrguttransports.[219] Im Rahmen der Verhältnismäßigkeitsprüfung ist aber auch in diesen Fällen zu fragen, ob mildere Mittel in Betracht kommen, die beispielsweise in der telefonischen Abfrage von Standorten oder einer Abfrage über Funk liegen können.[220] Eine Ortung, mit der primär wirtschaftliche oder ökologische Motive wie die Reduzierung von Treibstoffkosten oder eine verbesserte Routenplanung dient, ist verhältnismäßig, wenn sie in Kenntnis der betroffenen Beschäftigten erfolgt und keine darüber hinausgehende Leistungs- und Verhaltenskontrolle erfolgt.[221]

91 Der Einsatz von Ortungstechnik zur **Kontrolle der Arbeitsleistung** kann ebenfalls nach § 26 Abs. 1 Satz 1 BDSG zulässig sein, sofern es sich nicht um eine dauerhafte Ortung zum Zwecke einer allgemeinen Kontrolle der Arbeitsleistung handelt.[222] Dafür sprechen der mit einer solch ausgedehnten Überwachung verbundene, erhebliche Überwachungs- und Anpassungsdruck.[223] Eine Ortung kann aber ein taugliches Mittel darstellen, um die Einhaltung von Arbeitszeiten zu überwachen. Das gilt umso mehr, wenn die Überwachung von Arbeits- und Ruhezeiten, wie im Falle der der VO (EG) Nr. 561/2006 gesetzlich angeordnet ist. Im Zusammenhang mit der Datenverarbeitung durch Tachografen ist auf § 21a Abs. 7 ArbZG hinzuweisen, der eine Auf-

---

214 Gola, ZD 2012, 308 (310).
215 Gola, ZD 2012, 308 (309).
216 WHWS Arbeitnehmerdatenschutz-HdB/Byers, S. 469.
217 LAG Berlin 30.8.2018 – 26 Sa 1151/17, NZA-RR 2019, 14.
218 Kramer/Bongers, S. 291.
219 WHWS Arbeitnehmerdatenschutz-HdB/Byers, S. 466.
220 Kramer/Bongers, S. 291.
221 WHWS Arbeitnehmerdatenschutz-HdB/Byers, S. 470.
222 Kramer/Bongers, S. 291.
223 Kühling/Buchner/Maschmann, BDSG § 26 Rn. 45.

zeichnung der Arbeitszeiten von Fahrern oder Beifahrern bei Straßenverkehrstätigkeiten ausdrücklich anordnet und den Arbeitgeber zudem verpflichtet, die Aufzeichnungen für mindestens zwei Jahre aufzubewahren.[224] Auch die Erfassung von Zeitintervallen und gefahrenen Kilometern kann zulässig sein, wenn dies für die Abrechnung gegenüber den Kunden erforderlich ist.[225] Hier kann aber das Führen eines analogen oder digitalen Fahrtenbuchs durch den Fahrer unter Umständen ein milderes Mittel gegenüber der Ortung darstellen.

Für die **heimliche Ortung** von Beschäftigten gelten die oben dargestellten Voraussetzungen einer heimlichen Videoüberwachung ebenfalls sinngemäß. Sie ist nur in absoluten Ausnahmefällen als *ultima ratio* zulässig, wenn rechtlich geschützte Güter des Arbeitgebers schwerwiegend beeinträchtigt werden, insbesondere also der konkrete Verdacht einer strafbaren Handlung zu dessen Lasten im Raum steht.[226] Die heimliche Ortung muss im Sinne der Rechtsprechung des BAG zur heimlichen Videoüberwachung das praktisch einzig verbleibende Mittel zur Aufklärung des Tatverdachts darstellen und in zeitlicher Hinsicht auf das unbedingt notwendige Maß beschränkt bleiben.[227] Für eine heimliche Ortung kann sprechen, dass ein Täter seine Tat in Kenntnis einer (offenen) Ortung kaum wiederholen wird, wenn diese grundsätzlich geeignet ist, die Tat festzustellen.[228]

92

IV. Überwachung von dienstlichem Telefon, E-Mail-Account und Internetanschluss

1. Überwachung bei ausschließlich dienstlicher Nutzung

Die Zulässigkeit der Datenverarbeitung im Zusammenhang mit der Überwachung der **dienstlichen Telekommunikationsmittel** hängt, da diese dem Anwendungsbereich des Fernmeldegeheimnisses gemäß §§ 88 TKG, 206 StGB unterfallen kann, nach aktueller Rechtslage maßgeblich davon ab, ob eine Privatnutzung gestattet oder untersagt ist (Einzelheiten dazu → § 5 Rn. 34). Ist die Privatnutzung der dienstlichen Telekommunikationsmittel nicht gestattet, kommt gilt das Fernmeldegeheimnis nicht. Die Zulässigkeit der Datenverarbeitung richtet sich dann nach § 26 Abs. 1 Satz 1 und 2 BDSG.

93

Zunächst ist festzuhalten, dass die verfassungsrechtliche Garantie des **Rechts am gesprochenen Wort** auch bei einer gestatten Privatnutzung nicht entfällt. Der Beschäftigte kann deshalb auch bei dienstlichen Telefonaten grundsätzlich frei darüber entscheiden, ob er seine Worte nur dem Gesprächspartner oder auch einem Dritten zugänglich machen will.[229] Das heimliche Mithören und Aufzeichnen von Gesprächen (sog. Voice-Recording) ohne die Einwilligung des Beschäftigten stellt einen schwerwiegenden und unverhältnismäßigen Eingriff in dessen Persönlichkeitsrecht dar, so dass in aller Regel von der Unzulässigkeit entsprechender Maßnahmen ausgegangen werden muss.[230] Es kann nur ausnahmsweise auf Grundlage von § 26 Abs. 1 Satz 2

94

---

224 Vgl. dazu Gola, HdB Beschäftigtendatenschutz, Rn. 1246 f.
225 WHWS Arbeitnehmerdatenschutz-HdB/Byers, S. 470.
226 WHWS Arbeitnehmerdatenschutz-HdB/Byers, S. 472, 473.
227 BAG 22.9.2016 – 2 AZR 848/15, NZA 2017, 112.
228 Kramer/Bongers, S. 288.
229 Gola, HdB Beschäftigtendatenschutz, Rn. 1338, 1340.
230 WHWS Arbeitnehmerdatenschutz-HdB/Byers, S. 522.

BDSG zulässig sein, wenn zu dokumentierende Tatsachen den konkreten Verdacht einer Straftat oder einer besonders schwerwiegenden Pflichtverletzung begründen, der mithilfe der heimlichen Überwachung von Telefonaten mit hoher Wahrscheinlichkeit aufgeklärt werden kann. Das **offene Mithören** von dienstlichen Telefonaten kann nur ausnahmsweise gemäß § 26 Abs. 1 Satz 1 BDSG für die Durchführung des Beschäftigungsverhältnisses erforderlich sein, wenn die Telefonie einen wesentlichen Bestandteil der Arbeitsleistung darstellt.[231] Daran ist bei Beschäftigten in Callcentern oder Telefonzentralen zu denken, wenn das Mithören der Einarbeitung bzw. Ausbildung oder der Qualitätskontrolle hinsichtlich der Gesprächsführung dient.[232] Das bloße Mithören stellt dabei gegenüber einer Aufzeichnung eines Telefonats ein milderes Mittel dar und ist deshalb vorzugswürdig, zumal eine unbefugte Tonträgeraufnahme den Straftatbestand des § 201 StGB erfüllen kann.[233] Ein dauerhaftes bzw. ständiges Mithören von Telefonaten ist aber auch in solchen Konstellationen untersagt. Zulässig sind nur stichprobenartige Kontrollen aus konkretem Anlass, etwa einer größeren Anzahl von Kundenbeschwerden über den konkreten Beschäftigten.[234] Das sog. **Silent Monitoring**, bei dem der Beschäftigte zwar über die Durchführung aber nicht über den Zeitpunkt von Kontrollen vorab informiert wird, dient zwar dem berechtigten Interesse des Arbeitgeber an einer „unverfälschten" Kontrolle des Gesprächsverhaltens, kann aber wegen des erheblichen Überwachungsdrucks nur in sehr engen (zeitlichen) Grenzen zulässig sein.[235]

95 Die Hürden für einen Zugriff auf den **dienstlichen E-Mail-Account** und die dienstliche E-Mail-Korrespondenz eines Beschäftigten hängen bei einer fehlenden privaten Nutzungsberechtigung vergleichsweise niedriger. Der Arbeitgeber ist bei Vorliegen eines konkreten dienstlichen Anlasses berechtigt, jederzeit auf den E-Mail-Account bzw. auf das E-Mail-Postfach des Beschäftigten zuzugreifen.[236] Fehlt es an einem konkreten Anlass, kann ein stichprobenartiger Zugriff auf den Account etwa zum Zwecke der Kontrolle zulässig sein, ob sich der Beschäftigte an das Verbot der Privatnutzung hält. Der Arbeitgeber ist ferner berechtigt, grundsätzlich jede ein- und ausgehende E-Mail-Nachricht zu lesen, da diese dem Unternehmen als Teil der geschäftlichen Korrespondenz zustehen.[237] Dies schließt das Recht des Arbeitgebers ein, sich dienstliche E-Mails bei konkretem Anlass von dem Beschäftigten vorlegen bzw. weiterleiten zu lassen.[238] Im Falle einer Vertretungssituation währen des Urlaubs oder während einer krankheitsbedingten Arbeitsunfähigkeit können die eingehenden E-Mail-Nachrichten auch automatisch an einen Kollegen weitergeleitet werden. Dies sollte jedoch gegenüber dem Absender kenntlich gemacht werden.[239] Insgesamt ist bei derartigen Maßnahmen stets der Verhältnismäßigkeitsgrundsatz zu beachten. Die

---

231 BAG 30.8.1995 – 1 ABR 4/95, NZA 1996, 218.
232 Simitis/Seifert, DS-GVO Art. 88 Rn. 147.
233 Gola, HdB Beschäftigtendatenschutz, Rn. 1349.
234 Jordan/Bissels/Löw, BB 2008, 2626; WHWS Arbeitnehmerdatenschutz-HdB/Byers, S. 523.
235 Kramer/Oberthür, Rn. 494.
236 Buschbaum/Rosak, DB 2014, 2530 (2531).
237 WHWS Arbeitnehmerdatenschutz-HdB/Byers, S. 528; Gola, HdB Beschäftigtendatenschutz, Rn. 1366; aA aber Däubler, Gläserne Belegschaften, Rn. 351; Raffler/Hellich, NZA 1997, 862 (863).
238 Kramer/Oberthür, Rn. 490.
239 Gola, HdB Beschäftigtendatenschutz, Rn. 1373.

Mitwirkung des Mitarbeiters bzw. die Einsichtnahme dessen E-Mail-Korrespondenz stellt gegenüber der Einsichtnahme ohne dessen Mitwirkung in der Regel ein milderes, gleich geeignetes Mittel dar. Eine Einsichtnahme in E-Mails, die erkennbar einen privaten Inhalt aufweisen, darf der Arbeitgeber nur insoweit vornehmen, als dies erforderlich ist, um einen Verstoß gegen das Verbot der Privatnutzung festzustellen und arbeitsrechtlich zu ahnden. Ergibt sich der private Charakter bereits aus der Betreffzeile, ist eine Einsichtnahme in den Inhalt einer E-Mail für den Nachweis der Pflichtverletzung nicht erforderlich und daher unzulässig.[240]

Ähnliche Grundsätze gelten für die Kontrolle der **Internetnutzung**. Eine stichprobenartige Kontrolle ist zulässig, wenn sie dazu dient, Verstöße gegen das Verbot der Privatnutzung festzustellen. Eine umfassende und ständige Kontrolle des Nutzerverhaltens ohne konkreten Anlass ist auch hier unzulässig. Allerdings kommt eine Auswertung der von dem Beschäftigten besuchten Internetseiten bzw. des Browserverlaufs und der auf einzelnen Seiten verbrachten Zeit bei konkreten Verdachtsmomenten für das Vorliegen einer Straftat in Betracht, zB für eine exzessive Internetnutzung während der Arbeitszeit.[241] Alleine die abstrakte Möglichkeit, dass es zum „Datendiebstahl" oder zur einer „unberechtigten Nutzung des Internets während der Arbeitszeit" kommen könnte, rechtfertigt es aber nicht, den Datenverkehr der Arbeitnehmer anlasslos zu überwachen, zu speichern und auszuwerten.[242]

2. Überwachung bei privater Nutzungsberechtigung

Ist die Privatnutzung dienstlicher Telekommunikationsmittel gestattet, findet das **Fernmeldegeheimnis** gemäß §§ 88 TKG, 206 StGB Anwendung. Die private E-Mail-Korrespondenz ist dem Zugriff des Arbeitgebers in dieser Situation untersagt, wenn nicht in absoluten Ausnahmefällen ein konkreter Verdacht strafbaren Verhaltens im Raum steht. Ein Zugriff auf dienstliche E-Mails kommt nur dann in Betracht, wenn diese durch entsprechende Technikgestaltung strikt von den privaten E-Mails getrennt sind und damit eine Wahrnehmung privater Inhalte sicher ausgeschlossen ist.[243] Die Einrichtung einer Weiterleitungsfunktion während des Urlaubs oder der krankheitsbedingten Abwesenheit ist diesem Fall nicht zulässig.[244] Außerhalb des Übertragungsvorgangs von E-Mails dürfen personenbezogene Daten nur auf Grundlage der §§ 91 ff. TKG zu den dort genannten Zwecken verarbeitet werden.

Eine Auswertung von **Verbindungsdaten** der Internetnutzung ist deshalb nur in sehr engen Grenzen zulässig. So dürfen die Dauer der Internetnutzung und der Browserverlauf nur dann nachvollzogen werden, wenn der Beschäftigte eines telekommunikationsspezifischen Missbrauchs verdächtigt wird, der unter den Anwendungsbereich von § 100 Abs. 3 Satz 1 TKG fällt. Dies kann beispielsweise beim Aufruf von verbotenen extremistischen oder pornographischen Webseiten der Fall sein.[245] Verdachtsmomente für eine exzessive Internetnutzung während der Arbeitszeit genügen nicht

---

240 Kramer/Oberthür, Rn. 492.
241 LAG Berlin-Brandenburg 14.1.2016 – 4 Sa 657/15, CR 2016, 442.
242 ArbG Cottbus 25.11.2014 – 3 Ca 359/14, ZD 2016, 301.
243 WHWS Arbeitnehmerdatenschutz-HdB/Byers, S. 526.
244 Buschbaum/Rosak, DB 2014, 2530 (2532).
245 WHWS Arbeitnehmerdatenschutz-HdB/Byers, S. 527.

für eine Auswertung der Verbindungsdaten, wenn man, sei es nur zur Vermeidung strafrechtlicher Risiken, von der Anwendbarkeit des Fernmeldegeheimnisses ausgeht.[246]

99 Im Übrigen ist auch das **Mithören** oder Aufzeichnen von Telefongesprächen untersagt, wenn das dienstliche Telefongerät privat genutzt werden darf. Das gilt für heimliche und für offene Maßnahmen.

V. Sonstige Formen der Überwachung

100 Eine abschließende Darstellung der denkbaren Überwachungsmaßnahmen ist wegen der rasanten technischen Entwicklung kaum möglich. Das BAG hat anhand des Mitbestimmungstatbestands in § 87 Abs. 1 Nr. 6 BetrVG zutreffend herausgearbeitet, dass jedem technischen Gerät mit dessen Hilfe personenbezogene Beschäftigtendaten verarbeitet werden können, zugleich das Potenzial für eine Überwachung von Leistung und Verhalten der betroffenen Beschäftigten innewohnt.[247] Deshalb ist es zu erwarten, dass in den kommenden Jahren zahlreiche weitere technische Innovationen zum Gegenstand arbeitsrechtlicher Streitigkeiten werden, weil mit ihrer Hilfe ein Fehlverhalten von Beschäftigten festgestellt werden konnte.

101 Im Wesentlichen gelten für alle bereits existenten und künftigen Überwachungsmaßnahmen dieselben Zulässigkeitsmaßstäbe, die sich anhand der oben dargestellten Rechtsprechung des BAG zur Rechtmäßigkeit der offenen und verdeckten **Videoüberwachung** nachvollziehen und auf andere Fälle übertragen lassen. So hat das BAG die Überwachung mittels eines sog. **Keyloggers** hinsichtlich ihrer Eingriffsintensität ausdrücklich mit einer verdeckten Videoüberwachung verglichen. Bei einem Keylogger handelt es sich um eine Hard- oder Software, die dazu dient, die Eingaben des Benutzers an der Tastatur eines Computers – etwa durch unbemerkte Anfertigung von Screenshots – zu protokollieren und damit zu überwachen oder zu rekonstruieren. Darin liegt ein schwerwiegender Eingriff in das Persönlichkeitsrecht der anhand von jetzt § 26 Abs. 1 Satz 2 BDSG zu prüfen ist. In dem vom BAG entschiedenen Fall konnte der Arbeitgeber die Überwachung mittels Keylogger nicht auf einen durch konkrete Tatsachen begründeten Anfangsverdacht stützen, so dass die Maßnahme rechtswidrig und die damit gewonnenen Daten im Kündigungsschutzprozess unverwertbar waren.[248] Auch der heimliche Mitschnitt eines Personalgesprächs mittels eines Smartphones und das heimliche Belauschen eines Gesprächs mithilfe einer Bürosprechanlage stellen einen erheblichen Eingriff in das Allgemeine Persönlichkeitsrecht dar und sind regelmäßig rechtswidrig.[249]

102 Wegen § 26 Abs. 7 BDSG müssen sich aber auch solche Überwachungsmaßnahmen an § 26 Abs. 1 Satz 1 und 2 BDSG messen lassen, die gänzlich ohne den Einsatz von technischen Hilfsmitteln auskommen. Deshalb kommt eine von dem Arbeitgeber

---

246 AA LAG Berlin-Brandenburg 14.1.2016 – 4 Sa 657/15, CR 2016, 442.
247 BAG 6.12.1983 – 1 ABR 43/81, NJW 1984, 1476.
248 BAG 27.7.2017 – 2 AZR 681/16, NZA 2017, 1327.
249 LAG Hessen 23.8.2017 – 6 Sa 137/17, NZA-RR 2018, 73; LAG Rheinland-Pfalz 3.2.2016 – 7 Sa 220/15, NZA-RR 2016, 480 (Mitschnitt per Smartphone); BAG 2.6.1982 – 2 AZR 1237/79, NJW 1983, 1691 (Mithören über eine Bürosprechanlage).

durchgeführte **Schrankdurchsuchung** am Arbeitsplatz nur in Betracht, wenn sie das mildeste unter den gleich geeigneten Mitteln darstellt. Daran kann es fehlen, wenn die Durchsuchung heimlich und ohne das Beisein des betroffenen Arbeitnehmers durchgeführt wurde.[250] (Vorbeugende) **Torkontrollen** sind nur zulässig, soweit sie gemäß § 26 Abs. 1 Satz 1 BDSG für die konkreten Beschäftigungsverhältnisse erforderlich sind.[251] Die von dem Arbeitgeber veranlasste Observation eines Arbeitnehmers durch einen **Privatdetektiv** wegen des Verdachts einer vorgetäuschten Arbeitsunfähigkeit kann angesichts des hohen Beweiswerts einer ärztlichen Arbeitsunfähigkeitsbescheinigung unzulässig sein, wenn keine ernsthaften und objektiv begründbaren Zweifel an der Richtigkeit der Bescheinigung dargelegt werden können.[252] Solche Zweifel können sich aus dem Verhalten des Arbeitnehmers ergeben, wenn dieser seine Krankmeldung für den Fall androht, dass er an einem bestimmten Tag eine gewünschte Arbeitsbefreiung nicht erhält.[253] Sie können auch dann berechtigt sein, wenn der Arbeitnehmer nach einer Auseinandersetzung mit dem Arbeitgeber den Betrieb verlässt und in den folgenden zwei Monaten Arbeitsunfähigkeitsbescheinigungen von fünf Ärzten dem Arbeitgeber vorlegt, die er zeitlich lückenlos jeweils wegen anderer Beschwerden konsultiert hat.[254] Allerdings kann auch in diesen Konstellationen die Einholung einer Stellungnahme durch den medizinischen Dienst der gesetzlichen Krankenversicherung gemäß § 275 SGB V ein milderes Mittel gegenüber einer Observation darstellen.[255] Sog. Zuverlässigkeitstest, mit denen Arbeitnehmer „auf die Probe gestellt" werden sollen, sind nur zulässig, wenn gegen sie der konkrete Verdacht einer gegen den Arbeitgeber gerichteten Straftat oder einer schweren Arbeitspflichtverletzung besteht.[256] Ehrlichkeitstest sind nur bei „unbeaufsichtigt" tätigen Beschäftigten denkbar, wenn der Arbeitgeber keine andere Möglichkeit hat, sich von deren Rechtschaffenheit zu überzeugen. Der Mitarbeiter darf nicht nur mit dem Ziel auf die Probe gestellt werden, ihn „hereinzulegen".[257]

VI. Compliance und Whistleblowing

Die Überwachung von Beschäftigten ist eng mit der Compliance in Unternehmen verknüpft. Der Begriff Compliance erfasst die Gesamtheit der Maßnahmen im Unternehmen, welche die Einhaltung von Recht, Gesetz und internen Richtlinien gewährleisten sollen.[258] Größere Unternehmen verfügen in der Regel über eine eigene Compliance-Abteilung mit sog. Compliance-Officern, die für die Einhaltung der Regelungen im Unternehmen Sorge tragen und geeignete Kontrollen ausführen.[259] Darüber hinaus existieren in Unternehmen Verhaltenskodizes (**Code-of-Conduct**) oder sog. Ethikrichtlinien, die verbindliche Verhaltensprinzipien für die Beschäftigten aufstel-

103

---

250 BAG 20.6.2013 – 2 AZR 546/12, NZA 2014, 143.
251 Dazu ausführlich Joussen, NZA 2010, 254.
252 BAG 19.2.2015 – 8 AZR 1007/13, NJW 2015, 2749.
253 LAG Köln 17.4.2002 – 7 Sa 462/01, NZA-RR 2003, 15; LAG Schleswig-Holstein 19.7.2016 – 1 Sa 37/16, BeckRS 2016, 74268.
254 LAG Hamm 10.9.2003 – 18 Sa 721/03, NZA-RR 2004, 292.
255 Simitis/Seifert, DS-GVO Art. 88 Rn. 156.
256 Maschmann, NZA 2002, 13 (21).
257 Maschmann, NZA 2002, 13 (21).
258 Maschmann, NZA-Beil. 2012, 50 (50); Stück, ArbRAktuell 2015, 337 (337).
259 Kempter/Steinat, NZA 2017, 1505 (1506).

len.²⁶⁰ Auch die Einhaltung datenschutzrechtlicher Bestimmungen ist Gegenstand von Compliance-Regelungen.

104 Umgekehrt stellt sich die Frage, unter welche Voraussetzungen Unternehmen die personenbezogenen Daten ihrer Beschäftigten zu den Zwecken der Compliance verarbeiten dürfen.²⁶¹ Diese Zwecke müssen wegen Art. 5 Abs. 1 lit. b DS-GVO in den unternehmensinternen Compliance-Regelungen in hinreichend bestimmter Form festgelegt werden:

- Konkrete Maßnahmen zur Bestimmung von Compliance-Risiken des Unternehmens
- Konkrete Maßnahmen zur Prävention und zur Risikominimierung (zB Compliance-Schulungen)
- Einhaltung bestimmter Verfahrensvorgaben zur Kontrolle und Aufklärung von Verstößen
- Einrichtung eines Meldesystems für sog. Whistleblower und Einhaltung entsprechender Verfahrensvorgaben
- Auswahl und Umsetzung von arbeitsrechtlichen Folgemaßnahmen bei festgestellten Verstößen (Abmahnung, Kündigung etc) und zur Anzeige von Verstößen bei den Strafverfolgungsbehörden
- Einhaltung von bestimmten Verfahrensvorgaben, wenn ein Verdacht nicht aufgeklärt werden kann oder widerlegt wird (zB Information des Betroffenen, Löschung von Daten)
- Gewährleistung von Arbeitnehmerrechten, zB zur Einsichtnahme in eine Compliance-Akte oder datenschutzrechtliche Betroffenenrechte
- Durchführung von Compliance-Checks bei personellen Maßnahmen (zB Beförderungen)
- Konkrete Maßnahmen zur Evaluation und zur Verbesserung des Compliance-Systems

105 Bei der weiteren Zulässigkeitsprüfung ist zwischen präventiven und repressiven **Compliance-Maßnahmen** zu unterscheiden. Präventive Compliance-Maßnahmen dienen der ohne konkreten Anlass erfolgenden Überprüfung der Einhaltung von bestehenden Regelungen oder Weisungen.²⁶² Die damit verbundene Verarbeitung von personenbezogenen Beschäftigtendaten ist nicht gemäß § 26 Abs. 1 Satz 1 BDSG für die Durchführung des Beschäftigungsverhältnisses oder gemäß § 26 Abs. 1 Satz 2 BDSG zur Aufdeckung von Straftaten erforderlich und kann deshalb nur gemäß Art. 6 Abs. 1 lit. f DS-GVO zulässig sein. Auf dieser Grundlage kommen in der Regel nur stichprobenartige Überprüfungen mit einer geringen Eingriffsintensität in Betracht. Nur bei besonders bedeutsamen Pflichten sind weitergehende Maßnahmen denkbar.

106 **Repressive Compliance** liegt vor, wenn der Arbeitgeber aufgrund von konkreten Hinweisen einen bestimmten Anfangsverdacht hat und diesen in einer unternehmensinternen Untersuchung (Internal Investigation) aufklären möchte.²⁶³ In solchen Fällen

---

260 Kempter/Steinat, NZA 2017, 1505 (1507).
261 Bergmann/Möhrle/Herb, BDSG § 26 Rn. 127.
262 Stück, ArbRAktuell 2019, 216 (216).
263 Stück, ArbRAktuell 2019, 216 (216).

ergibt sich die Zulässigkeit der Datenverarbeitung aus § 26 Abs. 1 Satz 1 BDSG oder aus § 26 Abs. 1 Satz 2 BDSG. Die Datenverarbeitung umfasst dabei häufig nicht nur die personenbezogenen Daten des verdächtigen Beschäftigten, sondern auch die Informationen eines sog. **Whistleblowers**, also einer Person, die an den Arbeitgeber mit bestimmten Verdachtsmomenten herangetreten ist.[264] Vor allem in größeren Unternehmen existieren Whistleblowing-Systeme, auch Meldesysteme genannt, die es Beschäftigten oder Dritten etwa über eine Whistleblowing-Telefon-Hotline ermöglichen, (anonym) Informationen über Verhaltensweisen von Beschäftigten des Unternehmens abzugeben, die nicht im Einklang mit dem Gesetz oder unternehmensinternen Verhaltensregeln stehen.[265] Teilweise ist mit der Einführung einer solchen Systematik auch eine Meldepflicht von Verstößen oder von Verdachtsmomenten für die Beschäftigten umfasst.[266] Erlangt ein Arbeitgeber aufgrund eines bei ihm bestehenden Whistleblowing-Systems Kenntnis von Verstößen einzelner Beschäftigter gegen gesetzliche oder unternehmensinterne Vorschriften, ist der Arbeitgeber berechtigt, auf Grundlage dieser Informationen weitere Ermittlungen anzustellen und zu diesem Zweck die personenbezogenen Daten des verdächtigten Beschäftigten, aber auch des Whistleblowers zu verarbeiten und zunächst bis zum Abschluss der Ermittlungen zu speichern.[267] Der Schutz von Whistleblowern gebietet es nicht, dass sie betreffend nur anonyme Daten verarbeitet werden.[268]

Bestätigt sich der Verdacht, dürfen die personenbezogenen Daten solange gespeichert bleiben, wie es zur Umsetzung aller im konkreten Fall in Betracht kommenden, repressiven Maßnahmen erforderlich ist. Kann ein Sachverhalt nicht aufgeklärt werden oder wird ein Verdacht widerlegt, sind die Daten spätestens nach Ablauf der regelmäßigen **Verjährungsfrist** von drei Jahren gemäß § 195 BGB zu löschen. Der Arbeitgeber hat kein schutzwürdiges Eigeninteresse an einer länger andauernden Speicherung, und es drohen ihm in der Regel keine Gegenansprüche des Beschäftigten mehr (zB Schadensersatz wegen Verletzung des Allgemeinen Persönlichkeitsrechts durch bestimmte Ermittlungsmaßnahmen). Solange die Daten gespeichert sind, dürfen sie nur einem möglichst eingeschränkten Personenkreis zugänglich sein.[269] Dies rechtfertigt grundsätzlich auch die Einführung von Compliance-Akten oder elektronischen Compliance-Systemen, in denen die Compliance-Sachverhalte separat von der Personalakte eines Beschäftigten gespeichert werden. 107

Die von Compliance-Maßnahmen betroffenen Beschäftigten sind nach Maßgabe von Art. 13, 14 DS-GVO über die damit verbundene Datenverarbeitung zu informieren, soweit der Ermittlungserfolg dadurch nicht gefährdet wird.[270] Das Auskunftsrecht des Beschäftigten gemäß Art. 15 Abs. 1 DS-GVO und das Recht auf Zurverfügungstellung einer **Datenkopie** gemäß Art. 15 Abs. 3 DS-GVO umfasst auch personenbezogene Daten in einem elektronischen Compliance-System, wenn der Arbeitgeber die 108

---

264 Ausführlich zur Datenverarbeitung beim Whistleblowing Groß/Platzer, NZA 2017, 1097.
265 Mahnhold, NZA 2008, 737 (737).
266 Mahnhold, NZA 2008, 737 (737 f.).
267 Simitis/Seifert, DS-GVO Art. 88 Rn. 158.
268 Simitis/Seifert, DS-GVO Art. 88 Rn. 158.
269 Simitis/Seifert, DS-GVO Art. 88 Rn. 158.
270 Simitis/Seifert, DS-GVO Art. 88 Rn. 158.

Beeinträchtigung von Rechten Dritter wie zB Whistleblowern oder ein sonstiges anerkennenswertes Geheimhaltungsinteresse gemäß Art. 15 Abs. 4 DS-GVO im Streitfall nicht substantiiert darlegen kann.[271]

D. Gesundheitsdaten und Betriebliches Eingliederungsmanagement

I. Relevanz von Gesundheit im Beschäftigungsverhältnis

109 Die Gesundheit des Beschäftigten ist eine Grundvoraussetzung eines funktionierenden arbeitsvertraglichen **Äquivalenzverhältnisses**. Beschäftigte, die sich in einer schlechten gesundheitlichen Verfassung befinden, können die geschuldete Arbeitsleistung häufig nur eingeschränkt oder gar nicht erbringen. Das finanzielle Risiko von krankheitsbedingten Ausfällen im Arbeitsverhältnis trägt (zeitlich begrenzt) der Arbeitgeber, weil er gemäß § 3 EFZG verpflichtet ist, die Vergütung des Arbeitnehmers für die Dauer von sechs Wochen weiterzubezahlen, ohne dass er hierfür eine Gegenleistung erhält. Tarifverträge sehen für die Zeit nach dem Ablauf des Entgeltfortzahlungszeitraums oftmals die Verpflichtung zur Zahlung eines Krankengeldzuschusses vor, um auch bei Langzeiterkrankungen eine Sicherung des Lebensunterhalts zu erreichen.[272] Auch der Gesundheitszustand von nahen Angehörigen von Beschäftigten kann gemäß § 616 BGB eine Leistungspflicht des Arbeitgebers auslösen.[273] Darüber hinaus obliegt es dem Arbeitgeber im Rahmen seiner Fürsorgepflicht gemäß § 618 BGB und dem übrigen Arbeitsschutzrecht, die Arbeitsorganisation gesundheitsverträglich zu gestalten. Besondere Pflichten bestehen, wenn eine gesundheitliche Beeinträchtigung des Beschäftigten als Schwerbehinderung iSv § 2 SGB IX zu bewerten ist. Die Gesundheit eines Beschäftigten kann auch einen tauglichen (personenbedingten) Kündigungsgrund darstellen.

110 Aus datenschutzrechtlicher Sicht zählen **Gesundheitsdaten** zu den besonderen Kategorien personenbezogener Daten iSv Art. 9 Abs. 1 DS-GVO und dürfen nur unter den strengeren Voraussetzungen von Art. 9 Abs. 2 DS-GVO respektive § 26 Abs. 3 BDSG iVm § 22 Abs. 2 BDSG vom Arbeitgeber verarbeitet werden. Der vergleichsweise stärkere Schutz von Gesundheitsdaten trägt dem Umstand Rechnung, dass diese typischerweise einen Bezug zur Privat- oder sogar Intimsphäre einer Person aufweisen.[274] Der Begriff der Gesundheitsdaten ist in Art. 4 Nr. 15 DS-GVO definiert.

Art. 4 Nr. 15 DS-GVO

„Gesundheitsdaten" [sind] personenbezogene Daten, die sich auf die körperliche oder geistige Gesundheit einer natürlichen Person, einschließlich der Erbringung von Gesundheitsdienstleistungen, beziehen und aus denen Informationen über deren Gesundheitszustand hervorgehen;

111 Diese Begriffsbestimmung ist weit auszulegen.[275] Es sind nicht nur Einzelangaben über **Erkrankungen** erfasst, sondern auch positive oder neutrale Informationen zum

---

271 LAG Baden-Württemberg 20.12.2018 – 17 Sa 11/2018, NZA-RR 2019, 242 (nicht rechtskräftig, Revision beim BAG anhängig unter 5 AZR 66/19).
272 Vgl. bspw. § 22 Abs. 2 und 3 TVöD.
273 ErfK/Preis, BGB § 616 Rn. 8 f.
274 WHWS Arbeitnehmerdatenschutz-HdB/Geiger, S. 440.
275 Kühling/Buchner/Weichert, DS-GVO Art. 4 Nr. 15 Rn. 2; Ehmann/Selmayr/Klabunde, DS-GVO Art. 4 Rn. 43.

Gesundheitszustand.²⁷⁶ Schon die bloße Information, dass ein Beschäftigter „krank" oder „gesund" ist, genügt.

Beispiele: Bestimmte Diagnosen, Schwangerschaft, genetische Daten iSv Art. 4 Nr. 13 DS-GVO

112

Gesundheitsdaten sind auch solche Daten, aus denen nur mittelbar bzw. indirekt Rückschlüsse über die Gesundheit des Betroffenen gezogen werden können.²⁷⁷

113

Beispiele: Fachrichtung eines zu Rate gezogenen Arztes, Einsatz einer bestimmten Medikation, Häufigkeit von Arztbesuchen, Vorlage einer Arbeitsunfähigkeitsbescheinigung

114

Allerdings kommt es bei der indirekten Ableitung von Gesundheitsdaten auf den **Verwendungszusammenhang** im Einzelfall an.²⁷⁸

115

Beispiel: Der Geschäftsführer pflegt mit einem seiner langjährigen Arbeitnehmer ein freundschaftsähnliches Verhältnis und erkundigt sich aus dieser Verbundenheit heraus bei dem Arbeitnehmer danach, „wie es ihm geht". Hierin kann man entweder eine Datenverarbeitung „zur Ausübung von persönlichen Tätigkeiten" sehen, die gemäß Art. 2 Abs. 2 lit. c DS-GVO vom sachlichen Anwendungsbereich der DS-GVO ausgenommen ist. Oder man stellt auf den Verwendungszusammenhang ab, der die Nachfrage jedenfalls nicht als Erhebung von Gesundheitsdaten iSv Art. 9 Abs. 1 DS-GVO qualifiziert. Dann kann die Nachfrage des Arbeitgebers wegen des gleichgelagerten Interesses von Arbeitgeber und Arbeitnehmer an einem sozialadäquaten Umgang im Beschäftigungsverhältnis gemäß Art. 6 Abs. 1 lit. f DS-GVO zulässig sein.

116

Außerdem sollte der „**Grad des Gesundheitsbezugs**" bei der Bewertung miteinfließen, ob es sachgerecht ist, den stärkeren Schutz von Art. 9 Abs. 1 DS-GVO zur Geltung kommen zu lassen.²⁷⁹ Fraglich ist auch der Umgang mit personenbezogenen Daten, die einen mittelbaren Schluss auf die Gesundheit des Betroffenen zulassen, sich aber geradezu aufdrängen, also vor allem optisch wahrnehmbar sind.²⁸⁰

117

Beispiele: Kränkliches Erscheinungsbild, sichtbare körperliche Verletzungen, sichtbare Amputationen, offenkundiges Über- oder Untergewicht, Tragen einer Brille.

118

Es überzeugt nicht, diese Daten von vorne herein vom Anwendungsbereich des Art. 4 Nr. 15 DS-GVO und des Art. 9 Abs. 1 DS-GVO auszunehmen. Zu sachgerechten Ergebnissen gelangt man nur dann, wenn man die bloße Wahrnehmung solcher Daten nicht als Datenverarbeitung iSv Art. 4 Nr. 2 DS-GVO ansieht, weil es hier an einem „aktiven Zutun" des Beobachters fehlt.²⁸¹ Werden die Daten im Anschluss an die Wahrnehmung in irgendeiner Form dokumentiert oder gespeichert, müssen die Daten aber demselben Schutzniveau unterliegen, als wären sie nicht offenkundig.

119

---

276 Simitis/Petri, DS-GVO Art. 4 Nr. 15 Rn. 2.
277 Kühling/Buchner/Weichert, DS-GVO Art. 4 Nr. 15 Rn. 6.
278 Kühling/Buchner/Weichert, DS-GVO Art. 4 Nr. 15 Rn. 7; Simitis/Petri, DS-GVO Art. 4 Nr. 15 Rn. 3.
279 WHWS Arbeitnehmerdatenschutz-HdB/Geiger, S. 419.
280 WHWS Arbeitnehmerdatenschutz-HdB/Geiger, S. 419.
281 Kühling/Buchner/Herbst, DS-GVO Art. 4 Nr. 2 Rn. 14.

120 Im Übrigen stellen auch Informationen über die Gesundheit von Angehörigen eines Beschäftigten Gesundheitsdaten iSv Art. 4 Nr. 15 DS-GVO dar.[282]

121 **Beispiele:** Erkrankung des Kindes, Eintritt eines Pflegefalls

II. Erhebung und Speicherung von Gesundheitsdaten

1. Bewerbungsverfahren

122 An der Abfrage von Gesundheitsdaten hat der Arbeitgeber häufig schon im Rahmen des Bewerbungsverfahrens ein berechtigtes Interesse, das aber nur in wenigen Fällen gegenüber dem gegenläufigen Interesse des Beschäftigten überwiegt, keine Auskunft zu erteilen. Mit *Gola* ist richtigerweise davon auszugehen, dass sich das **Fragerecht des Arbeitgebers** hier im Wesentlichen auf drei Aspekte beschränkt:[283]

- Liegt eine Krankheit bzw. eine Beeinträchtigung des Gesundheitszustandes vor, durch die die Eignung für die vorgesehene Tätigkeit auf Dauer oder in periodisch wiederkehrenden Abständen eingeschränkt ist?
- Liegen ansteckende Krankheiten vor, die Kollegen oder Kunden gefährden?
- Ist zum Zeitpunkt des Dienstantritts bzw. in absehbarer Zeit mit Arbeitsunfähigkeit zu rechnen?

2. Bestehendes Beschäftigungsverhältnis

123 Im bestehenden Beschäftigungsverhältnis kann der Arbeitgeber personenbezogene Gesundheitsdaten von Beschäftigten auf Grundlage von Art. 9 Abs. 2 lit. b DS-GVO iVm § 26 Abs. 3 Satz 1 BDSG verarbeiten, wenn dies zur Wahrnehmung seiner Rechte und Pflichten aus dem Arbeits- oder Sozialrecht erforderlich ist.

a) Mitteilungs- und Nachweispflichten bei Arbeitsunfähigkeit

124 Zu den wichtigsten Pflichten des Arbeitgebers in diesem Kontext zählt die **Fortzahlung des Arbeitsentgelts** bei einer krankheitsbedingten Arbeitsunfähigkeit des Arbeitnehmers gemäß § 3 EFZG. Damit der Arbeitnehmer den Anspruch geltend machen kann, muss er dem Arbeitgeber gemäß § 5 Abs. 1 Satz 1 EFZG seine Arbeitsunfähigkeit und deren voraussichtliche Dauer unverzüglich mitteilen (**Mitteilungspflicht**). Meldet der Arbeitnehmer sich vor einem Arztbesuch, kann er nur mitteilen, er fühle sich subjektiv arbeitsunfähig erkrankt. Nach einem Arztbesuch muss der Arbeitnehmer seine Angaben so präzisieren, wie es ihm der Arzt mitgeteilt hat.[284] Zur Art der zugrundeliegenden Erkrankung, dh zu einer bestimmten Diagnose und deren Ursachen, muss sich der Arbeitnehmer aber auch auf Nachfrage des Arbeitgebers nicht äußern.[285] Ausnahmsweise muss die Art der Erkrankung mitgeteilt werden, wenn es sich um (ansteckende) Erkrankungen handelt, die von dem Arbeitgeber Schutzmaßnahmen erfordern.[286] Gleiches gilt für Fortsetzungserkrankungen, die eine Entgeltfortzahlungspflicht des Arbeitgebers gemäß § 3 Abs. 1 Satz 2 EFZG grundsätzlich

---

[282] WHWS Arbeitnehmerdatenschutz-HdB/Geiger, S. 424.
[283] Gola, HdB Beschäftigtendatenschutz, Rn. 1860.
[284] ErfK/Reinhard, EFZG § 5 Rn. 5.
[285] Schmitt/Küfner-Schmitt, EFZG § 5 Rn. 30.
[286] LAG Berlin 27.11.1989 – 9 Sa 82/89, NJW 1990, 2956.

entfallen lassen.[287] Über die Ursache der Erkrankung ist der Arbeitgeber nur aufzuklären, wenn die Arbeitsunfähigkeit von einem Dritten verschuldet wurde, weil ein etwaiger Schadensersatzanspruch des Arbeitnehmers gegen den Dritten im Wege der *cessio legis* gemäß § 6 Abs. 1 EFZG auf den Arbeitgeber übergeht.[288] Auf ein eigenes Verschulden muss der Arbeitnehmer nur hinweisen, wenn dieses für ihn erkennbar den Anspruch auf Entgeltfortzahlung entfallen lässt.[289]

Dauert die Arbeitsunfähigkeit länger als drei Kalendertage, hat der Arbeitnehmer gemäß § 5 Abs. 1 Satz 2 EFZG eine ärztliche Bescheinigung über das Bestehen der Arbeitsunfähigkeit sowie deren voraussichtliche Dauer spätestens an dem darauffolgenden Arbeitstag vorzulegen (**Nachweispflicht**). Der Arbeitgeber ist gemäß § 5 Abs. 1 Satz 3 EFZG aber auch berechtigt, die Vorlage der ärztlichen Bescheinigung früher, dh sogar schon am ersten Tag zu verlangen.[290] Dauert die Arbeitsunfähigkeit länger als in der Bescheinigung angegeben, ist der Arbeitnehmer gemäß § 5 Abs. 1 Satz 4 EFZG verpflichtet, eine neue ärztliche Bescheinigung vorzulegen. Die Arbeitsunfähigkeitsbescheinigung besitzt einen hohen Beweiswert.[291] Der Arbeitgeber muss sich in der Regel auf die vom Arzt festgestellte Arbeitsunfähigkeit verlassen, ohne prüfen zu können, ob der Arzt *de lege artis* vorgegangen ist.[292] Bei Zweifeln an der Arbeitsunfähigkeit kann er gemäß § 275 SGB V eine gutachterliche Stellungnahme des Medizinischen Dienstes einholen. Andere Kontrollmaßnahmen sind auf Grundlage von § 26 Abs. 1 Satz 1 oder Satz 2 BDSG nur in engen Grenzen unter strenger Berücksichtigung des Verhältnismäßigkeitsgrundsatzes zulässig, wenn ein auf Tatsachen basierender konkreter Verdacht nahelegt, dass der Arbeitnehmer seine Arbeitsunfähigkeit nur vortäuscht.[293]

125

b) Mitteilung der Schwerbehinderteneigenschaft

Die (Schwer-)Behinderung eines Menschen ist ein personenbezogenes Gesundheitsdatum iSv Art. 4 Nr. 15 DS-GVO.[294] Im Bewerbungsverfahren ist die Frage nach dem Vorliegen einer Schwerbehinderung regelmäßig unzulässig (→ § 4 Rn. 22). Im bestehenden Arbeitsverhältnis kann der Arbeitgeber jedenfalls nach sechs Monaten, also ggf. nach **Erwerb des Sonderkündigungsschutzes** gemäß den §§ 168 ff. SGB IX, nach der Schwerbehinderung bzw. einem diesbezüglich gestellten Antrag eines Arbeitnehmers fragen.[295] Ein berechtigtes, billigenswertes und schutzwürdiges Interesse des Arbeitgebers ist dann zu bejahen, weil sich dieser nur in Kenntnis der Schwerbehinderteneigenschaft rechtstreu verhalten und seine aus der Behinderung resultierenden Pflichten wahrnehmen kann.[296] Dazu gehören beispielsweise

126

---

287 ErfK/Reinhard, EFZG § 5 Rn. 5.
288 Schmitt/Küfner-Schmitt, EFZG § 5 Rn. 32.
289 Schmitt/Küfner-Schmitt, EFZG § 5 Rn. 32, aA offenbar ErfK/Reinhard, EFZG § 5 Rn. 5.
290 BAG 14.11.2012 – 5 AZR 886/11, NZA 2013, 322.
291 BAG 15.7.1992 – 5 AZR 312/91, NZA 1993, 23.
292 Gola, HdB Beschäftigtendatenschutz, Rn. 1899, 1900.
293 Zum Beweiswert von „virtuellen" Arbeitsunfähigkeitsbescheinigungen vgl. Heider, NZA 2019, 288.
294 BAG 16.2.2012 – 6 AZR 553/10, NZA 2012, 555.
295 BAG 16.2.2012 – 6 AZR 553/10, NZA 2012, 555.
296 BAG 16.2.2012 – 6 AZR 553/10, NZA 2012, 555.

- die Pflicht zur behindertengerechten Beschäftigung und Gestaltung des Arbeitsplatzes,[297]
- die Gewährung von Zusatzurlaub,[298]
- die Beteiligung des Integrationsamts und der Schwerbehindertenvertretung vor dem Ausspruch einer Kündigung,[299] oder
- die Zahlung einer Ausgleichsabgabe, solange die vorgeschriebene Anzahl von schwerbehinderten Menschen nicht beschäftigt wird.[300]

127 Hat der Arbeitgeber **keine Kenntnis** von dem Vorliegen einer Schwerbehinderung, muss sich der schwerbehinderte Arbeitnehmer beim Ausspruch einer Kündigung innerhalb von drei Wochen nach deren Zugang auf den Sonderkündigungsschutz gemäß den §§ 168 ff. SGB IX berufen. Kommt er dem nicht nach, verwirkt er das Recht, die Unwirksamkeit der Kündigung gemäß § 168 SGB IX geltend zu machen.[301] Im Rahmen der Beteiligung des Integrationsamtes sind diesem sämtliche Informationen zur Verfügung zu stellen, die dieses benötigt, um das Vorliegen eines Zusammenhangs zwischen dem Kündigungsgrund und der Behinderung des Arbeitnehmers prüfen zu können.[302]

c) Mitteilung der Schwangerschaft

128 Ähnliche Grundsätze gelten für die Frage nach der Schwangerschaft im bestehenden Beschäftigungsverhältnis. Dabei handelt es sich ebenfalls um ein personenbezogenes **Gesundheitsdatum** iSv Art. 4 Nr. 15 DS-GVO und Art. 9 Abs. 1 DS-GVO. Auch hier hat der Arbeitgeber nach Maßgabe des MuSchG zahlreiche Pflichten zu erfüllen, die dem Schutz von schwangeren Arbeitnehmerinnen dienen, beispielsweise:[303]

- Durchführung von Gefährdungsbeurteilungen[304]
- Gestaltung von Arbeitsbedingungen und Durchführung von Schutzmaßnahmen, bis hin zum Ausspruch eines Beschäftigungsverbots[305]
- Einhaltung von Dokumentationspflichten[306]
- Beachtung von Schutzfristen vor der Entbindung und Zahlung von Mutterschutzlohn[307]

129 Um dem Arbeitgeber in diesem Zusammenhang ein rechtskonformes Verhalten zu ermöglichen hat der Gesetzgeber in § 15 Abs. 1 Satz 1 MuSchG eine Mitteilung der schwangeren Frau vorgesehen.

§ 15 Abs. 1 Satz 1 MuSchG
Eine schwangere Frau soll ihrem Arbeitgeber ihre Schwangerschaft und den voraussichtlichen Tag der Entbindung mitteilen, sobald sie weiß, dass sie schwanger ist.

---

297 Vgl. § 164 Abs. 4 SGB IX.
298 Vgl. § 208 SGB IX.
299 Vgl. §§ 168 ff. SGB IX, § 178 Abs. 2 Satz 3 SGB IX.
300 Vgl. §§ 154, 160 SGB IX.
301 BAG 22.9.2016 – 2 AZR 700/15, NZA 2017, 304.
302 Vgl. § 174 Abs. 4 SGB IX.
303 Dazu ausführlich Bayreuther, NZA 2017, 1145.
304 Vgl. § 10 MuSchG.
305 Vgl. §§ 9, 11, 13 MuSchG.
306 Vgl. § 14 MuSchG.
307 Vgl. §§ 3, 18 MuSchG.

Mitgeteilt werden sollen der Umstand der Schwangerschaft und der voraussichtliche 130
Entbindungstermin. Die schwangere Frau wird ihrer Verpflichtung nach § 15 Abs. 1
Satz 1 MuSchG aber auch durch die Mitteilung einer nur vermuteten Schwangerschaft gerecht.[308] Nach § 15 Abs. 2 Satz 1 MuSchG soll die schwangere Frau auf Verlangen des Arbeitgebers als Nachweis über ihre Schwangerschaft ein ärztliches Zeugnis oder das Zeugnis einer Hebamme oder eines Entbindungspflegers vorlegen.

§ 15 Abs. 1 Satz 1 MuSchG und § 15 Abs. 2 Satz 1 MuSchG sind „Soll-Vorschriften", 131
die keine Rechtspflicht begründen. Es handelt sich um eine nachdrückliche gesetzliche Empfehlung an die Frau, im eigenen Interesse dem Arbeitgeber ihren Zustand zu offenbaren, sobald sie ihn selbst kennt.[309] Im Einzelfall kann eine **Mitteilungspflicht** bestehen, insbesondere wenn die Dispositionsinteressen des Arbeitgebers berührt sind.[310] Hat die Arbeitnehmerin bereits die Schwangerschaft mitgeteilt, ist sie verpflichtet, den Arbeitgeber unverzüglich zu unterrichten, wenn die Schwangerschaft etwa aufgrund einer Fehlgeburt vorzeitig endet.[311]

d) Ärztliche Untersuchungen im bestehenden Beschäftigungsverhältnis

An verschiedenen Stellen im Gesetz und in einigen Tarifverträgen ist eine ärztliche 132
Untersuchung von Beschäftigten (verpflichtend) vorgesehen. Beispielhaft zu nennen ist die erste Nachuntersuchung eines Jugendlichen nach Ablauf des ersten Beschäftigungsjahres gemäß § 33 JArbSchG und die weiteren bzw. außerordentlichen Nachsorgeuntersuchungen gemäß §§ 34, 35 JArbSchG. Darüber hinaus kann sich eine Pflicht des Arbeitnehmers zur **Duldung** einer ärztlichen Untersuchung seines Gesundheitszustands aus der allgemeinen Treuepflicht ergeben, wenn der Arbeitgeber ein berechtigtes Interesse. Bestehen begründete Zweifel an der Tauglichkeit des Arbeitnehmers, den Anforderungen seines Arbeitsplatzes aus gesundheitlichen Gründen auf Dauer gerecht zu werden, kann die dem Arbeitgeber gegenüber dem Arbeitnehmer obliegende Fürsorgepflicht einen hinreichenden sachlichen Grund darstellen, ein ärztliches Gutachten über die Dienstfähigkeit des Arbeitnehmers einzuholen.[312] Die Entscheidung des Arbeitgebers, auf welche medizinischen Aspekte eine Eignungsuntersuchung zu erstrecken ist, muss auf tatsächlichen Feststellungen beruhen, die einen derartigen Eignungsmangel des Beschäftigten als medizinisch naheliegend erscheinen lassen, wie beispielsweise spezifische Verhaltensauffälligkeiten.[313]

Hinweis: Eine Verpflichtung zur Teilnahme an einer ärztlichen Gesundheitsuntersuchung kann grundsätzlich im Arbeitsvertrag vereinbart werden.[314] Eine nur pauschal gehaltene Verpflichtung genügt aber nicht, um aus datenschutzrechtlicher Sicht die Erforderlichkeit einer bestimmten Untersuchung iSv § 26 Abs. 1 Satz 1 BDSG zu bejahen. Eine Einwilligung iSv Art. 7 DS-GVO iVm § 26 Abs. 2 BDSG im Arbeitsvertag scheitert regelmäßig an der Freiwilligkeit des Arbeitnehmers.

---

308 ErfK/Schlachter, MuSchG § 15 Rn. 2.
309 BAG 13.6.1996 – 2 AZR 736/95, NZA 1996, 1154.
310 ErfK/Schlachter, MuSchG § 15 Rn. 1.
311 BAG 18.1.2000 – 9 AZR 932/98, NZA 2000, 1157.
312 BAG 12.8.1999 – 2 AZR 55/99, NZA 1999, 1209.
313 Behrens, NZA 2014, 401 (404).
314 Dazu ausführlich Behrens, NZA 2014, 401 (406 f.).

133 Die allgemeinen arbeitsmedizinischen **Vorsorgeuntersuchungen** durch den Betriebsarzt nach dem ASiG sind für die Beschäftigten grundsätzlich freiwillig.[315] Einen ähnlichen Charakter haben die arbeitsmedizinischen Wunschvorsorgeuntersuchungen gemäß § 11 ArbSchG, auf die der Arbeitnehmer anders als nach dem ASiG einen Anspruch hat.[316] Betriebsärzte dürfen die Untersuchungsergebnisse nach § 3 Abs. 2 Satz 1 ASiG nur auf Wunsch des Arbeitnehmers an den Arbeitgeber übermitteln, weil sie insoweit an ihre ärztliche Schweigepflicht gemäß § 8 Abs. 1 Satz 3 ASiG gebunden sind. Bei bestimmten Tätigkeiten mit besonders hohem Gefährdungspotenzial ist gemäß § 4 ArbMedVV iVm dem Anhang Arbeitsmedizinische Pflicht- und Angebotsvorsorge eine Pflichtvorsorge vorgesehen. Die Anordnung einer Pflichtvorsorge ist wegen ihrer Grundrechtsrelevanz restriktiv zu handhaben und kommt nur als *ultima ratio* in Betracht, wenn eine entsprechende Anpassung der Arbeitsbedingungen nicht möglich ist.[317] Die mit diesen Untersuchungen zusammenhängende Verarbeitung personenbezogener Gesundheitsdaten ist von Art. 9 Abs. 2 DS-GVO abgedeckt.

3. Speicherung von Gesundheitsdaten in der Personalakte

134 Gesundheitsdaten dürfen grundsätzlich in der Personalakte gespeichert werden.[318] Etwas anderes gilt für personenbezogene Gesundheitsdaten, die im Rahmen eines betrieblichen Eingliederungsmanagements (BEM) gemäß § 167 Abs. 2 SGB IX erhoben werden; Einzelheiten dazu sogleich. Diese müssen in einer separaten **BEM-Akte** gespeichert werden.[319] Allerdings müssen die Daten wegen ihrer besonderen Sensibilität besonders gut gegen eine Ausweitung des informationsberechtigten Personenkreises und vor einer zufälligen Kenntnisnahme geschützt werden. Personalakten werden routinemäßig aus unterschiedlichen Gründen eingesehen, etwa bei Urlaubserteilung, Erstellung von Beurteilungen, etc Eine Kenntnisnahme sensibler Gesundheitsdaten ist dafür regelmäßig nicht erforderlich. Daher dürfen solche Schreiben nicht offen in der Personalakte aufbewahrt werden, so dass sie eingesehen oder zufällig zur Kenntnis genommen werden können.[320]

135 Diese zunächst vom BAG formulierten Anforderungen finden sich jetzt auch in § 26 Abs. 3 BDSG iVm § 22 Abs. 2 BDSG wieder. In einer elektronischen Personalakte sind Gesundheitsdaten in einem separaten Ordner zu speichern, auf den nur ein eingeschränkter Personenkreis Zugriff hat. Zugriffe und Verarbeitungsvorgänge müssen unter Angabe des Zwecks dokumentiert werden.[321]

III. Krankengespräche und Betriebliches Eingliederungsmanagement

1. Krankengespräche und Krankenrückkehrgespräche

136 Der Arbeitgeber ist grundsätzlich berechtigt, mit seinen Beschäftigten nach der Rückkehr an den Arbeitsplatz im Anschluss an eine krankheitsbedingte Arbeitsunfähigkeit

---

315 MHdB ArbR/Kothe, § 180 Rn. 32.
316 LAG Berlin-Brandenburg 21.7.2016 – 21 Sa 51/16, BeckRS 2016, 111413.
317 MHdB ArbR/Kothe, § 180 Rn. 52.
318 Simitis/Seifert, DS-GVO Art. 88 Rn. 123.
319 Gola, HdB Beschäftigtendatenschutz, Rn. 1914.
320 BAG 12.9.2006 – 9 AZR 271/06, NZA 2007, 269.
321 WHWS Arbeitnehmerdatenschutz-HdB/Geiger, S. 424.

ein Kranken- bzw. ein Krankenrückkehrgespräch zu führen.[322] Solche Gespräche dienen dem Zweck, bei sich häufenden Fehltagen von dem Beschäftigten die **Gründe für sein Fehlen** zu erfahren und gegebenenfalls auch die Belastbarkeit dieser Gründe zu überprüfen.[323] Die Einholung von Erkundigungen durch den Arbeitgeber kann im Hinblick auf dessen Fürsorgepflicht auf § 26 Abs. 1 Satz 1 BDSG gestützt werden, wenn die Anzahl oder die Häufigkeit der Fehlzeiten einen hinreichenden Anlass dafür gibt und der Arbeitgeber bei der Gesprächsführung und der Dokumentation der Gesprächsergebnisse die gebotene Sorgfalt walten lässt.[324] An einem hinreichenden Anlass fehlt es, wenn das Gespräch im Anschluss an eine erste Fehlzeit oder in Anknüpfung an Fehlzeiten in einem gewöhnlichen Umfang geführt werden soll.[325] Innerhalb des Gesprächs darf der Arbeitgeber keine konkreten Auskünfte über die Art der Erkrankung oder über den Gesundheitszustand erfragen.[326] Erst recht besteht keine Verpflichtung des Beschäftigten, ärztliche Diagnosen offenzulegen oder den behandelnden Arzt von der Schweigepflicht zu entbinden.[327] Der Arbeitgeber ist lediglich berechtigt, sich nach betrieblichen Ursachen zu erkundigen, auf die der Arbeitgeber im Rahmen seiner Organisationshoheit möglicherweise einen positiven Einfluss nehmen kann. Das schließt Sachverhalte wie eine zu hohe Arbeitsbelastung, Mobbing oder eine etwaige sexuelle Belästigung am Arbeitsplatz mit ein. Über das Stattfinden und den Inhalt eines Krankengesprächs hat der Arbeitgeber gegenüber anderen Beschäftigten Stillschweigen zu bewahren.[328]

2. Das Betriebliche Eingliederungsmanagement (BEM)

Ist ein Beschäftigter innerhalb eines Jahres länger als sechs Wochen ununterbrochen oder wiederholt **arbeitsunfähig**, ist der Arbeitgeber gemäß § 167 Abs. 2 SGB IX dazu verpflichtet, dem Beschäftigten die Durchführung eines betrieblichen Eingliederungsmanagements (BEM) anzubieten.

§ 167 Abs. 2 SGB IX
Sind Beschäftigte innerhalb eines Jahres länger als sechs Wochen ununterbrochen oder wiederholt arbeitsunfähig, klärt der Arbeitgeber mit der zuständigen Interessenvertretung im Sinne des § 176 SGB IX, bei schwerbehinderten Menschen außerdem mit der Schwerbehindertenvertretung, mit Zustimmung und Beteiligung der betroffenen Person die Möglichkeiten, wie die Arbeitsunfähigkeit möglichst überwunden werden und mit welchen Leistungen oder Hilfen erneuter Arbeitsunfähigkeit vorgebeugt und der Arbeitsplatz erhalten werden kann (betriebliches Eingliederungsmanagement). Soweit erforderlich, wird der Werks- oder Betriebsarzt hinzugezogen. Die betroffene Person oder ihr gesetzlicher Vertreter ist zuvor auf die Ziele des betrieblichen Eingliederungsmanagements sowie auf Art und Umfang der hierfür erhobenen und verwendeten Daten hinzuweisen. Kommen Leistungen zur Teilhabe oder begleitende Hilfen im Arbeitsleben in Betracht, werden vom Arbeitgeber die Rehabilitationsträger oder bei schwerbehinderten Beschäftigten das Integrationsamt hinzugezogen. Diese wirken darauf hin, dass die erforderlichen Leistungen oder Hilfen unverzüglich beantragt und innerhalb der Frist des § 14 Absatz 2 Satz 2 SGB IX erbracht werden. Die zuständige Interessenvertretung im Sinne des § 176 SGB IX, bei schwerbehinderten Menschen außerdem die

---

322 Iraschko-Luscher/Kiekenbeck, NZA 2009, 1239 (1242).
323 Iraschko-Luscher/Kiekenbeck, NZA 2009, 1239 (1242).
324 Iraschko-Luscher/Kiekenbeck, NZA 2009, 1239 (1242).
325 Iraschko-Luscher/Kiekenbeck, NZA 2009, 1239 (1242).
326 Gola, HdB Beschäftigtendatenschutz, Rn. 1862.
327 Simitis/Seifert, DS-GVO Art. 88 Rn. 121.
328 Iraschko-Luscher/Kiekenbeck, NZA 2009, 1239 (1242).

Schwerbehindertenvertretung, können die Klärung verlangen. Sie wachen darüber, dass der Arbeitgeber die ihm nach dieser Vorschrift obliegenden Verpflichtungen erfüllt.

138 Tatbestandlich gilt die Vorschrift für alle Beschäftigten und nicht nur für Behinderte oder gar nur **Schwerbehinderte**.[329] Auch auf die Art der zugrundeliegenden Erkrankung kommt es nicht an.[330] Sie ist anwendbar, wenn die krankheitsbedingten Fehlzeiten des Arbeitnehmers innerhalb eines Jahres (nicht: Kalenderjahr) insgesamt mehr als sechs Wochen betragen haben. Nicht erforderlich ist, dass es eine einzelne Krankheitsperiode von durchgängig mehr als sechs Wochen gab.[331]

139 In der Sache handelt es sich bei dem BEM um einen rechtlich regulierten, verlaufs- und ergebnisoffenen **Suchprozess**, der individuell angepasste Lösungen zur Vermeidung zukünftiger Arbeitsunfähigkeit ermitteln soll.[332] Ziel des BEM ist es festzustellen, aufgrund welcher gesundheitlichen Einschränkungen es zu den bisherigen Ausfallzeiten gekommen ist und herauszufinden, ob Möglichkeiten bestehen, sie durch bestimmte Veränderungen künftig zu verringern, um so eine Kündigung zu vermeiden.[333] Liegen die Tatbestandsvoraussetzungen des § 167 Abs. 2 SGB IX vor, ist es die Sache des Arbeitgebers, die Initiative zur Durchführung des BEM zu ergreifen und dem Beschäftigten dazu einzuladen.[334] Eine ordnungsgemäße Einladung erfordert es, dass der Beschäftigte auf die Ziele des BEM und auf die Art und den Umfang der hierfür erhobenen und verwendeten Daten hingewiesen wird.[335]

Hinweis: Obwohl § 167 Abs. 2 SGB IX nur einen Hinweis über „die Art und den Umfang" der im Rahmen des BEM erhobenen und verwendeten Daten verlangt, bedarf es wegen Art. 13 DS-GVO einer darüber hinausgehenden Information über die Datenverarbeitung mit dem dort vorgesehenen Inhalt. Der Beschäftigte ist auch darüber aufzuklären, welche Informationen über das BEM in die Personalakte aufgenommen werden und wie der Informationsaustausch mit dem Betriebsarzt und externen Stellen, wie zB dem Integrationsamt, erfolgt.[336]

140 Bei diesen Daten handelt es sich regelmäßig (auch) um die **Gesundheitsdaten** des Beschäftigten, weil im Rahmen des BEM regelmäßig über die konkreten Krankheitsbilder und Diagnosen des Beschäftigten gesprochen wird. Es müssen alle Gesundheitsdaten berücksichtigt werden, deren Kenntnis erforderlich ist, um ein zielführendes, der Gesundung und Gesunderhaltung des Betroffenen dienendes BEM durchzuführen.[337]

141 Zwingende Voraussetzung für die Durchführung des BEM ist die vorherige Zustimmung des Beschäftigten. Die Zustimmung des Beschäftigten gemäß § 167 Abs. 2 Satz 3 SGB IX ist nicht deckungsgleich mit einer datenschutzrechtlichen **Einwilligung** in die Datenverarbeitung iSv Art. 7, 9 Abs. 2 lit. a DS-GVO. Die sich aus § 167 Abs. 2

---

329 Bergmann/Möhrle/Herb, BDSG § 26 Rn. 276.
330 BAG 24.3.2011 – 2 AZR 170/10, NZA 2011, 992.
331 BAG 24.3.2011 – 2 AZR 170/10, NZA 2011, 992.
332 BAG 29.6.2017 – 2 AZR 47/16, NZA 2017, 1605.
333 BAG 29.6.2017 – 2 AZR 47/16, NZA 2017, 1605.
334 BAG 20.11.2014 – 2 AZR 755/13, NZA 2015, 1979.
335 BAG 20.11.2014 – 2 AZR 755/13, NZA 2015, 1979.
336 Gola, HdB Beschäftigtendatenschutz, Rn. 1911.
337 Schiefer, RdA 2016, 196 (198).

Satz 3 SGB IX ergebende gesetzgeberische Wertung spricht aber dafür, dass die für die Durchführung des BEM erforderlichen (Gesundheits-)Daten nicht auf Grundlage der gesetzlichen Erlaubnistatbestände in § 26 Abs. 1 Satz 1 BDSG und Art. 9 Abs. 2 lit. b DS-GVO iVm § 26 Abs. 3 BDSG verarbeitet werden dürfen. Die Zustimmung des Beschäftigten iSv § 167 Abs. 2 Satz 3 SGB IX muss also durch eine datenschutzrechtliche Einwilligung iSv Art. 7, 9 Abs. 2 lit. a DS-GVO iVm § 26 Abs. 2 BDSG flankiert werden.[338] Wegen § 26 Abs. 3 Satz 2 BDSG muss sich die Einwilligung ausdrücklich auf die von der Verarbeitung umfassten Gesundheitsdaten erstrecken. Auch in die Hinzuziehung von Betriebsräten muss eingewilligt werden.[339] Die Freiwilligkeit der Einwilligung ist anzunehmen, weil die Durchführung des BEM mit dem Ziel des Arbeitsplatzerhalts regelmäßig einen tatsächlichen und rechtlichen Vorteil für den Beschäftigten iSv § 26 Abs. 2 Satz 2 BDSG darstellt. Wird die Einwilligung im laufenden BEM widerrufen, ist dieses unverzüglich zu beenden und die gespeicherten Daten sind zu löschen.[340] **Muster** dazu → Anh. Rn. 6, 7.

Die einzelnen BEM-Gespräche sind zu protokollieren. Nach der Beendigung des Prozesses sollte darüber hinaus ein Ergebnis festgestellt werden.[341] Die Dokumentation des BEM und die anfallenden Daten müssen in einer gesonderten **BEM-Akte** und geschützt aufbewahrt werden. Dort sind insbesondere ärztliche Aussagen, Gutachten, Stellungnahmen der Rehabilitationsträger oder des Integrationsfachdienstes aufzubewahren.[342] In die Personalakte dürfen nur das Angebot zur Durchführung eines BEM, die Zustimmung der Beschäftigten bzw. ein Vermerk über die Ablehnung.[343] Es dürfen keine Rückschlüsse auf die konkrete Erkrankung möglich sein.[344] Zur Aufbewahrungsdauer der BEM-Akte verhält sich § 167 Abs. 2 SGB IX nicht. Im Hinblick auf die besondere Sensibilität der darin enthaltenen Daten, an deren Aufbewahrung aber auch der Beschäftigte ein eigenes Interesse haben kann, verbietet sich eine pauschale Speicherfrist.[345] Stattdessen muss auf die Umstände des Einzelfalls abgestellt werden und insoweit auf die Frage, ob die BEM-Daten im Hinblick auf das Ergebnis des Prozesses, einer Fortdauer der Erkrankung oder eines etwaigen „Rückfallrisikos" prognostisch noch von Bedeutung sein können. Bei der Prognose ist wegen der besonderen Schutzbedürftigkeit der Daten aber ein strenger Maßstab anzulegen. Im Zweifel hat der Beschäftigte auf Nachfrage des Arbeitgebers über eine weitere Aufbewahrung oder Vernichtung zu entscheiden. Eine solche Nachfrage sollte spätestens fünf Jahren nach dem Ende des BEM erfolgen.[346]

142

---

338 Bergmann/Möhrle/Herb, BDSG § 26 Rn. 20.5; Lunk, NJW 2019, 2349 (2352); Gola, HdB Beschäftigtendatenschutz, Rn. 1910.
339 Bergmann/Möhrle/Herb, BDSG § 26 Rn. 21.6.
340 Gola, HdB Beschäftigtendatenschutz, Rn. 1913.
341 Schiefer, RdA 2016, 196 (204).
342 Schiefer, RdA 2016, 196 (204).
343 Gola, HdB Beschäftigtendatenschutz, Rn. 1916.
344 Schiefer, RdA 2016, 196 (204).
345 Schiefer, RdA 2016, 196 (204).
346 Bergmann/Möhrle/Herb, BDSG § 26 Rn. 21.9.

E. Offenlegung von Beschäftigtendaten

I. Einleitung

143 Die Weitergabe von personenbezogenen Beschäftigtendaten an unternehmensinterne oder an unternehmensexterne Stellen stellt eine rechtfertigungsbedürftige Datenverarbeitung iSv Art. 4 Nr. 2 DS-GVO dar. Die dort genannte Offenlegung von Daten bezeichnet jeden Vorgang der dazu führt, dass die Daten für andere zugänglich gemacht werden und diese sie auslesen oder abfragen können.[347] Sie kann daher beispielsweise durch Datenübermittlung, Verbreitung oder Bereitstellung erfolgen[348] und liegt unabhängig davon vor, ob die Stelle, der die Daten zugänglich gemacht werden, im Verhältnis zum Arbeitgeber als „Dritter" iSv Art. 4 Nr. 10 DS-GVO anzusehen ist.[349] Taugliche **Empfänger** einer Offenlegung im Sinne des Art. 4 Nr. 9 DS-GVO können natürliche oder juristische Personen, Behörden, Einrichtungen oder andere Stellen sein, unabhängig davon, ob es sich um einen **Dritten** handelt oder nicht. Die Definition des Begriffs „Dritter" in Art. 4 Nr. 10 DS-GVO soll nur eine Negativabgrenzung der verschiedenen Akteure mit dem Ziel der Zuweisung von Verantwortung im Datenschutzrecht dienen.[350] Die interne Offenlegung von Daten bei dem Verantwortlichen soll dadurch aber nicht von dem Verbot mit Erlaubnisvorbehalt ausgenommen werden. Folglich muss sich die Zulässigkeit der unternehmensinternen und unternehmensexternen Offenlegung von Beschäftigtendaten insbesondere an den Voraussetzungen von § 26 Abs. 1 Satz 1 BDSG und Art. 6 Abs. 1 lit. f DS-GVO messen lassen.

Hinweis: Der weit gefasste Empfängerbegriff des Art. 4 Nr. 9 DS-GVO ist auch im Rahmen der Informationspflicht gemäß Art. 13 Abs. 1 lit. e DS-GVO und Art. 14 Abs. 1 lit. e DS-GVO von Bedeutung. Die Beschäftigten sind nicht nur über unternehmensexterne Empfänger(-kategorien), sondern auch über die internen Abteilungen zu informieren, welche ihre Daten im Rahmen des jeweiligen Verarbeitungsverfahrens erhalten. Gleiches gilt für die Beschreibung des Verfahrens in dem Verarbeitungsverzeichnis gemäß Art. 30 Abs. 1 lit. d DS-GVO.[351]

II. Interne Offenlegung

1. Zwecke des Beschäftigungsverhältnisses

144 Nach § 26 Abs. 1 Satz 1 BDSG dürfen personenbezogene Beschäftigtendaten innerhalb des Arbeitgeberunternehmens denjenigen Abteilungen bzw. anderen Beschäftigten offengelegt werden, die an einem Vorgang beteiligt sind, der für die Zwecke des Beschäftigungsverhältnisses erforderlich ist. Jede mit der Datenverarbeitung befasste Person darf gerade in dem Umfang Zugriff auf die Daten des betroffenen Beschäftigten erlangen, dass sie die ihr übertragene Aufgabe erledigen kann. Damit hängt die Zulässigkeit der internen Offenlegung von Daten maßgeblich von dem **Organisationskonzept** des Arbeitgebers ab, der im Rahmen seiner unternehmerischen Organisationshoheit berechtigt ist, interne Prozessabläufe zu definieren und seinen Beschäftig-

---

347 Simitis/Roßnagel, DS-GVO Art. 4 Nr. 2 Rn. 25.
348 Simitis/Roßnagel, DS-GVO Art. 4 Nr. 2 Rn. 26.
349 Kühling/Buchner/Herbst, DS-GVO Art. 4 Nr. 2 Rn. 29.
350 Kühling/Buchner/Hartung, DS-GVO Art. 4 Nr. 10 Rn. 1; Gola/Gola, DS-GVO Art. 4 Rn. 62.
351 Vgl. Art. 30 Abs. 1 lit. d DS-GVO.

ten Aufgaben zuzuweisen.³⁵² Die Organisationshoheit des Arbeitgebers erfährt aber wegen des risikobasierten Ansatzes der DS-GVO dann eine Einschränkung, wenn eine zu ausgedehnte Offenlegung von personenbezogenen Beschäftigtendaten mit großer Wahrscheinlichkeit zu einer Verletzung des Persönlichkeitsrechts des Betroffenen führen wird. Vor allem bei besonderen Kategorien personenbezogener Daten muss geprüft werden, ob die beabsichtigte Offenlegung zur Zweckerreichung unbedingt notwendig ist und inwieweit gemäß § 22 Abs. 2 Satz 2 Nr. BDSG Zugangsbeschränkungen geboten sind.

2. Andere Zwecke

Die interne Offenlegung von Beschäftigtendaten zu anderen Zwecken als der Begründung, Durchführung oder Beendigung von Beschäftigungsverhältnissen kann nach Art. 6 Abs. 1 lit. f DS-GVO bei einem überwiegenden Interesse des Arbeitgebers oder auf Grundlage einer Einwilligung des betroffenen Beschäftigten zulässig sein. Dies gilt beispielsweise für **Geburtstagslisten,** die es den Beschäftigten ermöglichen sollen, sich gegenseitig zu gratulieren. Mit der Veröffentlichung solcher Listen bezweckt der Arbeitgeber typischerweise eine Verbesserung des Arbeitsklimas und des persönlichen Zusammenhalts in der Belegschaft. Dennoch bedarf die Aufnahme des Geburtsdatums der Beschäftigten der vorherigen Einwilligung, weil nicht pauschal davon ausgegangen werden kann, dass jeder Beschäftigte die Bekanntgabe seines Geburtsdatums wünscht und nicht an einer Geheimhaltung interessiert ist. Gleiches gilt für die Veröffentlichung von besonders hervorragenden Prüfungsergebnissen oder Auszeichnungen.³⁵³

145

Ein Aushang von personenbezogenen Beschäftigtendaten, deren Veröffentlichung im **Intranet** oder mithilfe von Informationsblättern oder Rundschreiben kann weder auf Art. 6 Abs. 1 lit. f DS-GVO noch auf die Einwilligung des Beschäftigten gestützt werden, wenn damit eine „Prangerfunktion" verbunden ist. Die Veröffentlichung eines (nicht nachgewiesenen oder unberechtigten) Diebstahlsverdachts und die Information über eine daran anknüpfende fristlose Kündigung am „Schwarzen Brett" stellt einen erheblichen Eingriff in das Persönlichkeitsrecht dar und kann einen Anspruch des Arbeitnehmers gegen den Arbeitgeber auf einen Widerruf in gleicher Weise und auf Schmerzensgeld begründen.³⁵⁴ So auch, wenn der Arbeitgeber Abmahnungen oder ihnen zugrundeliegende Sachverhalte veröffentlicht.³⁵⁵ Fehlzeiten-, Krankheits- und Raucherlisten dürfen schon deshalb nicht veröffentlicht oder in Umlauf gebracht werden, weil sie einen mittelbaren Schluss auf die Gesundheit der Beschäftigten zulassen und damit dem besonderen Schutz des Art. 9 Abs. 1 DS-GVO unterliegen.³⁵⁶

146

Durch sog. **Renn- oder Bestenlisten** soll insbesondere im Bereich der Akquisition oder des Verkaufs die Leistungsbereitschaft der Beschäftigten gefördert werden, indem zB Beschäftigte sortiert nach den besten (oder auch schlechtesten) Umsätzen dar-

147

---

352 WHWS Arbeitnehmerdatenschutz-HdB/Heinson, S. 578.
353 Bergmann/Möhrle/Herb, BDSG § 26 Rn. 169.
354 BAG 21.2.1979 – 5 AZR 568/77, NJW 1979, 2532.
355 Bergmann/Möhrle/Herb, BDSG § 26 Rn. 164.
356 Heider, NJW 2015, 1051 (1055).

gestellt werden.³⁵⁷ Daran kann der Arbeitgeber zwar ein berechtigtes Interesse besitzen. Allerdings sind in der Regel auch anonyme Listen geeignet, den gewünschten Motivationseffekt herbeizuführen.³⁵⁸ An der Förderung persönlicher Rivalitäten durch die Veröffentlichung nicht anonymisierter Listen hat der Arbeitgeber kein schutzwürdiges Interesse. Im Übrigen ist auch die Veröffentlichung von Gehaltsdaten regelmäßig unzulässig.³⁵⁹ Vereinzelte gesetzliche Ausnahmen gelten für die Veröffentlichung der Vergütung von Vorstandsmitgliedern und die Vergütung der Vorstandsmitglieder gesetzlicher Krankenkassen.

III. Veröffentlichung von Bildnissen

148 Die Veröffentlichung von Bildnissen von Beschäftigten spielt in der Praxis eine große Rolle. Arbeitgeber verwenden **Fotografien** insbesondere für Werbezwecke auf der Unternehmenswebseite oder in Broschüren. Hier finden neben der DS-GVO – jedenfalls im Anwendungsbereich von Art. 85 Abs. 1 DS-GVO für journalistische, wissenschaftliche, künstlerische und literarische Zwecke – auch weiterhin die §§ 22, 23 KUG Anwendung.³⁶⁰ Ob das auch für das Beschäftigungsverhältnis gilt, ist bislang nicht geklärt und zweifelhaft, weil die §§ 22, 23 KUG keine beschäftigungsspezifischen Normen iSv Art. 88 Abs. 1 DS-GVO darstellen. Die besseren Gründe sprechen deshalb dafür, dass die bisherige Rechtsprechung des BAG, wonach die §§ 22, 23 KUG bereichsspezifische, spezialgesetzliche (Datenschutz-) Regelungen sein sollen, nicht mit der neuen Rechtslage vereinbar ist.³⁶¹

149 Dennoch kann der Rechtsgedanke der §§ 22, 23 KUG bei der Anwendung von § 26 Abs. 1 Satz 1 BDSG und Art. 6 Abs. 1 lit. f DS-GVO zumindest sinngemäß im Rahmen der **Verhältnismäßigkeitsprüfung** herangezogen werden, weil auch diese Vorschriften das Recht am eigenen Bild als Ausprägung des Allgemeinen Persönlichkeitsrechts schützen.³⁶² So ist in der Regel davon auszugehen, dass das Interesse des Beschäftigten an einem Unterbleiben der Anfertigung und Veröffentlichung seiner Fotografie gegenüber den gegenläufigen Interessen des Arbeitgebers überwiegt. Auch nach der aktuellen Rechtslage bedarf es für die Veröffentlichung von Bildnissen von Beschäftigten daher einer vorherigen **Einwilligung**, die sich nunmehr allerdings an den Voraussetzungen von Art. 7 DS-GVO und § 26 Abs. 2 BDSG messen lassen muss (**Muster** → Anh. Rn. 8).

§ 22 Satz 1 KUG
Bildnisse dürfen nur mit Einwilligung des Abgebildeten verbreitet oder öffentlich zur Schau gestellt werden.

150 Ausnahmsweise kann eine Einwilligung entbehrlich sein, wenn ein **Ausnahmetatbestand** des § 23 KUG eingreift und auch die weiteren Voraussetzungen von § 26 Abs. 1

---

357 Bergmann/Möhrle/Herb, BDSG § 26 Rn. 168.
358 Gola, HdB Beschäftigtendatenschutz, Rn. 899.
359 BAG 26.2.1987 – 6 ABR 46/84, NZA 1988, 63.
360 OLG Köln 8.10.2018 – I 15 U 110/18, NJW-RR 2019, 240; OLG Köln 18.6.2018 – 15 W 27/18, DuD 2018, 714.
361 So noch BAG 19.2.2015 – 8 AZR 1011/13; BAG 11.12.2014 – 8 AZR 1010/13, NZA 2015, 604.
362 LG Frankfurt 13.9.2018 – 2–03 O 283/18, DuD 2019, 107.

Satz 1 BDSG oder Art. 6 Abs. 1 lit. f DS-GVO erfüllt sind.[363] Im Beschäftigungsverhältnis können insbesondere die Ausnahmetatbestände in § 23 Abs. 1 Nr. 2 und 3 KUG relevant sein.

§ 23 Abs. 1 Nr. 2 und Nr. 3 KUG
Ohne die nach § 22 erforderliche Einwilligung dürfen verbreitet und zur Schau gestellt werden:
2. Bilder, auf denen die Personen nur als Beiwerk neben einer Landschaft oder sonstigen Örtlichkeit erscheinen;
3. Bilder von Versammlungen, Aufzügen und ähnlichen Vorgängen, an denen die dargestellten Personen teilgenommen haben;

Im Wesentlichen kann dabei auf den Merksatz zurückgegriffen werden, dass eine Einwilligung des Beschäftigten je eher entbehrlich ist, desto weniger er im Fokus einer Fotografie steht. 151

Beispiel: Der Arbeitgeber lässt aus einiger Höhe und Entfernung eine Fotografie des Innenhofs seines Betriebs anfertigen. Darauf sind auch einige Beschäftigte zu sehen, die sich dort zufällig gerade bewegen. Die Gesichter sind nicht oder nur sehr verschwommen erkennbar, eine Identifizierung ist nur schwer möglich. 152

Freilich spielt es auch eine Rolle, in welcher konkreten Situation und ggf. in welcher Pose ein Beschäftigter fotografiert wird. Gruppenfotografien von Beschäftigten erfordern auch dann eine Einwilligung sämtlicher darauf (deutlich) erkennbaren Beschäftigten, wenn es dem Arbeitgeber auf eine Abbildung des Einzelnen nicht ankommt. 153

Nach dem **Widerruf** einer erteilten Einwilligung sind die Fotografien zu löschen. Der Widerruf bedarf anders als nach bisheriger Rechtsprechung des BAG keines plausiblen Grundes mehr (→ § 3 Rn. 75). Bei Gruppenfotografien hat der Beschäftigte einen Anspruch darauf, auf der Fotografie durch geeignete Maßnahmen wie einer „Verpixelung" des Gesichts, durch Hinzufügen schwarzer Balken oder durch Retuschieren unkenntlich gemacht zu werden.[364] 154

Hinweis: Streitigkeiten können sich ergeben, wenn Fotografien von Beschäftigten in Broschüren o.ä. in großer Auflage oder mit großen Kosten abgedruckt werden und der Beschäftigte unter Hinweis auf den Widerruf seiner Einwilligung die Vernichtung seiner darin befindlichen Fotografie verlangt. Bereits an Kunden vergebene Broschüren kann der Arbeitgeber nicht mehr selbst vernichten, weil sie nicht mehr in dessen Machtbereich befindlich sind. Der Beschäftigte kann von dem Arbeitgeber auch nicht unter Hinweis auf Art. 17 Abs. 2 DS-GVO verlangen, dass die Kunden über das Löschungsbegehren zu informieren sind, weil es sich dabei nicht um eine „angemessene Maßnahme" handelt. Fraglich ist allerdings, ob noch im Machtbereich des Arbeitgebers befindliche Broschüren vernichtet werden müssen bzw. der Beschäftigte unkenntlich gemacht werden muss. Dies ist wegen § 35 Abs. 1 BDSG in der Regel zu verneinen, weil es sich um einen Fall der nichtautomatisierten Datenverarbeitung handelt, bei der – jedenfalls bei hohen Druckkosten oder großem Aufwand – einen unverhältnismäßiger Löschaufwand bestehen würde.

---

363 Ähnlich Gola, HdB Beschäftigtendatenschutz, Rn. 1082.
364 ArbG Frankfurt 20.6.2012 – 7 Ca 1649/12, DuD 2013, 185.

IV. Veröffentlichung im Internet

1. Allgemeines

155 Die Veröffentlichung von personenbezogenen Beschäftigtendaten im Internet kann nach § 26 Abs. 1 Satz 1 BDSG vor allem dann zulässig sein, wenn der Beschäftigte aufgrund seiner **arbeitsvertraglichen Tätigkeit** als Ansprechpartner für Außenstehende fungiert. In diesem Fall dürfen der Name, die Funktion und die dienstlichen Kontaktdaten des Beschäftigten auf der Unternehmenswebseite veröffentlicht werden. Auch eine repräsentative Funktion kann die Veröffentlichung von Daten im Internet erforderlich machen.[365]

156 **Beispiele:** Pressesprecher, Kundenberater, angestellte Handelsvertreter

157 Es ist nicht ausgeschlossen, dass eine Veröffentlichung von Beschäftigtendaten im Einzelfall auch auf Grundlage von Art. 6 Abs. 1 lit. f DS-GVO bei Vorliegen eines berechtigten Arbeitgeberinteresses zulässig ist. Allerdings muss im Rahmen der Interessenabwägung beachtet werden, dass der Persönlichkeitsschutz im Internet erheblichen Gefährdungen ausgesetzt ist, weil eine unbestimmte Anzahl von Personen weltweit Zugriff auf die Daten hat und eine (rechtswidrige) Weiterverarbeitung nicht ausgeschlossen werden kann.[366] Sensible Beschäftigtendaten können deshalb keinesfalls vom Arbeitgeber veröffentlicht werden.

2. Social Media

158 Nach einer BITKOM-Studie aus dem Jahr 2017 setzen 73 % der deutschen Unternehmen Social-Media-Plattformen wie Twitter, Facebook etc für die interne oder externe Kommunikation ein.[367] Viele Unternehmen unterhalten zu diesem Zweck einen **Firmen-Account**, der von den Beschäftigten (sog. Social-Media-Manager) gepflegt wird.[368] Ebenso kommt es vor, dass Beschäftigte im Rahmen ihrer Tätigkeit vom Arbeitgeber dazu verpflichtet werden, einen persönlichen Account zur dienstlichen Verwendung zu erstellen. Seltener, aber in der Praxis ebenfalls vorzufinden, ist die Verwendung eines privaten Accounts zu dienstlichen Zwecken.[369]

159 Für die Veröffentlichung von Beschäftigtendaten auf dem Firmen-Account gelten im ganz Wesentlichen die oben genannten, allgemeinen Maßstäbe. Bei der Information der betroffenen Beschäftigten gemäß den Art. 13, 14 DS-GVO ist darauf zu achten, dass auch die Datenschutzbestimmungen der jeweiligen Social-Media-Plattform in Bezug genommen oder verlinkt werden.

160 Streitigkeiten ergeben sich in der Praxis vor allem im Zusammenhang mit der Frage, ob der Arbeitgeber **Zugriff** auf einen Social-Media-Account nehmen darf. Daran kann der Arbeitgeber aus unterschiedlichsten Gründen ein berechtigtes Interesse haben, etwa wenn mit dem Account eines Außendienstmitarbeiters wichtige **Geschäftskontakte** verknüpft oder dort dienstliche Nachrichten abgelegt sind. Bei dem Firmen-

---

365 Gola, HdB Beschäftigtendatenschutz, Rn. 1519.
366 Däubler, Gläserne Belegschaften, Rn. 472.
367 Kramer/Oberthür, S. 313.
368 Zur Mitbestimmung des Betriebsrats in diesen Fällen BAG 13.12.2016 – 1 ABR 7/15, NZA 2017, 657.
369 Zu den arbeitsrechtlichen Rahmenbedingungen vgl. Kramer/Oberthür, S. 325.

Account des Arbeitgebers kann diese Frage bejaht werden. Die mit der Account-Pflege befassten Beschäftigten sind hier uneingeschränkt verpflichtet, dem Arbeitgeber den gewünschten Zugang zu verschaffen. Ähnliches gilt, wenn der Beschäftigte auf Veranlassung und Kosten des Arbeitgebers einen dienstlich genutzten Account angelegt hat. Der Arbeitgeber kann von dem Beschäftigten in diesem Fall die Zugangsdaten herausverlangen, den Account bei dessen Ausscheiden aber nicht unter dem Namen des Beschäftigten weiterführen.[370] Vor einer Herausgabe oder Löschung des Accounts ist dem Arbeitnehmer die Möglichkeit einzuräumen, rein private Kontakte und Korrespondenz zu sichern bzw. zu löschen.[371] Bei einer dienstlichen Nutzung eines privaten Accounts besteht zwar kein Herausgabeanspruch hinsichtlich der Zugangsdaten, aber hinsichtlich der in dem Account enthaltenen dienstlich erlangten Daten, einschließlich der Kontaktdaten von Kunden und Geschäftspartnern und eine dienstliche Kommunikation.[372]

Die **Abgrenzung** eines dienstlichen Accounts von einem privaten Account kann in der Praxis Schwierigkeiten bereiten. Der Arbeitgeber trägt hierfür im Streitfall die Darlegungs- und Beweislast, wenn er die erweiterten Zugriffsrechte auf einen dienstlichen Account geltend machen möchte.[373]

Hinweis: Bei der dienstlichen Nutzung von Social-Media-Accounts sollten Arbeitgeber eine „Social-Media-Guideline" zum Umfang der Nutzungserlaubnis, zu Kontroll- und Zugriffsmöglichkeiten des Arbeitgebers und zu den weiteren rechtlichen Pflichten der Beschäftigten erlassen oder entsprechende Regelungen gemeinsam mit dem Betriebsrat in einer Betriebsvereinbarung verankern. Ein Muster findet sich bei *Kramer*.[374]

Auch **Betriebsräte** sind grundsätzlich berechtigt, einen Social-Media-Account zum Zwecke ihrer Betriebsratsarbeit zu nutzen.[375] Allerdings haben sie sich dabei an die durch das BetrVG vorgegebenen Grenzen zu halten. Sie unterliegen dabei insbesondere dem Gebot der vertraulichen Zusammenarbeit gemäß § 2 Abs. 1 BetrVG, der Verpflichtung zur Wahrung von Geschäfts- und Betriebsgeheimnissen gemäß § 79 Abs. 1 BetrVG und der Pflicht zum Persönlichkeitsschutz gemäß § 75 Abs. 2 BetrVG.[376]

3. Bewertungsportale

Die Rechtsprechung hat sich bereits mehrfach mit der Frage befasst, ob und unter welchen Voraussetzungen bestimmte Berufsgruppen die Bewertung ihrer **Leistungen** und ihres Verhaltens in Online-Bewertungsportalen dulden müssen.[377] Werden die dafür notwendigen Beschäftigtendaten nicht von dem Arbeitgeber in ein Bewertungsportal eingestellt, ergeben sich in diesem Verhältnis keine datenschutzrechtlichen Probleme, weil es an einer Verantwortlichkeit des Arbeitgebers iSv Art. 4 Nr. 7

---

370 Hoffmann-Remy/Tödtmann, NZA 2016, 792 (794).
371 Hoffmann-Remy/Tödtmann, NZA 2016, 792 (794).
372 Kramer/Oberthür, S. 326.
373 Däubler, Gläserne Belegschaften, Rn. 474b.
374 Kramer/Oberthür, S. 329 f.
375 LAG Niedersachsen 6.12.2018 – 5 TaBV 107/17.
376 Dazu ausführlich Günther/Lenz, NZA 2019, 1241.
377 BGH 23.6.2009 – VI ZR 196/08, NJW 2009, 2888 (Lehrer); BGH 1.7.2014 – VI ZR 345/13, NJW 2014, 2651 (Ärzte).

DS-GVO fehlt. Anders liegt der Fall, wenn der Arbeitgeber beispielsweise zur Feststellung der Kundenzufriedenheit ein eigenes Bewertungsportal betreibt. Dann sind die Grenzen von § 26 Abs. 1 Satz 1 BDSG und von Art. 6 Abs. 1 lit. f DS-GVO zu beachten.[378] Eine Erforderlichkeit für die Durchführung des Beschäftigungsverhältnisses kann nur bei Beschäftigten mit ständigem Kundenkontakt bejaht werden. Es dürfen nur diejenigen Daten des Beschäftigten eingestellt werden, die für dessen Bewertung unbedingt notwendig sind, in der Regel also nur dessen Name und ggf. seine Funktion. Voraussetzung ist ferner, dass die den Kunden zur Verfügung stehenden Bewertungskriterien sachlicher Natur sind und Maßnahmen zum Persönlichkeitsschutz getroffen werden. Die Bewertungen dürfen insbesondere nicht öffentlich sichtbar sein. Werden Textfelder zur freien Eingabe zur Verfügung gestellt, sind die Kunden durch entsprechende Hinweise dazu anzuhalten, nur sachliche Bewertungen zu formulieren.

V. Unternehmenstransaktionen

164 Im Rahmen von Unternehmenstransaktionen (sog. Mergers & Acquisitions) werden von dem Erwerber im Vorfeld des Vertragsschlusses zumeist sog. **Due-Diligence**-Prüfungen durchgeführt. Darunter versteht man die dem Unternehmenskauf vorausgehende, vorbereitende Prüfung des Kaufobjekts um Zwecke der Preisfindung und der umfassenden Risikoanalyse.[379] Gerade bei der arbeitsrechtlichen Due Diligence ist ein besonderes Augenmerk auf die datenschutzrechtlichen Bestimmungen zu richten. Diese umfasst die Überprüfung aller wichtigen arbeitsrechtlichen Dokumente (Personalakten, Arbeitsverträge, Betriebsvereinbarungen etc), die von dem Veräußerer typischerweise in einen innerhalb des Unternehmens bereitgestellten „physischen" oder in einen elektronischen Datenraum eingestellt werden.[380] Die arbeitsrechtliche Überprüfung der bereitgestellten Informationen und Dokumente hat zur Folge, dass die einzelnen Beschäftigungsverhältnisse intensiv „durchleuchtet" werden. Das ist datenschutzrechtlich ohne Weiteres zulässig, wenn die Informationen und Dokumente nur als anonymisierte Kopie an den Käufer oder die von ihm mit der Due Diligence beauftragten Berater (Steuerberater, Rechtsanwälte etc) herausgegeben werden.

Hinweis: In der Praxis werden die Namen von Beschäftigten und alle weiteren Angaben, die eine Identifizierung für den Erwerber möglich machen, in Dokumentenkopien vor der Bereitstellung in einem Datenraum geschwärzt.

165 Ist eine **Anonymisierung** von Dokumenten aufgrund ihres konkreten Inhalts oder der geringen Anzahl von Beschäftigten im Einzelfall nicht möglich oder vom Erwerber nicht erwünscht, muss für jede bereitgestellte Information mit Personenbezug das Vorliegen einer datenschutzrechtlichen Erlaubnisvorschrift geprüft werden. Eine Anwendung von § 26 Abs. 1 Satz 1 BDSG scheidet hier regelmäßig aus, weil die Due-Diligence-Prüfung nicht für die Durchführung oder Beendigung der einzelnen Beschäftigungsverhältnisse erforderlich ist. Die Offenlegung der personenbezogenen Be-

---

378 Gola, HdB Beschäftigtendatenschutz, Rn. 1537.
379 Willemsen/Hohenstatt/Schweibert/Seibt Umstrukturierung/Seibt/Hohenstatt, S. 1429.
380 Eine Due-Diligence-Checkliste mit den typischerweise erforderlichen Daten und Unterlagen findet sich bei Willemsen/Hohenstatt/Schweibert/Seibt Umstrukturierung/Seibt/Hohenstatt, S. 1437 f.

schäftigtendaten kann aber nach Art. 6 Abs. 1 lit. f DS-GVO zulässig sein. Entscheidend ist, welche personenbezogenen Daten ein sorgfältig handelnder Erwerber für eine angemessene Prüfung der arbeitsrechtlichen und personellen Verhältnisse der Zielgesellschaft benötigt, um seine Kaufentscheidung zu treffen.[381] Dabei ist insbesondere die Zurverfügungstellung solcher Unterlagen unkritisch, die nur einen geringen Personenbezug aufweisen, wie Betriebsvereinbarungen oder Tarifverträge mit Namensnennungen in der Unterschriftenzeile.[382]

F. Datenverarbeitung im Konzern

I. Der datenschutzrechtliche Konzern

1. Begriff

Die Übermittlung von personenbezogenen Beschäftigtendaten gehört in Konzernen zum Alltag und wird als nicht hinterfragte Selbstverständlichkeit angesehen. Das praktische Bedürfnis nach einem konzerninternen Datentransfer besteht in besonderem Maße in sog. **Matrixorganisationen**, in denen Abteilungs- oder Bereichsstrukturen bzw. Führungsstrukturen über die Grenzen einzelner Konzernunternehmen hinweg organisiert sind.[383] Zur Gewährleistung der Matrixorganisation muss typischerweise eine hohe Anzahl von personenbezogenen Beschäftigtendaten zwischen den beteiligten Konzernunternehmen übermittelt werden.[384] Das gilt auch für Shared-Service-Center (SSC), die bestimmte operative Aufgaben für andere Konzerngesellschaften als ausgelagerte Dienstleistung erbringen, etwa in Gestalt eines sog. **Human-Ressource-Shared-Service-Center** (HR-SSC).[385]

166

Der datenschutzrechtliche **Konzernbegriff** unterscheidet sich von dem gesellschaftsrechtlichen Konzernbegriff in § 18 AktG.[386] Art. 4 Nr. 19 DS-GVO stellt auf die Unternehmensgruppe ab, die aus einem herrschenden Unternehmen und den von diesem abhängigen Unternehmen besteht.

167

Datenschutzrechtlicher Konzernbegriff (Art. 4 Nr. 18 und Nr. 19 DS-GVO)

„Unternehmen" [ist] eine natürliche oder juristische Person, die eine wirtschaftliche Tätigkeit ausübt, unabhängig von ihrer Rechtsform, einschließlich Personengesellschaften oder Vereinigungen, die regelmäßig einer wirtschaftlichen Tätigkeit nachgehen.

„Unternehmensgruppe" [ist] eine Gruppe, die aus einem herrschenden Unternehmen und den von diesem abhängigen Unternehmen besteht.

Als **herrschendes Unternehmen** gilt nach Erwägungsgrund 37 Satz 1 DS-GVO dasjenige Unternehmen, das zum Beispiel aufgrund der Eigentumsverhältnisse, der finanziellen Beteiligung oder der für das Unternehmen geltenden Vorschriften oder der Befugnis, Datenschutzvorschriften umsetzen zu lassen, einen beherrschenden Einfluss auf die übrigen Unternehmen ausüben kann. Der Erwägungsgrund 37 Satz 2 DS-GVO stellt zudem klar, dass ein Unternehmen, das die Verarbeitung personenbezoge-

168

---

381 Braun/Wybitul, BB 2008, 782 (785).
382 Willemsen/Hohenstatt/Schweibert/Seibt Umstrukturierung/Seibt/Hohenstatt, S. 1432.
383 Zum Begriff der Matrixorganisation vgl. Maschmann/Fritz/Steger, S. 1 f.
384 Hillenbrand-Beck, Arbeitsbericht „Konzerninterner Datentransfer", S. 13.
385 Dazu ausführlich Maschmann/Fritz/Maschmann, S. 476 f.
386 Simitis/Seifert, DS-GVO Art. 88 Rn. 38.

ner Daten in ihm angeschlossenen Unternehmen kontrolliert, zusammen mit diesen als eine Unternehmensgruppe betrachtet werden sollte.

169 Der datenschutzrechtliche Konzern versteht sich folglich nicht als „datenschutzrechtliche Einheit" mit einer zusammenfassenden **Verantwortlichkeit**, sondern als Verbund mehrerer datenschutzrechtlich eigenständiger Unternehmen, die im Verhältnis zueinander als „Dritte" iSv Art. 4 Nr. 10 DS-GVO anzusehen sind.

2. Kein Konzernprivileg

170 Ungeachtet der Frage, ob ein einzelnes Konzernunternehmen oder mehrere Konzernunternehmen gemeinsam für eine konzerninterne Übermittlung von personenbezogenen Beschäftigtendaten iSv Art. 4 Nr. 7 DS-GVO verantwortlich sind, bedarf es dafür einer datenschutzrechtlichen Erlaubnisvorschrift. Ein Konzernprivileg für die konzerninterne Datenverarbeitung kennt die DS-GVO nicht.[387] So ist in Erwägungsgrund 48 Satz 1 DS-GVO zwar festgehalten, dass Verantwortliche, die Teil einer Unternehmensgruppe sind, ein berechtigtes Interesse haben können, personenbezogene Beschäftigtendaten innerhalb der Unternehmensgruppe für **interne Verwaltungszwecke** zu übermitteln. Das Vorliegen eines berechtigen Interesses zur Datenverarbeitung befreit den Verantwortlichen aber nicht von der Verpflichtung, im Rahmen einer Interessenabwägung nach § 26 Abs. 1 Satz 1 BDSG oder nach Art. 6 Abs. 1 lit. f DS-GVO auch die mit der Datenübermittlung verbundene Beeinträchtigung des Arbeitnehmerpersönlichkeitsrechts zu gewichten.[388] Im Falle einer gemeinsamen Verantwortlichkeit mehrerer Konzernunternehmen ergibt sich auch aus Art. 26 DS-GVO kein Konzernprivileg.[389]

II. Rechtsgrundlagen für die konzerninterne Datenverarbeitung

1. Erlaubnistatbestände

171 Die Zulässigkeit der konzerninternen Datenverarbeitung ist deshalb anhand der im Beschäftigungsverhältnis zur Verfügung stehenden datenschutzrechtlichen Erlaubnistatbestände zu prüfen. Nach § 26 Abs. 1 Satz 1 BDSG ist eine Übermittlung von Beschäftigtendaten im Konzern insbesondere zulässig, wenn diese für die Durchführung des Beschäftigungsverhältnisses erforderlich ist. Das setzt voraus, dass der Beschäftigungsbezug mit dem Zweck der Übermittlung deckungsgleich sein muss. Daraus wird richtigerweise gefolgert, dass das Beschäftigungsverhältnis des Betroffenen einen **Konzernbezug** aufweisen muss. Ein Konzernbezug ist beispielsweise gegeben, wenn die arbeitsvertraglich vereinbarte Tätigkeit konzernübergreifende Aufgaben mit sich bringt.[390] Es muss im Einzelfall durch Auslegung des Arbeitsvertrags ermittelt wer-

---

387 Kühling/Buchner/Maschmann, BDSG § 26 Rn. 73; WHWS Arbeitnehmerdatenschutz-HdB/Heinson, S. 572; Bergmann/Möhrle/Herb, BDSG § 26 Rn. 198; Simitis/Seifert, DS-GVO Art. 88 Rn. 176; Wurzberger, ZD 2017, 258 (260); noch zur alten Rechtslage Hillenbrand-Beck, Arbeitsbericht „Konzerninterner Datentransfer", S. 1.
388 Kühling/Buchner/Maschmann, BDSG § 26 Rn. 73; Bermann/Möhrle/Herb, BDSG § 26 Rn. 198; Ehmann/Selmayr/Selk, DS-GVO Art. 88 Rn. 143; WHWS Arbeitnehmerdatenschutz-HdB/Willert, S. 684.
389 Kühling/Buchner/Hartung, DS-GVO Art. 26 Rn. 27.
390 Gola, HdB Beschäftigtendatenschutz, Rn. 941.

den, ob die Anweisung entsprechender Arbeitsaufgaben vom Direktionsrecht des Arbeitgebers gedeckt ist.

Hinweis: Im Arbeitsvertrag eines Arbeitnehmers kann der Konzernbezug durch eine ausführliche Stellenbeschreibung hergestellt werden, in welcher die konzernbezogenen Arbeitsaufgaben transparent gemacht werden. Ein Konzernbezug ist auch anzunehmen, wenn die Arbeitsvertragsparteien eine sog. Abordnungsklausel vereinbaren, die den Arbeitgeber dazu berechtigen, den Arbeitnehmer durch Ausübung des Direktionsrechts vorübergehend in anderen Konzernunternehmen zu beschäftigen.[391] Sog. Konzernversetzungsklauseln sind regelmäßig unwirksam, weil der Arbeitgeber im Rahmen seines Direktionsrechts nicht berechtigt ist, einem Arbeitnehmer einen Arbeitsplatz in einem anderen Konzernunternehmen dauerhaft zuzuweisen.[392]

Eine konzernübergreifende Tätigkeit berechtigt die Konzernunternehmen aber nur zum Datenaustausch, soweit der Einsatz des Arbeitnehmers dadurch bedingt ist, etwa im Bereich der **Personaleinsatzplanung** oder des Austauschs dienstlicher Kontaktdaten zum Zwecke einer zeitweiligen Abordnung.

Fehlt es an den Voraussetzungen des § 26 Abs. 1 Satz 1 BDSG, kann die Datenübermittlung in engen Grenzen vor allem für interne Verwaltungszwecke[393] auch durch Art. 6 Abs. 1 lit. f DS-GVO gerechtfertigt sein. Bei der Anwendung der Vorschrift ist mangels einer durch die Rechtsprechung entwickelten Kasuistik große Zurückhaltung geboten. Im Zweifel ist trotz der Wertung des europäischen Gesetzgebers in Erwägungsgrund 48 Satz 1 DS-GVO davon auszugehen, dass das Interesse des Beschäftigten am Unterbleiben der Datenverarbeitung überwiegt. Insbesondere rechtfertigen die Absicht einer bloßen Verwaltungsvereinfachung, organisationsstrategische Erwägungen oder wirtschaftliche Interessen keine Übermittlung sensibler Beschäftigtendaten.[394]

Sowohl bei § 26 Abs. 1 Satz 1 BDSG als auch bei Art. 6 Abs. 1 lit. f DS-GVO ist im Rahmen der Verhältnismäßigkeitsprüfung zu berücksichtigen, welche Maßnahmen die beteiligten Konzernunternehmen zur Gewährleistung der Datensicherheit und zur Durchsetzung der Datenschutzrechte treffen. Ein konzernweites **Datenschutzkonzept** mit einer transparenten Zweckfestlegung und Darstellung der konzernübergreifenden Datenverarbeitungsprozesse ist daher anzuraten.[395] Dabei können sich die Konzernunternehmen auch bei fehlender gemeinsamer Verantwortlichkeit an dem Inhalt einer Vereinbarung gemäß Art. 26 DS-GVO orientieren. In jedem Fall muss sichergestellt sein, der Arbeitgeber umfassend Ansprechpartner für den Arbeitnehmer bleibt. Er muss vor allem für die Erfüllung der Betroffenenrechte und für Schadensersatzansprüche einstehen, zusätzlich zu denjenigen Unternehmen, an welche die Daten übermittelt wurden. Zu diesem Zweck müssen zwischen den beteiligten Konzernunternehmen verbindliche Vereinbarungen getroffen werden.

---

[391] Ein Formulierungsvorschlag findet sich bei Preis, D30 Rn. 217.
[392] Preis, D30 Rn. 225 f.
[393] Vgl. Erwägungsgrund 48 Satz 1 DS-GVO.
[394] Voigt, CR 2017, 428 (432).
[395] Hillenbrand-Beck, Arbeitsbericht „Konzerninterner Datentransfer", S. 8; Voigt, CR 2017, 428 (432).

175 **Regelungsinhalt** eines konzernübergreifenden Datenschutzkonzepts:
- Konzernweit einheitliche Vorgaben für die Verarbeitung von Beschäftigtendaten, ggf. durch Abschluss einer Konzernbetriebsvereinbarung zur konzerninternen Datenübermittlung und/oder durch das Aufstellen von verbindlichen Verhaltensregeln
- Möglichst abschließende Festlegung von Verarbeitungszwecken
- Erstellung eines konzernübergreifenden Verarbeitungsverzeichnisses gemäß Art. 30 DS-GVO
- Verbindliche Verfahrensvorgaben für die konzernübergreifende Gewährleistung von Informationspflichten Betroffenenrechten; Bestimmung einer gemeinsamen Anlaufstelle
- Verbindliche Regelungen zur Schadensersatzhaftung gegenüber den Beschäftigten
- Festlegung einheitlicher Standards für die Datensicherheit gemäß Art. 32 DS-GVO und Koordination von entsprechenden Maßnahmen
- Bestellung eines Konzerndatenschutzbeauftragten

176 Grundsätzlich kann auch eine **Konzernbetriebsvereinbarung** eine taugliche Rechtsgrundlage für eine konzerninterne Datenübermittlung darstellen. Dabei ist neben den Anforderungen des Art. 88 Abs. 2 DS-GVO aber zu beachten, dass die Regelungsbefugnis der Konzernbetriebsparteien durch den Mindeststandard der DS-GVO beschränkt ist. Eine Konzernbetriebsvereinbarung kann daher die konzerninterne Übermittlung von Beschäftigtendaten nicht pauschal gestatten, sondern muss den in Art. 6 Abs. 1 lit. f DS-GVO verankerten Verhältnismäßigkeitsgrundsatz wahren. Dennoch ist der Abschluss einer Konzernbetriebsvereinbarung empfehlenswert, da diese die konzernspezifischen Zwecke der Datenübermittlung spezifizieren und als Rechtmäßigkeitsnachweis iSv Art. 5 Abs. 2 DS-GVO vorgehalten werden kann.

177 Auf eine **Einwilligung** des Beschäftigten sollte nur in absoluten Ausnahmefällen zurückgegriffen werden. Für Standardprozesse ist diese aufgrund der jederzeitigen Möglichkeit des Widerrufs und wegen des insgesamt umständlichen Einwilligungsmanagements nicht praktikabel.[396]

2. Auftragsverarbeitung im Konzern

178 In Einzelfällen kann es sich bei dem konzerninternen Datentransfer von Beschäftigtendaten auch um eine Auftragsverarbeitung gemäß Art. 28, 29 DS-GVO handeln. Die Auftragsverarbeitung ist auch nach der neuen Rechtslage privilegiert. Liegen die Voraussetzungen einer Auftragsverarbeitung vor, können der Arbeitgeber und das mit einer Datenverarbeitung beauftragte Konzernunternehmen (= Auftragsverarbeiter) im Verhältnis zum Beschäftigten als „datenschutzrechtliche Einheit" anzusehen sein. Für die Übermittlung von personenbezogenen Beschäftigten an den Auftragsverarbeiter und die Verarbeitung durch den Auftragsverarbeiter bedarf es dann keiner zusätzlichen Rechtsgrundlage. Der Auftragsverarbeiter kann sich im Sinne einer abgeleiteten Rechtfertigung auf die Rechtsgrundlage des Verantwortlichen berufen.[397]

---

396 WHWS Arbeitnehmerdatenschutz-HdB/Heinson, S. 577.
397 DSK Kurzpapier Nr. 13, S. 2.

Nach Ansicht der Aufsichtsbehörden sprechen folgende **Kriterien** für das Vorliegen einer Auftragsverarbeitung im Konzern:[398]
- Fehlende Entscheidungsbefugnis des Auftragnehmers über die Daten.
- Auftragsschwerpunkt ist auf die Durchführung einer Verarbeitung gerichtet, die der Auftraggeber nach außen in eigener Verantwortung vertritt.
- Das Fehlen einer eigenständigen rechtlichen Beziehung des Auftragnehmers zum Betroffenen.

Die Anzahl der praktisch relevanten Fälle aber wird dadurch auf ein überschaubares Maß reduziert, dass in diesem Fall eine **Weisungsbindung** zwischen dem auftraggebenden und dem beauftragten Konzernunternehmen bestehen muss.[399] Daran fehlt es typischerweise, wenn einzelne Datenverarbeitungsvorgänge auf ein beherrschendes Konzernunternehmen ausgelagert werden. Gleichwohl ist es nicht generell auszuschließen, dass eine Konzernmuttergesellschaft als Auftragnehmer für eine den Konzernweisungen unterliegenden Konzerntochtergesellschaft tätig wird. Voraussetzung ist, dass entsprechende rechtliche Vereinbarungen über eine datenschutzrechtliche Weisungsbefugnis getroffen werden, die dem Konzernweisungsrecht vorgehen und keine Anhaltspunkte für eine Missachtung vorliegen.[400]

179

Beispiele für eine Auftragserarbeitung im Konzern nach dem DSK-Kurzpapier Nr. 13:

180

- Datenverarbeitungstechnische Arbeiten für die Lohn- und Gehaltsabrechnung oder die Finanzbuchhaltung
- Auslagerung der Personalaktenführung
- Zentralisierung bestimmter Shared-Services-Dienstleistungen innerhalb eines Konzerns, wie Dienstreisenplanungen oder Reisekostenabrechnungen (jedenfalls sofern kein Fall gemeinsamer Verantwortlichkeit nach Art. 26 DS-GVO vorliegt)[401]
- Datenerfassung, Datenkonvertierung oder Einscannen von Dokumenten
- Auslagerung der Backup-Sicherheitsspeicherung und anderer Archivierungen

3. Einzelfälle
a) Zentralisierung und Auslagerung des Personalmanagements

In **Matrixorganisationen** sind die wichtigsten Prozesse des Personalmanagements häufig bei dem beherrschenden Konzernunternehmen angesiedelt. Bisweilen geht diese Zentralisierung so weit, dass ausschließlich bei dem beherrschenden Unternehmen eine Personalabteilung vorzufinden ist, die für die Beschäftigten aller Konzernunternehmen zuständig ist. Zunehmend finden sich in Konzernen auch die bereits angesprochenen HR-Shared-Service-Center, die das operative Personalmanagement als ausgelagerte Dienstleistung für andere Konzerngesellschaften erbringen. Innerhalb solcher Zentralorganisationen werden die Zuständigkeiten für bestimmte Bereiche

181

---

[398] Hillenbrand-Beck, Arbeitsbericht „Konzerninterner Datentransfer", S. 2.
[399] Vgl. Art. 28 Abs. 3 Satz 2 lit. a DS-GVO.
[400] Hillenbrand-Beck, Arbeitsbericht „Konzerninterner Datentransfer", S. 3.
[401] DSK Kurzpapier Nr. 13, S. 3; siehe dazu sogleich Ziff. III. 1.

unter sog. HR-Business-Partnern aufgeteilt, die einem Personalleiter unterstellt sind.[402]

182 Bei der datenschutzrechtlichen Beurteilung dieser Organisationsmodelle bedarf es einer differenzierten Betrachtung. Im ersten Schritt ist für jede Verarbeitungstätigkeit separat zu prüfen, ob ein Fall der alleinigen Verantwortlichkeit eines einzelnen Konzernunternehmens, der **gemeinsamen Verantwortlichkeit** mehrerer Unternehmen oder ein Fall der Auftragsverarbeitung vorliegt. Letzteres kann im Hinblick auf die vorstehend herausgearbeiteten Kriterien für eine Auftragsverarbeitung im Konzern vor allem bei reinen Service-, Unterstützungs- und Hilfeleistungen angenommen werden, die auch von jedem beliebigen unternehmens- bzw. konzernexternen Dritten mit einer entsprechenden Fachkompetenz angeboten werden könnten.[403] Das ist bei den sog. HR-SSC typischerweise der Fall, weil die Zwecke und Mittel der Datenverarbeitung hier regelmäßig von dem beherrschenden Unternehmen bzw. einer Matrixleitung vorgegeben werden und den HR-SSC lediglich eine Umsetzungsfunktion zukommt.[404] In diesen Konstellationen genügt der Abschluss eines **Vertrags zur Auftragsverarbeitung** mit dem Inhalt des Art. 28 Abs. 3 DS-GVO, um die Verarbeitung personenbezogener Daten zwischen den Konzerngesellschaften zu rechtfertigen.

183 Werden hingegen nicht nur ganz unwesentliche Entscheidungskompetenzen über die Zwecke und Mittel der Datenverarbeitung von dem Arbeitgeber auf andere Konzerngesellschaft ganz oder teilweise übertragen, ist von einer gemeinsamen Verantwortlichkeit der betroffenen gemäß Art. 26 DS-GVO auszugehen. So etwa bei einer zentralen Personalabteilung bzw. Personalleitung bei einer **Konzernmuttergesellschaft**, die über die Einstellung von Bewerbern, über Beförderungen, Entgelterhöhungen, Entlassungen und bei sonstigen personellen Einzelmaßnahmen mitentscheidet und (faktisch) das Direktionsrecht anderer Konzerngesellschaften ausübt, die im Verhältnis zu dem Beschäftigten zivilrechtlich als Arbeitgeber anzusehen sind. Derartige Modelle sind datenschutzrechtlich oft problematisch, weil jede Verarbeitung von personenbezogenen Beschäftigtendaten durch die zentrale Personalabteilung auf eine datenschutzrechtliche Erlaubnisvorschrift gestützt werden muss. Die Anwendung von § 26 Abs. 1 Satz 1 BDSG kommt nicht schon deshalb in Betracht, weil der betroffene Beschäftigte bei einem Unternehmen angestellt ist, das Teil des Konzerns oder der Matrixorganisation ist. Vielmehr muss im Sinne des oben Gesagten eine Konzern- oder Matrixbezug im konkreten Beschäftigungsverhältnis vorliegen.[405] Für eine Anwendung von Art. 6 Abs. 1 lit. f DS-GVO bedarf es einer Interessenabwägung im Einzelfall, die häufig zu dem Ergebnis führen wird, dass eine Datenverarbeitung, die nicht für die Zwecke des Beschäftigungsverhältnisses oder für interne Verwaltungszwecke[406] erfolgt, zu unterbleiben hat, wenn sie nicht durch ein konzernübergreifendes Datenschutzkonzept flankiert werden. Zu den Verwaltungszwecken in diesem Sinne zählen etwa die Aufgaben der Personalplanung und der Personalverwaltung.[407]

---

402 Maschmann/Fritz/Maschmann, S. 476, 477.
403 Maschmann/Fritz/Maschmann, S. 477, 478.
404 Maschmann/Fritz/Maschmann, S. 477.
405 Maschmann/Fritz/Maschmann, S. 478.
406 Vgl. Erwägungsgrund 48 Satz 1 DS-GVO.
407 Simitis/Seifert, DS-GVO Art. 88 Rn. 177, 178.

Bei bloß administrativen Aufgaben ist ggf. die Möglichkeit einer Auftragsverarbeitung zu prüfen.

b) Personalaktenführung durch andere Konzernunternehmen

Die Auslagerung der Personalaktenführung von dem Arbeitgeber auf ein anderes Konzernunternehmen ist nicht von § 26 Abs. 1 Satz 1 BDSG gedeckt, weil sie regelmäßig nicht für die mit der Personalakte verfolgten Zwecke erforderlich ist. Eine Anwendung von Art. 6 Abs. 1 lit. f DS-GVO kommt in Betracht, wenn die Personalaktenführung einer anderen Konzerngesellschaft lediglich zu **internen Verwaltungszwecken** überlassen wird.[408] Allerdings hilft die Vorschrift nicht weiter, wenn in der Personalakte, was der Regelfall sein dürfte, auch besondere Kategorien personenbezogener Daten gespeichert werden. Ein Erlaubnistatbestand in Art. 9 Abs. 2 DS-GVO ist nicht einschlägig, insbesondere ist die Verarbeitung nicht gemäß Art. 9 Abs. 2 lit. b DS-GVO iVm § 26 Abs. 3 Satz 1 BDSG für die Wahrnehmung von Rechten oder Pflichten aus dem Arbeits- oder Sozialrecht erforderlich. Eine Übertragung der Personalaktenführung auf eine andere Konzerngesellschaft kann aber im Wege einer Auftragsverarbeitung gemäß den Art. 28, 29 DS-GVO in zulässigerweise organisiert werden, sofern sich diese lediglich eine „Hilfsfunktion" bei der Aktenführung ausübt und die in der Personalakte gespeicherten Daten nicht auch zu eigenen Zwecken verarbeitet.

184

c) Konzerninterne Kontaktdatenverwaltung

Eine konzernweite Kontaktdatenbank, in der Namen, dienstliche Anschrift, Aufgabengebiet und dienstliche Kontaktdaten (E-Mail-Adresse, Telefonnummer und ggf. Faxnummer) hinterlegt sind, ist gemäß § 26 Abs. 1 Satz 1 BDSG zulässig, sofern dort nur Beschäftigte aufgenommen werden, deren Beschäftigungsverhältnis eine unternehmensübergreifende Kontaktaufnahme und damit eine entsprechende **Publizität der Kontaktdaten** erfordert.[409] Dabei ist es auch hinzunehmen, dass die Daten auch solchen Personen zugänglich gemacht werden, die niemals Kontakt zu dem einzelnen Beschäftigten aufnehmen werden.[410]

185

Hinweis: In elektronischen Kontaktdatenverwaltungsprogrammen besteht oft die Möglichkeit, dass die Beschäftigten ihr Kontaktdatenprofil freiwillig um eine **Fotografie** ergänzen, die anderen Personen angezeigt wird. Indem der Arbeitgeber die Möglichkeit zum Upload bereitstellt und die Fotografie im Anschluss speichert, begründet er eine datenschutzrechtliche Verantwortlichkeit für die Datenverarbeitung. Weil die Fotografie für die Zwecke der Kontaktdatenverwaltung nicht erforderlich ist, kann die Speicherung nicht auf § 26 Abs. 1 Satz 1 BDSG gestützt werden. In dem von dem Beschäftigten vorgenommenen Upload liegt keine taugliche (konkludente) Einwilligung, weil es regelmäßig an einem vorherigen Hinweis über den Zweck der Datenverarbeitung und das Widerspruchsrecht in Textform gemäß § 26 Abs. 2 Satz 4 BDSG fehlen wird. Ohne das Vorliegen einer den Anforderungen des Art. 7 DS-GVO

---

408 Vgl. Erwägungsgrund 48 Satz 1 DS-GVO.
409 Hillenbrand-Beck, Arbeitsbericht „Konzerninterner Datentransfer", S. 12; Gola, HdB Beschäftigtendatenschutz, Rn. 960.
410 Gola, HdB Beschäftigtendaten-schutz, Rn. 961.

und des § 26 Abs. 2 BDSG entsprechenden ggf. elektronischen Einwilligung sollte der Upload einer Fotografie nicht gestattet sein.

d) Skill-Datenbanken im Konzern

186 Skill-Datenbanken sind eine **strukturierte Sammlung** von Daten zu Eigenschaften und Qualitäten einzelner Beschäftigter. Sie sind vor allem in größeren Unternehmen und Konzernen vorzufinden und stellen ein Instrument zur Personaleinsatzplanung und zur Personalentwicklungsplanung dar. Der Arbeitgeber soll die Möglichkeit haben, vor allem Führungskräfte mit bestimmten Fähigkeiten gezielt zu rekrutieren, zu fördern oder mit wenig zeitlichem und finanziellem Aufwand an der für den Konzern optimalen Stelle zu platzieren. Außerdem werden Skill-Datenbanken zur Weiterbildungsplanung genutzt. Mancherorts werden die in den Skill-Datenbanken hinterlegten Fähigkeiten auch herangezogen, um Kunden im Rahmen der Auftragsakquise die Qualifikationen ihrer Beschäftigten nachzuweisen.[411]

187 Die Speicherung von Beschäftigtendaten in Skill-Datenbanken ist datenschutzrechtlich problematisch, weil der Arbeitgeber – je nach Detailgrad der gespeicherten Informationen – ein umfassendes Fähigkeitsprofil von Beschäftigten erstellen und die Fähigkeiten mehrerer Beschäftigter miteinander vergleichen kann. Die freiwillige Eingabe von Daten in eine Skill-Datenbank kann mithilfe einer **Einwilligung** datenschutzrechtlich abgesichert werden. Freiwilligkeit iSv § 26 Abs. 2 Satz 2 BDSG liegt hier vor, wenn der Beschäftigte ein Eigeninteresse an der Zurverfügungstellung seiner Daten hat, weil der Arbeitgeber die Fähigkeiten beispielsweise bei der Entscheidung über Beförderungen berücksichtigen kann. Fehlt es an einer Einwilligung des Beschäftigten, können Beschäftigte gleichwohl dazu verpflichtet werden, ihre Fähigkeiten in der Datenbank zu hinterlegen, wenn dies gemäß § 26 Abs. 1 Satz 1 BDSG für die Durchführung des konkreten Beschäftigungsverhältnisses erforderlich ist oder der Arbeitgeber ein überwiegendes berechtigtes Interesse iSv Art. 6 Abs. 1 lit. f DS-GVO vorweisen kann. Ob dies der Fall ist, hängt von der Zweckbestimmung der jeweiligen Skill-Datenbank ab. Eine dauerhafte Speicherung von Informationen über die Eignung, Befähigung und fachliche Leistung von Beschäftigten in Skill-Datenbanken kommt allenfalls zum Zwecke einer sachgerechten Personalplanung in Betracht. Dafür spricht, dass es dem Arbeitgeber erst aus der Zusammenschau mehrerer Leistungsdaten über einen längeren Zeitraum möglich ist, die wahre Leistungsfähigkeit seines Arbeitnehmers beurteilen zu können.[412] Skill-Datenbanken, die primär einer Leistungskontrolle und der Recherche nach „Skill-Defiziten" dienen, sind regelmäßig unzulässig und können mangels Freiwilligkeit auch nicht auf Grundlage einer Einwilligung umgesetzt werden. Die Speicherung von besonderen Kategorien personenbezogener Daten iSv Art. 9 Abs. 1 DS-GVO hat ebenfalls zu unterbleiben.

188 Bei konzernübergreifenden Skill-Datenbanken scheidet § 26 Abs. 1 Satz 1 BDSG als Rechtsgrundlage aus. Soll auf die dort gespeicherten Fähigkeiten zum Zwecke eines konzernweiten **Recruitings** zugegriffen werden, ist dies jedoch auf Grundlage von Art. 6 Abs. 1 lit. f DS-GVO möglich, wenn die Daten zunächst pseudonymisiert an

---

411 Hillenbrand-Beck, Arbeitsbericht „Konzerninterner Datentransfer", S. 14.
412 Kainer/Weber, BB 2017, 2740 (2746).

die Zugriffsberechtigten aus anderen Konzerngesellschaften übermittelt werden, zB unter Verwendung einer „Talent-ID".[413] Ein entsprechendes Zugriffsberechtigungskonzept und das konzerninterne Recruiting-Verfahren sollten in einer (Konzern-)Betriebsvereinbarung geregelt werden, zumal die Einführung einer konzernweiten Skill-Datenbank ohnehin der Mitbestimmung nach den §§ 87 Abs. 1 Nr. 6, 94, 95 BetrVG unterliegt.

Empfohlener Regelungsinhalt einer (Konzern-)Betriebsvereinbarung zu Skill-Datenbanken: 189

- Zweck der Datenbank
- Freiwilligkeit oder verpflichtende Dateneingabe
- gespeicherte Datenkategorien (Qualifikationen, Berufserfahrung, Leistungsdaten, Soft Skills, Selbsteinschätzungen etc)
- zulässige Auswertungen und ggf. Beschreibung des Verfahrens
- ggf. Pseudonymisierung der Daten (Talent-ID) bei Offenlegung gegenüber anderen Konzerngesellschaften
- Rollen- und Berechtigungskonzept
- Löschfristen
- Kontrollbefugnisse des Betriebsrats
- Datenschutzinformationen gemäß Art. 13, 14 DS-GVO

III. Datenübermittlung an Konzernunternehmen in Drittländern

In internationalen Konzernen werden Beschäftigtendaten zwischen Konzernunternehmen auch über die Grenzen der EU hinweg ausgetauscht. Dann sind die zusätzlichen Voraussetzungen der Art. 44 ff. DS-GVO für die Datenübermittlung an ein Drittland zu beachten.[414] Es muss wahlweise ein **angemessenes Schutzniveau** im Drittstaat iSv Art. 45 DS-GVO, **geeignete Garantien** nach Art. 46 Abs. 2 und 3 DS-GVO (zB Standarddatenschutzklauseln) oder ein Ausnahmetatbestand nach Art. 49 DS-GVO vorliegen (Einzelheiten sogleich → § 5 Rn. 191 ff.).[415] Auch eine Auftragsverarbeitung durch ein Konzernunternehmen in einem Drittland ist nach der neuen Rechtslage nunmehr möglich. Während die Privilegierung der Auftragsverarbeitung bislang auf die EU bzw. den EWR-Raum begrenzt war,[416] ergeben sich nach der DS-GVO keine territorialen Beschränkungen mehr.[417] 190

G. Internationale Datenverarbeitung

I. Räumlicher Anwendungsbereich der DS-GVO

Der internationale Transfer von personenbezogenen Beschäftigtendaten gestaltet sich problematisch, wenn dieser einen Bezug zu einem Staat außerhalb der Europäischen 191

---

413 Maschmann/Fritz/Maschmann, S. 486.
414 DSK Kurzpapier Nr. 13, S. 2.
415 DSK Kurzpapier Nr. 13, S. 2; zur alten Rechtslage Hillenbrand-Beck, Arbeitsbericht „Konzerninterner Datentransfer", S. 15.
416 Monreal, ZD 2014, 611 (615); Schmid/Kahl, ZD 2017, 54 (55).
417 Kühling/Buchner/Hartung, DS-GVO Art. 28 Rn. 106; Ehmann/Selmayr/Bertermann, DS-GVO Art. 28 Rn. 6.

Union aufweist, für welchen die DS-GVO nicht verbindlich ist (sog. **Drittstaat**).[418] Zu den Drittstaaten zählen (derzeit) auch die EWR-Staaten Island, Liechtenstein und Norwegen, solange diese eine Anwendung der DS-GVO nicht beschlossen haben.[419] Gleiches gilt für das Vereinigte Königreich nach dem vollzogenen Brexit.[420]

192 In diesem Zusammenhang müssen sich international tätige Arbeitgeber zunächst mit dem räumlichen Anwendungsbereich der DS-GVO befassen.

Art. 3 Abs. 1 und 2 DS-GVO (Räumlicher Anwendungsbereich)

(1) Diese Verordnung findet Anwendung auf die Verarbeitung personenbezogener Daten, soweit diese im Rahmen der Tätigkeiten einer Niederlassung eines Verantwortlichen oder eines Auftragsverarbeiters in der Union erfolgt, unabhängig davon, ob die Verarbeitung in der Union stattfindet.

(2) Diese Verordnung findet Anwendung auf die Verarbeitung personenbezogener Daten von betroffenen Personen, die sich in der Union befinden, durch einen nicht in der Union niedergelassenen Verantwortlichen oder Auftragsverarbeiter, wenn die Datenverarbeitung im Zusammenhang damit steht

a) betroffenen Personen in der Union Waren oder Dienstleistungen anzubieten, unabhängig davon, ob von diesen betroffenen Personen eine Zahlung zu leisten ist;

b) das Verhalten betroffener Personen zu beobachten, soweit ihr Verhalten in der Union erfolgt.

193 Nach dem **Niederlassungsprinzip** gemäß Art. 3 Abs. 1 DS-GVO gilt die Verordnung immer dann, wenn sich der satzungsgemäße Sitz des Arbeitgebers innerhalb der EU befindet.[421] Außerdem findet die DS-GVO Anwendung, wenn ein außereuropäisches Unternehmen mithilfe einer innereuropäischen Niederlassung innerhalb der EU personenbezogene Beschäftigtendaten verarbeitet. Der Begriff der Niederlassung meint eine feste, dh beständige Einrichtung, mithilfe derer das Unternehmen wirtschaftliche Tätigkeiten effektiv und tatsächlich ausübt.[422] Auf die Rechtsform der Einrichtung kommt es dabei nicht an. Umgekehrt unterliegen auch innereuropäische Arbeitgeber der DS-GVO, soweit sie eine Datenverarbeitung im Wege des Outsourcing an einem anderen Ort auf der Welt betreiben.[423]

194 Das Niederlassungsprinzip wird ergänzt durch das **Marktortprinzip** gemäß Art. 3 Abs. 2 DS-GVO. Das Marktortprinzip gewährleistet den Schutz von Personen innerhalb der EU, die einer Datenverarbeitung durch einen nicht in der Union niedergelassenen Verantwortlichen (oder Auftragsverarbeiter) unterliegen.[424] Eine Anwendung der DS-GVO auf die Verarbeitung von Daten deutscher Beschäftigter kommt danach in Betracht, wenn diese nach Art. 3 Abs. 2 lit. b DS-GVO zur Beobachtung des Verhaltens von Beschäftigten erfolgt.[425] Ob eine Verarbeitungstätigkeit der Beobachtung des Verhaltens von betroffenen Personen dient, sollte daran festgemacht werden, ob ihre Internetaktivitäten nachvollzogen werden, einschließlich der möglichen nachfolgenden Verwendung von Techniken zur Verarbeitung personenbezogener Daten, durch die von einer natürlichen Person ein Profil erstellt wird, das insbesondere die

---

418 Paal/Pauly/Pauly, DS-GVO Art. 44 Rn. 6.
419 Paal/Pauly/Pauly, DS-GVO Art. 44 Rn. 6.
420 Paal/Pauly/Pauly, DS-GVO Art. 44 Rn. 7.
421 EuGH 01.10. 2015 – C-230/14, NJW 2015, 3636.
422 Vgl. Erwägungsgrund 22 DS-GVO.
423 Paal/Pauly/Pauly, DS-GVO Art. 44 Rn. 11.
424 Vgl. Erwägungsgrund 23 Satz 1 DS-GVO.
425 Gola, HdB Beschäftigtendatenschutz, Rn. 2562.

Grundlage für sie betreffende Entscheidungen bildet oder anhand dessen ihre persönlichen Vorlieben, Verhaltensweisen oder Gepflogenheiten analysiert oder vorausgesagt werden sollen.[426]

Eine Anwendung der DS-GVO auf Beschäftigte in Deutschland ist ausgeschlossen, wenn der in einem Drittland ansässige Arbeitgeber die Beschäftigtendaten nur an seinem Sitz und nicht auch innerhalb der EU verarbeitet.[427] In der Praxis dürften nur wenige so gelagerte Fallkonstellationen vorzufinden sein.   195

II. Zweistufige Zulässigkeitsprüfung bei Drittstaatenbezug

Darüber hinaus müssen bei Übermittlungen von personenbezogenen Daten an Empfänger in Drittländer die Art. 44 bis 49 DS-GVO beachtet werden.   196

Allgemeine Grundsätze der Datenübermittlung (Art. 44 DS-GVO)

Jedwede Übermittlung personenbezogener Daten, die bereits verarbeitet werden oder nach ihrer Übermittlung an ein Drittland oder eine internationale Organisation verarbeitet werden sollen, ist nur zulässig, wenn der Verantwortliche und der Auftragsverarbeiter die in diesem Kapitel niedergelegten Bedingungen einhalten und auch die sonstigen Bestimmungen dieser Verordnung eingehalten werden; dies gilt auch für die etwaige Weiterübermittlung personenbezogener Daten aus dem betreffenden Drittland oder der betreffenden internationalen Organisation an ein anderes Drittland oder eine andere internationale Organisation. Alle Bestimmungen dieses Kapitels sind anzuwenden, um sicherzustellen, dass das durch diese Verordnung gewährleistete Schutzniveau für natürliche Personen nicht untergraben wird.

Der Art. 44 DS-GVO konstituiert ein erweitertes, präventives Verbot mit Erlaubnisvorbehalt.[428] Demnach bedarf es einer **zweistufigen Zulässigkeitsprüfung**:[429]   197

- Auf der ersten Stufe ist zu prüfen, ob die Datenverarbeitung nach Maßgabe von Art. 6 Abs. 1 DS-GVO, Art. 9 Abs. 2 DS-GVO, § 26 Abs. 1 bis 3 BDSG oder auf Grundlage einer Kollektivvereinbarung zulässig ist und die weiteren Anforderungen der DS-GVO und des BDSG eingehalten werden. Fehlt es daran, kommt es auf die weiteren Voraussetzungen in den Art. 44 f. DS-GVO nicht an, die internationale Datenübermittlung ist schon deshalb unzulässig.
- Liegen die allgemeinen Voraussetzungen für die Datenverarbeitung vor, ist auf der zweiten Stufe zu prüfen, ob die EU-Kommission für das betreffende Drittland gemäß Art. 45 DS-GVO ein angemessenes Datenschutzniveau festgestellt hat, geeignete Garantien iSv Art. 46 Abs. 2 und 3 DS-GVO vorliegen oder eine Ausnahme nach Art. 49 DS-GVO eingreift.

Diese Prüfung ist auch dann vorzunehmen, wenn der grenzüberschreitende Datentransfer innerhalb einer verantwortlichen Stelle, also beispielsweise zwischen zwei Betrieben desselben Unternehmens bzw. an eine unselbstständige Zweigstelle in einem **Konzernunternehmen** erfolgt. Als Empfänger kommen also auch Personen in Betracht, die rechtlich Teil der verantwortlichen Stelle sind, die Daten aber in einem Drittland empfangen.[430]   198

---

426 Vgl. Erwägungsgrund 24 Satz 2 DS-GVO.
427 Gola, HdB Beschäftigtendatenschutz, Rn. 2558.
428 Paal/Pauly/Pauly, DS-GVO Art. 44 Rn. 1.
429 DSK-Kurzpapier Nr. 4, S. 1.
430 WHWS Arbeitnehmerdatenschutz-HdB/Schöttle, S. 654.

III. Angemessenes Datenschutzniveau (Art. 45 DS-GVO)

199 Die EU-Kommission hat gemäß Art. 45 DS-GVO die Möglichkeit, nach entsprechender Prüfung anhand der Kriterien des Art. 45 Abs. 2 DS-GVO das Bestehen eines angemessenen Schutzniveaus in einem bestimmten Drittland (sog. **sicheres Drittland**) festzustellen.

200 Länder mit einem angemessenen Datenschutzniveau:
- Andorra
- Argentinien
- Faröer-Inseln
- Guernsey
- Isle of Man
- Isreal
- Jersey
- Kanada
- Neuseeland
- Schweiz
- Uruguay
- Vereinigte Staaten von Amerika (USA) unter Berücksichtigung des EU-US-Privacy-Shield

201 Nach Art. 45 Abs. 1 DS-GVO darf eine Übermittlung personenbezogener Daten in diese Länder vorgenommen werden, wenn die weiteren Voraussetzungen der ersten Prüfungsstufe erfüllt sind. Sie bedürfen keiner besonderen Genehmigung.

202 Im Falle der USA sind die Besonderheiten des sog. **EU-US-Privacy-Shield** zu berücksichtigen. Nachdem der EuGH mit seiner sog. **Safe-Harbour**-Entscheidung vom 6.10.2015 die Safe-Harbour-Principles[431] für ungültig erklärt hat,[432] haben sich die EU und die USA auf den EU-US-Privacy-Shield geeinigt. Die EU-Kommission hat dem EU-Privacy-Shield im Jahr 2016 ein angemessenes Schutzniveau für den Datentransfer zwischen der EU und den USA attestiert.[433] Das neue Abkommen steht unter dem Vorbehalt einer jährlichen Überprüfung, um einen ausreichenden Datenschutz dauerhaft zu gewährleisten. Derzeit ist nicht mit Sicherheit abzusehen, ob der EU-Privacy-Shield von Dauer sein wird. Eine Nichtigkeitsklage liegt dem EuGH vor.

IV. Angemessene Garantien (Art. 46 Abs. 2 und 3 DS-GVO)

203 Fehlt es an einem Angemessenheitsbeschluss der EU-Kommission gemäß Art. 45 DS-GVO, ist die Übermittlung gemäß Art. 46 Abs. 1 DS-GVO gleichwohl zulässig, wenn der Arbeitgeber **geeignete Garantien** vorgesehen hat und den Beschäftigten durchsetzbare Rechte und wirksame Rechtsbehelfe zur Verfügung stehen. Geeignete Garantien in diesem Sinne können genehmigungsfreie Garantien nach Art. 46 Abs. 2 DS-GVO und genehmigungsbedürftige Garantien nach Art. 46 Abs. 3 DS-GVO sein.

---

[431] Entscheidung der Kommission vom 26.7.2000 – ABl. v. 25.8.2000, Nr. L 215/7 ff.
[432] EuGH 6.10.2015 – C-362/14, NJW 2015, 3151; dazu ausführlich Ambrock, NZA 2015, 1493.
[433] Vgl. Durchführungsbeschluss (EU) 2016/1250 der Kommission vom 12.7.2016.

§ 5 Das bestehende Beschäftigungsverhältnis

Unter den genehmigungsfreien Garantien sind zunächst die in Art. 46 Abs. 2 lit. b DS-GVO vorgesehenen und in Art. 4 Nr. 20 DS-GVO definierten „verbindlichen internen Datenschutzvorschriften" für das Beschäftigungsverhältnis relevant. Sie werden in der Praxis als **Binding Corporate Rules** (BCR) bezeichnet. Dabei handelt es sich um Unternehmensrichtlinien, die in der Form eines Gruppenvertrages alle einbezogenen Unternehmen einer Unternehmensgruppe bzw. eines Konzerns binden und für diese einen verbindlichen Datenschutzstandard schaffen.[434] Entscheidend ist, dass die Unternehmen eine gemeinsame Wirtschaftstätigkeit ausüben und nicht nur auf Grundlage einer „losen Kooperation" miteinander in Verbindung stehen.[435] Inhaltliche Anforderungen an die Ausgestaltung von Binding Corporate Rules ergeben sich aus Art. 47 Abs. 2 DS-GVO. Sie müssen einen der DS-GVO vergleichbaren Schutz bieten, der von der zuständigen Aufsichtsbehörde gemäß dem Kohärenzverfahren nach Art. 63 DS-GVO festzustellen ist. Entscheidend ist die rechtliche Verbindlichkeit der Vorgaben, die sich nicht nur auf die Unternehmensmitglieder, sondern auch auf deren Beschäftigte erstrecken muss.[436] 204

Hinweis: Die interne Verbindlichkeit für die Beschäftigten muss durch einen Verpflichtungsakt herbeigeführt werden. Zu denken ist an eine entsprechende Weisung des Arbeitgebers gemäß § 106 GewO, eine arbeitsvertragliche Verpflichtung oder eine Regelung in einer (Konzern-)Betriebsvereinbarung. Der Nachweis einer internen Verbindlichmachung kann auch durch angedrohte Sanktionsmaßnahmen geführt werden.[437]

Standarddatenschutzklauseln iSv Art. 46 Abs. 2 lit. c und d DS-GVO besitzen eine hohe Praxisrelevanz.[438] Sie können zügig implementiert werden und garantieren ihren Verwendern ein hohes Maß an Rechtssicherheit.[439] Es handelt sich um von der EU-Kommission erlassene bzw. auf Initiative einer nationalen Aufsichtsbehörde genehmigte Musterverträge, die zwischen einer datenexportierenden Stelle in der EU und einer datenimportierenden Stelle außerhalb der EU abzuschließen sind. Bei den vertragsschließenden Stellen muss es sich allerdings um unterschiedliche Rechtsträger handeln, so dass unternehmensinterner Datentransfer nicht mithilfe von Standarddatenschutzklauseln legitimiert werden kann.[440] Derzeit stehen drei unterschiedliche Standarddatenschutzklauseln zur Verfügung: 205

- Standardvertragsklauseln für die Übermittlung personenbezogener Daten in Drittländer (Standarddatenschutzklauseln Set I)[441]
- Alternative Standardvertragsklauseln für die Übermittlung personenbezogener Daten in Drittländer (Standarddatenschutzklauseln Set II)[442]

---

434 Paal/Pauly/Pauly, DS-GVO Art. 47 Rn. 2.
435 Kühling/Buchner/Schröder, DS-GVO Art. 47 Rn. 13.
436 Kühling/Buchner/Schröder, DS-GVO Art. 47 Rn. 18.
437 Simitis/Schantz, DS-GVO Art. 47 Rn. 16.
438 Hoeren, RDV 2012, 271 (276).
439 Paal/Pauly/Pauly, DS-GVO Art. 46 Rn. 20.
440 Simitis/Schantz, DS-GVO Art. 46 Rn. 35.
441 Entscheidung der Kommission vom 15.6.2001 (2001/497/EG).
442 Letzte Änderung und Ergänzung durch Entscheidung der Kommission vom 27.12.2004 (2004/915/EG).

- Standardvertragsklauseln für die Übermittlung personenbezogener Daten und Auftragsverarbeiter in Drittländer (Standarddatenschutzklauseln ADV)[443]

206 Dabei ist zu beachten, dass die **Standarddatenschutzklauseln Set II** nach Ansicht der deutschen Aufsichtsbehörden nicht für die Übermittlung von Arbeitnehmerdaten verwendet werden können, weil diese die Haftung des deutschen Arbeitgebers als Datenexporteur und dem Arbeitnehmer die Ausübung seiner Betroffenenrechte erschweren.[444] Es wird allerdings für möglich gehalten, die Klauseln des Set II um Regelungen zu erweitern, die den Arbeitnehmerdaten die erforderlichen Individualrechte vermitteln. Gegenüber bereits angestellten kann dabei auf eine rechtlich wirksame selbstverpflichtende Zusicherung, etwa in Form eines Aushangs, bei Neueinstellungen auf eine entsprechende Zusicherung im Arbeitsvertrag zurückgegriffen werden.[445]

207 **Genehmigte Verhaltensregeln** iSv Art. 46 Abs. 2 lit. e, 40 DS-GVO und **Zertifizierungen** gemäß Art. 46 Abs. 2 lit. f, 42 DS-GVO stellen ebenfalls geeignete Garantien dar. Die Verhaltensregeln dienen dem Zweck, die wirksame Anwendung der DS-GVO zu erleichtern.[446] Der Beispielkatalog in Art. 40 Abs. 2 lit. a bis k DS-GVO zählt beispielhaft, aber nicht abschließend mögliche Regelungsinhalte von Verhaltensregeln auf. Der „datenschutzrechtliche Mehrwert" der Verhaltensregeln liegt letztlich in der bereichsspezifischen Präzisierung der gesetzlichen Vorgaben.[447] Damit sichergestellt ist, dass die Verhaltensregeln von den verantwortlichen Stellen in den Drittländern eingehalten werden können die Verhaltensregeln beispielsweise in allgemeine Unternehmensgrundsätze aufgenommen werden.[448] Eine Zertifizierung iSv Art. 42 DS-GVO kann als Nachweis geeigneter Schutzgarantien dienen. Durch Zertifizierungsverfahren, Datenschutzsiegel und Prüfzeichen kann verantwortlichen Stellen bescheinigt werden, dass die von ihnen vorgenommenen Datenverarbeitungsvorgänge in Übereinstimmung mit den Vorgaben der DS-GVO durchgeführt werden.

V. Ausnahmen für bestimmte Fälle (Art. 49 DS-GVO)

208 Fehlt es sowohl an einem Angemessenheitsbeschluss der EU-Kommission als auch an geeigneten Garantien, kann eine Datenübermittlung in ein Drittland noch auf Grundlage eines der in Art. 49 Abs. 1 DS-GVO aufgeführten Ausnahmetatbestands zulässig sein. Die Heranziehung der Vorschrift eignet sich nicht für Verarbeitungen, die massenhaft, wiederholt oder routinemäßig erfolgen.[449]

---

443 Beschluss der Kommission vom 5.2.2010 (2010/87/EU).
444 Düsseldorfer Kreis, Positionspapier „Internationaler Datenverkehr", II.2.; Hillenbrand-Beck, RDV 2007, 231 (234).
445 Paal/Pauly/Pauly, DS-GVO Art. 46 Rn. 27.
446 Vgl. Erwägungsgrund 98 DS-GVO.
447 Paal/Pauly/Paal, DS-GVO Art. 40 Rn. 15.
448 Art.-29-Datenschutzgruppe WP 108, S. 5.
449 Ehmann/Selmayr/Zerdick, DS-GVO Art. 49 Rn. 4; Art.-29-Datenschutzgruppe, WP 114, S. 13.

Ausnahmetatbestände gemäß Art. 49 DS-GVO: 209
- Einwilligung des Betroffenen nach vorheriger Information über die Risiken
- Erforderlichkeit für die Erfüllung eines Vertrags zwischen dem Betroffenen und dem Verantwortlichen oder zur Durchführung von vorvertraglichen Maßnahmen auf Antrag des Betroffenen
- Erforderlichkeit zur Vertragserfüllung mit einem Dritten
- Notwendigkeit aus wichtigen Gründen des öffentlichen Interesses
- Erforderlichkeit zur Geltendmachung, Ausübung oder Verteidigung von Rechtsansprüchen
- Erforderlichkeit zum Schutz lebenswichtiger Interessen
- Übermittlung aus einem öffentlichen Register
- zwingendes berechtigtes Interesse des Verantwortlichen

Bei der Prüfung der vorstehend aufgeführten Ausnahmetatbestände sollte, wie bei der allgemeinen Zulässigkeitsprüfung auf der ersten Stufe, nur dann auf eine **Einwilligung** des Beschäftigten gemäß Art. 49 Abs. 1 lit. a DS-GVO zurückgegriffen werden, wenn kein anderer Tatbestand in Art. 49 Abs. 1 lit. b bis g DS-GVO einschlägig ist. Für die Wirksamkeit einer Einwilligung gelten die allgemeinen Zulässigkeitsvoraussetzungen gemäß Art. 7 DS-GVO und § 26 Abs. 2 BDSG. Zu beachten sind insbesondere die gegenüber Art. 7 Abs. 4 DS-GVO in § 26 Abs. 2 Satz 2 BDSG konkretisierten Anforderungen an die Freiwilligkeit der Einwilligung. Außerdem gilt auch hier der Grundsatz, dass Pauschaleinwilligungen in die Datenübermittlung in Drittstaaten regelmäßig unwirksam sind.[450] Ergänzend ist der Betroffene im Rahmen des Einwilligungsersuchens durch den Arbeitgeber über das konkrete Risiko der Datenübermittlung in das Drittland des Empfängers aufzuklären. 210

Hinweis: Eine hinreichende Aufklärung über die Risiken erfordert mindestens den abstrakt gehaltenen Hinweis, dass im Empfängerland kein mit der EU vergleichbares Datenschutzniveau besteht und die an der Übermittlung beteiligten Stellen auch keine spezifischen Garantien erbracht haben, um die Defizite auszugleichen.[451]

Die **Erforderlichkeit** zur Erfüllung eines Vertrags iSv Art. 49 Abs. 1 lit. b DS-GVO setzt einen engen und erheblichen Zusammenhang zwischen der betroffenen Person und den Zwecken des Vertrags voraus.[452] Wesentlich ist hier jeweils die strikte Erforderlichkeit gerade dieser Datenübermittlung zur Erfüllung des Vertragszwecks.[453] Im Falle einer konzerninternen Datenübermittlung in ein Drittland muss der Konzernbezug für den betroffenen Beschäftigten transparent sein.[454] Die Zentralisierung von Gehalts- und Personalverwaltungsfunktionen im Drittland ist nicht von Art. 49 Abs. 1 lit. b DS-GVO erfasst.[455] 211

Im Einzelfall kann eine Datenübermittlung in ein Drittland gemäß Art. 49 Abs. 1 UAbs. 2 Satz 1 DS-GVO zulässig sein, wenn ein zwingendes **berechtigtes Interesse** des 212

---

[450] Paal/Pauly/Pauly, DS-GVO Art. 49 Rn. 9.
[451] Paal/Pauly/Pauly, DS-GVO Art. 49 Rn. 6; Kühling/Buchner/Schröder, DS-GVO Art. 49 Rn. 15.
[452] Art.-29-Datenschutzgruppe, WP 114, S. 13.
[453] DSK-Kurzpapier Nr. 4, S. 3.
[454] Gola, HdB Beschäftigtendatenschutz, Rn. 2535.
[455] Gola, HdB Beschäftigtendatenschutz, Rn. 2535; Art.-29-Datenschutzgruppe, WP 114, S. 15.

Verantwortlichen an der Übermittlung besteht, die Übermittlung nicht wiederholt erfolgt, nur eine begrenzte Anzahl von Personen betrifft und keine überwiegenden schutzwürdigen Interessen oder Rechte und Freiheiten der betroffenen Person entgegenstehen und der Verantwortliche durch geeignete Garantien den Schutz personenbezogener Daten gewährleistet. Voraussetzung für diese Übermittlungserlaubnis ist ein zwingendes berechtigtes Interesse des Verantwortlichen an der Übermittlung, dem eine herausgehobene und besondere Bedeutung zukommt. Zudem muss die Übermittlung unbedingt erforderlich sein zur Verfolgung dieses berechtigten Interesses. Wird eine Übermittlung in ein Drittland auf Grundlage eines zwingenden berechtigten Interesses in einem absoluten Einzelfall durchgeführt, ist sowohl die Aufsichtsbehörde als auch die betroffene Person hierüber zu informieren.[456]

213 Die weiteren Tatbestände in Art. 49 Abs. 1 lit. d, f. und g DS-GVO spielen im Beschäftigungsverhältnis nur in Ausnahmefällen eine Rolle und werden daher an dieser Stelle nicht weiter erörtert.

---

[456] DSK-Kurzpapier Nr. 4, S. 4.

§ 6 Die Beendigung des Beschäftigungsverhältnisses

A. Datenverarbeitung zum Zwecke der Beendigung

I. Zweckänderung bei der Verarbeitung vorhandener Daten

Die Verarbeitung von personenbezogenen Beschäftigtendaten ist gemäß § 26 Abs. 1 Satz 1 BDSG auch zum Zwecke seiner Beendigung zulässig. Aus welchem **Rechtsgrund** (Kündigung, Aufhebungsvertrag etc) das Beschäftigungsverhältnis enden soll, ist für die Anwendbarkeit der Norm ohne Belang. Allerdings gibt der Rechtsgrund der Beendigung regelmäßig den Gegenstand und den Umfang der erforderlichen Datenverarbeitung vor. Der Arbeitgeber ist im Grundsatz berechtigt, alle personenbezogenen Daten des betroffenen Beschäftigten zu erheben oder auf andere Weise zu verarbeiten, die er benötigt, um das Vorliegen der arbeitsrechtlichen Voraussetzungen zu prüfen und die ins Auge gefasste Maßnahme durchzuführen. Im Streitfall kann der Arbeitgeber die erforderlichen Daten auch dazu verwenden, um seiner prozessualen Darlegungs- und Beweislast gerecht zu werden. Bei der Vorbereitung und der Durchführung der Maßnahme sind die Grenzen des Verhältnismäßigkeitsgrundsatzes zu berücksichtigen und stets solche Maßnahmen zur Datenverarbeitung auszuwählen, die bei gleicher Eignung das mildeste Mittel darstellen und im Hinblick auf den Beendigungszweck angemessen sind. Andernfalls kann die prozessuale Verwertung der Daten wegen eines ungerechtfertigten Eingriffs in das Allgemeine Persönlichkeitsrecht unzulässig sein (zu Verwertungsverboten im Arbeitsgerichtsprozess → § 1 Rn. 17 ff.). 1

Die Vorbereitung oder Durchführung von Maßnahmen zur Beendigung eines Beschäftigungsverhältnisses erfordert nicht nur den Rückgriff auf bereits vorhandene Daten, sondern in vielen Fällen auch die Erhebung neuer Daten.[1] Wird auf bereits vorhandene Daten zurückgegriffen, handelt es sich um einen Fall der **Zweckänderung**, der eine einzelfallbezogene Kompatibilitätsprüfung iSv Art. 6 Abs. 4 DS-GVO erfordert.[2] Im Rahmen einer Gesamtabwägung sind die in Art. 6 Abs. 4 lit. a bis e DS-GVO beispielhaft aufgeführten Bewertungskriterien und alle weiteren Umstände des Einzelfalls zu berücksichtigen. In der Regel führt eine solche Abwägung zu dem Ergebnis, dass die Weiterverarbeitung personenbezogener Daten, die für die Zwecke des Beschäftigungsverhältnisses zulässigerweise erhoben und gespeichert wurden, wegen des engen Sachzusammenhangs auch für dessen Beendigung herangezogen werden dürfen (Art. 6 Abs. 4 lit. b DS-GVO). Bei objektiver und lebensnaher Betrachtung muss ein Beschäftigter damit rechnen, dass die dem Arbeitgeber zur Verfügung stehenden Daten auch zum Zwecke der Beendigung des Beschäftigungsverhältnisses verarbeitet werden. Das gilt in besonderem Maße dann, wenn es sich um Informationen handelt, die gemäß § 1 Abs. 1 KSchG oder § 626 Abs. 1 BGB eine Kündigung rechtfertigen können. 2

Beispiel: Die Arbeitszeiten eines Arbeitnehmers werden in einem elektronischen Arbeitszeitkonto erfasst. Es stellt sich heraus, dass der Arbeitnehmer mehrfach nicht ausgestempelt hat, obwohl er die Betriebsstätte aus privaten Gründen zeitweilig ver- 3

---

1 Kühling/Buchner/Maschmann, BDSG § 26 Rn. 55.
2 Ehmann/Selmayr/Heberlein, DS-GVO Art. 6 Rn. 48.

lassen hat (sog. Arbeitszeitbetrug). Die Weiterverarbeitung der erfassten Zeiten zum Zwecke einer verhaltensbedingten Kündigung ist zulässig.

4 Liegt die Beendigung des Beschäftigungsverhältnisses nur im einseitigen Interesse des Arbeitgebers, handelt es sich dabei um eine negative Folge der Datenverarbeitung, die auf Seiten des Beschäftigten im Rahmen der **Gesamtabwägung** zu berücksichtigen ist (Art. 6 Abs. 4 lit. d DS-GVO). Allerdings überwiegt hier regelmäßig das Interesse des Arbeitgebers an der Beendigung, wenn nicht im Einzelfall besondere Umstände eine erneute Erhebung der Daten gerade für den Beendigungszweck erforderlich erscheinen lassen. Das kann etwa der Fall sein, wenn besondere Kategorien personenbezogener Beschäftigtendaten oder Informationen über strafrechtliche Verurteilungen und Straftaten weiterverarbeitet werden sollen (Art. 6 Abs. 4 lit. c DS-GVO), weil damit ein besonders intensiver Eingriff in das Persönlichkeitsrecht des Beschäftigten verbunden ist. Hier bedarf es einer besonders sorgfältigen Kompatibilitätsprüfung.[3] Neben Art. 6 Abs. 4 DS-GVO kommt § 24 Abs. 1 Nr. 1 BDSG zur Anwendung, wenn die Weiterverarbeitung zur Geltendmachung, Ausübung oder Verteidigung zivilrechtlicher Ansprüche erforderlich ist. Die Vorschrift ist beispielsweise relevant, wenn Ansprüche geltend gemacht werden, die aus Anlass der Beendigung des Beschäftigungsverhältnisses erst entstehen (zB Anspruch auf Urlaubsabgeltung).[4]

II. Die Beendigungsgründe im Einzelnen

1. Verhaltensbedingte Kündigung; Verdachtskündigung

5 Die Datenverarbeitung zur Vorbereitung und zum Ausspruch einer verhaltensbedingten Kündigung kann je nach Sachverhalt bzw. nach Qualität der Pflichtverletzung auf § 26 Abs. 1 Satz 1 BDSG oder auf § 26 Abs. 1 Satz 2 BDSG gestützt werden. Maßnahmen zur Aufdeckung von Straftaten richten sich nach Satz 2, während andere arbeitsvertragliche Pflichtverletzungen nach Satz 1 aufgearbeitet werden dürfen.[5] Im Falle einer sog. **Verdachtskündigung** ist der Arbeitgeber verpflichtet, alle zumutbaren Anstrengungen zur Aufklärung des Sachverhalts zu unternehmen, wenn er die Unwirksamkeit einer beabsichtigten Kündigung nicht riskieren will.[6] Er ist deshalb aus datenschutzrechtlicher Sicht berechtigt, alle Verdachtsmomente umfassend aufzuarbeiten und zu dokumentieren, weitere Recherchen vorzunehmen und zu diesem Zweck auch mögliche Zeugen anzuhören, um sich Beweismittel zu verschaffen oder die Verdachtsmomente auszuräumen. Außerdem muss der Arbeitgeber bei einer Konkretisierung des Verdachts den verdächtigten Beschäftigten anhören und ihm Gelegenheit zur Stellungnahme geben.[7] Der Beschäftigte ist berechtigt, entweder einen Rechtsanwalt oder sonstige Vertrauensperson (zB ein Mitglied des Betriebsrats) für die Anhörung hinzuzuziehen.[8] Die so gewonnenen Informationen darf der Arbeitgeber sodann auch in einem anschließenden Kündigungsschutzrechtsstreit verwenden.

---

3 Ehmann/Selmayr/Heberlein, DS-GVO Art. 6 Rn. 58.
4 Gola, HdB Beschäftigtendatenschutz, Rn. 1561.
5 BAG 29.6.2017 – 2 AZR 597/16, NZA 2017, 1179.
6 BAG 13.3.2008 – 2 AZR 961/06, NZA 2008, 809.
7 BAG 12.2.2015 – 6 AZR 845/13, NZA 2015, 741.
8 BAG 12.2.2015 – 6 AZR 845/13, NZA 2015, 741.

Bei konsequenter Anwendung von Art. 13 DS-GVO und Art. 14 DS-GVO müssen die betroffenen Beschäftigten über die Aufklärungsmaßnahmen des Arbeitgebers entsprechend informiert werden. Die in § 32 Abs. 1 Nr. 4 BDSG und § 33 Abs. 1 Nr. 2 lit. a BDSG enthaltenen Ausnahmen von der Informationspflicht greifen nicht ein, weil der Ausspruch einer Kündigung kein zivilrechtlicher Anspruch, sondern eine rechtsgeschäftliche Gestaltungserklärung ist, die das Dauerschuldverhältnis für die Zukunft beendet.[9]

2. Personenbedingte Kündigung

Ähnliche Grundsätze gelten für die Vorbereitung und den Ausspruch einer personenbedingten Kündigung, welche regelmäßig die **fehlende Eignung** des Arbeitnehmers voraussetzt, die geschuldete Arbeitsleistung ganz oder teilweise zu erbringen.[10] Hauptanwendungsfall der personenbedingten Kündigung ist die Kündigung wegen häufiger Kurzzeiterkrankungen oder einer Langzeiterkrankung. In beiden Fällen bedarf es einer negativen Prognose hinsichtlich der Fehlzeiten des Arbeitnehmers in der Zukunft. Häufige Kurzerkrankungen in der Vergangenheit indizieren eine entsprechende künftige Entwicklung.[11] Bei länger andauernden Erkrankungen müssen im Zeitpunkt der Kündigung weitere objektive Anhaltspunkte dafür vorliegen, dass mit einer Wiederherstellung der Arbeitsfähigkeit in absehbarer Zeit nicht zu rechnen ist.[12] Ist eine negative Prognose zu bejahen, muss eine erhebliche Beeinträchtigung betrieblicher Interessen hinzukommen, die eine Fortsetzung des Arbeitsverhältnisses für den Arbeitgeber unzumutbar erscheinen lässt. Gemeint sind nicht vermeidbare konkrete Störungen des Betriebsablaufs oder eine außergewöhnlich hohe Kostenbelastung des Arbeitgebers, die auch aus der Pflicht zur Entgeltfortzahlung resultieren können.[13]

Der Arbeitgeber ist deshalb gemäß § 26 Abs. 1 Satz und Abs. 3 Satz 1 BDSG berechtigt, die **Fehlzeiten** eines Arbeitnehmers und die daraus resultierenden Betriebsablaufstörungen und etwaige Kostenbelastungen auch über einen langjährigen Zeitraum im Einzelnen zu dokumentieren. Obwohl es für die anzustellende Prognose maßgeblich darauf ankommt, ob einzelne Krankheitsbilder, die in der Vergangenheit zu Fehlzeiten geführt haben, ausgeheilt sind,[14] ist es dem Arbeitgeber nicht gestattet, sich ohne eine wirksame Einwilligung des Arbeitnehmers nach den Hintergründen der Arbeitsunfähigkeit zu erkundigen. Das gilt auch dann, wenn der Arbeitgeber gemäß § 167 Abs. 2 SGB IX verpflichtet ist, dem Arbeitnehmer ein Betriebliches Eingliederungsmanagement (BEM) anzubieten (Einzelheiten zur Datenverarbeitung im Rahmen des BEM → § 5 Rn. 137). Die Durchführung des BEM ist keine formelle Wirksamkeitsvoraussetzung der krankheitsbedingten Kündigung.[15] Führt der Arbeitgeber kein BEM durch, kann er sich im Kündigungsschutzrechtsstreit jedoch nicht mehr pau-

---
9 BAG 21.3.2013 – 6 AZR 618/11, NZA-RR 2013, 609.
10 APS/Koch, BetrVG § 102 Rn. 118.
11 BAG 10.11.2005 – 2 AZR 44/05, NZA 2006, 655.
12 BAG 15.8.1984 – 7 AZR 536/82, NZA 1985, 357.
13 BAG 25.4.2018 – 2 AZR 6/18, NZA 2018, 1056.
14 BAG 8.11.2007 – 2 AZR 292/06, NZA 2008, 593.
15 BAG 22.10.2015 – 2 AZR 720/14, NZA 2016, 473.

schal darauf berufen, ihm seien zum Kündigungszeitpunkt keine alternativen, der Erkrankung angemessenen Einsatzmöglichkeiten bekannt und hätten ihm auch nicht bekannt sein können.[16]

3. Betriebsbedingte Kündigung

9 Kündigungen, die auf dringenden betrieblichen Gründen basieren, erfordern gemäß § 1 Abs. 3 Satz 1 KSchG eine sog. **Sozialauswahl** unter Berücksichtigung des Alters, der Betriebszugehörigkeit, der Unterhaltsverpflichtungen und der Schwerbehinderung der einzubeziehenden Arbeitnehmer. Der auswahlrelevante Personenkreis ist durch eine Vergleichbarkeitsprüfung festzustellen. Es können nur Arbeitnehmer verglichen werden, die bezogen auf die Merkmale des weggefallenen Arbeitsplatzes sowohl aufgrund ihrer Fähigkeiten und Kenntnisse als auch nach ihren arbeitsvertraglichen Aufgaben austauschbar sind. Der unmittelbar kündigungsbedrohte Arbeitnehmer muss den Arbeitsplatz eines anderen Arbeitnehmers tatsächlich und rechtlich übernehmen können.[17] Ausgenommen von der Sozialauswahl sind solche Arbeitnehmer, deren Weiterbeschäftigung, insbesondere wegen ihrer Kenntnisse, Fähigkeiten und Leistungen oder zur Sicherung einer ausgewogenen Personalstruktur des Betriebes, im berechtigten betrieblichen Interesse liegt.[18] Die der eigentlichen Sozialauswahl vorgelagerten Vergleichbarkeitsprüfung erfordert somit eine umfangreiche Datenverarbeitung von dem Arbeitgeber, die im Hinblick auf die gesetzlichen Vorgaben gemäß § 26 Abs. 1 Satz 1 BDSG zulässig ist. Das gilt auch für die eigentliche Sozialauswahl, die eine Gewichtung der oben genannten Auswahlkriterien erfordert.

Hinweis: Gemäß § 1 Abs. 4 BetrVG kann in einer Betriebsvereinbarung geregelt werden, wie die sozialen Gesichtspunkte im Verhältnis zueinander zu bewerten sind. Dabei handelt es sich um Auswahlrichtlinien (§ 95 BetrVG), die zur Folge haben, dass die auf nach Maßgabe der Betriebsvereinbarung erfolgte Bewertung vom Arbeitsgericht im Kündigungsschutzprozess nur auf grobe Fehlerhaftigkeit überprüft werden kann.

10 Die Berücksichtigung der Schwerbehinderteneigenschaft ist nach § 26 Abs. 3 Satz 1 BDSG gestattet, weil der Arbeitgeber mit der Durchführung der Sozialauswahl einer „rechtlichen Pflicht aus dem Arbeitsrecht" nachkommt. Dabei kann er sich grundsätzlich auf die Richtigkeit der ihm bekannten Daten verlassen, die sich aus der Personalakte oder der Lohnsteuerkarte ergeben. Er hat die Daten jedoch erneut abzufragen, wen wenn es Zweifel daran gibt, dass die Daten noch zutreffen.[19] Im Kündigungsschutzprozess muss der Arbeitgeber die der Sozialauswahl zugrundeliegenden personenbezogenen Daten nur offenlegen, wenn der gekündigten Arbeitnehmer dies ausdrücklich verlangt.[20]

---

16 BAG 20.11.2014 – 2 AZR 755/13, NZA 2015, 612.
17 HaKo-KSchR/Zimmermann, KSchG § 1 Rn. 828.
18 Vgl. § 1 Abs. 3 Satz 2 KSchG.
19 HaKo-KSchR/Zimmermann, KSchG § 1 Rn. 872.
20 Vgl. § 1 Abs. 3 Satz 1 Hs. 2 KSchG.

4. Anhörung des Betriebsrats

In Betrieben, in denen ein Betriebsrat gewählt ist, bedarf der Ausspruch einer Kündigung der vorherigen Anhörung des Betriebsrats gemäß § 102 BetrVG. Dabei muss der Arbeitgeber unter Berücksichtigung der umfangreichen arbeitsgerichtlichen Rechtsprechung zahlreiche personenbezogene Daten des betroffenen Beschäftigten an den Betriebsrat übermitteln. Die Zulässigkeit der Datenverarbeitung ergibt sich in der Regel aus § 26 Abs. 1 Satz 1 BDSG, wobei die Datenverarbeitung gleichermaßen für die Beendigung des Arbeitsverhältnisses und für die Erfüllung der sich aus dem BetrVG ergebenden Rechte und Pflichten des Betriebsrats erforderlich ist.

Die **Unterrichtung** des Betriebsrats ist folglich nicht durch die datenschutzrechtlichen Bestimmungen beschränkt.[21] Der Arbeitgeber hat dem Betriebsrat zunächst Angaben zur Person des betroffenen Arbeitnehmers mitzuteilen. Dazu gehören neben dem Vor- und Nachnamen des Arbeitnehmers im Einzelfall auch weitere Identifizierungsmerkmale wie die Personalnummer und die Abteilung des Arbeitnehmers.[22] Die Anschrift des Arbeitnehmers ist nicht mitzuteilen, wenn dessen Identität auch ohne deren Angabe feststeht.[23] Der Betriebsrat muss auch über die Kündigungsart, den Kündigungstermin und die Kündigungsfrist informiert werden. Ferner mitzuteilen sind die sog. **Sozialdaten** des Arbeitnehmers, wobei es im Einzelfall darauf ankommt, inwieweit diese bei vernünftiger Betrachtung aus der Sicht des Arbeitgebers oder des Betriebsrats bei der Beurteilung der Kündigung eine Rolle spielen können.[24]

Im Einzelfall mitteilungsbedürftige Sozialdaten eines Arbeitnehmers:[25]

- Alter
- Familienstand
- Unterhaltspflichten; ggf. Erwerbstätigkeit des Ehegatten
- Schwerbehinderung (ohne Grad der Behinderung)
- Dauer der Betriebszugehörigkeit, ggf. einschließlich Vorbeschäftigungszeiten in anderen Betrieben desselben Arbeitgebers oder seiner Rechtsvorgänger
- Geltung von Sonderkündigungsschutzrecht

Der Kündigungssachverhalt ist unter Berücksichtigung des Grundsatzes der sog. **subjektiven Determinierung** mitzuteilen.[26] Das bedeutet, dass der Arbeitgeber alle Umstände darstellen muss, die er selbst für die Kündigung bzw. für seinen Kündigungsentschluss als maßgeblich angesehen hat.[27] Es dürfen keine Tatsachen verschwiegen werden, die der Arbeitgeber bei seiner Entscheidung berücksichtigt hat. Die Angaben müssen so vertieft sein, dass der Betriebsrat sich ohne eigene Nachforschungen ein eigenes Bild machen kann.[28]

---

21 HaKo-KSchR/Nägele, BetrVG § 102 Rn. 79.
22 HaKo-KSchR/Nägele, BetrVG § 102 Rn. 84.
23 LAG Hamm 27.2.1992 – 4 (9) Sa 1437/90.
24 BAG 23.10.2014 – 2 AZR 736/13, NZA 2015, 476.
25 HaKo-KSchR/Nägele, BetrVG § 102 Rn. 84 f.
26 BAG 12.9.2013 – 6 AZR 121/12, NZA 2013, 1412.
27 BAG 16.7.2015 – 2 AZR 15/15, NZA 2016, 99.
28 HaKo-KSchR/Nägele, BetrVG § 102 Rn. 98.

15 Zur wirksamen Kündigung von schwerbehinderten und ihnen gleichgestellten Menschen[29] bedarf es zudem der vorherigen **Zustimmung des Integrationsamts**[30] und seit dem 1.1.2018 einer Beteiligung der Schwerbehindertenvertretung.[31] Es wird geprüft, ob zwischen der Behinderung und dem Kündigungsgrund besteht. Fehlt es daran, ist die Zustimmung zur Kündigung im Regelfall zu erteilen.[32] Auch hier gilt der Grundsatz der subjektiven Determinierung. Neben dem Kündigungssachverhalt sind deshalb der Grad der Behinderung des Arbeitnehmers und gegebenenfalls die Gleichstellung sowie grundsätzlich die weiteren Sozialdaten (Beschäftigungsdauer, Lebensalter, Unterhaltspflichten etc) mitzuteilen.[33]

5. Aufhebungsvertrag

16 Der Arbeitgeber darf personenbezogene Beschäftigtendaten gemäß § 26 Abs. 1 Satz 1 BDSG auch verarbeiten, um den Abschluss eines Aufhebungsvertrags mit dem Beschäftigten zu ermöglichen. Der Umfang der zulässigen Datenverarbeitung hängt vom Inhalt der Vereinbarung ab. Dabei ergeben sich nur wenige datenschutzrechtliche Probleme. Es ist empfehlenswert, eine Regelung über die Rückgabe von überlassener Hardware (Laptop, Dienst-Handy etc) und zum Entzug von Zugangsberechtigungen (zB Rückgabe von Schlüsseln, Zugangs-Token) zu treffen und zu vereinbaren, dass der Beschäftigte verpflichtet ist, eine Liste seiner dienstlich genutzten Passwörter zu erstellen und dem Arbeitgeber auszuhändigen. Bisweilen vereinbaren die Vertragsparteien, dass der Arbeitnehmer von der Pflicht zur Erbringung der Arbeitsleistung bis zum Beendigungszeitpunkt freigestellt wird und sich in dieser Zeit in entsprechender Anwendung von § 615 Satz 2 BGB einen etwaigen Zwischenverdienst aus einer anderen Tätigkeit auf die Vergütung des Arbeitgebers anrechnen lassen muss. Der Arbeitgeber ist dann gemäß § 26 Abs. 1 Satz 1 BDSG berechtigt, die Höhe des Zwischenverdienstes bei dem Beschäftigten abzufragen. Er ist ferner berechtigt, Informationen abzufragen, die einen „böswillig unterlassenen Zwischenverdienst" iSv § 615 Satz 2 Var. 2 BGB begründen würden.[34]

6. Altersteilzeitvertrag

17 Die Vereinbarung einer Altersteilzeit besitzt vor allem in Unternehmen mit einer älteren Belegschaft auch nach dem Wegfall der Förderung mit Wirkung zum 1.1.2010 weiterhin eine große Relevanz. Gesetzliche Grundlage ist das Altersteilzeitgesetz (ATG), das in zahlreichen Branchen allerdings durch tarifliche Regelungen ergänzt wird. Tarifverträge oder auch betriebliche Regelungen zur Altersteilzeit, die einen Anspruch der Beschäftigten auf Abschluss einer Altersteilzeitvereinbarung gewähren, sehen bisweilen eine gebundene Ermessensentscheidung etwa in Gestalt eines „Punktmodells" vor, das den Zugang zur Altersteilzeit von der Anhäufung bestimmter Kriterien abhängig macht (zB Dauer der Betriebszugehörigkeit).[35] Die Inanspruchnahme

---

29 Vgl. § 2 SGB IX.
30 Vgl. § 168 SGB IX.
31 Vgl. § 178 Abs. 2 Satz 3 SGB IX.
32 OVG Münster 26.3.2008 – 12 A 2914/07; BVerwG 2.7.1992 – 5 C 3990.
33 BAG 13.12.2018 – 2 AZR 378/18, NZA 2019, 305.
34 Vgl. dazu bspw. ErfK/Preis, BGB § 615 Rn. 95 f.
35 Löwisch/Rieble, TVG § 1 Rn. 1847.

der Altersteilzeit kommt für viele Arbeitnehmer nur in Betracht, wenn die damit verbundene Absenkung der Vergütung durch **Aufstockungsleistungen** des Arbeitgebers ausgeglichen wird. Solche Aufstockungsleistungen knüpfen regelmäßig an die Höhe des Arbeitsentgelts vor dem Beginn der Altersteilzeit an. Zudem kann es darauf ankommen, ob der Beschäftigte der „Hauptverdiener" unter Ehegatten ist, was vom Beschäftigten regelmäßig nachzuweisen ist.[36] Arbeitgeber können außerdem dazu verpflichtet sein, Rentenabschläge ganz oder teilweise auszugleichen, die im Falle einer vorzeitigen Inanspruchnahme einer Rente im Anschluss an die Altersteilzeit entstehen. Je nach Altersteilzeitmodell ist es dem Arbeitgeber gemäß § 26 Abs. 1 Satz 1 BDSG gestattet, die nötigen personenbezogenen Daten bei dem Beschäftigten abzufragen, die zur Prüfung einer Anspruchsberechtigung und zur Berechnung der Leistungen des Arbeitgebers erforderlich sind. Zu diesem Zweck kann im Einzelfall auch die Vorlage einer Rentenauskunft der Deutschen Rentenversicherung oder eines Einkommensnachweises des Ehegatten zulässig sein.

III. Erteilung eines Arbeitszeugnisses

Die personenbezogenen Daten eines Beschäftigten dürfen ferner zur Erstellung eines Arbeitszeugnisses verarbeitet werden. Der Erteilungsanspruch ergibt sich regelmäßig aus den §§ 630 BGB, 109 GewO. Die Rechtsprechung hat in zahlreichen Entscheidungen Vorgaben entwickelt, welche Informationen zum Gegenstand eines Zeugnistextes gemacht werden dürfen und welcher Inhalt unzulässig ist. Im Grundsatz muss das Zeugnis einheitlich, vollständig, wahrheitsgemäß und wohlwollend ausgestaltet sein.[37] Es muss alle **wesentlichen Tatsachen** und Bewertungen enthalten, die für die Gesamtbeurteilung von Bedeutung und für den Dritten von Interesse sind. Einmalige Vorfälle oder Umstände, die für den Beschäftigten, seine Führung und Leistung nicht charakteristisch sind – seien sie für ihn vorteilhaft oder nachteilig –, gehören nicht in das Zeugnis. Weder Wortwahl noch Satzstellung noch Auslassungen dürfen dazu führen, dass bei Dritten der Wahrheit nicht entsprechende Vorstellungen entstehen.[38] Diese Grundsätze gelten auch für die Erteilung eines sog. Zwischenzeugnisses.[39]

18

Unzulässiger Zeugnisinhalt:

19

- Abmahnungen oder Pflichtverletzungen
- Straftaten, soweit diese nicht im Arbeitsverhältnis begangen wurden[40]
- „Geheimcodes" mit verschlüsselten negativen Bewertungen[41]
- private Lebensführung
- kürzere Ausfallzeiten wegen Krankheit; längere Ausfallzeiten dürfen erwähnt werden[42]
- Beendigungsgrund

---

36 Vgl. bspw. Anlage 1 zum Tarifvertrag zum flexiblen Übergang in die Rente (FlexÜ) für die Beschäftigten in der Metall- und Elektroindustrie in Baden-Württemberg vom 24.2.2015.
37 BAG 23.6.1960 – 5 AZR 560/58, NJW 1960, 1973.
38 BAG 23.6.1960 – 5 AZR 560/58, NJW 1960, 1973.
39 BAG 16.10.2007 – 9 AZR 248/07, NZA 2008, 298.
40 BAG 5.8.1976 – 3 AZR 491/75.
41 BAG 15.11.2011 – 9 AZR 386/10, NZA 2012, 448.
42 LAG Köln 30.8.2007 – 10 Sa 482/07.

IV. Outplacement-Beratung

20 Bei einer Outplacement-Beratung handelt es sich um eine Dienstleistung für ausscheidende Beschäftigte, in der Regel für Führungskräfte, die der **beruflichen Neuorientierung** dient. Die Outplacement-Beratung ist häufig Bestandteil von Aufhebungsverträgen und kann in diesem Fall als abfindungsähnliche Leistung bezeichnet werden. Gelegentlich werden die (oft hohen) Kosten für solche Beratungen auch übernommen, um drohende Konflikte möglichst frühzeitig abzuwehren und Beschäftigten die Möglichkeit zu geben, sich um eine andere Stelle zu bewerben.[43] Zumeist erfolgt die Outplacement-Beratung unter Hinzuziehung eines externen Beratungsunternehmens und wird nicht vom Arbeitgeber selbst durchgeführt, der hierfür wohl nur selten Personal mit den erforderlichen Kompetenzen vorweisen kann. Vertragspartner des Outplacement-Beraters können sowohl der Arbeitgeber als auch der ausscheidende Arbeitnehmer sein. Die datenschutzrechtliche Verantwortlichkeit für die mit der Outplacement-Beratung verbundene Datenverarbeitung liegt in beiden Konstellationen allein bei dem Dienstleister. Eine gemeinsame Verantwortlichkeit gemäß Art. 26 DS-GVO mit dem Arbeitgeber besteht nicht, weil dieser nicht über die Einzelzwecke der vom Outplacement Berater vorgenommenen Datenverarbeitung entscheidet. Die Übermittlung von personenbezogenen Daten an den Outplacement-Berater durch den Arbeitgeber ist gemäß Art. 6 Abs. 1 lit. f DS-GVO auch dann nur in engen Grenzen zulässig, wenn die Inanspruchnahme einer Outplacement-Beratung einvernehmlich zwischen dem Arbeitgeber und dem Beschäftigten vereinbart ist. Wird der Dienstleister vom Arbeitgeber beauftragt, können der Name und die Kontaktdaten des Beschäftigten übermittelt werden, um die Durchführung der Beratung zu ermöglichen. Andere Daten, wie Qualifikationen, Erfahrungen oder Leistungsdaten dürfen nicht übermittelt werden. Bei einer Beauftragung durch den Beschäftigten ist eine Übermittlung von Daten nur auf Grundlage einer Einwilligung zulässig.

B. Datenverarbeitung nach der Beendigung
I. Löschung und Aufbewahrung von Beschäftigtendaten

21 Nach dem Ende des Arbeitsverhältnisses stellt sich die Frage welche personenbezogenen Daten des ausgeschiedenen Beschäftigten vom Arbeitgeber gelöscht und welche Daten weiterhin vorgehalten werden dürfen oder gar müssen. In diesem Kontext ist noch einmal darauf hinzuweisen, dass nach § 26 Abs. 8 Satz 2 BDSG auch solche Personen als Beschäftigte gelten, deren Beschäftigungsverhältnis beendet ist. § 26 BDSG bleibt also auch nach der Beendigung im Verhältnis zwischen Arbeitgeber und seinem ehemaligen Beschäftigten die zentrale Erlaubnisvorschrift für die Datenverarbeitung. Im Grundsatz gilt allerdings, dass personenbezogene Beschäftigtendaten nach der Beendigung des Beschäftigungsverhältnisses regelmäßig zu löschen sind, weil sie nicht mehr gemäß § 26 Abs. 1 Satz 1 BDSG für dessen Durchführung oder Beendigung erforderlich sind. Die Verpflichtung zur Datenlöschung ergibt sich insoweit aus Art. 17 Abs. 1 lit. a DS-GVO.

---

43 Schaub, ArbR A-Z/Koch, Stichwort „Outplacement"; Howald/Köninger, DB 2013, 698.

Hinweis: Die Verpflichtung des Arbeitgebers zur Datenlöschung bzw. das entsprechende Recht des Beschäftigten, dies von ihm zu verlangen, kann weder durch Arbeitsvertrag noch durch Betriebsvereinbarung oder einen Tarifvertrag eingeschränkt werden, weil dadurch der zwingende Mindeststandard der DS-GVO unterschritten würde. Werden in Betriebsvereinbarungen oder – in der Praxis seltener – in Tarifverträgen Löschfristen definiert, müssen diese sich inhaltlich an Art. 17 DS-GVO und an dem Strukturprinzip der Speicherbegrenzung gemäß Art. 5 Abs. 1 lit. e DS-GVO messen lassen.

Ausnahmsweise dürfen personenbezogene Beschäftigtendaten auch nach der Beendigung des Beschäftigungsverhältnisses gespeichert werden, vor allem wenn 22

- sie zur Geltendmachung, Ausübung oder Verteidigung von Rechtsansprüchen erforderlich sein können (§ 26 Abs. 1 Satz 1 BDSG; Art. 17 Abs. 3 lit. e DS-GVO) oder
- eine gesetzliche oder vertragliche Aufbewahrungspflicht des Arbeitgebers hinsichtlich der gespeicherten Daten besteht (Art. 17 Abs. 3 lit. b DS-GVO; § 35 Abs. 3 BDSG).

Diese Ausnahmetatbestände erfassen in der Praxis eine Vielzahl von Beschäftigtendaten. Handelt es sich um personenbezogene Beschäftigtendaten, die für die Geltendmachung, Ausübung oder Verteidigung von Rechtsansprüchen aus dem beendeten Beschäftigungsverhältnis relevant sein können, ist im Hinblick auf die regelmäßige **Verjährungsfrist** des § 195 BGB zunächst von einer zulässigen Aufbewahrungsdauer von drei Jahren auszugehen. Eine frühere Pflicht zur Löschung kommt in Betracht, wenn der in Rede stehende Anspruch von einer arbeits- oder tarifvertraglichen Ausschlussfrist erfasst wird. Die Mindestfrist beträgt hier drei Monate,[44] vor allem in Tarifverträgen sind häufig sechsmonatige Fristen vorzufinden. Verschiedene Ansprüche sind von Ausschlussfristen ausgenommen, insbesondere (unverfallbare) Anwartschaften aus der Betrieblichen Altersversorgung, Haftung wegen Vorsatz und Ansprüche aus dem Mindestlohngesetz.[45] Auch die Verwirkung eines Anspruchs kommt als Grenze der Datenaufbewahrung in Betracht.[46] 23

Gesetzliche **Aufbewahrungspflichten** des Arbeitgebers ergeben sich unter anderem aus dem Handels- und Steuerrecht. Nach § 257 Abs. 1 Satz 1, Abs. 4 HGB sind Handelsbücher für zehn Jahre aufzubewahren. Lohnberechnungsunterlagen unterliegen gemäß § 147 AO ebenfalls einer bis zu zehnjährigen Aufbewahrungsfrist. Lohnkonten sind nach § 41 Abs. 1 Satz 10 EStG bis zum Ende des sechsten Jahres aufzubewahren, das auf die zuletzt eingetragene Lohnzahlung folgt. Wichtig ist zudem die Aufbewahrungsfrist gemäß § 28f Abs. 1 SGB V für Entgeltunterlagen, Beitragsabrechnungen und Beitragsnachweise sowie für Bescheinigungen für den Arbeitnehmer bis zum Ablauf des auf die letzte Prüfung gemäß § 28p SGB IV folgenden Kalenderjahres. Nach § 17 Abs. 1 MiLoG sind Aufzeichnungen über Beginn, Ende und Dauer der täglichen Arbeitszeit von Arbeitnehmern für mindestens zwei Jahre beginnend ab 24

---

44 BAG 25.5.2005 – 5 AZR 572/04, NZA 2005, 1111.
45 BAG 18.9.2018 – 9 AZR 162/18, NZA 2018, 1619; BAG 20.6.2013 – 8 AZR 280/12, NZA 2013, 1265.
46 WHWS Arbeitnehmerdatenschutz-HdB/Willert, S. 602.

dem für die Aufzeichnung maßgeblichen Zeitpunkt aufzubewahren. Nachweise über die Zahlung des Mindestlohns sind gemäß § 17 Abs. 2 MiLoG mindestens für die Dauer der gesamten Werk- oder Dienstleistung, insgesamt jedoch nicht länger als zwei Jahre, bereitzuhalten. Gemäß § 16 Abs. 2 ArbZG müssen auch Nachweise über die Überschreitung der zulässigen Arbeitszeit gemäß § 3 Satz ArbZG für mindestens zwei Jahre aufbewahrt werden. Erwähnenswert ist außerdem die Verpflichtung nach § 11 Abs. 2 BetrAVG, Unterlagen zur Bemessung des Betrags zum Pensionssicherungsverein für mindestens sechs Jahre aufzubewahren.[47]

II. Offboarding

25 Abgesehen von der Löschung personenbezogener Beschäftigtendaten bzw. der Einschränkung der Verarbeitung hat der Arbeitgeber im Rahmen des sog. Offboarding-Prozesses auch Maßnahmen zur Datensicherheit zu ergreifen.

26 Offboarding-Maßnahmen:
- Entzug der Zugriffsrechte auf dienstliche Daten und Accounts-Rückgabe der überlassenen Hardware (Laptop, Mobiltelefon, USB-Sticks etc)
- Entzug von Zugangs- und Zutrittsrechten (Rückgabe von Schlüsseln oder Tokens)
- Rückgabe von dienstlichen Unterlagen
- Erstellung einer Passwort-Liste
- ggf. Löschung von Namen und Kontaktdaten sowie Fotografien des Beschäftigten von der Unternehmenswebseite oder aus dem Intranet
- Gewährleistung der Möglichkeit, dass der Beschäftigte private Daten auf der dienstlichen Hard- und Software löscht
- Aktivierung des Abwesenheitsassistenten auf dem dienstlichen E-Mail-Account unter Hinweis auf einen neuen Ansprechpartner

---

[47] Eine umfassende Übersicht findet sich bei Haußmann/Karwatzki/Ernst, DB 2018, 2697.

Anhang

I. Checkliste zur Umsetzung des Datenschutzrechts im Beschäftigungskontext

Fragestellung	Ja	Nein
Ist ein betrieblicher Datenschutzbeauftragter bestellt und bei der Datenschutzaufsichtsbehörde gemeldet?		
Sind die Beschäftigten des Unternehmens auf die Strukturprinzipien nach Art. 5 DS-GVO und das Datengeheimnis nach § 53 BDSG verpflichtet?		
Sind die Beschäftigten zum Umgang mit personenbezogenen Beschäftigtendaten in hinreichendem Maße geschult worden?		
Ist eine Datenschutzrichtlinie für Beschäftigte erlassen, die den Umgang mit personenbezogenen Daten im Unternehmen spezifisch regelt?		
Im Falle eines Konzerns: Existiert ein unternehmensübergreifendes Konzerndatenschutzkonzept?		
Ist ein interner oder externer Datenschutzbeauftragter bestellt und bei der zuständigen Aufsichtsbehörde gemeldet?		
Gibt es einen Prozess zur Umsetzung der Meldepflicht gemäß Art. 33 DS-GVO?		
Gibt es ein Verfahren zur Datenschutz-Folgenabschätzung gemäß Art. 35 DS-GVO?		
Ist ein Verzeichnis der Verarbeitungstätigkeiten gemäß Art. 30 DS-GVO erstellt, das sämtliche Datenverarbeitungsprozesse im Beschäftigungskontext abbildet?		
Ist ein Datenschutzmanagementsystem installiert, um sicherzustellen und den Nachweis erbringen zu können, dass die Verarbeitung gemäß der DS-GVO und dem BDSG erfolgt (Art. 24 Abs. 1 DS-GVO)?		
Gibt es für jede Verarbeitungstätigkeit im Beschäftigungskontext eine Dokumentation, mit der die Rechtmäßigkeit der Verarbeitung nachgewiesen werden kann (Art. 5 Abs. 2 DS-GVO)?		
Entsprechen erteilte Einwilligungen den Anforderungen von Art. 7 DS-GVO und § 26 Abs. 2 BDSG? Können Sie das Vorliegen der Einwilligung nachweisen?		

Fragestellung	Ja	Nein
Ist für jede mitbestimmungsrelevante Maßnahme, insbesondere für die Einführung und Anwendung technischer Anlagen, eine Betriebsvereinbarung abgeschlossen, die den Anforderungen von Art. 88 DS-GVO genügt?		
Sind mit allen externen Dienstleistern oder Konzernunternehmen, die nach Weisung Ihres Unternehmens personenbezogene Beschäftigtendaten verarbeiten, Verträge zur Auftragsverarbeitung mit dem Mindestinhalt nach Art. 28 Abs. 3 DS-GVO abgeschlossen?		
Sind ggf. erforderliche „Joint Control"-Verträge gemäß Art. 26 DS-GVO abgeschlossen und die relevanten Inhalte gegenüber den Beschäftigten veröffentlicht?		
Werden die Beschäftigten über die sie betreffenden Datenverarbeitungsprozesse gemäß den Anforderungen nach Art. 13 DS-GVO und Art. 14 DS-GVO informiert?		
Existiert ein Prozess, der sicherstellt, dass Anträge von Beschäftigten auf Auskunft und/oder auf Zurverfügungstellung einer Datenkopie nach Art. 15 DS-GVO innerhalb eines Monats erfüllt werden können?		
Haben Sie Verfahren eingerichtet, um Anträge auf Datenübertragbarkeit nach Art. 20 DS-GVO erfüllen zu können?		
Existiert in Ihrem Unternehmen ein umfassendes Löschkonzept, das die Löschung von Daten nach Maßgabe von Art. 17 DS-GVO und § 34 BDSG sowie die ggf. erforderliche Einschränkung der Verarbeitung gemäß Art. 18 DS-GVO ermöglicht?		
Ist mithilfe eines Rollen- und Berechtigungskonzepts sichergestellt, dass nur diejenigen Beschäftigten Zugriff/Zugang zu personenbezogenen Daten anderer Beschäftigter besitzen, die diese zur Zweckerreichung unbedingt benötigen?		
Kann die Übermittlung von Beschäftigtendaten in Drittländer auf einen der in Art. 44 ff. DS-GVO festgehaltenen Erlaubnistatbestände gestützt werden?		
Haben Sie Ihre bestehenden Prozesse zur Überprüfung der Sicherheit der Verarbeitung auf die neuen Anforderungen des Art. 32 DSGVO angepasst?		
Werden für die Verarbeitung besonderer Kategorien personenbezogener Daten (zusätzliche) Maßnahmen nach § 22 Abs. 2 BDSG ergriffen und dokumentiert?		
Gibt es einen datenschutzrechtlichen „Offboarding"-Prozess?		

II. Mustertexte

1. Muster: Verpflichtungserklärung für Beschäftigte zur Einhaltung der Datenschutzgesetze

Verpflichtung zur Einhaltung der Datenschutzgesetze

Frau/Herr ... *[Name des Beschäftigten]*

wird darauf verpflichtet, bei der Verarbeitung von personenbezogenen Daten im Rahmen seiner/ihrer Tätigkeit die Vorschriften der Datenschutz-Grundverordnung (DS-GVO), des Bundesdatenschutzgesetztes (BDSG) und anderer im Einzelfall einschlägiger Datenschutzgesetze einzuhalten.

Der Beschäftigte ist ferner verpflichtet, das Datengeheimnis nach § 53 BDSG zu wahren. Danach ist es dem Beschäftigten untersagt, personenbezogene Daten unbefugt zu verarbeiten. Eine Verarbeitung von personenbezogenen Daten ist nur zulässig, wenn die betroffene Person in die Datenverarbeitung eingewilligt hat oder eine gesetzliche Regelung die Datenverarbeitung gestattet oder vorschreibt.

Darüber hinaus hat der Beschäftigte bei jeder Verarbeitung von personenbezogenen Daten insbesondere die in Art. 5 Abs. 1 DS-GVO genannten Grundsätze zu beachten. Danach müssen personenbezogene Daten

a) auf rechtmäßige Weise und in einer für die betroffene Person nachvollziehbaren Weise verarbeitet werden;
b) für festgelegte, eindeutige und legitime Zwecke erhoben werden und dürfen nicht in einer mit diesen Zwecken nicht zu vereinbarenden Weise weiterverarbeitet werden;
c) dem Zweck angemessen und erheblich sowie auf das für die Zwecke der Verarbeitung notwendige Maß beschränkt sein („Datenminimierung");
d) sachlich richtig und erforderlichenfalls auf dem neuesten Stand sein; es sind alle angemessenen Maßnahmen zu treffen, damit personenbezogene Daten, die im Hinblick auf die Zwecke ihrer Verarbeitung unrichtig sind, unverzüglich gelöscht oder berichtigt werden;
e) in einer Form gespeichert werden, die die Identifizierung der betroffenen Personen nur so lange ermöglicht, wie es für die Zwecke, für die sie verarbeitet werden, erforderlich ist;
f) in einer Weise verarbeitet werden, die eine angemessene Sicherheit der personenbezogenen Daten gewährleistet, einschließlich Schutz vor unbefugter oder unrechtmäßiger Verarbeitung und vor unbeabsichtigtem Verlust, unbeabsichtigter Zerstörung oder unbeabsichtigter Schädigung durch geeignete technische und organisatorische Maßnahmen („Integrität und Vertraulichkeit").

Die Einhaltung dieser Grundsätze muss jederzeit durch geeignete Maßnahmen, insbesondere durch textliche Dokumentation, nachgewiesen werden können.

Verstöße gegen diese Verpflichtung können Schadensersatzansprüche nach sich ziehen und ggf. mit Geldbuße und/oder Freiheitsstrafe geahndet werden. Ein Verstoß kann zugleich eine Verletzung von arbeitsvertraglichen Pflichten und arbeitsrechtliche Maßnahmen bis hin zur Kündigung des Arbeitsverhältnisses rechtfertigen. Vertragliche Geheimhaltungs- und Vertraulichkeitsverpflichtungen bleiben von dieser Vereinbarung unberührt.

Die Verpflichtung gilt auch nach Beendigung des Vertragsverhältnisses weiter.

_____ _____
Ort, Datum   Mitarbeiter

2. Muster: Antrag eines Beschäftigten auf Erteilung einer Auskunft nach Art. 15 DS-GVO

[Name des Unternehmens]

Personalabteilung

[Adresse]

[Ort, Datum]

Antrag auf Erteilung einer Auskunft nach Art. 15 DS-GVO

Sehr geehrte Damen und Herren,

hiermit beantrage ich gemäß Art. 15 Absatz 1 DS-GVO eine Auskunft über meine personenbezogenen Daten, die Gegenstand der von Ihnen verantworteten Verarbeitung sind.

Darüber hinaus bitte ich Sie darum, mir gemäß Art. 15 Absatz 3 DS-GVO eine Kopie meiner personenbezogenen Daten zur Verfügung zu stellen.

Für die Erteilung der Auskunft und der Datenkopie habe ich mir entsprechend Art. 12 Absatz 3 Satz 1 DS-GVO eine Frist von einem Monat notiert, dh bis zum

[Datum]

Mit freundlichem Gruß

[Name des Beschäftigten]

3. Muster: Antwortschreiben des Arbeitgebers auf das Auskunftsverlangen eines Beschäftigten

Persönlich/Vertraulich

[Name des Beschäftigten]

[Adresse]

[Ort, Datum]

Auskunft nach Art. 15 Absatz 1 DS-GVO

Sehr geehrte[r] [Herr/Frau Name],

Ihre Anfrage auf Erteilung einer Auskunft über die Verarbeitung Ihrer personenbezogenen Daten durch unser Unternehmen beantworten wir sehr gerne wie folgt:

1. Datenkategorien

Wir verarbeiten betreffend Ihre Person folgende Kategorien von personenbezogenen Daten:

- Name, Anschrift, Geburtstag und -ort, Staatszugehörigkeit, Lebenslauf, Zeugnisse und Zertifikate, Krankenversicherungs- sowie Sozialversicherungsdaten, Rentenbescheinigungen, Renten- und Versorgungswerkdaten, Familienstand, Gehaltsdaten, Bankdaten, Religionszugehörigkeit, Steuerklasse, Steueridentifikationsnummer
- Personalnummer, Kontaktdaten im Unternehmen, arbeitsvertragliche Tätigkeit, Arbeitszeitnachweise, Abwesenheiten, Urlaubstage, Reisedaten, Fortbildungs- und Schulungsnachweise, Leistungsdaten und -beurteilungen, Zeiten der Arbeitsunfähigkeit und Arbeitsunfähigkeitsbescheinigungen
- Passwörter (verschlüsselt), Logins, Protokolldaten, Abrechnungs- und Verbindungsdaten bei Nutzung eines Firmenhandys, Zutrittsdaten, Videoaufnahmen, Fotografien

2. Verarbeitungszwecke

Die Verarbeitung Ihrer personenbezogenen Daten durch den Verantwortlichen erfolgt zum Zwecke der Begründung, Durchführung und Beendigung Ihres Beschäftigungsverhältnisses (§ 26 Abs. 1 Satz 1 BDSG), zur Erfüllung unserer rechtlichen Verpflichtungen (Art. 6 Abs. 1 lit. c DS-GVO) sowie zur Wahrung unserer berechtigten Interessen (Art. 6 Abs. 1 lit. f DS-GVO).

Im Einzelnen verarbeiten wir Ihre personenbezogenen Daten derzeit zu folgenden Zwecken:

- Durchführung des Arbeitsverhältnisses; Ausübung Ihrer Tätigkeit
- Zusammenarbeit mit unseren Kunden
- Personalplanung und Personaleinsatzplanung
- Arbeitszeiterfassung
- Lohn- und Gehaltsabrechnung
- Kontaktdatenverwaltung
- Betriebliche Altersversorgung
- Dienstreisemanagement
- Arbeitssicherheit
- Leitungsbeurteilung
- Erfüllung von steuer- und sozialrechtlichen Pflichten sowie Erfüllung sonstiger gesetzlicher Pflichten
- Compliance
- IT-Sicherheit und Schutz des Unternehmen-Know-hows
- *[...]*

3. Empfänger Ihrer personenbezogenen Daten

Ihre Daten werden hauptsächlich durch unsere Personalabteilung und Ihre(n) unmittelbaren Vorgesetzten verarbeitet. Darüber hinaus werden Ihre personenbezogenen Daten zu den unter Ziffer 2 genannten Zwecken an folgende Kategorien von Empfängern übermittelt:

- Kunden und Geschäftspartner
- externes Lohnbüro
- Krankenkassen und Betriebsärzte

- Sozialversicherungsträger und Pensionskassen
- Versicherungsanstalten
- Finanzämter
- Wirtschaftsprüfer und Steuerberater
- Rechtsanwälte und Gerichte
- Ihre Gläubiger
- ggf. die von Ihnen angegebene Gewerkschaft
- Bundesagentur für Arbeit
- Integrationsämter
- Betreiber von Verkehrsverbunden, Bahnverkehrsunternehmen und Hotels/Hotelbuchungsportale
- Gewerbeaufsichtsamt
- Berufsgenossenschaften

Darüber hinaus werden wir bei einigen Datenverarbeitungsprozessen von externen Dienstleistern unterstützt. Ihre Rechte sichern wir durch den Abschluss von Verträgen zur Auftragsverarbeitung (Art. 28, 29 DS-GVO) ab.

4. Speicherdauer

Wir verarbeiten und speichern Ihre Daten, solange diese für die Durchführung oder Beendigung Ihres Beschäftigungsverhältnisses oder zur Erreichung des jeweils einschlägigen Verarbeitungszwecks nach Ziffer 2 erforderlich ist. Personenbezogene Daten von Beschäftigten werden regelmäßig für die Dauer des Beschäftigungsverhältnisses und nach dessen Beendigung bis zum Ablauf der gesetzlichen dreijährigen Regelverjährungsfrist (§ 195 BGB) gespeichert und mit Ablauf der Frist gelöscht. Sofern wir aufgrund handels-, steuer- und sozialrechtlicher oder sonstiger Aufbewahrungsfristen zu einer längeren Speicherung verpflichtet sind oder Sie in eine darüber hinaus gehende Speicherung eingewilligt haben, sind diese Fristen maßgeblich. In diesem Fall werden Ihre personenbezogenen Daten zunächst archiviert und nach Ablauf der Frist gelöscht. Nach § 247 HGB und § 147 AO können personenbezogene Daten bis zu sechs oder zehn Jahren aufbewahrt werden.

5. Automatisierte Entscheidungsfindung und Profiling

Hinsichtlich Ihrer personenbezogenen Daten erfolgt keine automatisierte Entscheidungsfindung einschließlich Profiling.

6. Herkunft der Daten

Wir haben Ihre personenbezogenen Daten ausschließlich bei Ihnen selbst und nicht bei Dritten erhoben.

7. Übermittlung Ihrer Daten in Drittländer und/oder internationale Organisationen

Eine Übermittlung Ihrer personenbezogenen Daten in Drittländer oder an internationale Organisationen findet nicht statt.

8. Betroffenenrechte; Beschwerderecht bei einer Aufsichtsbehörde

Sie haben das Recht auf Auskunft nach Art. 15 DS-GVO, das Recht auf Berechtigung nach Art. 16 DS-GVO, das Recht auf Löschung nach Art. 17 DS-GVO, das Recht auf Einschränkung der Verarbeitung nach Art. 18 DS-GVO, das Recht auf Widerspruch aus Art. 21 DS-GVO sowie das Recht auf Datenübertragbarkeit aus Art. 20 DS-GVO.

Darüber hinaus steht Ihnen ein Beschwerderecht bei der zuständigen Datenschutzaufsichtsbehörde zu. Die Kontaktdaten der Behörde lauten wie folgt:

[...]

Für Rückfragen stehen wir Ihnen sehr gerne zur Verfügung.

Mit freundlichen Grüßen

[Geschäftsführer/Vorstand]

4. Muster: Information nach Art. 13 DS-GVO für Stellenbewerber

Sehr geehrte Bewerberin,
sehr geehrter Bewerber,

wir freuen uns sehr, dass Sie an einer Beschäftigung in unserem Unternehmen interessiert sind. Bevor wir Ihre Bewerbung entgegennehmen und bearbeiten, weisen wir Sie darauf hin, dass wir im Rahmen des Bewerbungsverfahrens Ihre personenbezogenen Daten verarbeiten. Wir bitten Sie deshalb, sich mit den nachfolgenden Datenschutzhinweisen vertraut zu machen.

1. Wer ist für die Verarbeitung meiner Daten verantwortlich?

Als Unternehmen sind wir für die Verarbeitung Ihrer personenbezogenen Daten im Rahmen des Bewerbungsverfahrens verantwortlich:

[Name und Anschrift des Unternehmens]

[Name des Geschäftsführers/Vorstands]

Die Kontaktdaten unseres Datenschutzbeauftragten lauten wie folgt:

[...]

2. Zu welchem Zweck werden meine Daten verarbeitet?

Die Datenverarbeitung erfolgt während des Bewerbungsverfahrens ausschließlich zum Zwecke der Durchführung dieses Verfahrens.

Sollten wir uns am Ende des Bewerbungsverfahrens auf eine Zusammenarbeit mit Ihnen verständigen, werden Ihre uns im Rahmen des Bewerbungsverfahrens zur Kenntnis gelangten personenbezogenen Daten im Anschluss auch zum Zwecke der Durchführung Ihres Beschäftigungsverhältnisses verarbeitet. Darüber werden Sie zu Beginn Ihres Beschäftigungsverhältnisses gesondert informiert.

3. Welche meiner personenbezogenen Daten werden erhoben?

Wir verarbeiten im Rahmen des Bewerbungsverfahrens nur solche Daten, die für dessen Durchführung erforderlich sind. Dabei handelt es sich um alle Informationen, die Sie uns im Rahmen Ihrer Bewerbung und persönlichen Gesprächen bereitstellen, insbesondere Ihren Namen, Ihre Anschrift und Ihre Kontaktdaten, Ihren Lebenslauf, Ihre Schul-, Studien- oder Ausbildungszeugnisse, Ihre Arbeitszeugnisse sowie um sonstige Informationen und Unterlagen zu Ihrer Qualifikation oder zu Ihrer Gesundheit.

4. Ist die Verarbeitung meiner Daten verpflichtend?

Sie sind nicht verpflichtet, uns Ihre personenbezogenen Daten zu überlassen. Wir weisen Sie allerdings darauf hin, dass das Bewerbungsverfahren ohne eine Verarbeitung Ihrer personenbezogenen Daten nicht durchgeführt werden kann.

5. Wer erhält meine Daten im Rahmen des Bewerbungsverfahrens?

In der Regel werden personenbezogene Daten von Bewerbern im Rahmen des Bewerbungsverfahrens nur von unserer Personalabteilung verarbeitet. In Einzelfällen werden die Daten auch von unserer Geschäftsleitung verarbeitet. An Dritte werden Ihre Daten nicht weitergegeben.

6. Was ist die Rechtsgrundlage für die Verarbeitung meiner Daten?

Unsere Berechtigung zur Verarbeitung Ihrer personenbezogenen Daten im Rahmen des Bewerbungsverfahrens ergibt sich aus § 26 Abs. 1 S. 1 Bundesdatenschutzgesetz (BDSG).

7. Wie lange werden meine Daten gespeichert?

Ihre personenbezogenen Daten werden – vorbehaltlich etwaiger gesetzlicher Aufbewahrungspflichten – nur so lange gespeichert, wie es für die Durchführung des Bewerbungsverfahrens erforderlich ist. Sollten wir uns am Ende des Bewerbungsverfahrens mit Ihnen nicht auf eine Zusammenarbeit verständigen können, werden Ihre personenbezogenen Daten deshalb grundsätzlich nach Ablauf von sechs Monaten ab Beendigung des Bewerbungsverfahrens gelöscht. Im Falle einer anschließenden Zusammenarbeit werden auch Ihre bereits im Bewerbungsverfahren verarbeiteten personenbezogenen Daten grundsätzlich nur so lange gespeichert, wie es für Ihr Beschäftigungsverhältnis erforderlich ist.

8. Welche Rechte habe ich bei der Verarbeitung meiner Daten?

Sie haben das Recht auf Auskunft nach Art. 15 DS-GVO, das Recht auf Berechtigung nach Art. 16 DS-GVO, das Recht auf Löschung nach Art. 17 DS-GVO, das Recht auf Einschränkung der Verarbeitung nach Art. 18 DS-GVO, das Recht auf Widerspruch aus Art. 21 DS-GVO sowie das Recht auf Datenübertragbarkeit aus Art. 20 DS-GVO.

Darüber hinaus steht Ihnen ein Beschwerderecht bei der zuständigen Datenschutzaufsichtsbehörde zu. Die Kontaktdaten der Behörde lauten wie folgt:

[...]

5. Muster: Information über die Datenverarbeitung im Rahmen eines Betrieblichen Eingliederungsmanagements (BEM)

Persönlich/Vertraulich

[Name des Beschäftigten]

[Adresse]

[Ort, Datum]

Information über die Datenverarbeitung im Rahmen des BEM

Sehr geehrte*[r] [Herr/Frau Name]*,

mit beigefügtem Einladungsschreiben vom heutigen Tag haben wir Ihnen die Durchführung eines Betrieblichen Eingliederungsmanagements (BEM) gemäß § 167 Abs. 2 SGB IX angeboten. Wir weisen Sie darauf hin, dass wir im Rahmen des BEM Ihre personenbezogenen Daten verarbeiten. Wir bitten Sie deshalb, sich mit den nachfolgenden Datenschutzhinweisen vertraut zu machen.

1. Wer ist für die Verarbeitung meiner Daten verantwortlich?

Als Unternehmen sind wir für die Verarbeitung Ihrer personenbezogenen Daten im Rahmen des BEM verantwortlich:

[Name und Anschrift des Unternehmens]

[Name des Geschäftsführers/Vorstands]

Die Kontaktdaten unseres Datenschutzbeauftragten lauten wie folgt:

[...]

2. Welche meiner Daten werden im Rahmen des BEM verarbeitet?

Personenbezogene Daten sind nach Art. 4 Nr. 1 Datenschutz-Grundverordnung (DS-GVO) alle Informationen, die sich auf eine identifizierte oder identifizierbare natürliche Person (Betroffener) beziehen. Darunter fallen etwa der Name, das Alter, der Beruf, die Anschrift, der Familienstand, die Kinderzahl oder die Personalnummer einer Person.

Im BEM werden auch personenbezogene Gesundheitsdaten verarbeitet. Dabei handelt es sich um besondere Kategorien personenbezogener Daten iSv Art. 9 Abs. 1 DS-GVO und § 26 Abs. 3 Bundesdatenschutzgesetz (BDSG). Diese Daten sind besonders geschützt. Zu den Gesundheitsdaten zählen unter anderem Daten über Ihre medizinischen Befunde, Ihre körperlichen Fähigkeiten, bestehende Einsatzeinschränkungen sowie grundsätzliche Einsatzmöglichkeiten.

Es werden allerdings nur solche Daten verarbeitet, deren Kenntnis erforderlich ist, um ein zielführendes, der Genesung und Gesundhaltung dienendes BEM durchführen zu können. Dabei handelt es sich insbesondere um folgende Daten:

- Personaldaten, insbesondere Name, Geburtsdatum, Beschäftigungsdauer, Schwerbehinderung/Gleichstellung, Familienstand etc
- Daten über Fehlzeiten, insbesondere Anzahl und Verteilung der Arbeitsunfähigkeitstage in den letzten zwölf Monaten und in vorangegangenen Zeiträumen
- Gesundheitsdaten, insbesondere bestehende Leistungspotenziale, gesundheits- oder schwerbehinderungsbedingte Leistungseinschränkungen, Gesundheitszustand, Kuren, Heilbehandlungen, Diagnosen, Krankheitsursachen, ärztliche Atteste
- Tätigkeitsdaten, insbesondere ausgeübte Tätigkeit, Arbeitsplatz- und Tätigkeitsanalysen, Gefährdungsbeurteilungen, Arbeitsschutzdaten, berufliche Qualifizierung
- Ablaufdaten, insbesondere Verläufe und Ergebnisse des betrieblichen Eingliederungsmanagements, von Arbeitsversuchen und Maßnahmen zur stufenweisen Wiedereingliederung sowie sonstiger arbeitsplatzbezogenen Maßnahmen, innerbetriebliche Umsetzung, Anpassungen des Arbeitsplatzes oder der Arbeitsbedingungen

3. Zu welchem Zweck werden meine Daten verarbeitet?

Ihre personenbezogenen Daten werden im Rahmen des BEM ausschließlich zu dessen Durchführung und Ihrer Wiedereingliederung in den Betriebsablauf verarbeitet. Dabei kann die Erstellung eines Fähigkeitsprofils hilfreich sein. Ein Fähigkeitsprofil dient dazu herauszufinden, welche Tätigkeiten Sie trotz etwaiger gesundheitlicher Einschränkungen ausüben können und ob Ihre Wiedereingliederung beispielsweise durch eine Beschäftigung auf einem anderen Arbeitsplatz gelingen kann. Zu diesem Zweck werden Ihre körperlichen Fähigkeiten und Einschränkungen erfasst, um Ihnen einen geeigneten Arbeitsplatz zuordnen zu können.

4. Warum ist meine Einwilligung zu der Verwendung meiner Daten erforderlich?

Ihre Einwilligung ist die Rechtsgrundlage für Verarbeitung Ihrer personenbezogenen Daten im Rahmen des BEM. Ohne die Einwilligung dürfen Ihre personenbezogenen Daten, insbesondere Ihre Gesundheitsdaten (zB ein Fähigkeitsprofil), nicht zum Zwecke der Durchführung des BEM und für die Erstellung eines Fähigkeitsprofils verarbeitet werden. Geben Sie die Einwilligung nicht ab, darf das BEM nicht durchgeführt werden. Maßnahmen zur Überwindung Ihrer Leistungseinschränkung oder Arbeitsunfähigkeit können dann nicht ergriffen werden. Die Abfrage von medizinischen Diagnosen beim Werksarzt ist überdies nur zulässig, wenn dies für die Durchführung des BEM erforderlich ist und Sie den Werksarzt von seiner ärztlichen Schweigepflicht entbinden.

5. Kann ich eine abgegebene Einwilligung nachträglich widerrufen?

Sie können Ihre Einwilligung jederzeit widerrufen. In diesem Fall endet das BEM mit dem Zugang Ihres Widerrufs. Ihre personenbezogenen Daten dürfen ab diesem Zeitpunkt nicht mehr zum Zwecke des BEM verarbeitet werden. Die Rechtmäßigkeit der aufgrund der Einwilligung bis zum Widerruf erfolgten Verarbeitung Ihrer Daten wird durch den Widerruf aber nicht berührt.

6. Wer erhält meine personenbezogenen Daten?

Im Rahmen des BEM werden Ihre personenbezogenen Daten von den Teilnehmern des BEM und der Personalabteilung verarbeitet. Die Personalabteilung erhält dabei lediglich eine Information über den Beginn und das Ende des BEM bzw. dessen Status (angenommen/abgelehnt/keine Antwort/abgeschlossen). An Dritte, insbesondere Rehabilitationsträger wie das Integrationsamt, werden Daten nur weitergegeben, soweit dies zur Durchführung des BEM erforderlich ist. Im Rahmen des BEM erhobene Daten und erstellte Protokolle werden vor dem Zugriff von Dritten geschützt. Sie werden in einer von der Personalakte getrennten BEM-Akte aufbewahrt. Einsicht in die Akte haben der für die Durchführung des BEM Verantwortliche *[zB Geschäftsführer]* und Sie als betroffener Mitarbeiter.

7. Wann werden meine personenbezogenen Daten gelöscht?

Die im Rahmen des BEM verarbeiteten personenbezogenen Daten werden grundsätzlich gelöscht, sobald ihre Kenntnis für die Erfüllung der Aufgaben im Rahmen des BEM nicht mehr erforderlich ist. Die BEM-Akte wird drei Jahre nach Beendigung des BEM-Prozesses gelöscht.

8. Welche Rechte habe ich bei der Verarbeitung meiner Daten?

Sie haben ein Recht darauf, Einsicht in die BEM-Akte zu nehmen. Sie haben außerdem das Recht auf Auskunft nach Art. 15 DS-GVO, das Recht auf Berechtigung nach Art. 16 DS-GVO, das Recht auf Löschung nach Art. 17 DS-GVO, das Recht auf Einschränkung der Verarbeitung nach Art. 18 DS-GVO, das Recht auf Widerspruch aus Art. 21 DS-GVO sowie das Recht auf Datenübertragbarkeit aus Art. 20 DS-GVO. Ihnen steht ein Beschwerderecht bei der zuständigen Datenschutzaufsichtsbehörde zu. Die Kontaktdaten der Behörde lauten wie folgt:

[...]

Für Rückfragen stehen wir Ihnen sehr gerne zur Verfügung.

Mit freundlichem Gruß

[Geschäftsführer/Vorstand]

Anhang

6. Muster: Einwilligungserklärung des Beschäftigten in die Datenverarbeitung im Rahmen des Betrieblichen Eingliederungsmanagements (BEM)

Persönlich/Vertraulich 7

[Name des Unternehmens]

[BEM-Ansprechpartner]

[Anschrift]

Einwilligung in die Verarbeitung meiner personenbezogenen Daten
Im Rahmen des Betrieblichen Eingliederungsmanagements (BEM)

Sehr geehrte Damen und Herren,

mit Einladungsschreiben vom ... haben Sie mir die Durchführung eines Betrieblichen Eingliederungsmanagements (BEM) iSv § 167 Abs. 2 SGB IX angeboten. Dieses Angebot habe ich mit beigefügtem Antwortschreiben vom heutigen Tag angenommen.

Nachfolgend willige ich in die Verarbeitung meiner personenbezogenen Daten zum Zwecke der Durchführung des BEM ein.

1. Zweck der Einwilligung

Die vorliegende Einwilligungserklärung gestattet meinem Arbeitgeber die Verarbeitung meiner personenbezogenen Daten, einschließlich meiner Gesundheitsdaten, zu folgenden Zwecken:

- Durchführung des Betrieblichen Eingliederungsmanagements (BEM)
- Erstellung eines Fähigkeitsprofils, soweit dies für die Durchführung des BEM erforderlich ist.

2. Detaillierte Informationen zum BEM und Hinweise zum Datenschutz

Die dem Einladungsschreiben beigefügten Informationen über die Datenverarbeitung im Rahmen des BEM habe ich erhalten. Ich habe den Inhalt der Informationen umfassend zur Kenntnis genommen.

3. Freiwilligkeit der Einwilligung und Widerrufsrecht

Mir ist bekannt, dass die Erklärung meiner Einwilligung insgesamt und in allen Teilen freiwillig ist.

Mir ist bewusst, dass das BEM ohne die Abgabe meiner Einwilligung in die Verarbeitung meiner personenbezogenen Daten nicht durchgeführt werden kann. Über die daraus möglicherweise resultierenden Konsequenzen bin ich umfassend aufgeklärt worden. Ferner ist mir bewusst, dass sich die Nichterstellung eines Fähigkeitsprofils und/oder die Nichtbeteiligung des Werksarztes sowie eine Nichtberücksichtigung meiner medizinischen Befunde unter Umständen nachteilig auf den Erfolg des BEM auswirken können.

Im Übrigen ist mir bekannt, dass ich meine Einwilligung insgesamt und in allen Teilen jederzeit widerrufen kann. Durch meinen etwaigen Widerruf wird die Rechtmäßigkeit der aufgrund meiner Einwilligung bis zu diesem Zeitpunkt erfolgten Verarbeitung meiner personenbezogenen Daten nicht berührt.

4. Einwilligungserklärung

Mit meiner Unterschrift willige ich im Einzelnen in Folgendes ein:

- ☐ Ich willige in die Durchführung des Betrieblichen Eingliederungsmanagements ein. Ich bin damit einverstanden, dass zu diesem Zweck und zum Zweck meiner Wiedereingliederung in den Betriebsablauf meine personenbezogenen Daten, einschließlich meiner Gesundheitsdaten, verarbeitet werden, soweit die Verarbeitung für die Durchführung des BEM und meine Wiedereingliederung in den Betriebsverlauf erforderlich ist.
- ☐ Ich willige in die Erstellung eines Fähigkeitsprofils und die dafür erforderliche Verarbeitung meiner personenbezogenen Daten, einschließlich meiner Gesundheitsdaten, ein.

_____ _____
Ort, Datum   Mitarbeiter

7. Muster: Einwilligung eines Beschäftigten in die Verwendung von Fotografien

Persönlich/Vertraulich

[Name des Beschäftigten]

[Adresse]

[Ort, Datum]

Einwilligung in die Verwendung von Mitarbeiterfotografien

Sehr geehrte*[r]* *[Herr/Frau Name]*,

wir beabsichtigen, von Ihnen eine Fotografie anzufertigen und im Anschluss zu folgenden Zwecken zu verwenden:
- Veröffentlichung auf unserer Unternehmenswebseite (www.unternehmen.de/team) zu Werbezwecken
- Abdruck auf einer Werbebroschüre für unsere Kunden

Die Anfertigung und Verwendung der Fotografie zu diesen Zwecken stellt eine Verarbeitung Ihrer personenbezogenen Daten dar, für die wir als Unternehmen datenschutzrechtlich verantwortlich sind. Unseren Datenschutzbeauftragten erreichen Sie unter folgenden Kontaktdaten:

[...]

Dafür benötigen wir Ihre Einwilligung, die Sie uns durch Unterzeichnung und Rücksendung der als **Anlage** zu diesem Schreiben vorgefertigten Erklärung an unsere Personalabteilung erteilen können. Ihre Einwilligung dient uns als Rechtsgrundlage für die beabsichtigte Verwendung der Fotografie nach Art. 6 Abs. 1 lit. a Datenschutz-Grundverordnung (DS-GVO) und nach § 22 Kunsturhebergesetz (KUG). Die Abgabe der Einwilligungserklärung ist freiwillig. Wird sie nicht erteilt, entstehen keine arbeitsrechtlichen und keine sonstigen Nachteile.

Wird die Einwilligung erteilt, kann sie mit Wirkung für die Zukunft jederzeit widerrufen werden. Durch den Widerruf wird die Rechtmäßigkeit der aufgrund der Einwilligung erfolgten Datenverarbeitung bis zum Widerruf nicht berührt

Einen etwaigen Widerruf richten Sie bitte an: *[...]*.

Zum Zwecke der Veröffentlichung der Fotografie auf unserer Webseite geben wir diese an einen externen Dienstleister weiter, den wir mit der Betreuung unserer Webseite beauftragt haben. Wir sichern Ihre Rechte hier durch einen Vertrag zur Auftragsverarbeitung (Art. 28, 29 DS-GVO) ab. Die Werbebroschüre mit Ihrer Fotografie wird von unserer unternehmensinternen Druckerei erstellt. Nach erfolgtem Druck geben wir die Broschüre an die Ansprechpartner bei unseren Kunden weiter. Eine darüber hinausgehende Weitergabe der Fotografie an Dritte durch das Unternehmen findet nicht statt.

Wir weisen vorsorglich darauf hin, dass die Fotografie bei der Veröffentlichung im Internet weltweit abrufbar sein wird. Eine Weiterverwendung durch Dritte kann daher nicht generell ausgeschlossen werden. Das gilt auch im Falle eines Abdrucks auf einer Werbebroschüre, da diese von unseren Kunden an einen unbekannten Personenkreis weitergegeben werden kann.

Die Fotografie wird von unserer Webseite gelöscht, wenn Sie Ihre Einwilligung widerrufen oder unser Unternehmen verlassen. Im Falle des Widerrufs werden wir die Fotografie auch nicht mehr für den Druck weiterer Werbebroschüren verwenden. Im Übrigen wird Ihre Fotografie gelöscht, wenn wir sie für die vorgenannten Zwecke nicht mehr benötigen.

Sie haben das Recht auf Auskunft nach Art. 15 DS-GVO, das Recht auf Berechtigung nach Art. 16 DS-GVO, das Recht auf Löschung nach Art. 17 DS-GVO, das Recht auf Einschränkung der Verarbeitung nach Art. 18 DS-GVO, das Recht auf Widerspruch aus Art. 21 DS-GVO sowie das Recht auf Datenübertragbarkeit aus Art. 20 DS-GVO.

Ihnen steht ein Beschwerderecht bei der zuständigen Datenschutzaufsichtsbehörde zu. Die Kontaktdaten der Behörde lauten wie folgt:

[...]

Für Rückfragen stehen wir Ihnen sehr gerne zur Verfügung.

Mit freundlichem Gruß

[Geschäftsführer/Vorstand]

Anlage: Einwilligung in die Verwendung von Mitarbeiterfotografien

Persönlich/Vertraulich

[Name des Unternehmens]

Personalabteilung

[Anschrift]

Sehr geehrte Damen und Herren,

nachfolgend willige ich in die Verarbeitung meiner personenbezogenen Daten zur Anfertigung und Verwendung einer Fotografie von meiner Person zu folgenden Zwecken ein:

- ☐ Veröffentlichung auf der Unternehmenswebseite (www.unternehmen.de/team) zu Werbezwecken
- ☐ Abdruck auf einer Werbebroschüre für die Kunden des Unternehmens

Mit meiner Unterschrift bestätige ich außerdem, dass ich umfassend über die Verarbeitung meiner personenbezogenen Daten informiert wurde.

Mir ist bekannt, dass die Erklärung meiner Einwilligung insgesamt und in allen Teilen freiwillig ist. Mir ist außerdem bekannt, dass ich meine Einwilligung insgesamt und in allen Teilen jederzeit widerrufen kann. Durch meinen etwaigen Widerruf wird die Rechtmäßigkeit der aufgrund meiner Einwilligung bis zu diesem Zeitpunkt erfolgten Verarbeitung meiner personenbezogenen Daten nicht berührt.

_____   _____
Ort, Datum   Mitarbeiter

Stichwortverzeichnis

Fette Zahlen bezeichnen die Paragrafen, magere die Randnummern.

Abhören **1** 28
Abmahnung **1** 15; **6** 19
- Anspruch auf Entfernung **5** 18
Accountability **2** 6 *siehe auch* Rechenschaftspflicht
Active Sourcing **5** 35
Adressänderung **5** 5
Alkohol- oder Drogenabhängigkeit **4** 21
Allgemeines Persönlichkeitsrecht **1** 1 ff.; **2** 19, 29; **3** 14, 39; **4** 18 ff.; **5** 11 f., 56, 75 ff., 94 ff., 144 ff., 170; **6** 1 f.
Alter **2** 4; **4** 22; **5** 2, 4; **6** 13
Altersteilzeit **6** 17
Anbieter-Nutzer-Verhältnis **5** 26 f.
Anfangsverdacht **3** 45 f.; **5** 77, 88, 101, 106
Anfechtung **4** 20
Angemessenes Datenschutzniveau **5** 190 ff.
Anhörung **1** 89; **5** 11; **6** 5
Anonyme Daten **1** 49 f.
Anti-Terror-Verordnungen **4** 30
Anwendungsvorrang **1** 58
Anzeigepflicht **5** 5, 29
Arbeitgeber **2** 1 ff.
Arbeitnehmer **1** 63 f., 86 f.
Arbeitnehmerähnliche Person **1** 65, 85 f.
Arbeitsunfähigkeitsbescheinigung **1** 50; **3** 20, 47 f.; **5** 102, 114, 125
Arbeitsverhältnis **1** 7 ff.; **3** 24; **5** 3 f., 64
Arbeitsvermittlung **4** 3
Arbeitsvertrag **1** 10; **2** 34; **5** 5, 132, 171, 206; **6** 21

Arbeitszeitbetrug **5** 88; **6** 47
Arbeitszeitnachweise **3** 54
Arbeitszeugnis **4** 24 f.; **6** 18 f.
Arglistige Täuschung **4** 20
Ärztliche Bescheinigung **5** 125
Ärztliche Untersuchung **5** 132
Assessment-Center **4** 31 ff.
Aufbewahrungspflicht **3** 31; **5** 7, 13, 52; **6** 22 f.
Aufdeckung von Straftaten **3** 36, 42 f.; **5** 105; **6** 5
Aufenthaltsort **5** 81
Auffangtatbestand **3** 15
Aufhebungsvertrag **6** 1 ff.
Aufsichtsbehörde **1** 35; **3** 5 ff.; **5** 204 f., 212
Auftragsverarbeitung **2** 12 ff.; **4** 17; **5** 41, 178 ff.
- Privilegierung der Auftragsverarbeitung **2** 14; **5** 190
- Vertrag zur Auftragsverarbeitung **4** 17; **5** 41, 52
Aufzeichnen **1** 24; **5** 85, 94, 99
Auskunft **2** 19 f.; **4** 25, 27 f.; **5** 17
Auskunftsrecht **3** 19; **4** 42; **5** 17, 108
Außerdienstliches Verhalten **1** 12
Auswahlkriterien **5** 39; **6** 9
Auswahlrichtlinien **2** 21, 24; **6** 9

Background-Checks **4** 29 ff.
Bankverbindung **5** 2, 4
Beamte **1** 65, 85
Befristung **4** 41
Behinderung **4** 18, 22; **5** 126 f.; **6** 13, 15
Benachteiligungsverbot **4** 18 f., 41

Berechtigtes Interesse 1 8; 4 15; 5 147, 170
Berechtigungskonzept 4 38; 5 12, 188 f.
Bereichsspezifische Öffnungsklausel 1 60
Bereichsspezifische Vorschriften 4 3
Berufliches Netzwerk 4 5
Beschäftigter 1 62 f., 85 f.
Beschäftigungsfremde Zwecke 3 56
Besondere Kategorien personenbezogener Daten 3 76 ff.
Bestenliste 5 147
Betriebliche Selbstkontrolle 2 35
Betriebliche Übung 5 34
Betriebliches Eingliederungsmanagement 5 109 ff., 136 ff.
- BEM-Akte 5 134, 142
Betriebs- und Geschäftsgeheimnis 3 21
Betriebsarzt 5 133 ff.
Betriebsbedingte Kündigung 6 9
Betriebsrat
- Mitbestimmung 2 19 ff.
- Überwachungsaufgabe 2 20
- Unabhängigkeit 2 17, 38
- Verantwortlichkeit 2 15 ff.
Betriebsvereinbarung 1 69, 75, 77 f.; 2 18; 3 58 ff.; 5 9, 34, 52, 73, 161
Beurteilungsgrundsätze 2 21 f.
Bewegungsdaten 5 44
Beweisinteresse 1 8, 19 f.
Beweislast 3 5; 5 161; 6 1
Beweislastumkehr 3 5
Beweismittel 1 17 ff.; 5 77; 6 5
Beweisverwertungsverbot 1 20 f.; 3 49
Bewerber 4 1 ff.
Bewerberdaten 4 37 ff.
Bewerbungsunterlagen 3 20; 4 1 ff., 41 f.

Bewerbungsverfahren 1 16; 4 4 ff.; 5 122 f.
- Bewerbungsgespräch 4 18 ff.
- digitale Bewerbung 4 16 f.
Big Data 5 53 ff.
Bildnis *siehe* Fotografie
Binding Corporate Rules 5 204
Biometrische Daten 3 78
Biometrische Zugangskontrolle 2 27
Bodycam 5 43
Bring Your Own Device 2 27 ff.; 5 50
Bruttolohn- und Gehaltslisten 2 34
Bußgeld 1 8, 35 f.

Callcenter 5 94
Cloud
- Dienst 5 52
- Software 5 41
Code of Conduct 5 103
Compliance 1 8; 5 103 ff.
- Compliance-System 5 107
- Repressive Compliance 5 106
Crowdworking 5 21; 6 63

Dateisystem 1 55 f.
Datenfeldanalyse 3 28; 5 42
Datengeheimnis 3 7, 12
Datenkopie 1 35; 3 19 f.; 5 15 f., 108
Datenminimierung 3 2, 28
Datenportabilität 2 9
Datenschutzbeauftragter 2 39 ff.
Datenschutz-Folgenabschätzung 1 36; 2 9, 37; 3 9; 5 40, 46
Datenschutzgesetze der Länder und der Kirchen 1 93 ff.
Datensicherheit 2 15; 3 9; 5 9, 30, 174; 6 25
Datenspeicherung 3 29 f.; 4 39 f.; 5 3, 19
Datenübermittlung 2 8; 5 143
- Datenübermittlung im Konzern 5 171 ff.

Stichwortverzeichnis

– Datenübermittlung in Drittländer 5 190 ff.
Datenverarbeitung 1 53 f.
Desk Sharing 5 62
Detektiv 1 89; 2 28; 5 65, 102
Diensteanbieter 5 29 f.
Dienstleister 2 13; 4 25; 5 36; 6 20
Dienstliche Beurteilung 5 11
Digitale Arbeitsmittel 5 20, 35
Digitalisierung 2 29; 5 21, 59
Direktionsrecht 1 11 f.; 5 46, 171, 183
Diskriminierung 3 77
Dokumentation 3 25, 49
Dringender Tatverdacht 3 45
Dritter 5 143
Drittland 1 34; 3 17; 5 190 ff., 205 ff.
Drogenabhängigkeit 4 21
Due Diligence 5 164 f.
Duldung 5 132

Eignung 2 22 f.; 4 31 ff.; 5 122; 6 7
– Eignungsuntersuchung 4 34; 5 132
Eingriffsintensität 5 64 ff., 101 ff.
Einschränkung der Verarbeitung 3 30 f.; 6 25
Einsicht
– in E-Mails 5 95
– in Ermittlungsakten 4 26
Einsichtsrecht 1 13; 2 34
– Einsicht in die Personalakte 5 14 f.
Einstellungsuntersuchung 4 31, 34
Einwilligung
– Voraussetzungen der Einwilligung 3 61
– Widerruf 3 74 f.
E-Learning 2 22; 3 12
E-Mail
– dienstliche E-Mails 1 28; 5 20, 95 f.

– Einsicht 5 95
– E-Mail-Adresse 4 16; 5 5
– Gestattung der Privatnutzung 5 34
– Überwachung der Privatnutzung 5 93 ff.
Empfänger 3 17; 5 143, 196 f., 210
Entschädigung 1 14
Entscheidungsfreiheit 5 26
ePrivacy-Richtlinie 5 25
ePrivacy-Verordnung 5 25
Erforderlichkeit der Datenverarbeitung 3 39
Ergebniselement 1 42, 46
Erlaubnisvorbehalt 3 13 f., 79; 5 143, 197
Erwägungsgrund 1 33 f.
Europäische Menschenrechtskonvention 1 26
EU-US-Privacy-Shield 5 200 f.

Familienstand 5 2 f.; 6 13
Fehlzeiten 1 8; 5 136 f., 146; 6 7 f.
Fernmeldegeheimnis 1 4; 5 29 ff., 93, 97 f.
Fitnesstracker 5 49
Flottenmanagement 5 90
Formulararbeitsvertrag 2 22, 34
Fortzahlung des Arbeitsentgelts 5 124
Fotografie **Anh.** 8 f.; 3 71; 5 148 ff., 185
Fragebogen 1 16, 89; 2 22 f.
Fragerecht des Arbeitgebers 3 79; 4 18 ff.; 5 122
Freiwilligkeit der Einwilligung 3 62 ff.; 5 141, 210
Fristlose Kündigung 5 146
Führerscheinkontrolle 5 84

Ganz oder teilweise automatisierte Verarbeitung 1 56 f., 91
Geburtstagsliste 3 70; 5 145

217

Geeignete Garantien 5 190, 197 ff.
Gefahrenabwehr 3 44
Gegendarstellung 5 16
Gehalt 2 34; 4 22
Gehaltsabrechnung 2 11; 3 20; 5 180
Geheimhaltung 3 14; 4 18; 5 29, 108, 145
Gemeinsam für die Verarbeitung Verantwortliche 2 3, 7 ff.; 4 9
Genehmige Verhaltensregeln 5 207
Genetische Daten 3 78; 5 112
Genetische Untersuchungen 4 36
Geschäftsführer 1 63 f., 87; 2 4
Geschäftsgeheimnis 3 21
Geschäftskontakt 5 160
Geschlecht 4 18; 5 2 f.
Gestattung 4 34; 5 30
Gesundheitsbezug 5 117
Gesundheitsdaten 3 20; 4 34; 5 10, 44 f., 109 ff.
Gewerkschaft 1 41; 3 78; 4 22
Google 4 29
GPS 1 25; 2 32; 5 81, 88
Grafologische Gutachten 4 32
Grundrechtsträger 1 2, 30
Grundsatz der Direkterhebung 4 4
Gruppengröße 1 49

Handy-Ortung 5 82
Headhunter 4 3, 8 ff.
Heimliche Überwachungsmaßnahmen 5 65 f.
Heimliches Mithören 1 24
Hobbies 4 22
Home Office 5 59
Human Resource Shared Service Center 5 166

Identifizierbarkeit 1 39, 48 f.; 5 54
Identität 1 48; 5 85; 6 12

Informationelle Selbstbestimmung 1 1, 11, 26 ff.
Informationspflicht 1 73, 92; 3 16 ff.; 4 4
Informationstechnische Systeme 1 5
Initiativbewerbung 4 12
Integrationsamt 5 126 ff.; 6 15
Intelligenztest 2 22
Internet 5 23
– Internet der Dinge 5 21
– Internet-Access-Provider 5 27
– Internetanschluss 2 27 f.
– Internetnutzung 5 96 f.
– Internetrecherche 4 29
– Veröffentlichung im Internet 5 155 f.
Intimsphäre 1 6, 16; 4 15; 5 75, 110
Intranet 2 10

Joint Controlling *siehe* Gemeinsam für die Verarbeitung Verantwortliche

Kandidatensuche 4 3, 5, 9
Karriereportal 4 5, 16 f.
Kategorien von Empfängern 3 17
Keylogger 1 24; 2 32; 5 101
Kirche 1 28, 94
Kollektivrechtliche Zwecke 3 41
Kollektivvereinbarungen 1 60 f., 68 ff.; 3 41 f., 58 f.
Kommunikationstechnik 2 16; 5 20
Kommunikationsvorgang 5 29 ff.
Kompabilitätsprüfung 5 55; 6 2 f.
Kontaktdaten 5 185 f.
Kontrolle der Arbeitsleistung 5 91
Kontrollverbot 5 30
Konzernbezug 5 171
Konzerndatenschutzbeauftragter 2 42
Konzernmuttergesellschaft 5 179, 183
Konzernprivileg 5 42, 170

Stichwortverzeichnis

Koordinierung von Arbeitseinsätzen 5 90
Koppelungsverbot 2 72
Krankengespräch 2 27; 5 136
Kündigung 6 5 ff.
Kunsturhebergesetz 1 3; 3 75; 5 148 f.
Lebenslauf 4 14
Leiharbeitnehmer 1 65, 87
Leistungs- und Verhaltensdaten 1 8
Leistungs- und Verhaltenskontrolle 1 77; 2 29 f.; 5 30 f., 44, 64, 90
Leitende Angestellte 1 87
Löschen/Löschung
– Begriff der Löschung 3 30 ff.
Löschpflicht 5 79
Manuelle/analoge Datenverarbeitung 1 2, 54 f., 88 f.; 3 6 f., 14, 30
Marktortprinzip 1 35 f.; 5 194
Matrixorganisation 2 11; 5 166, 181 f.
Meldepflicht 1 36; 5 106
Mindeststandard der DS-GVO 1 75 f.; 3 58; 5 176
Mitarbeiterbefragung 2 33
Mithören 1 24; 5 94, 99
Mitteilungspflicht 1 79; 5 124, 131
Mittelbare Drittwirkung 1 7 ff.
Mittelbare Verwertung 1 23
Mobile Arbeit 5 59 f.
Mobile Office 5 59 f.
Nachweispflicht 2 34; 3 5, 25; 5 63, 125
Nationale Rechtsvorschrift 1 68 f.
Nichtautomatisierte Datenverarbeitung 1 56; 3 14 *siehe auch* Manuelle/analoge Datenverarbeitung
Niederlassungsprinzip 5 193 f.
Normadressat 1 83 ff.; 2 1; 5 72

Nutzerverhalten 5 32, 96
Offboarding 6 25 f.
Online-Bewerbungsplattform 4 16 f.
On-Premise-Lösung 5 36
Organisationskonzept 5 144
Ortung 2 32
– Handy-Ortung 5 82
– Ortungsdaten 1 25
– Ortungssystem 5 81 ff.
Outplacement 6 20
Passwort 5 62; 6 16, 26
People-Analytics 5 35 ff.
Personalakte
– digitale/elektronische Personalakte 2 32; 5 8 f.
– Einsichtsrecht 1 13; 5 14 ff.
– Personalakte im formellen und materiellen Sinn 5 6
– Richtigkeit der Personalakte 5 11
– Verpflichtung zur Personalaktenführung 5 7 f.
– Vertraulichkeit der Personalakte 5 12
– Vollständigkeit der Personalakte 5 13
– zulässiger Inhalt 5 10
Personalberater 4 3
Personalbeschaffung 4 1 f.
Personaleinsatzplanung 5 172, 186
Personalfragebogen 1 16; 2 21 f.
Personalgespräch 5 101
Personalplanung 5 4, 183, 187
Personalsoftware 5 35 ff.
Personalstammdaten 1 8; 5 1
Personenbedingte Kündigung 6 7 f.
Personenbezogene Daten 1 38 ff.
– Begriff wird 1 2
Personenbezug 1 39 f., 42; 5 165
Persönlichkeitsprofil 4 32; 5 56

Persönlichkeitsrecht *siehe* Allgemeines Persönlichkeitsrecht
Persönlichkeitstests 4 32
Politische Meinung/Überzeugung 3 78; 4 22
Polizeiliches Führungszeugnis 4 26
Privacy-by-Default 3 10, 28; 5 39
Privacy-by-Design 3 10; 5 39
Privatsphäre 1 6, 27; 4 29
Profiling 3 17; 5 57
Pseudonymisierung 1 51 f.; 3 80; 5 39, 189
Psychologische Testverfahren 2 22; 4 31 f.
Rahmenbetriebsvereinbarung 3 60
Raucherlisten 5 146
Räumlicher Anwendungsbereich 1 37; 5 191 f.
Rechenschaftspflicht 1 35 f.; 2 6; 3 4 f. *siehe auch* Accountability
Recht am eigenen Bild 1 3; 5 149
Recht am gesprochenen Wort 1 3 f.
Recht zur Lüge 4 20
Rechtmäßigkeit
– Strukturprinzip der Rechtmäßigkeit 3 13 f.; 5 67
Rechtspflicht 3 49, 52 f., 56
Recruiting 4 1 ff.; 5 35, 188
Rennliste 5 147
RFID 2 32; 5 84
Richtigkeit
– Strukturprinzip der Richtigkeit 3 35
Sachlicher Anwendungsbereich 1 37
Sachvortragsverwertungsverbot *siehe* Beweisverwertungsverbot
Safe Harbor 5 202
Schadensersatz 1 28; 4 41; 5 107, 124, 174 f.
Schufa 4 25

Schutz des Eigentums 1 67; 3 23; 5 77
Schwangerschaft 1 43; 4 22; 5 112, 128 f.
Schwarzes Brett 5 146
Schwerbehinderung 2 24; 4 22; 5 109, 126 f.; 6 9 ff.
Scientology 4 23
Shared Service Center 2 11; 5 166, 181
Skill-Datenbank 5 186 ff.
Smalltalk 1 90
Social Media 2 27; 5 158 ff.
Soft Skills 4 15
Software-as-a-Service 5 36
Soldaten 1 65, 87, 95
Sonderkündigungsschutz 5 126 f.; 6 13
Sozialauswahl 5 4; 6 9 f.
Sozialdaten 2 24; 6 12 f.
Soziales Netzwerk 4 5, 8
Sozialsphäre 1 6
Speicherbegrenzung 3 28 f.; 6 21
Speicherdauer 3 17
Speicherfrist 3 29; 5 142
Spindkontrolle/-durchsuchung 1 24, 89
Sprachkenntnisse 5 2, 5
Standarddatenschutzklauseln 5 190, 205 f.
Stellenausschreibung 4 1, 5 ff., 17
Strukturprinzipien 3 1 ff.
Subjektive Determinierung 6 14
Tachograf 5 85
Taschenkontrolle 2 27
Tatsachenvortrag 1 20 f.
Tatverdacht 3 44 f., 49; 5 92
Technische Einrichtung 2 30 f.; 3 12

Stichwortverzeichnis

Technische und organisatorische Maßnahmen 2 5 f.; 3 35 f.; 4 38
Telearbeit 5 59 f.
Telefongespräche 1 28; 5 99
Telefonnummer 5 5, 185
Telekommunikation 1 4; 5 22 ff.
Telemedien 5 23, 26
Torkontrolle 5 102
Transparenz 3 16 f., 23; 5 66
Treu und Glauben 3 2, 15; 4 4

Überwachungsabsicht 2 30
Überwachungsdruck 5 46, 69, 94
Überwachungsinteresse 5 76 f.
Überwachungsmaßnahmen 1 73, 78; 5 64 f., 100 ff.
ultima-ratio-Grundsatz 5 67, 78, 92, 133
Unterlassungsanspruch 1 14
Unternehmenskauf 5 164 f.

Verantwortlichkeit 2 1 ff. *siehe auch* Gemeinsam für die Verarbeitung Verantwortliche
Verbot mit Erlaubnisvorbehalt *siehe* Erlaubnisvorbehalt
Verdachtskündigung 6 5
Verhaltensbedingte Kündigung 1 12; 6 5
Verhältnismäßigkeitsprüfung 1 6 ff.; 3 39

Verhinderung von Straftaten 5 80, 89
Verjährungsfrist 5 107; 6 23
Verkehrsdaten 5 30
Verschlüsselung 3 35, 80; 4 17, 38; 5 9
Verschwiegenheit 2 40
Vertrauensvolle Zusammenarbeit 2 18
Verwendungszusammenhang 5 115
Verzeichnis der Verarbeitungstätigkeiten 2 34; 3 18
Videoüberwachung 5 68 ff.
Vollharmonisierung 1 31, 58, 76 f.
Vorsorgeuntersuchung 4 36; 5 133
Vorstrafen 4 21, 26

Wearables 5 43 ff.
Werturteil 3 35
Whistleblowing 2 27; 5 103 ff.
Widerruf *siehe* Einwilligung

Zeiterfassung 2 32; 3 24
Zertifizierung 5 207
Zufallsfund 1 23; 5 77
Zugangskontrolle 2 27; 3 35
Zugriffs- und Kontrollverbot 5 30
Zugriffsbeschränkung 4 38
Zulässigkeit der Datenverarbeitung 3 1 ff.
Zwecke und Mittel der Datenverarbeitung 2 2 ff.; 5 182 f.